映画のメティエ　欧米篇

Métier du Cinéma

筒井武文

森話社

［装丁］桜井雄一郎

映画のメティエ　欧米篇〔目次〕

[第Ⅳ部] ポスト・ルノワール

■

[第Ⅴ部] ヨーロッパ映画

［凡例］本文中の映画の公開年は、一九〇〇年代については下二桁を表示している。
ジャン・ルノワールは、公開年ではなく、制作年で統一してある。

序　まだ見ぬ映画への旅

僕が映画を意識的に見始めたのは、一九七〇年代後半のことなので、その世代的な限界は常に感じている。特に大きいのは、一九六〇年代に青春を過ごした、ひと回り上の世代に対する嫉妬だろう。現代美術もジャズも、そして映画も、表現のラディカルさを突き詰め、革命が幻想ではなかった時代である。七〇年代中盤は、何とも面白くない時代だった。輸入される映画にしても、こちらの見たい映画は入ってこない。だが、映画批評は面白い時期に入っていた。たぶん批評というものは、そのジャンルの活性期から、五年、一〇年遅れで生み出されるからではないか。そして、ある映画を見たいという欲望は、優れた批評によって生まれる。僕にとって、『メカスの映画日記』（飯村昭子訳、フィルムアート社、一九七四）、『ゴダール全集第四巻　ゴダール全エッセイ集』（蓮實重彦・保苅瑞穂訳、竹内書店、一九七〇）、カイエ・デュ・シネマ誌のリヴェットのベストテン、これらが見るべき（海外の）映画の指針になった。

といっても、まったくマークしていなくて、不意を突かれた体験の貴重さはいうまでもない。特に精神を通り越した大きな身体的ショックは、二回ある。最初は、一九八六年のシネマテーク・フランセーズ。当時はシャイヨー宮とポンピドゥセンターの二ヵ所にあり、地下鉄で約四〇分の距離だった。ともに、一三時から二時間おきに、五回の上映がされていた。その日はシャイヨーにいて、ポンピドゥのホークスに移動する前に、三〇分だけ見ていこうと出口に近い席に座った。ところが、席を立てなくなって、あと一〇分、あと五分だけと延ばしているうちに、最後まで見るしかなくなった。タイトルは『Three's A Crowd』（二七）、邦題は『岡惚れハリー』。ハリー・ラングドンの主演・初監督作品となる。コメディのつもりでいたら、人の存在することの悲しみに貫かれた映画であることに驚かされたのだ。吹雪の街角で、ハリーは行き倒れの女性を見つけ、自室に運ぶ。彼女は妊娠していて、街の人の助けを借りて出産する。このハリーの部屋が異様で、煉瓦造りの家の三階の横に建て増しされた木造りの小部屋で、まるで天国へ向かうかのような長い階段が壁沿いに付けられている。建物の下はつっかい棒しかなく、掃除したゴミを直接捨てられるように床に穴が空いている。足を滑らせたら転落死である。内気で無垢で、子供を思わせるハリー・ラングドン。彼は、降って湧いた女と赤ん坊の父親役を務める。しかし夫が、家出した妻を探しにくる。ハリーと夫はボクシングの試合で決着をつけることになる。リング下で目を爛々《らんらん》と輝かせる妻。ハリーの腕には、持ち上げることもできないほど巨大なグローブが嵌《は》められている。この超現実的な情景は夢だと知れるのだが、「ハリーの災難」は、この映画の批評的・興行的惨敗から始まることになる。

そして、二〇〇二年のイタリア・ポルデノーネ無声映画祭。この年は、一九一二年に撮られたD・W・グリフィスの二巻もの五〇本あまりが、製作順に見られるという凄いプログラムで、二歩前進一歩後退という感じのグリフィスの映画技法の進展にすっかり興奮させられた。しかも、ギッシュ姉妹のデビューした年でもあるので、彼女らが登場すると、銀幕に花が咲いたようだった。そんな合間に遭遇したのが、アラン・ドワンの

『Stage Struck』（邦題『当り狂言』）。一九二五年の作品なのに、いきなり鮮やかな色彩画面の出現で度肝を抜かれた。それも、グロリア・スワンソン演じるサロメ！　二色テクニカラーのテストだったらしい。モノクロに転じ、ミシシッピ河沿いのレストランのウェイトレスの夢だったことが明かされる。彼女は女優志望なのである。面白いことに、ここでも恋敵の女優と蒸気船の劇場での、ボクシングの場面が用意されている。ドワンによるスワンソンの小粋な描写にすっかり魅了された。このコンビの達成したものを知らないでは、二〇年代の映画史は分からないだろう（ドワンには、二〇年代と五〇年代のふたつの頂点がある）。

さて、八六年のパリに戻れば、当時の目標は、ジャン・ルノワールの全作品、ゴダール、リヴェットが評価した新鋭（ジャン・ユスターシュ、ジャン＝ダニエル・ポレ、フィリップ・ガレル、マルセル・アヌーン等）を見ることだったのだが、あちらでもなかなか見られるものではないことが分かった。その後、日本でもそうした作品を見られる環境が、映画生誕一〇〇年の九五年前後に広がっていった。

時は流れ、二〇一六年にマルセル・アヌーンの「四季」シリーズがフランスでＤＶＤ化され、これでもう見たい映画を追いかける必要もなくなった気がした。ジョナス・メカスが七〇年一〇月二九日の日記で、「ブレッソン以後の最も重要で興味深いフランスの映画作家」と評したのは、アヌーンの『夏』（六八）、『冬』（六九）、『春』（七〇）を見た直後である。『夏』はモノクロだが、それ以外の三作は、モノクロとカラーが意味を超えて交錯していく。こんなモンタージュはアヌーン特有のもので、『冬』では映画撮影、『秋』（七二）では編集が主題となるのも面白い。何と、二〇二二年六月二三日から三日間、アテネ・フランセ文化センターで「四季」シリーズが特集される。「映画のもつ未開の領域」（ジョナス・メカス）が、五〇年遅れで見られるわけである。同じように、八〇年代に不意を突かれて何が何だか皆目分からなかったチャーリー・バワーズの作品集も、同年九月にユーロスペースで世界初の特集上映が予定されている。こちらは、怪作『たまご割れすぎ問題』（二六）など全六本で、ほぼ一〇〇年遅れの紹介となるが、今回のバーバラ・ローデンの『WANDA／ワンダ』（七〇）をはじめとする再発見された作品たちと同様、「傑作は遅れてやってくる」のだろう。しかし、それは作品が成長したのか、時代が成熟したのか、どちらなのだろうか。

（『キネマ旬報』二〇二二年七月上旬号、キネマ旬報社）

［第Ⅰ部］

初期映画

映画一〇〇年、光（リュミエール）の軌跡

「動く映像」は人類の夢であった。一九世紀末は写真の発明が幻燈術の伝統と結びつき、発明家たちは誰が最初に映像を動かせるかを競った。一八九三年、アメリカの発明王トーマス・エディソンはキネトスコープを実用化する（最初の映画撮影に成功したのは、一八八九年である）。しかし、キネトスコープは覗き箱の装置で、観客はひとりに限られた。リュミエール兄弟が映画（リュミエールはシネマトグラフと名づけた）の父と呼ばれるのは、映写されることを映画の条件としたからである。だから、映画の誕生の日は一八九五年一二月二八日とされる。それはリュミエールが、パリのキャプシーヌ通り一四番地のグラン・カフェの地下室インドの間にて、映画を一般に有料で公開した日なのである。つまり映画とは、興行として複数の観客にフィルムが映写されたときに始まったのである。そして、その日以来、世界にどんな大事件が起ころうと、映画興行がおこなわれない日はない。

リュミエールの映画の最初の素材は、リュミエール兄弟の父アントワーヌが経営していた工場から従業員が出てくる光景である（『工場の出口』一八九五［図1-1］）。この工場跡は、今でもフランス中部の都市リヨンに残っている（今年〔一九九五年〕、工場と出口を復元するという話もあるようだ）。現在、ここはリュミエール記念館となって、映画前史の各種装置からリュミエール工場のミニチュア、シネマトグラフの機械、リュミエールの発明品など多くの貴重な資料が展示されている（映画ファンには必見というべき、素晴らしさである）。館の前の路は「最初の映画通り」と呼ばれ、近くには「リュミエール通り」がある。リ

ユミエール記念館のアーティスティック・ディレクター、ティエリー・フレモー氏はこう語る。

フレモー　リュミエール兄弟が映画を発明したのは、機会と才能と偶然の組み合わせだったと思います。キネトスコープを見た父アントワーヌの要請により、これを改良して集団で見られるような機械を研究したのです。一八九四年のある夜、ルイは解決できなかったフィルムの駆動方法を発見したのです（ミシンの原理を応用した）。シネマトグラフは、多くの才能、技術の時間をかけた研究の果てに、残像現象を利用しながらフィルムを絶え間なく送り出すアイデアを思いついたルイ・リュミエールが完成させたといえます。一八九五年二月に特許を取り、三月に最初の映画が撮影されました。

図 1-1　『工場の出口』（1895）

面白いのは、シネマトグラフは撮影機と映写機を兼ねていたことだ。手動でクランクを回してフィルムを送ったのだが、映写時には撮影機の後ろに幻燈機を置いて、光を放った。およそ一秒一六コマ程度の回転で、フィルム一本で約五〇秒映すことができた。この回転数はフリッカーなしにイメージが連続して見える速度だった。ただ、リュミエールの映画は単に風景を映したものではない。

フレモー　最初の映画『工場の出口』には三つのヴァージョ

ンがあります。三回繰り返して撮ったわけで、登場人物の表情からも演出されていたことが読み取れます。リュミエールが写真家であったことも重要でしょう。リュミエールは発明家・技術者であるばかりか、芸術家として映画を撮ったのです。シネマトグラフの後ろに立った者は、視点＝テーマを持ち、演出し、フレームを決めて、五〇秒の映画を撮ったのです。

『工場の出口』は扉が開く瞬間から始まり、閉じる瞬間で終わっていることからも、意図的な演出は明らかだし、『水をかけられた撒水夫』（一八九五）は手前と後ろの人物の視線の関係から物語が演出されている。『ラ・シオタ駅への列車の到着』（一八九六）は巧緻なキャメラ・ポジションを生み出したことが分かる。この映画は「列車の到着」と「降りてくる乗客」のふたつの出来事に分けられるが、ひとつの視点で、奥から手前に斜めに進む列車の動きと、降りてホームをキャメラ側にやってくる人物の両方を、ロングからアップまで大きさを変化させて捉えることが可能なのだ。現在のラ・シオタ駅に立っても、ホームの高さが少し高くなっている程度の風景の変化しかないが、改めてリュミエールが最良のポジションをとったことが実感される。だが、なぜ最初の列車の到着が彼らの住んでいたリヨンでも、パリでもなく、南フランス、マルセイユ近くのラ・シオタ駅なのか。

フレモー　リュミエール家は、瞬間感光のフィルム乾板の発明と産業化で富を築き、ヴァンドールとラ・シオタに別荘を持っていました。ある日、ラ・シオタ駅にお母さんを迎えにいき、そのときの待ち時間にシネマトグラフを回したらと思いついたのです。だから、画面にはリュミエールの家族が映っています。また、これは映画史上初の恐怖映画ともいえます。最初の観客たちは機関車がスクリーンからこちらに向かってくるのではないかと恐れたのです。リュミエールはラ・シオタ以外に、リヨン駅、ボーゴワン駅、シャンベリー駅など、一五〇〇本のリュミエール作品のなかで五〇本くらいは『列車の到着』を撮っています。ホーム側ばかりか、機関車側からも撮っています。彼は人気のあるテーマは何回も繰り返したのです。ある町に行って、昼間のうちに駅や列車の到着を撮って、夜その町の人に見せたのです。

再び、一八九五年一二月二八日、パリのグラン・カフェに戻ろう。この最初の映画観客のなかに、ひとりの奇術師がいた（といわれている）。ジョルジュ・メリエスである。この世界でふたり目のシネアストにより、映画は大きくその可能性を開かれることになる。後年、メリエスは「最初の頃の作品はリュミエールと同じようなフィルムを撮っていました。トランプ遊びや船が港から出て行くところなどです」と述べている。リュミエールが自作を反復したのに続き、メリエスも模倣から出発したのである。ここに「模倣の映画史」が始まる。

メリエスが発明した技術は数多いのだが、リュミエールの映画になくて、メリエスの映画にある最大の要素は、メリエス作品には編集があることだ。映画が物語を語るために舞台転換のある複数のショットにより構成されるようになっただけではなく、固定ショットの止め写しがメリエスのトリック映画の基礎的技法となる。スタジオ撮影による奇術映画や幻想映画の独創性により、メリエスの映画は一八九六年から一九〇〇年代半ばまで、フランスはもとよりアメリカにいたる世界市場を支配することになる。

メリエスに続き、シャルル・パテやレオン・ゴーモンが映画づくりに参入する。両者の違いはメリエスがいわば個人商店だったのに対し、パテとゴーモンは自らは資本家として、監督やスタッフたちを多数雇い入れ、製作から配給までを管理し、映画を産業化したことにある。

ところで、リュミエールはどうしたのか。一九〇〇年のパリ万博で世界各地に派遣した撮影者たちの持ち帰った映像を公開してから後は、リュミエールは映画を撮ろうとしなかった。

フレモー　彼は映画における自分の仕事は終わったと思ったのではないでしょうか。芸術面ではメリエスが、技術面ではパテやゴーモンが自分より良い仕事をすると考えたのでしょう。発明家であったリュミエールはシネマトグラフの後にカラー写真を発明し、立体写真やトーキー映画の研究をしています。オーギュストは医学の研究に向かいました。彼らはほかの冒険に乗り出したのです。

草創期はフランス映画の黄金期だった。メリエスの後を継いで世界を支配したのはパテ社である。昨年暮れ（一九九四年）からポンピドゥセンターで開催されている「パテ、最初の映画帝国展」の企画者のジャック・ジェルベール氏にメリエスとパテの関係について話を聞いた。

ジェルベール　メリエスはスペクタクルとしての映画を発明した映画史上最も偉大な監督です。パテはメリエスの創造力を評価し、モントルイユのメリエスのスタジオの近くに撮影所を作ります。パテは、セグンド・デ・ショーモン、ガストン・ヴェール、フェルディナン・ゼッカという監督を雇い、メリエスの複製をつくらせます。しかし、彼らは徐々にメリエスのスタイルを脱し、違うスタイルの映画へと向かいます。パテはメリエスにわが社で映画を撮らないかと持ちかけます。一九一一年から一二年に、メリエスはパテ社で六本の映画を撮ります。できた映画を見たパテは、メリエスの映画はもう流行遅れで時代の観客には合わないと判断、お蔵入りにします。

では、メリエスのファンタジーに飽きたこの頃の観客は、何を好んだか。簡単にいえば、ひとつはコメディアンを起用した喜劇であり、追っかけ中心のドタバタ映画である。当時のパテとゴーモンのライバル関係について、ジェルベール氏はこう語る。

ジェルベール　観客が何を見にいくか。これには映画の内容以外にいろいろな要素があります。たとえば、映画館。ゴーモンはクリシー広場にヨーロッパ一の映画館を建てて観客を引きつけると、パテは高度な着色法によるカラー映画を開発して、観客を呼び戻します。するとゴーモンは映像とサウンドの充実を図ります。競争関係が市場原理で動いていたのです。

初期にはコメディを撮っていたゴーモン社の監督のなかに、ルイ・フィヤードがいた。彼は新聞の連載小説をもとにした連続活劇を、メリエスが最後の映画を撮った翌年の一九一三年に発表する。『ファントマ』である。フィヤードは室内シーンではセットを使ったが、積極的にキャメラを野外に持ち出し、現実のパリの街を謎の渦巻くミステリアスな空間にしてしまう。続く『吸血ギャング団』『ジュデックス』とともに、フィヤードはフランスの犯罪映画の偉大な創始者として、リュミエール、メリエスに継ぐフランス第三の巨匠の位置を占めることになる。こうして、リュミエールに始まったフランス映画はメリエス、パテ、ゴーモンと世界映画の中心を担っていくのだが、第一次世界大戦を境に、経済力に秀で、国土が戦場にならなかったアメリカ映画に世界一の座を奪われてしまうのである。

ここで日付は、一九二九年一二月一六日にとぶ。破産して映画界から引退したメリエスを再評価する動きが起こり、偶然発見されたフィルムの上映会がプレイエル・ホールでおこなわれたのである。プログラムには『月世界旅行』をはじめ、パテ社で撮った『極地征服』(一二)なども含まれていた。そのメリエス復活の会の観客に、彼の孫娘マドレーヌ・マルテット=メリエスがいた。現在七一歳(一九九四年当時)の高貴な老婦人は次のように回想する。

マルテット=メリエス　祖父の映画を発見したのは、六歳のときです。それは驚きでした。なぜなら、祖父は若者だったのです。私の知っている六七歳の祖父とは思えませんでした。当時、私はモンパルナス駅の小さなおもちゃ屋にいました。祖父はパイプを吹かし、冬の寒さに震えながら、突然耳や鼻からタバコを出したりして、私にいつも奇跡を見せてくれていたのです。一九二九年にスクリーンで見た若い男は劇場にいる何千という人を魅了し拍手喝采を受けました。彼が私の祖父だとは理解できませんでした。上映が終わると、太鼓とともに音楽がかかり、白く大きなスクリーンを引き裂きながら祖父が舞台に登場しました。彼は黒い礼服に白いネクタイで、とてもエレガントでした。全然怖じ気づいたりせずに、観客の前で話している姿は見事なものでした。祖父は大きな感動があったのだと思います。劇場に来ていた若い観客、特に詩人やシュルレアリストたちには熱烈に歓迎されました。でも、私たちはよく一緒に映画を見にいきましたが、『アンダルシアの犬』を見て、祖父は慄然としました。ブニュエルのこの幻想的な作品を何ひとつ理解できなかったからです。トーキーになってからは、モーリス・シュヴァリエやアルヴェール・プレジャンなど有名な歌手が歌を歌っている映画を見にいきました。しかし、祖父は憤慨していました。なぜなら映画とは身振りやパントマイムや動きによる芸術で、自分の体やダンスや眼差しですべてを表現できなければならないからです。映画がトーキーになれば、もう演劇なのだ、それなら芝居を見にいこうということです。彼は神秘的で内気な人でした。今でもそうですが、ふたりの人物がいたのです。いつだって頭のなかで、映画作家で魔術師だったメリエスと私の祖父メリエスは結びつけられないでいます。こんな矛盾を抱えて生きるなんて変わっていますね。スクリーンの彼は永久に四〇歳前後に固定されてしまうわけですから。

もう、この時期にはトーキー映画が始まっている。サイレント映画は時代遅れの遺物と化していった。とはいえ、映画史がサイレントで始まったことは重要である。そのことによって、演劇とは違う映画独自の表現が探求されたからでもある。サイレント期のアメリカでは、エドヴィン・S・ポーター、D・W・グリフィスによって、映画言語の基礎が確立されていった。

［付記］ここでの映画関係者の証言は、私が演出を担当したNHK-BSの『シネマ100スペシャル』での取材を引用したものである。取材・翻訳にあたっては、サンセット・フィルムス、アペル・フィルム、吉武美知子、彦江智弘各氏にお世話になった。

（『エスクァイア』一九九五年五月号、エスクァイア・マガジン・ジャパン）

リュミエール映画におけるキャメラマン

ガブリエル・ヴェールの場合

1　リュミエールをめぐる二冊の書物

リュミエール兄弟によるシネマトグラフの発明、その意味が開示される貴重な年として、一九九五年は記憶されることになるだろう。実際、これだけまとまった数のリュミエール作品が公開されることは、少なくともわが国においてはなかったことである。そして、リュミエールとそのキャメラマンたちの貴重な一次資料となる二冊の本も出版される。まず『光の生誕　リュミエール！』（一九九五）という映画生誕一〇〇年祭実行委員会と朝日新聞社文化企画局によるカタログである。これは今回上映される五つのプログラムの一〇三本の作品データを中心に（全作のスチール写真つきという便利なもの）、蓮實重彥の「ガブリエル・ヴェールと映画の歴史」、小松弘の「シネマトグラフと日本における初期映画製作」という論考や、かつて来日したリュミエール社のふたりのキャメラマン、コンスタン・ジレルとガブリエル・ヴェールに焦点を絞り、古賀太、ドニーズ・ポエム＝ジレル、フィリップ・ジャキエの解説が収められている。もう一冊はリュミエール叢書（筑摩書房）のなかで刊行される『リュミエール元年――ガブリエル・ヴェールと映画の歴史』（一九九五）である。こちらはシマトグラフの撮影に世界を回ったキャメラマン、ガブリエル・ヴェールがフランスに残した母に宛てて送った手紙（感動的！）を古賀太が構成・翻訳したものを中心にした本だが、「光の使徒」と題された蓮實重彥の考察、二度にわたるジョルジュ・

サドゥールによるルイ・リュミエールへのインタビュー、ゴダールの「アンリ・ラングロワの功績だ」と題されたルイ・リュミエール回顧上映の際の発言、エリック・ロメールの質問によるジャン・ルノワールとアンリ・ラングロワのルイ・リュミエールに関するインタビューまで入った実に面白いものである。

さて、これら二冊の本とともに、リュミエールの映画を見つめ直してみると、何が見えてくるか。たとえば、『水をかけられた撒水夫』（一八九五［図1-2］）のなかで、カット割りが使われなかったことを残念に思うというロメールの発言がある。ここでロメールは同じ素材を扱った漫画と比較しているのだが、それよりもフランソワ・トリュフォーがデビュー作（『あこがれ』五七）で『水をかけられた撒水夫』を再現しているのと比べた方が話が早いだろう。トリュフォーはリュミエールのようにワンショットの回しっぱなしにしているのではない。時代の再現モードに無意識に従っていたのかもしれないが、撒水夫の登場の後、子供がホースを足で踏むカットをアップで加えていたはずだ。つまり、物語の効率的な語り口に従って、このワンシーンを数カットに分割し、最後にベルナデット・ラフォンを撒水夫の前にフレーム・インさせ、脱線した物語を本筋へと引き戻していた。ここで、ルノワールはリュミエールの側に立つ。

図 1-2　『水をかけられた撒水夫』（1895）

現実を前にした芸術家が、状況にしたがった結果でしかないのだから、リュミエールの『水をかけられた撒水夫』はワン・カットで撮らざるをえなかった。当時の機械はとても操作しにくいので、別のカットを撮るために機械を止め「次はあそこから撮れば話がつながるぞ」などという考えなど思い浮かばなかったのです。〔…〕技術面の難しさと不自由さのなかで、より多くのことを制作しなければならなかったからだ。芸術における自由はたいへん危険なものになる可能性もあるのです。

（『リュミエール元年』）

それに対し、ロメールは「映画は何よりもカットの連続から生まれる芸術なのだと考えついたところから発展したのです」と反論する。その後、ラングロワを交え、リュミエールの演出へと話は移っていくのだが、ここでリュミエールの映画、シネマトグラフそのものへ視線を移そう。それにしてもリュミエールの映画がこんなに面白いのはなぜだろう。一九世紀の光景が、また世界各地の風俗が写っているからか。しかし、それだけで何度見返しても、まったく退屈することがない理由になるだろうか。

2　時間との戦いの記録

今回のプログラムを見ても分かるように、大半の作品はワン・カットで撮られている。「大半」と留保をつけたのは、撮影時か後にフィルムがとんだのか不明だが、時間がジャンプしたり、『エッフェル塔上昇パノラマ』のように、後半がより俯瞰となって、途中でアングルが変わっているものがあるからだ。そして、一本の時間はほぼ五〇秒以内である。その理由はルイ・リュミエールが語っている。

映画はみな一七メートル、一分ほどの長さでした。なぜ一七メートルかという点についていては、

単にネガを入れる箱の大きさがそれ以上入らなかったという理由によるものでした。（同）

一七メートルというと、秒二四コマで約三七秒、当時秒一六コマで回したとすれば約五五秒になる。リュミエールはフィルムのマガジン（箱）を大きくして長く撮ろうとは思わなかったのだ。この長さが決定的である。リュミエール映画はすべて時間との戦いの記録だといえないか。ルイ・リュミエールによって撮影された、一八九五年一二月二八日のグラン・カフェ上映作品の一〇本において、すでにさまざまな時間への取り組みが見られる。最初に撮影された（全部で三回撮られた）『工場の出口』は扉が開かれる瞬間から始まっており、今回上映される第二ヴァージョンは馬車が出るあたりで途切れるが、第三ヴァージョンは扉が閉まるところで終わっている。このようなモブシーンで、偶然にそんなことは起こり難いだろう。『リヨンの写真学会参加者の下船』は参加者がタラップを渡ってくる瞬間から始まり、全員渡り終わりフレーム・アウトして終わる。そのほかの作品では登場人物のアクションによって始まる。『馬芸』では人物が馬に乗るのに成功して終わる。特に物語を導入した『水をかけられた撒水夫』ではアクションが時間内に振り付けられている。それに比べ『コルドリエ広場』の場面は、単に街角にキャメラを据えただけのようにも見えるが、しかし次々に通り過ぎる馬車のキャメラからの距離の変化が狙われているようにも思える。最後の『水浴』は打ち寄せる波と、人々が海から上がり海に突き出した飛び込み台から再び飛び込むアクションが反復されているので、始まりも終わりもない無時間的循環が生起している。

このように初めと終わりを刻印された『工場の出口』と無時間的反復の『水浴』を両極として、リュミエールのシネマトグラフは限られた時間との格闘という側面を持つだろう。ルイ・リュミエール以降の撮影技師たちも、時間をどう定着させるかという課題を背負うことになる。映画がモンタージュを必然化して以降の作品と決定的に異なるのは、この厳密な長さ（あるいは短さ）だ。夜を禁じられた昼間の光の世界であることなどとともに、リュミエールのシネマトグラフの条件である。それがリュミエール社の作品をとんでもなくスリリングなものにする。

だから、コンスタン・ジレルとガブリエル・ヴェールも、そうしたリュミエール的な環境に身をおくことで、明治期の日本の映像を残したといえよう。そのことの意味は、ここでふれられなかったリュミエール作品の空間的側面とともに改めて問い直さねばならない。ガブリエル・ヴェールの場合、すでにメキシコでの『ピストルによる決闘』（一八九六）と『馬の水浴び』（一八九六）の間に、『工場の出口』と『水浴』に似た葛藤が形成されていないか。またインドシナで撮られた『ナモの村落　駕籠から撮影されたパノラマ』（一八九九または一九〇〇）の駕籠の揺れをそのまま伝える躍動的なトラックバックの魅力はどうだろう。そこには一九三〇年代の清水宏やフランス・ヌーヴェルヴァーグの画面がすでに存在することへの驚きを呼ぶ。後はシネマトグラフによる明治の日本に目を向けることが残されている。一例のみ挙げれば、ヴェールの日本での撮影による『田に水を送る水車』（一八九八または一八九九）は確固とした始まりがありながら、水車の回転運動とともに終わりなくフィルムも永遠に回り続けているようではあるまいか。

［付記］その後に見た『田に水を送る水車』の別プリントでは、農夫が水車から降りるところまで写されていた。どちらが魅力的かはいうまでもないだろう。

（『キネマ旬報』一九九五年一二月上旬号、キネマ旬報社）

物質的な映画の可能性

反遠近法の饗宴としての「層」

1　一〇〇年前のフィルムを見る意義

映画一〇〇年といいながらも、なぜか薄められた祝典としてしか「映画」が捉えられなかったような気がしてならない。リュミエールやメリエスやゴーモン社といった映画草創期の貴重な作品が上映されようとも、回顧的な眼差しと教養主義的な言説によって、映画史の古典の確認に終始した印象が拭えないのである。いくら何でも、見る側に映画的な欲望が不足してはいないか。映画の新世紀に向かって、始源の映画は何らかの刺激を現在の観客に与えたのだろうか。しかし、フィルムの未来さえ不確かな時代にあって、一〇〇年前の「フィルム」を見る意義とは何か。

フィルムに一遍も触ったことがなくても誰もが監督になれる時代にあっては、時代錯誤な設問かもしれないし、ましてデジタル時代になれば、ビデオテープというコマの境が見えないという意味で奇妙な帯さえ必要ではないという感慨も浮かんではくる。しかし少なくとも、「映画」というものの秘密の一端は、機械を通さなくとも、そのもの自体によって、時間を視覚化というよりは触覚化してしまう「フィルム」にあると考えられはしないか。病床でフィルムを編集する手つきを繰り返したという小川紳介を思い出すまでもなく、かつて映画人はフィルムを自分の指の間隔や腕の長さが時間の目盛りになるまでに、またビュアーを通さずとも動きを判断できるほど、フィルムを自分の肉体化していたはずである。昔は編集機にかけられないネガ・フィルム、つまり黒白の反転したフィルムを直接、肉眼のみで確認し、アセトンでつなぐのが普通だったのは、『映画渡世──マキノ雅弘自伝』（平凡社、一九七七）にも出てくるエピソードである。

そんななか、「フィルム」の持つ物質的な可能性に徹底してこだわった最初の映画作家がジョルシュ・メリエスであることは、メリエス家の全面的な協力のもとに開催された上映企画「ジョルジュ・メリエス　夢と魔法の王国」で証明されたが、また、映画一〇〇年記念出版としては、いささか型破りな書物も編まれた。「フィルモメモリア・タルホニア」との副題が添えられた『足穂映画論』（フィルムアート社、一九九五）である。ここではその稲垣足穂の映画論とジョルジュ・メリエスの映画そのものを手掛かりに、物質的な映画の可能性の探求を試みてみよう。

稲垣足穂《たるほ》の映画論が今なお、というより今でこそ刺激的なのは、映画を物質として捉える姿勢の徹底ぶりによる。足穂は臭いに引かれるように活動写真を見るのだ。フィルムをつなぐ「フィルム接着剤」の鼻をつくような鋭い香りのする液体の正体を探して、エーテルから玉子の白味、コロヂュームまで試した後、「アミールアセテート、アセトンなどをまぜたもの、或いはアセトンにジェラチン膜を溶解させたもの」にたどりついた。足穂は臭いを吸い込むばかりか、観客席の背後の機械に目を向ける。

　　レンズの前をバタバタ廻る扇形のシャッターと共に、ハンドルによって繰られるのを待つばかりに
　　映写機にはめこまれたあのセルロイドのリボン。

化学薬品や工学技術への偏愛ぶりが玩具愛好と通底し、エディソンやリュミエールの同時代人としての足穂の姿が浮かび上がる。

フィルムが嵌っているアスベストの枠を照射する紫白色の火光、また、わたくしどもを夢心地にいざなう化学と機械学がいっしょになった匂い、これは結局、フィルムと電気、云いかえると、熱したセルロイドやヒューズや、カーボンの尖端の火花から織り出されている。

2　足穂の映画論の核心とは

足穂の映画論の核心とは何だろうか。「タッチとダッシュ」（一九二九）という論考を読んでみる。足穂は、絵画における個性の反映としての「タッチ」を感傷主義として映画において退ける。「或る風景がAならば、映画に現われたその同じ風景はA'である」。こうしたダッシュとは、現実とその複製物であるフィルムの関係に止まらず、フィルムの連鎖自体がダッシュなのだ、という地点まで到達する。「寸分の違いもない、しかし実は少しずつズレている微細画のつながった映画のフィルム」。

ここで足穂が批判しているのは、映画に描かれた本当らしさである。一篇の虚構を成立させている制度であるといってもいい。つまり、観客を語られる物語のなかに投入させるばかりで、決してスクリーンの質感や映写機の扇形の回転シャッターやフィルムのアセトンの臭いに向かわせないことである。人はそれが映画であることをいったん忘れることで映画を見ることが可能となるのである。しかし、映っているものといえば、自然の模像（ダッシュ）を、物語の要請に従って、つぎはぎした写真の帯《リボン》でしかないではないか。それならば、なぜ映画の持つ物質的な魅惑の追求に向かわないのか。映画の仕掛けを忘れさせることで、映画を商品化する連中よりも、映画が映画であることに耐えつつ、というより映画のまやかしを身をもって引き受ける連中に、足穂は映画の未来を託すのである。そして、足穂の五感は、赤いオンドリのマークが蠱惑的な香りを漂わせるパテ社の映画の「機関車の窯《〔ママ〕》のなかから鬼が飛び出し、とたんに汽車が絶壁や噴火口やら、さらに月の世界やらにかけてめちゃくちゃな驀進を開始したり、――奇妙な鳥形の飛行機が立木に衝突してパッと黄色い煙を上げたり、――青い海のなかを珊瑚の林へ向かってこぼれ落ちてゆく色とりどりのマシマロウみたいな船員や荷物を、ぬッとかたえから現われた巨きなおばけ鮫がパクリパクリ食べてしまったりする……」という光景に遭遇する。

　足穂が荒唐無稽なまでの映画の可能性を見出したのは、まず先に引用したパテ社の作品にだが、その記憶はパテ社の作品と相互影響の関係にあったジョルジュ・メリエス作品の記憶と混在してもいるだろう。さらに、もうひとつの道筋はコメディというジャンル、それも強烈に肉体のアクロバットが繰り広げられるスラップスティックにある。その理由は、「コミックとは理知の世界である以上自身すでに機械であり、且つ映画としたときにともなわざるを得ない支離滅裂も、反ってこちらから企てる部分であるという点からして、少なくとも他の徒らにおおがかりなものにおけるほどの破綻はなかったようだからである」。つまり、足穂はフィルムの内容自体に、映画という機械装置と同じように、機械たることを求めているのである。そして、そうした機械としての映画の純粋な具現化を三人の天才の仕事に認めている。チャーリー・チャップリン、ラリー・シモン、ハリー・ラングドンである。なかでも、ラリー・シモンに対する偏愛ぶりは群を抜く。

「オートマチック・ラリー」という一文で、ラリー・シモンを評価する理由は察しがつく。その無性格の性格である。それに比べれば、チャップリンは人情が出過ぎよう。ハロルド・ロイドといったシチュエーション・コメディの名手が無視されるのも、人間の性格喜劇という一点を死守するからであろう。「ゆうべ月から落ちてきた人のよう」という名言で示されるラリー・シモンは「ウサギのようにとんがった両耳と、ネズミのようにくるくるした眼玉と、そして引力とのあいだに或る種の提携が成立しているような軽快な動作」の持ち主で、さらに「かおを真白に塗って、目の周りと鼻柱に、それぞれ円と三角形を黒くいろどっていた」コメディアンであった。足穂はラリー・シモンの特質を「人間人形」と形容する。

実際、ラリー・シモンの映画は、物語のカタルシスを求める人には小さな失望を生み出してしまうだろう。ノーマン・タウログとの共同監督作品『The Bell Hop』(二一)にせよ、『The Show』(二二)にしても(この二本は喜劇映画研究会所蔵の一六ミリ・フィルムで見ることができる)、前者ならホテル、後者なら劇場という限定した空間が、突如、複葉機(機体から機体へと飛び移るアクション)やら、汽車やサイドカーやトロッコによる追跡劇へと理由を欠いた展開を見せ、大掛かりな破壊のアトラクションへと映画を変貌させるのだが、それは観客を安心して物語の流れに身を委ねさせない居心地の悪さへと追いやっている。ラリーの自動人形のような、非人間的なチョコマカした動き——だが、走りだすと、滑走するような不思議な運動感を見せる——が、フィルムを物語の隷属状態から解放している、ともいえる。ラリー・シモンは「オートマチックな世界まで飛び出している」。

3　アクロバティックな遊戯感覚

ジョルジュ・メリエス自身が「人間人形」の偉大なパイオニアであったことは間違いなかろう。彼にとって、フィルムの可能性の追求は、自らをフィルムのなかで、どこまで機械人形として使えるかという探求にほかならなかったからである。止め写しのときのアクションの位置、フィルムを巻き戻して生《なま》合成(撮影時の合成作業)するときの事物と自己の位置とタイミング合わせ。これらはフィルムを時間が空間化した素材として使いこなせたメリエスの才能の現れである。メリエスの映画は、リュミエール作品と違った意味で時間との闘いであった。ストーリーを離れてみれば、メリエスの画面内部には複数の時間の痕跡が共存している。そのアクロバティックな遊戯感覚には感嘆のほかない。そして、その空間はというと、リュミエールと対照的に、反遠近法の饗宴としての「層」の映画の可能性を示している。たとえば、『ゴム頭の男』（〇二）。風船のように膨らむメリエスの頭は、首から下を黒布で隠したメリエスが移動車に乗って、キャメラに近づいていくことで得られた効果だが、これはもちろん奥行きという三次元に属しはしない。また、トランプや黒板や額縁のなかの肖像画や街頭のポスターなどに描かれた人物たちが自作に平面と立体の往復運動を繰り広げることでも、メリエスの主題がどこにあるか明瞭だろう。これらの矩形に象られ、スペースは画面のなかに別の層をつくり出す。あるいは、『月世界旅行』（〇二〔図1-3〕）で科学者たちが溶鉱炉や工場を眺めるショットにおける、手前にある家々の屋根が遠景よりも小さく描かれる逆遠近法も、決して稚拙な表現ではなく、中世絵画のように重要なものを大きく示すという「層」の映画の一側面にすぎない。砲弾発射のショットでは、逆に遠近法が誇張して表現されている。ただいえるのは、メリエスのワンショットは自立した一景であり、ほかのショットと空間的な連続性を持たないことである。

そうした「層」の映画としてのメリエスのなかでも、興味深い一作がほぼ八場面からなる『日蝕と満月』（〇七）である。第一シーンでは、メリエス演じる天文学教授が教室でやんちゃな学生たちに、日蝕の説明を黒板を使って講義している。第二シーンは、教室の上にある天文台で教授たちが望遠鏡を覗いていている。第三シーン、手前の雲が去ると黒バックの上を左右から満月と太陽がたがいに近づいていく。日蝕となり、太陽が月の下に隠れ、典型的な「層」の映画たる様子を誇示する。もちろん、月と太陽に扮したメリエス的な顔の表情がひたすらおかしい。黒の背景の露出の計測を間違ったのか、月と太陽が重なる対角線の中央に位置する台の黒い円の縁が堂々と見えている。あるいは仕掛けの物質性を誇示しているのか。その後はメリエス的ファンタジーの極みというべき次々と星たちの登場する第四シーンである。金星の窓が開き、ヴィーナスが姿を見せ、流れ星の美女が通り過ぎ、三日月と火星が衝突する。火星の軍神と続いて現れた土星の老哲学者は、三日月の美しさに魅せられたように、星から三日月に飛び移り、月の姫を挟んで、シーソーと化した三日月の揺れに興ずる（この三日月シーソーの支柱も見えている）。そして多重露光された流れ星の美女の群れが降り注ぐ、狂おしいばかりの第五シーンの美しさ。第六シーンは天文台に戻る。この映画ではメリエス教授は月や太陽や星には旅行せず、物質としてのフィルム的距離をおいて、望遠鏡を覗くだけなのである。やがて流れ星の饗宴と乱舞に心奪われたメリエス教授は、望遠鏡片手に窓辺に進み、足を滑らせ落っこちてしまう。

図 1-3　『月世界旅行』（1902）

　ここで、メリエスの映画には落下が満ちあふれていることに注目しよう。『鬼婆』（〇六）や『妖精たちの王国』（〇三）、『魔法の飛行船』（〇五）、『5階からの転落』（〇六）といった作品ばかりか、『月世界旅行』や『不可能を通る旅』（〇四）でも主人公たちは月や太陽から海中に落下して帰還する。『不可能を通る旅』では列車が山上から転落するとき、メリエスには珍しいアクションつなぎで、寄りのカットにつながれているようにすら見える。『月世界旅行』では月の崖から、地球に向かって、まっすぐ落下する。そのとき、メリエスには特殊なことだが、落ちる砲弾の複数のカットでワンシーンが構成される。小松弘は『起源の映画』（青土社、一九九二）のなかで、これはアクションの「経過」を意味すると記しているが、同時にこれはワンショットにおけるオフスクリーンの存在を指し示すことになる。つまり『日蝕と満月』に戻れば、天文台の窓からメリエスが滑り落ちたとき、観客の脳裏に画面外の空間が創造される。正確にいえば、フレーム内にある窓の外部の空間である。

続く第七シーンでは、二階の窓から学生たちが見守るなか、やや時間をおいて、メリエスが画面フレームの上から落ちてくる。この即物的な落下が素晴らしい。もちろん吹き替えの人形だろうが、水で満たされた樽に頭から突っ込んだ瞬間、メリエス本人に取り替わる「止め写し」のトリックが使われる。最後のシーンは、教室に運ばれたメリエス教授が弟子たちに水を吐かされたり、体を温められたりする情景だ。だが、弟子たちの看病も空しく、メリエス教授は徐々に動きを止めてしまう。月や太陽から落ちても不死身のように振る舞っていた「人間人形」たるメリエスの死の瞬間と同時に、この美しさに満ちた映画、ただし不吉でもある美しさを湛えた映画は終わる。

4　映画の未開拓の可能性

ジョルジュ・メリエスの映画が落下を扱うときに、異なった次元に映画が変化するのは、なぜなのだろう。メリエス映画で、画面横から人物が出入りするとき、フレーム外は舞台袖でしかない。メリエスにおける上下軸。ここに、映画のひとつの秘密が潜んでいよう。そして、メリエスの映画は人形ですら死ぬという可能性を示す、というより死んでしまうという苛酷さを体現するのである。

時代は足穂の夢見た「人間人形時代」に進んだわけではない。ラリー・シモンのように物語に先行するオートマティスムや、ジョルジュ・メリエスのように反遠近法的空間のなかでのアクロバットを続けたつくり手の系譜が、映画史の主流を占めることはなかった。つまり、物語の支配下にある世界では、時間や空間の予想外の暴走は禁じられたのである。一九二〇年代にハリウッドで確立された映画文法は、物語の効率的な語り口を優先したのである。もちろん、そのなかで優れた仕事は数多い。だが、その限界もあるはずだ。それはフィルムのつぎはぎを、もっともらしさで粉飾したものなのだから。今、リュミエールなり、メリエスの映画を見返すことは、映画の未開拓の可能性と向き合うことにほかならない。こうした始源の映画から、途方もない刺激を受けつつある映画人のひとりに、キャメラマンの田村正毅がいる。彼が若手の監督と組んで撮った、あるいは撮りつつある映画（青山真治『Helpless』〔九六〕、諏訪敦彦《のぶひろ》『鏡に映った私の眼の色は…』、河瀬直美『萌の朱雀』〔九七〕）には、リュミエールやメリエスからの刺激が、監督の方向性を柔軟に受け止めつつ、まったく新しい形に結実していきつつある。『Helpless』においてはハリウッド的な映画文法が徹底的に解体され、現在編集中の『鏡に映った私の眼の色は…』（『2／デュオ』〔九七〕の撮影時タイトル）では単玉レンズ一本だけの極度に条件を切り詰めた現場から、取り返しのつかないリュミエール的な一回性が抽出され、撮影中の『萌の朱雀』では、奔放なメリエス的生合成が試みられるはずである。まったく方法の違う三本だが、人間人形たちの跳梁跋扈する黒沢清の「勝手にしやがれ!!」シリーズ最新の二作（『成金計画』『英雄計画』〔ともに九六〕）などとともに、スラップスティック的な時間の非連続性やメリエス的な空間の非連続性の持つ可能性を踏まえて、それぞれに新たな時間と空間の遭遇へと観客を誘い込むであろう。

（『図書新聞』一九九六年七月二七日）

編集の起源
エドヴィン・S・ポーター

なぜ映画に編集が必要なのか。

この変な設問を歴史的に辿り直してみよう。リュミエールの映画には編集がない。なぜなら、映画＝シネマトグラフはまだ編集を知らなかったからである。このことは否定的に捉えられるべきではないだろう。エリック・ロメールのドキュメンタリー『ルイ・リュミエール』（六八）のなかで、アンリ・ラングロワは言う。「一本の作品は一つのカットの時間だけ続く。映像は偶然のように右から入ってくる路面電車で始まり、左へと電車が抜けていくところで終わる。これが偶然に撮影されたものだろうか。まったく違う。彼らはしばらく路面電車の通過の仕方を観察し、時間を計測してから撮影に最適のアングルを選び、人々が忘れているもっとも驚くべきことを成功させたのだ。つまり撮影機の位置を動かすことなく、極限の要素を一カットで表わすことに成功しているのである」（寺尾次郎訳）。

そしてラングロワは、常にワンカットで撮られていたリュミエール作品にも例外があることを指摘する。『一八九九年の博覧会におけるアオスタ公爵夫人』（一八九九）では、「博覧会の開会式のために撮影機を置いた。馬車が止まる。ところが撮影機のアングルがよくないことに気づいた技師は撮影をやめ、撮影機を少しずらしてから再びまわしている」。ほかの例では『エッフェル塔上昇パノラマ』（一八九八）でも途中でアングルが変わっている。エレヴェーターに乗せられたキャメラは、高さが上昇するにつれ、アングルがよくないと思ったのだろう、途中で、より俯瞰のアングルに切り替えられている。つまり、最初期の編集は撮影技師によって、アングルが対象を的確に捉えきれないと判断されたとき、撮影時に変更されたのである。

ここで、最初の劇映画ともいわれるリュミエールの『水をかけられた撒水夫』（一八九五）について考えてみよう。野田高梧の『シナリオ構造論』（宝文館、一九五二）で物語が以下のように紹介されている。「撒水夫がホースで水を撒いているところへ、子供が来て、そのホースの一端をふむ。水が出なくなる。撒水夫がホースの筒口を覗く。と、子供が足をはなすので撒水夫が濡れ鼠になる」。

もちろん、リュミエールはこれを引きの全景で、ワンカットで撮っている。演出上のポイントとしては、子供が撒水夫の背後から来る、つまり相手に見られずして自分は見えるという位置関係をとることである。この作品は子供のホースをふむというアクションが物語を始動させ、そのリアクションの連鎖として作品が構成されている。

フランソワ・トリュフォーが処女作『あこがれ』（五六）を世に問おうとし、そのなかで『水をかけられた撒水夫』をリメイクし、リュミエールにオマージュを捧げたとき、しかしそのエピソードをワンカットで撮ったわけではなかった。トリュフォーは次のようにカットを割っている。

1　庭師が下手から歩いてきて、ホースを取り、水を撒き始める（FS、フォロー・パン）。
2　ホースが伸びている地面の上に人の影がフレーム・インする。
3　水を撒く庭師（MS）。
4　ホースをふむ足（UP）。
5　ホースの水が止まり、筒口を覗く庭師（MS）。

6　ホースから離れる足（UP）。
7　庭師の顔に水がかかる（MS）。
8　（7の引き）庭師、後ろを振り返り、子供に水を浴びせる（LS、画面前景に、ヒロインのベルナデット・ラフォンがテニス・ウェアでフレーム・インして、脱線した映画の流れを本来の物語に引き戻している）。

では、なぜトリュフォーは細かくカットを割っているのか。特徴的なのは、ホースをふんだ人物が最後の8カット目まで、誰か分からないということである。子供は、カット2で影として登場し、4と6も足先しか画面に見せていないのだ。リュミエールの場合、全体が見えることで、出来事の展開を観客も同時に受け止めていたのに対し、トリュフォーの場合、情報が画面の内容とサイズによって、限定的に知らされていく。いうなれば、トリュフォーはリュミエールをヒッチコック様式でリメイクしているのだ。ここでのアップ・ショットの機能ぶりに目を向ければ、対象をよく捉えようとすることは、同時に情報を隠すことにほかならないということが分かる。そうでなければ、サスペンス映画など成立はしないだろう。ここでの編集とは、欲求不満に陥った観客の欲望を一歩遅れて満たすために使われている。一九五六年では、リュミエールのごとき牧歌的な視線で撮ることはできないのかもしれない。

一気に映画史が六〇年進んでしまったが、リュミエール時代にもう一度戻ろう。メリエス以降、映画は複数のショットで構成されるようになるが、そのワンショットは芝居の一場に相当するものであった。つまり、芝居の場面数がショット数であったといえる。そこで、映画史的に重要な存在となるのが、エディソン社のエドウィン・S・ポーターである。『アメリカ消防夫の生活』（〇二）で、消防馬車が火災現場まで急行する様子が、二ショット重ねられる。これは出来事の経過を示すショットとして貴重なのだが、その二ショット目が馬車のフレーム・アウトにやや遅れ気味にパンをする。すると、火災現場である建物がフレーム・インするのだ。これは、経過だと思えたショットが、キャメラの動きによって、到着へと意味を変えるのである。明らかに映画言語の進化が感じられるのだが、もっとも、この作品の最後では消防夫による赤ちゃんの救出劇が室内と野外で視点を変えて、二度繰り返される。出来事の同時性を表現するためのアクションつなぎやカット・バックという意識が、まだ生まれてないためだという風に、進化途上の例に使われるのだが、ポーターの翌年の作品では、映画において最も本質的な地点にたどり着いている。『大列車強盗』（〇三）である。これも「シナリオ構造論」より引用する。

1　或る駅の電信室

ふたりの覆面した賊が侵入してきて電信技師を脅迫し、まもなくその駅を通過する筈の列車に向かって臨時給水の指令書を書かせる。列車がはいって来て停まるのが窓から見える。

2　給水塔付近

臨時給水を終った列車がやがて動き出そうとすると、それまで水槽の蔭にかくれていた賊の一味がひそかに列車に忍びこむ。

3　郵便車内

ふたりの賊がはいってきて、乗務員との間にピストルの撃ちあいをやり、ついに乗務員を殺して、ダイナマイトで金庫を爆破し、行嚢と貴重品とを奪ってゆく。

4　機関車と炭水車

列車は四〇マイルの速力で走っている。ふたりの賊が郵便車を襲っている間に、他のふたりの賊

図 1-4 『大列車強盗』(1903)

は炭水車と機関車を襲い、ひとりが機関手をホールドアップしている間に、もうひとりは火夫と格闘をはじめ、炭水車の上で必死に争うが〔図1-4〕、これもまた火夫を斃して、それを車上から投げおとし、さらに機関手を脅迫して列車を停めさせる。

5 機関車

機関手は賊どもにピストルを突きつけられながら機関車を列車から放して、百フィートほど前方へすすめる。

6 曠野の中

賊は乗客を列車からおろして金口を強奪し、一人の客が逃げようとするとそれを射殺し、空にむかってピストルを放ちながら機関車の方へ走ってゆく。

7 機関車の在る所

賊は機関車に乗りこみ、遥か彼方へ逃がれ去ってゆく。

8 数マイル離れた場所

賊はそこで機関車を停め、山の中へ逃げこんでゆく。

9 美しい谷間

賊はその丘の斜而を駆けおりてきて渓流を渡り、馬に乗って荒地の彼方へのがれ去ってゆく。

10 電信室

手足を縛られ、猿轡をはめられた電信技師は苦心の末に、漸くの思いで発信器のキイを顎で叩こうとするが力つきて気絶する。そこへ彼の娘が弁当をもってきて、彼の縄をほどき、彼は急を告げるために踉めき出てゆく。

11　西部型の酒場

大勢の男女がクァドリイルを踊っている。そこへ突然、半死半生の電信技師がころがりこんでくる。踊りは忽ち混乱にかわり、男たちはそれぞれ銃を持って飛びだしてゆく。

12　険阻な丘

その丘を馬上の賊の一隊がおどろくべき速さで駆けおりてくると、つづいて一団の人々がそれを追跡してきて互いに馬上の撃ちあいになり、賊のひとりは撃たれて馬から真ッさかさまに落ちる。

13　曠野の一角

漸く追跡をのがれてきた三人の賊が、馬から飛びおりて、行嚢その他の盗品を調べはじめる。そして彼等がそのことに夢中になっていると、そこへ追跡者の一団が音もなく忍びより、再び双方必死の争いになって賊どもはすべて殺される。

14　賊の頭目のクローズアップ

物語のなかでは既に殺されてしまった賊の頭目、それはそのころ紐育《ニューヨーク》の十四番街の曲芸小屋に出ていたジョージ・バーンズという俳優が扮していたのだが、この十四番目の画面では、そのバーンズの扮した頭目が再びクローズアップで現われて、真正面から観客に狙いを定めてピストルを撃つ――。

『大列車強盗』では、『アメリカ消防夫の生活』のように同じ時間を繰り返したりはしない。オマケのカット14を除いて、映画は出来事の進行順に推移する。何も問題はないではないか。だが、ここには映画の歴史でも、ほぼ初めて遭遇した事件が起こっている。端的にいえば、それはカット11の酒場である。そこでは列車強盗の緊迫した局面とは打って変わって、楽しげに男女がカドリーユを踊る情景が描かれている。その情景が一変するのは、襲われた電信技師が飛び込んで急を知らせるカット11の最後の部分である。消防夫が火事の現場に急行したように、電信技師が駅から保安官たちがたむろする酒場へ走るカットはない。代わりに、映画の雰囲気を和ませる踊りのカットがある。しかし、踊りが続く間に、電信技師は酒場に走り、強盗たちは馬で逃げている。幸福感に満ちた踊りの持続は、裏にこうした時間を隠している。言い換えれば、踊りをどのくらい長く見せるかで、駅と酒場の距離が表されている。ここから距離を時間で表象するグリフィスまでは、もう一歩だろう。

だが、ここでより本質的なことは、映画で同時的な出来事を同時に描くことの困難さである。それは、リュミエールが『川の洗濯女たち』(一八九七)で、画面を上中下の三層に分割するようにフレーミングし、三つの異なった時間を提示したときから孕んでいた問題である。世界を同時に流れる複数の時間、それをどう処理するか、劇映画、ドキュメンタリーを問わず映画作家が直面せざるを得ない問題に、映画史が初めてふれた瞬間が、『大列車強盗』のカット11なのである。そこでは画面が描かれていることと描かれてないことの葛藤となった。ここに、編集はオフの空間と時間を意識せずには成立しなくなったのである。

(『映画の授業——映画美学校の教室から』青土社、二〇〇四年)

アリス・ギイ、はじまりの映画作家

リュミエールとメリエス、フランスとアメリカのあいだで

一度、メリエスの気分を味わったことがある。一九九四年一二月一四日、場所はパリのメリエス邸。ジョルジュの曾孫で活動弁士でもあるマリー＝エレーヌ・メリエスが、ジョルジュ・メリエスが『月世界旅行』（〇二）の冒頭で着用した、あの星がいっぱい飾られたマントを僕に着せてくれたのである。姿見で全身を写していると、背後の壁のジョルジュの肖像画がこちらを見ていた。ベルエポックの幻影に迷い込んだ瞬間だった。

僕にとって特別な思い出になったメリエス邸訪問の数日前、リヨンで『工場の出口』（一八九五）、南仏シオタ駅で『列車の到着』（一八九六）を、リュミエールと同じキャメラ・ポジションを探して撮影を試みた。それで実感したのは、リュミエールのフレームの強靭さである。一世紀の時が過ぎていても、そのフレームは「絶対にここでなければいけない」レンズの焦点を指し示している。そして、逆算された時間で、人と馬車、列車のフレーム・イン／アウトをおこなう。

メリエスは、一八九五年一二月二八日のリュミエールのシネマトグラフ公開に立ち会っている（といわれる）。初期リュミエールのフレームの張りに対し、メリエスはフレーム意識を希薄にする。メリエス映画では、観客の視点は画面中央に誘導され、そこで決定的な出現や変身が起き、フレームのイン／ア

ウトに重要性は持たせない。

それでは、もうひとりのパイオニア、パメラ・B・グリーン監督の『映画はアリスから始まった』(二〇一八)の主人公でもあるアリス・ギイの場合はどうか。

メリエスに先立つこと九ヵ月、レオン・ゴーモンとともにアリス・ギイは、リュミエールが催した内輪の会に招かれていた。そこで彼女は『工場の出口』を見ている。当時ゴーモンも映画撮影機の開発を試みていた。彼の秘書だったアリスはそれを知って、映画撮影を担当することを直訴。秘書の仕事を優先することを条件に認められる。

彼女の自伝によれば、最初に撮影した作品は『キャベツ畑の妖精』で、一八九六年のことだったという。ところが、ゴーモン社の作品カタログによれば、これは一九〇二年の作品になっている。作品自体、確信に満ちた演出がなされていて、これが初めて撮られた映画とはとても思えない。『映画はアリスから始まった』では、一八九六年説をとっている。この矛盾を解決するには、現行の『キャベツ畑の妖精』がセルフ・リメイク版と考えるしかない。映画研究者の斉藤綾子によれば、スウェーデンで新発見されたプリントが、一八九六年版だと確認されたとのことで、それが証明された。スウェーデン版を観てみたいが、それが当時ゴーモンの試作した六〇ミリ・フィルムなのか、通常の三五ミリなのか、という疑問は残されている。

『工場の出口』が三バージョン残されているように、映画史はリメイクから始まる。メリエスも、リュミエールの模倣から始めたように、アリス・ギイも、リュミエールの『カード遊び』(一八九六)やメリエスのトリック撮影を何度もリメイクしている。

やがてゴーモン社の製作主任まで務めたアリスは、結婚を機に渡米。一九〇七年までのフランス時代

（製作主任の後任に助手だったルイ・フィヤードを推薦）、一九一〇年に夫とともに映画製作会社ソラックス社を立ち上げ（プロデューサーも兼任）、二〇年まで続いたアメリカ時代を合わせると、監督作品の総数は実に一〇〇〇本に上るともいわれる。特に一九〇五年から〇七年にかけての充実ぶりは凄まじい。同時期に『日蝕と満月』（〇七）を撮ったメリエスと並び、世界映画の先頭を走っていたといっていい。

　アリスはコメディの名手であった。たとえば、マットレス（に縫い込まれた男）が暴れ回る『大酒飲みのマットレス』（〇六）。ソーセージの束を咥えて逃げ出した犬を大勢が追いかける『ソーセージ騒動』（〇七［図1-5］）……。どちらもパリの街中が活劇の舞台となり、画面が躍動する。ここでアリス・ギイは、リュミエールとメリエスを統合してみせたのだ。

　その過程で、歌声を先に吹き込むディスク式トーキー・フォノセーヌ（一九〇〇～〇七年）の演出経験が大きい。ベルエポックの芸人たちが歌い終わり、フレーム外に退場しても空舞台が続く。観客が不審に思うのを見計らって、芸人は再フレーム・インし、最後の挨拶をおこなう。ここではフレームが劇場の舞台を映画空間に変えている。画面外が映画的時空を獲得したのである。

　つまりメリエスが画面内のファンタジーに心血を注いでいたとき、アリス・ギイはフレームのイン／アウトと画面内の開口部のイン／アウトを拮抗させて、野外と室内の画面連鎖を追求したのである。その意味で現在の映画は、アリス・ギイの探究の成果の恩恵を受けている。

図 1-5　『ソーセージ騒動』（1907）

題材の先駆性も凄い。妊娠した女性の性と食の欲望を解放させた『マダムの欲望』(〇六)。アクションつなぎでキャメラがバスト・ショットに寄ると、背景の街が消えて白バックになり、そのことで女性の内面が強調される。あるいは男女の役割が反転した世界を描くSF『フェミニズムの結果』(〇六)。衣裳の持つ格差を主題とした『銀行券』(〇七)。これらは、彼女の映画の物語性と空間把握が高度な結合を遂げた傑作である。

もちろん史劇大作『キリストの生涯』(〇六)も、教会壁画が動き出したような感動を当時の観客に与えたに違いない。最後の晩餐に立ち会った使徒たちの複雑な動き、十字架の重さに崩れ落ちるキリスト、イエスを磔《はりつけ》にした十字架が地面から斜めに立っていくさま、昇天の場の天使の出現……。一方、スペイン各地のドキュメンタリーの数々(〇五)では、起伏のある地形を一八〇度パンで捉える撮影の見事さが際立つ。そこには、彼女の映画空間の拡張への欲望が見てとれる。

アメリカに渡ったアリス・ギイはなお成長を続ける。ここで、メリエスに代わる好敵手になるのが、バイオグラフ社のD・W・グリフィス。アリスが最も作品を量産した一九一二年、グリフィスは六五本撮っている。対するアリス・ギイ＝ブラシェは何とその倍近い、一二〇本もの作品を撮っているのだ。

両者に共通の課題として、家のなか(セット)と家の外景(ロケーション)をどうつなげるかがあり、その処理の進展ぶりの差異が、それぞれの〝映画の将来〟を左右することになる。

アリスのアメリカ映画には、西部劇、犯罪活劇、冒険ものという新たなジャンルが加わった。そこには女装の主題が見え隠れし、先住民や黒人への好意的な眼差しもあり、マルクス兄弟に先んじて鏡のギャグを炸裂させ、垂直の崖や地下水道を活用し、再フレーム・インの技も巧みに用いた。当時のアリス映画を象徴するタイトルを一本挙げるとすれば、『アメリカ市民を作る』(一二)になるだろうか。自分が乗った荷車をロバと妻に牽かせる家父長制の盲信者。彼が妻と新大陸に移住し、改心を遂げる物語である。

映画誕生からの四半世紀を体現した映画人アリス・ギイ。彼女は時代の表現モードの推移を捉えながら、自己のテーマを追求した。そして、一九〇〇年代のフランスと、一〇年代のアメリカ、まさに世界の映画の中心地だった場所で、彼女は映画史にその名を刻んだ。そんな映画人はほかにいない。

アリス・ギイは間違いなく、〝映画草創期の最も偉大な映画監督のひとり〟なのである。

（『キネマ旬報』二〇二二年四月上旬号、キネマ旬報社）

犯罪都市パリが夢見た活劇
ルイ・フィヤード『ドラルー（吸血ギャング団）』

一九〇五年、ルイ・フィヤードは世界最初の女性監督アリス・ギイの脚本担当としてゴーモンに入社し、翌年には監督となった。追っかけ喜劇を撮って好評を博していた彼の転機となったのは、『ファントマ』五部作を世に放って、連続活劇のブームをつくった一九一三年。そして、よりスケールアップした新シリーズを開始する。一五年から翌年にかけて発表された『ドラルー（吸血ギャング団）』一〇部作がそれである。全篇で八時間二四分にもなる怪物的な大長篇で、一篇が短いもので一七分、長いものでは一時間強もあり、実に想像力をかきたてられる題名がついている。「第一篇・切られた首」「第二篇・人を殺す指輪」「第三篇・赤い暗号文」「第四篇・幽霊」「第五篇・死者の逃亡」「第六篇・魅惑する眼」「第七篇・サタン」「第八篇・雷の支配者」「第九篇・毒の男」「第十篇・血塗られた婚礼」（直訳。ちなみに『ドラルー』の原題は『LES VAMPIRES（吸血団）』）。

『ドラルー』の各篇は、それぞれがパリという街に巣食う陰謀と妄想の網の目の一片といえよう。新聞記者フィリップが相棒のマザメットとともに、「吸血団」という犯罪組織と闘うというのが物語の骨子になっている。吸血団の首領は、医者や貴族など、さまざまな変装で登場する大吸血鬼である。

第一篇はドクター・ノックスの館を訪ねたアメリカ人富豪シンプソン夫人の宝石の盗難事件を軸に、額縁の裏の隠し戸から刑事の首の入った箱が見つかるまでの話だ。秘密の抜け穴から脱出した黒装束の大吸血鬼がパリの屋根を歩き、壁を伝って降りてくるのをパンで追ったラストの画面に、都市の暗黒面の奇妙な魅力が放たれる。劇場の楽屋から始まる第二篇では、伯爵に化けた大吸血鬼が踊り子に毒針のついた指輪を贈る。蝙蝠の衣裳を着けた踊り子が天井から降りてくる舞台を奥に、伯爵のいるボックス席を手前に配した当時として驚異的な奥行きを持った画面が素晴らしい〔図1-6〕。キャメラは舞台に寄って、蝙蝠の羽を広げた踊り子の体がゆるやかに崩れ落ちる瞬間を捉える。痙攣する美とはこの場面のためにある言葉だ。第三篇に移り、ミュジドラ扮する女盗賊イルマ・ヴェップが登場する。どことなく愛嬌を漂わせる、目だけくりぬかれた黒頭巾から全身透けそうな黒絹のタイツまで、黒ずくめのエロティシズム。フィリップは吸血団の暗号を解読し、イルマが歌うキャバレーに向かう。看板を見たフィリップは、イルマ・ヴェップの文字が吸血団のアナグラムであることに気づく。ここでアニメーションのテクニックが使われ、「IRMA VEP」の文字が動きだし「VAMPIRE」に並び変わるのである。フィリップの視点による鏡のショットのなかでは、女中に化けたイルマがベッド脇の水の容器を取り替えているのが映る。この後、

図1-6 『ドラルー（吸血ギャング団）』（1915-16）

宝物を隠した地図とか、室内から航海中の船を撃沈する大砲や、舞踏会の客を眠らせる催眠ガス、橋から飛び降りた列車上の銃撃戦など、心臓の震えが止まらない展開が続く。各篇を追うごとに催眠術師やサタンや化学者や偽イルマが登場し、悪漢たちも敵味方に分かれ、諜報戦を繰り広げる。まだ切り返しショットが発明されていない時期だけに、全景での芝居が多く、アップ・ショットがときおり挟まれる位の簡潔なデクパージュがかえって新鮮で、大吸血鬼を閉じ込めたトランクが車から降ろされ、河に落とされるときのロング・ショットの生々しさには、思わず息を呑むばかりだ。

『ドラルー』はリアリズムとファンタジー、つまりリュミエールとメリエスの奇跡的な融合である。パリの屋根の下、怪しい屋敷や路地、フォンテンブローの森。当時の観客は、パリで今まさに犯罪が進行しているような臨場感を味わったことであろう。フランス政府は良俗を乱すという理由で上映禁止の処分にする。フィヤードは主人公を善玉にすればいいだろうと、刑事を主役に次のシリーズ『ジュデックス』(一六)を開始した。

長らく忘れられていたフィヤードは後年、シネマテーク・フランセーズの創設者アンリ・ラングロワによって復活する。そして、この作品で一躍スターの座を得たミュジドラは、晩年シネマテーク・フランセーズの切符切りをしていたという。

(『映画100物語　外国映画篇　1895―1994』読売新聞社、一九九五年)

D・W・グリフィスの短篇時代

デイヴィット・ウォーク・グリフィスの代表作として、アメリカ初の長篇叙事詩『國民の創生』（一五）、四つの時代の平行モンタージュによる『イントレランス』（一六）、あるいはリリアン・ギッシュを神話的存在にした抒情的メロドラマ『散りゆく花』（一九）や『東への道』（二〇）、その両系列を統合した大作『嵐の孤児』（二一）を知らない人はいないだろう。しかし、D・W・グリフィスが、そこにいたるまでの短篇の時代の過程こそが、映画が映画を発見していく体験として、何ものにも代え難い。

エドヴィン・S・ポーターの『鷲の巣から救われて』（〇七）で忘れ難い印象を残した俳優グリフィスが、最初の短篇『ドリーの冒険』で監督デビューするのが、一九〇八年七月一四日。それから第一次世界大戦が始まる直前の一九一三年に中篇に進出するまでの、およそ五年強がグリフィスの短篇時代だといえる。映画史上、この類例を見ない豊饒のとき。

かつてイタリアのボルゲディーネ無声映画祭で、グリフィスの全作品上映という夢のような企画があった。僕が映画祭に参加したのは二〇〇二年だが、その年は一九一二年のグリフィスの現存する全作品五十数本が公開順に上映された。一九一二年には、六五本撮っている（作品目録によれば、デビューから一九一二年までに四五七本）。この年メアリー・ピックフォード、ブランチ・スウィートらの以前からのグリフィス組女優だけでなく、この年の途中にギッシュ姉妹が登場するが（九月九日公開の『見えざる敵』）、まるでグリフィス映画に花が咲いたような美しさが加わったことに感嘆させられた。

それにしても、上映時間が二〇分前後の二巻もの短篇とはいえ、一年間に六十数本という数は尋常ではない。一週間に一本の割合で撮っていっても、追いつかない数字だ。製作順に見ていくと、同じロケーションで、違うジャンルの作品を二本同時期に撮っているのが分かるが、それにしても脚本、ロケハン、キャスティング、撮影、現像、編集を毎週繰り返す生活とは凄まじい。そんななかで、キャメラ・ポジション、撮影技法、編集に新機構が繰り出され、物語の話法が洗練されていく。そもそも、最初の作品『ドリーの冒険』からして、映画史的な発明を生み出している。このなかで誘拐された少女が樽のなかに隠される。樽を積んだ馬車が川を渡るときの振動で、樽は川に落ちる。やがて樽は滝から落ち、画面右側にフレーム・アウトしようとする。さて、対象がこれ以上、捉えられない。どうするか。ここで、長年映画を撮ってきたベテランのように、グリフィスはキャメラを引き、滝が画面奥に見える川下からのロング・ショットにつなぎ、流れる樽のアクションを追い続けるのである。対象がこれ以上捉えられないなら、キャメラを手前に引いていけばいいという、当たり前のことが、しかしこれ以前におこなわれた例があるだろうか。それまでの映画は、場面自体を変え、別の場所に対象が現れるという演劇的な画面連鎖で構成されていた。

その後も、グリフィスは映画史を更新し続ける。『女の叫び』（一九一一年三月九日［図1-7］）と、そのリメイクといえる『彼女と彼女の信頼』（一九一二年三月二八日）を比較してみよう。若い女性が駅舎でひとりでいるところに、現金を狙った二人組の強盗が侵入する。女性は部屋に鍵をかけ、電信で助けを呼ぶ。恋人が汽車に乗り、助けにいく。間に合うか、という「グリフィス最後の救出」と呼ばれる空間に時間の要素が加味された典型的作品である。両作品とも、室内はスタジオのセット、屋外は実際の駅のロケーションで撮られている。駅舎はふたつの部屋があり、玄関から遠い方の窓のある部屋に女性は閉じ込められる。ここで電信を打つ女性は画面の狭い方を向き（広い側は空舞台になる）、電信を受ける遠く離れた駅員は画面の逆側でやはり狭い側を向いている。ここで両者をカット・バックすると、両者の画面位置はお互いの空舞台にずれ、両者の視線はフレームの逆側で交わらない。二作品で女性と駅員の位置関係は逆になるが、狙いは同じである。『彼女と彼女の信頼』では、中央にもうひとりの電信に無関心な駅員を置き、だんだんと関心を示して近づいていくという細かな演出的配慮が加わる。この後、電話が離れた場所に移行する手段になり、情報が伝達される話法として活用されることを考えると、その祖型といえ、しかも構図にこれだけの配慮がされていることへの驚きは大きい。

そして、ロケとセットをつなぐものは、扉であり、窓である。この描写において、一年の間に大きな進展が見られる。『女の叫び』においては、これは同じ扉であり、窓であるようには見えない。質感も、光も違う。『彼女と彼女の信頼』では、外から扉を開けようとする強盗と内から閉めようとする彼女をカット・バックさせ、扉の開閉のアクションつなぎをおこなう。窓では、単に外から覗き込む強盗と内で怯える彼女をカット・バックするだけではなく、彼女の背後の窓に強盗をフレーム・インさせ、同一画面に両者を収めることで、緊迫感を高める。こうして、本来別のものであるロケとセットの駅舎が、映画上で同一の空間として受け入れられるのである。

図 1-7　『女の叫び』（1911）

列車から降りる強盗を捉えるキャメラ・アイも、その動きの必然性、駅員から見えない場所に隠れる強盗を同一画面に収めるロー・ポジションの発見という長足の進歩を見せる。もともと、演劇の舞台の全景を平土間中央の観客の視点から収めるのが基本であった初期映画が、キャメラの位置を多様化していくことになったのは、メイン・ポジションが演劇のように一方向からではないロケーション撮影と向き合うことになったからである。そのことは、セット撮影にも反映していく。すでに『女の叫び』において、部屋で怯えるブランチ・スウィートの場面で、部屋全景から彼女のミディアム・ショットへ直結するというカット割りが試みられる。さらに鍵穴や拳銃に見せかけたスパナのアップが撮られるのである。このアップ・ショットの試みは、『彼女と彼女の信頼』では鍵穴に挿入される弾丸へと発展され、人を驚かさせる生々しさを生み出していた。リリアン・ギッシュの美しさに打たれて、キャメラを近づけたという「クローズアップの発見」の神話を否定しようとは思わないが、物語の話法上のアップの試みは、グリフィスにおいて、リリアン・ギッシュがデビューする前の一九一〇年から一一年には試みられているのである。

とはいえ、セットの室内で、背景は一方向ではある。これが逆側（舞台では観客側）に拡大されるには、今しばらくの時が必要になる。その突破口になったのは、『國民の創生』での観劇中のリンカーン暗殺シーンである。ここでのメイン・ポジションは、手前が後方斜めからの観客席、奥に舞台、舞台上手の桟敷席である。そして観客席後方に座っているリリアン・ギッシュのミディアム・ショットがマスクで囲まれ、歴史の証人たるギッシュの視線が強調される。これで、四面中、三面が視覚化されたことになる。そこで入場するリンカーン大統領や桟敷席裏で警護する護衛官、隣の桟敷席で待ち受ける暗殺者等が、細かくカット・バックされていく。暗殺の成功後に、桟敷席から舞台に飛び降りる暗殺者役のラオール・ウォルシュ（！）の動作が演劇の舞台を現実の舞台に変貌させる。舞台上の全景を映画のフレームとすることで始まった映画史が、その観客側からの一方向の制約を破るのに必要となる空間が、舞台を含む劇場であったことのアイロニー。ともかく、ここからヒッチコック的、あるいはフリック・ラング的劇場空間への道も開かれるのである。
ただ、映画の進化論にのみ目を向けることの弊害もあろう。グリフィスの初期作品のなかには、驚くべき魅惑を体現した映画が何本も含まれるからである。そのなかでも偏愛している一本を語ることで、この章を終えようと思う。グリフィスの一貫した主題に、「閉ざされた部屋への侵入」があるが、開放された空間のみでも、グリフィスの凄さを証明する『不変の海』である。一九一〇年五月五日公開だから、まだアップ・ショットを知らない頃のグリフィスである。すべてロケーション撮影であり、ロング・ショットしかない。彼が何度か映画化したリップ・ヴァン・ウィンクルものの変形であり、身重の妻を残して、漁で遭難した夫は離れた浜に打ち上げられるが、記憶を喪失する。残された妻が産んだ娘が成人するまで描かれるので、二〇年は経つのであろう。そうした長い時の流れを描くのに、ここでのキャメラの軸は三つのみである。右手に小屋が並び、左手が海になる奥行きの深い浜辺、浜辺ナメの海、最初の逆構図。これだけである。決して同じではないが、同じように反復する波の波動が、無時間的な時の流れをもたらす。同じ構図であるから、帰らぬ夫を思い海に向かう妻が年老い、生まれた赤ん坊が恋人を持つまでの時の流れの残酷さを際立たせる。ここまでの簡潔さで映画が成立するという奇跡。観るたびに感動は更新される。

（書き下ろし）

古典映画の完成
F・W・ムルナウ『サンライズ』

フリードリヒ・ヴィルヘルム・ムルナウの『サンライズ』（二七）の素晴らしさとは、円熟期に入った映画の天才のひとりが、最高の条件を与えられ、思う存分自由に腕を振るった作品であるからです。当時世界最高の撮影所だったドイツのウーファの映画技術がハリウッドに移植されたからでもあります。実際、この映画の素晴らしさを語りだすとキリがない。平凡なショットがひとつもないのです。すべてのショットに、これほどの創意工夫が凝らされた映画はほかにないでしょう。

『サンライズ』を語る前に、補助線を引いておきます。映画における「悪」の歴史です。悪は映画にとって魅力的な主題であり、対象です。映画と悪は相性がいいのです。これが善を対象とすると、映画を撮るのがとても難しくなります。多くの偉人伝映画の退屈さを思い出してください。善人を描いて人を感動させられるのは、ジョン・フォードのような天才に限られるのかもしれません。

ドイツ表現主義時代のムルナウは、『ノスフェラトゥ　恐怖の交響曲』（二二）、『最後の人』（二四）、『ファウスト』（二六）等で、こうした悪への誘惑を描ける第一人者といってよい存在でした。『ノスフェラトゥ』を今見ると、パンデミック時代の予言に満ちた作品と受け取られるでしょう。ウィリアム・フォックスに請われて、ハリウッドに乗り込んだムルナウの宇宙に起きた化学変化、それがどのような意味を映画史に与えたのか、また映画世界を変革したのか。すべては『サンライズ』の画面に刻印されています。『サンライズ』は、ウィリアム・フォックスが、金に糸目をつけずつくらせた作品です。娯楽映画の会社のイメージを払拭するため、フォックス社も芸術映画をつくれることを示したかったのです。そこで、ハリウッド映画にドイツ的な感性が持ち込まれました。監督、脚本、美術監督はドイツ人です。もうひとつ伏線があり、撮影のチャールズ・ロシャーは、当時アメリカの恋人と呼ばれたメリー・ピックフォードの専属キャメラマンでした。彼女とダグラス・フェアバンクスが結婚し、その欧州旅行にロシャーも同行します。ロシャーは、欧州最大の撮影所だったウーファと一年間契約します。そこで、ムルナウの『ファウスト』の技術顧問になり、ドイツの撮影術を学びつつ、ハリウッドの技術も伝えたわけです。

当時、グリフィスからエイゼンシュテインにいたるまで、対比のモンタージュが多く使われていました。美と醜、善と悪、裕福と貧乏、男と女といった具合です。構成としては、対比されるAとBの交互モンタージュ、平行モンタージュとなります。その場合、構図を優先した固定画面のモンタージュが普通でした。ムルナウの天才性は、その対比させる一方に大胆な移動撮影を導入したことに現れています。それによって何が起こるかというと、空間がワンショット内で変化するばかりか、主観ショットと客観ショットの移行がおこなわれ、人物のフレーム・アウトから再フレーム・インが起き、観客に時間のサスペンスを与えます。ただし、ショットの終わりは、完璧な構図にもっていきますから、次の固定ショットとのつなぎも対比が生かされた強度のあるモンタージュになります。それも明暗の対比が効いた（逆転した）ものです。

ムルナウも属していたドイツ表現派の表現が何かというと、人物の内面を外界に形象化したわけです。それでセットの遠近感は誇張され、歪むことになります。『サンライズ』の世界もそうです。これは、視点が一ヵ所の固定画面なら容易ですが、それを移動撮影まで拡大したのが、ムルナウなのです。ここで、ロシャーがウーファで学んだ技術が生きてきます。『サンライズ』の移動画面を思い出してください。樹々の間を通り、柵をスムーズに乗り越えるキャメラ移動がどう成立したのか。地上に移動車は引けません。スタジオ天井近く（二重）にレールを設置し、そこからキャメラとオペレーターを載せた台を上下動できるように吊り下げたのです。また、森から湖を経て、都会に行く一・六キロに及ぶ線路を引いたことも、田舎から都会への対比がモンタージュだけでなく推移として表現されたことにつながります。

こうしたムルナウの手法は、長回しと編集のいいとこ取りといえます。ともあれ、ムルナウの映画は、当時のハリウッドの監督たちに大きな影響を与えました。陰影の対比という点ではジョン・フォードに、長回しという点ではキング・ヴィダーに影響していると思います。ただ、一九二七年という年は、『ジャズ・シンガー』が公開される年でもあります。トーキー時代に入り、三〇年代、四〇年代はシーンの間をフェイド・イン／アウトでつなぎ、対比のモンタージュを封印する方向で進んでいます。善と悪の葛藤を描いた『サンライズ』は、サイレント映画の究極の姿を示しています。

（書き下ろし）

アニメーションの原理
メリエス／ゼマン／ブラッケージ

人形アニメーションは、よく錬金術的にたとえられる。死んだもの、生命のないものに命を吹き込む、という。実際そういうものではないか。アニメが実写映画と何が違うかというと、やっぱりひとコマが静止した写真だからだと思うんです。

いわゆる実写は、その意味では静止写真ではない。なぜかというと、実写にはひとコマに「時間」が刻まれている。映画はたとえば、今一秒二四コマですよね。しかし、コマが送られる時間が必要だから、シャッターが間欠運動で閉まったり開いたりする。仮にシャッター開角度が一八〇度だったとすると、ひとコマは二四分の一秒じゃなく、四八分の一秒になるんですね。ひとコマの時間には四八分の一秒の時間が凝縮されている。四八分の一秒よりも動きが速いものは写ってないかもしれないし、ゆるやかに動いているものはその四八分の一秒でぶれてるわけです。

その次の四八分の一秒間はシャッターが閉じていて、その四八分の一秒後に次のコマは飛んでしまう。要するに、現実の時間の半分を写しとっているわけですよね。映写するときも同じで、映ってない闇の時間があるわけです。だから結局、現実の時間の半分を盗んで、それを律儀にスクリーンに戻すのが、映画なんです。

それに対してアニメーションは、四八分の一秒の持続がないんです。そのコマに「時間」がないんですね。「ぶれ」がない。だから、アニメーションは映写でつくられた時間なんですね。止められた時間が積み重なって動きが再現される。時間のないものが、時間として動いている。映像のなかに映されて初めて見えるもので、これはむしろ映画前史の探求に直結するものといえると思います。

だから、かなり恐ろしいものっていう気がします。劇映画なんかにときどきアニメーションが部分的に使われたりすると、ものすごい違和感を覚えるんです。何か異物が来た、時間が乱されるっていう、そんな印象ですよね。ごく簡単な例でいうと、ヒッチコックの『鳥』(六三)ですね。あのなかの鳥は三種類の技法が混在している。実写と模型と手書きのアニメーションが使い分けられています。人を襲うときは、アニメーションが多用され、シルエットで描かれた鳥が襲ってくる。あの羽の動きは、ああいうふうには絶対実写では見えない。それは表現として強いですよね。と同時に、下手するとあの『鳥』っていう映画のリアリティを壊しかねない感じもする。それは、生きた時間の流れに、死んだ時間が入ってくるっていうことなんですね。

1 アニメーションの「父」、ジョルジュ・メリエス

メリエスはアニメーションをつくったわけではない。でも、アニメ的な表現を生むきっかけの存在とはいえるんですね。メリエスが亡くなったとき、コートに小さな「パラパラまんが」が入っていたらしいんです。パリに取材に行ったとき、ひ孫のマリー＝エレーヌ・メリエスさんに見せてもらったのですが、ボクシングとフェンシングの二冊でした。メリエスはひとりでパラパラやるのが好きだったっていうだけなんです。

これはただのエピソードですけれど、「映画前史」的な動きの探求を含んで考えてみ

ると、リュミエールよりは、むしろメリエスの方が正統といえるかもしれない。リュミエールのつくった映画の方が異常なものなんです。「実写＝映写」の映画をつくり出したリュミエールは、世界の半分を取り出して、持続というものを発明した。一方でメリエスは、パラパラまんがのなかで、コマとコマの間の飛躍を表現した人なんですね。時間の切断の発見者。メリエスの変身譚は、奇術の延長の世界ですが、これはアニメが得意中の得意とするものですよね。そのメリエスの延長線上で、映画とアニメーションの境界を探求したのが、カレル・ゼマンです。彼の作品は実写とアニメーションがコラージュされ、二次元性と三次元性が共存し、銅版画が生命を得て動き出したような摩訶不思議な世界が展開されます。彼の作品のタイトルを借りていえば、『悪魔の発明』（五八）そのものです。

2 スタン・ブラッケージの問いかけ

平面のアニメーションを考えたとき、ふと思い浮かぶのは、スタン・ブラッケージなんです。彼自身は別にアニメーションをやっているつもりはないんでしょうけど、原理からしたらもうアニメーションですよね。『MOTHLIGHT』（六三）では、ひとコマひとコマ、葉っぱや蛾の羽をフィルムに貼り付けて、それをプリントする。実写を撮ってもそんな感覚があって、何が映っているのか分からないくらいに対象を解体して、コマ単位にバラバラにする。近く『LOVE SONGS』という公開タイトルで、九〇年代後半以降のハンドペインティング作品が公開されます。三五ミリの使用済みフィルムのエマルジョン（乳剤）を剝がしたうえに、ひとコマひとコマ絵具で描くんです。だから部分的に、剝がし残しがあるんじゃないかな。それを一六ミリで再撮影する。トリミングしたり、カメラが動いたりするんです。何が見えるか試されるような感じですよね。抽象的な色と形がどんどん変わっていくんですが、瞬間的に変わるというより、何となく流れのなかで変わっていく。こんなもの見たことないというくらい、美しい。彼の作品が、カール・リヒターやワルター・ルットマンたちの、いわゆる幾何学的な抽象映画と違うのは、世界に広がりがあるんですね。形がフレームの枠に規定されないから、何か無限に伸びていくような飛躍が感じられる。『DOG STAR MAN』（六一—六四）もそうですよね。多くは実写を使っていながら、極小のものと極大のものを組み合わせ、素材の大きさとかスケール感を破壊する。また、動きやフォーカスのボケによって、フィルム上で違うものに変わってしまう。ブラッケージは何かそうやって世界をつくってしまったから、逆にいうと、自然を切り取るのとそんなに変わらないような気がするんですよ。映画って結局、ひとコマを知覚できないことで成り立っているわけで、ひとコマが分かったら大きなイリュージョンは起きない。

ブラッケージは、もう極限まで、どこまで人はひとコマを見ることができるかに挑戦しているような気がするんですね。原理的にはコマ単位のアニメ的な手法にもかかわらず、できてくる世界は映画的な持続に満ちている。これは相当に凄いことに思えるんです。

（『アートアニメーションの素晴しき世界』エスクァイア・マガジン・ジャパン、二〇〇二年）

多層的な「作品＝映写」の現在形
ケン・ジェイコブス

1　足の映画

「イメージフォーラム・フェスティバル一九九三」でおこなわれた「ケン・ジェイコブス回顧展」はその年の最も刺激的なフイルム・イヴェントであった。長らく名前のみが知られていたシネアストの予想以上の多面性が認識されたのである。ジャック・スミスのパフォーマンスの撮影素材を編集構成した『ブロンド・コブラ』(五八―六三)といった伝説的作品も興味深かったが、ここでは過去のサイレント映画(一八九六年から一九二一年まで)を変型させた作品群を語りたい。

まず最も新しい『キートンの警官』(九一)。ここでジェイコブスは冒頭と結末の数カットを除いて、二三分の映画全体を黒マスクで覆ってしまう。元の画面が見えるのは画面の下部、約四分の一にすぎない。この作品には、三通りの観客が存在するだろう。①オリジナルの画面を覚えている観客、②画面は覚えていない(見ていない)が物語は知っている観客、③全然知らない観客。はっきりいって、この映画を愉しめるのは②の観客に限られるだろう。①の観客は見る必要がないし、③の観客は見てもまったく物語が理解できない。なぜなら、この物語やギャグの数々は画面の中央部で示され(たとえば、拾った財布の札束を抜くギャグや、馬車の上に積まれる引っ越しの荷物、テロリストが投げた爆弾等)、画面下部で見られるものといったら、人や馬の足や馬車の車輪ばかりなのである。②の観客なら、画面全体を推理する愉しみが残されている。もっとも、このシネマスコープ以上に超横長の画面が、自立した実験映画として愉しめるなら話は別だが。ただし、ジェイコブスが上映後、オリジナルのキートン映画を上映したことを鑑みると、やはりオリジナルとの関係で意味のある映画だと捉えるべきだろう。

では、なぜキートンの映画なのかと考えれば、ほとんどロング・ショットでできているということではないか。したがって、常にキートンの魅力的な足とその走りが見られ、その細やかな動きを堪能することができる。また、後半で画面が俯瞰になったとき、行進する警官隊や馬車で通り過ぎるキートンの顔を目にすることができる（唯一、画面下部が意味の中心性を保つ瞬間か）。ここでのジェイコブスの主題はフレームである。最も貶められている画面下部へ視線を誘うことで、物語産出の機能に隠れて、露呈していながら見えない足の映画として、オリジナルの『キートンの警官』を見直してみようという試みのようにも受け止められるのである。

2　映画の起源と3D

続いて『19世紀をのぞく：1896年』（九〇）。リュミエールが最初に動くキャメラで撮ったショットを3D化したものだというが、小松弘の『起源の映画』（青土社、一九九一）によれば、リュミエール社における最初の移動撮影は、一八九六年初頭に洪水に見舞われたリヨン市の光景を、列車にシネマトグラフを積み込んで撮ったもの（ただし、現存するかは不明）とされるから、最初かどうかは疑問だが、一八九六年という年代は最初期のものといって間違いないだろう。キャメラはおそらく列車や車に積み込まれ、駅や街角、港などを同じ左方向へ移動していく（上下逆さまの画もあるが、移動方向は同じく左——これはジェイコブスがわざと編集したのだろうか）。上映時、ジェイコブスは観客にグレーの半透明のフィルターを配り、左へ移動する前半は右の目に、後半右へ移動するとき（前半の逆回し）は左の目の前にかけるよう指示を出す。フィルターをかけると、確かに手前の列車や並ぶ舟のマストが浮いて見え、風景が実に生々しく映り、確かに観客は一九世紀へと招待された臨場感を味わうことになる。遠景、中景、近景のはっきり区分けされたカットほどその効果は大きい。

では何で立体に見えるのか。そのためには3Dのシステムを説明せねばならないだろう。人間は左右の目の位置のズレで対象の立体感を得ている。同様に二台のキャメラ（レンズ）を人間に両目の幅があるように離して対象を撮影し、左側の映像を左目に、右側の映像を右目に捉えさせることで立体感を得ようというわけである（余談ながら、雄大な風景が箱庭に見えるような立体映像をご覧になったことはないだろうか。それは左右のキャメラを数メートル離して撮影し立体感を出しているため、左右の目の幅が数メートルあるような巨人の見た目になってしまうのである）。方法としては三つ。ひとつはアナグリフ式という赤青メガネを使うもの――ただし、映像はモノクロになる。一九二〇年代にはアベル・ガンスが『ナポレオン』に使用した（ただし、編集でカットされた）。カラー映像で立体を味わうには、プロジェクターの左右に異なった偏光フィルターを付け、スクリーンに左右異なった反射角の光を反射させ、左右の偏光フィルター付きメガネに振り分けるポラロイド式を用いる。この両方式は、メガネをはずせば、スクリーン上に左右の像がダブって見える。最後は、左目用、右目用の映像がひとコマずつ交互に映写され、プロジェクターと同期してシャッターが開閉するメガネをかけて見る時分割式（シャッターメガネ方式）である。どの方式でも撮影と映写が面倒なこと、この上ない。

さてジェイコブス映画に戻れば、スクリーンに左右の複数の像が映っていないにもかかわらず、立体視が可能だ。その秘密は、片目にフィルターをかけることで、ひとコマの映像が遅れて知覚されることによる。左目が現在スクリーンに映っているコマを見ているとすれば、フィルターをかけた右目は少し前のコマを見ているのである。キャメラは左へ移動しているわけだから、左目は右目より左側に少しズレた位置から対象を捉えることになる。一台のキャメラ映像でありながら、左右の目に送られる情報の時間差から複眼的効果が生み出されるわけである。まさにコロンブスの卵的発明ではないか。（左右以外には）動かない対象を横移動で捉えた画面なら、原理的にはフィルター一枚で立体視が可能というわけである。

3 フリッカーに生起するイリュージョン

『チェリーズ』（八〇年初演）は、そうした複眼的な立体効果ではなく、運動による立体感が追求されているようだ。特別に作られた二台の映写機（コマ送りと静止が可能であり、左右に動くマスクと映写機の前で回転するプロペラが光を遮る）で、まったく同じプリントを少しズラして映写するパフォーマンスである。上映される映画は、一九二〇年頃のフランスの田園ポルノとでもいうもので、オリジナルは五分位、一〇カット程度の作品である。それを音楽付きで一一〇分から一二〇分程度に引き伸ばして上映しようという企てなのだ。

ズレたり、合わさったりするタイトルの後、強烈なフリッカー（全篇にわたり観客はこの光のシャワーを浴びることになる）に目を射られているうち、何が映っているか少しずつ理解しはじめる。光の粒子の踊りと見えたものは樹の葉のざわめきであり、森のなかにはふたりの女性が姿を見せている。やがて片方の映像が先にカット変わりし、しばらくふたつの画面が、互いに形態の強さを争うように微妙に変化しながらスクリーンに交錯する。次いで木登りをしながらスカートをはためかせる女に、ひとりの紳士が近づいていく動きが次第にはっきりして、たえず繰り返される。というより、静止した、少し位置のズレたふたコマの映像が二台のプロジェクターから映写されている。ひとコマが五分間続くこともあるそうなのだ。その固定したふたコマが、上下左右に移動するプロジェクターやレンズ・マスク、シャッターの機能を果たすプロペラで遮られたりすることで、実に微妙な動き（と、それによる立体感）が人工的につくり出される。動かないフィルムでさえ、多彩な変化が起きるわけだから、片方（もしくは両方）のフィルムのコマが送られれば、どれほどの効果が得られるか信じ難い位なのだ。フリッカーのなかに生起するイリュージョンは、一秒二四コマの世界では絶対に体験不可能な質のものである。

ジェイコブスは、このフィルムが室内ではなく野外で撮られていることの重要性を強調していたが、画面の全域に動きが派生していることの意味は大きい。やがてふたりの女とひとりの男は、地面に寝ころがり、快楽を貪っていく（女の体の向こう側ではフェラチオが始まっているようだ）。ふたりの女の巨大な尻と太股が、揺れる樹々と草を背景に白い量感――ざわめく画面は複眼的な立体というより量感という言葉がふさわしい――を誇示する。極めつけは、嵐の効果音が響く黒味を挟んで、仰向けに寝た男の上に女も仰向けに寝て、男根が女陰に出入りするさまを正面から捉えた、あられもないカットである。永遠に続くかと思える動きの反復に眩暈に襲われ、光の洪水のなかで世界は白日夢のようでもある。ときおり顔を向ける女の表情の明るさが田園を吹き抜ける風とともに印象的だ。

4　見ることの多層性

『トム、トム、笛吹きの息子』（六九―七一［図1-8］）は「構造映画」の先駆的傑作として、日本では名ばかり有名であった。一九〇五年に、後のグリフィス映画のキャメラマンとして有名なG・W・ビッツ

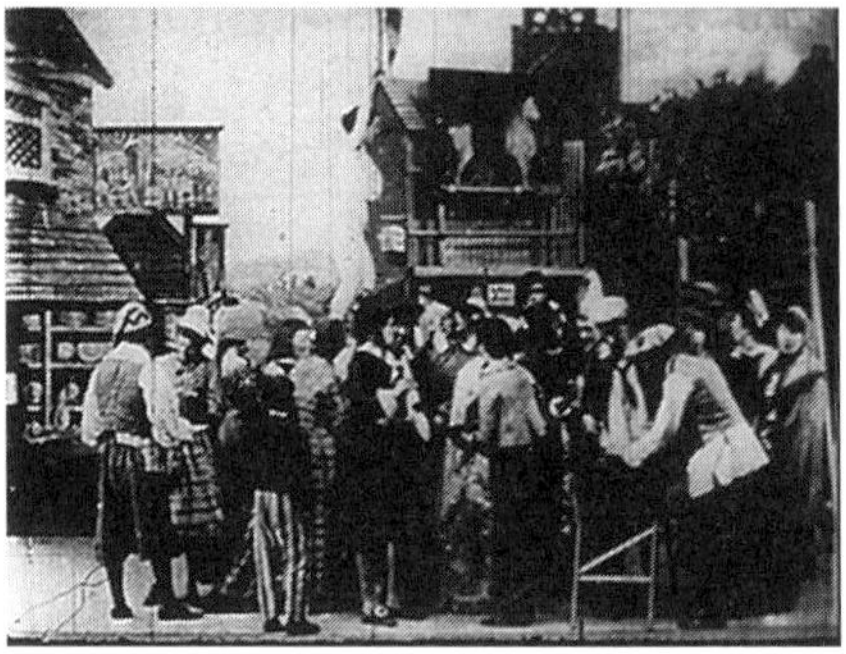

図 1-8　『トム、トム、笛吹きの息子』（1969-71）

アーが撮影（演出も?）したオリジナルの映画がまず映される。七景ほどの舞台の固定ショットで構成される一〇分位の作品だ。書き割りの背景に家のセットを置いただけの舞台で、大人数がひしめく祭りの情景から、犬を連れて逃げ出した男が家や井戸に隠れたり、追いかける群衆が煙突や屋根からすべり落ちたりというドタバタ喜劇である。オリジナルが終わると、ジェイコブスは画面の一部を拡大し、ひとりの動きをスローモーションに、また反復、逆転を繰り返す。網渡りの芸人の姿も同様に動きを変型させる。スクリーンの粒子が拡大し、点描法のようにも見えるので、まるでスーラの絵が動き出したようにも感じられる。こうして各部が次々に拡大され、時間が引き伸ばされていくうちに驚嘆させられるのは、元の映像が含んでいた情報量の豊かさである。

だがジェイコブスはこの段階に止まらない。やがて粒子は思い切り巨大化し、個々のイメージは消滅し、映像はフリッカーを引き起こす。映画は明転し、鼓動を繰り返す。さらに、フィルムのパーフォレーションがはずれ、黒白の縞となった画面が縦に流れていく映像が映る。突如カラー画面に変わり、スクリーンの裏から影絵が投影される（ジェイコブスは3Dシャドウ・パフォーマーでもある）。この部分のみオリジナルの『トム、トム、笛吹きの息子』とは関係を持たない。一種の休憩タイムというわけか。再び『トム、トム、笛吹きの息子』の別カットの中景や細部が分析される。映画は、オリジナル版への注釈として、そこに含まれていた様々な潜在的な持続を引っぱり出すばかりか（共時的空間性を通時的時間へ）、それ自体、自立した単位として、再現されたイリュージョンでなく、イリュージョンの運動を極めて刺激的な退屈さのなかに組織していく。こうした構成が幾度か反復され、一時間近くたった頃、オリジナルの映画が再び上映される。こうして細部の動きを頭に入れてから見直せば、プリミティブと思えたサイレント映画が何と面白いことか。ワンカット内の複数の動きに極めて意識的に反応するようになった観客は、一種の対位法的響きを感じとれるようになる。『キートンの警官』同様、ジェイコブスの試行＝実験は、オリジナル作品の可能性の豊かさを発見させ、一層輝かせるのである。

クリストファー・ローレンスの『エジソンに消された男』（鈴木圭介訳、筑摩書房、一九九二）で紹介された、一八八〇年代にエディソンやリュミエールに先駆けて映画を発明しかけていた男オーギュスタン・ル・プランスが一六レンズ式撮影機で当初から立体映画を試みていたように、立体への夢は映画史の始源に遡る。一映画作家である以上に、こうした発明家の系譜に置かれることで、ケン・ジェイコブスは映画の栄光を獲得する。彼の見ることへのさまざまな挑戦は、映画史の回顧に止まらない。見ることの多層的な厚味に支えられた「作品＝映写」の現在形として、観客を創造的な共犯者へと駆り立て続けることであろう。

（『イメージフォーラム』第一六三号、一九九三年八月号、ダゲレオ出版）

[第Ⅱ部]

コメディ映画

スラップスティック・コメディの誕生

『〈喜劇映画〉を発明した男――帝王マック・セネット、自らを語る』

ハリウッドの栄光の歴史のなかで、最初の大きな事件といえば、一九一五年のトライアングル社の創設であろう。これは当時の三大監督が手を組んだことで成立した。D・W・グリフィス、トマス・インス、そしてマック・セネットである。同じ会社といっても、独立性が強く、三人は別々にスタジオを維持していた。そして、得意分野の違いが、この組み合わせを最強のものにした。グリフィスは文芸映画から歴史劇まで、インスは西部劇、セネットはコメディである。この会社は超大作『國民の創生』（一五）を生んだが、一年半ほどで幕を降ろす。ともあれ、マック・セネットがアメリカ映画史に残した功績の大きさはいくら強調しても、しすぎることはないだろう。「〈喜劇映画〉を発明した男」という看板に偽りはない。

マック・セネットは一八八〇年、カナダのケベックに生まれた。一七歳のとき、一家はアメリカに移住し、マック・セネットは製鉄所の職工をするが、やがて舞台俳優を目指す。舞台デビューが馬の後ろ脚だったという（馬脚の役とは、成瀬巳喜男の『旅役者』（四〇）を思い出さずにはおれない）。一九〇九年バイオグラフ社に入り、前年に監督業を始めたグリフィスと出会う。グリフィスは翌年映画製作の拠点として、西のカリフォルニアに移る。セネットは役者の傍ら、グリフィスから映画製作のノウハウを盗む。それと並行して、脚本を書き、会社に売り込む。一二年に独立し、キーストン社を立ち上げる。そこでのキーストン・コップス（警官隊）による追いかけ、水着美人の登場、パイ投げなど、体を張ったアクションの加速によるスラップスティック・コメデイの面白さを追求し、観客を啞然・茫然と抱腹絶倒の間の不条理へと叩き込む。

『〈喜劇映画〉を発明した男』は、キャメロン・シップを聞き手に、マック・セネットが語ったことを全二六章に構成したもので、原著の出版が一九五四年。ということは、七〇歳過ぎのセネットが若い頃を回想しているわけで、記憶違いや喜劇作家らしく面白く聞かせるための脚色も多い。必ずしも年代順に語られているわけでもないことに注意。「誇張の多い彼の回顧録」と、デイビィッド・ロビンソンの『チャップリン』(一九八五)にも書かれており、そこには「キーストン映画会社の発生と歴史は、そのトップの座を占めていた天才映画人、アイルランド系カナダ人のマック・セネットの長年にわたる虚言癖のために霧につつまれている」とある。だが、こと日本版に関しては、心配無用。喜劇映画研究会代表の新野敏也氏が監訳を担当し(訳は石野たき子)、登場人物や事柄、歴史等に関して詳細な注釈をつけ、事の真偽についても検証してくれているからである。恐ろしいほどの労力が注ぎ込まれている本なのだ。

一九一〇年代は、映画が最も大きく変化した時代である。それは、一九一一年から一二年にかけてのグリフィスの二巻ものを順に見ていけば実感できる。グリフィスは、毎週二本撮りを続けていた。脚本、ロケハン、撮影、編集を含めて、休みなしに。スタジオでの室内シーン、ロケーションによる野外シーン。スタジオでの室内シーンはまだ演劇の舞台演出を引きずっている。それが野外シーンで撮影法が変わってくる、というか、変わらざるを得ない。だいたい、舞台のような正面はないのである。キャメラ・ポジションに角度がついてくる。その角度が変わったショットをどうつないでいくのか。

とりわけ、一九一二年のグリフィスで感動した瞬間は、車を正面からの後退移動で捉え、それから斜めのロングに引いた固定ショットで、車を手前にフレーム・アウトさせたときである。移動と固定のつなぎの発明。そのように、画面の連鎖を二歩押し進めては、一歩後退という繰り返しのなかで、ハリウッドの映画文法の基本が形づくられていく。

東から西海岸への移動も、天候のよさはもちろんだが、狭い地域で、町、海、森、山、砂漠等、ロケーションの変化が得られることが大きい。生々しい外景とつなぐために、セット（特に窓や扉外）の作りも変わっていく。セネットになると、悪漢とそれを追う警官たちの行動範囲を拡大し、アクションの持続をどう表現するか、撮影と編集で次々にアイデアが繰り出される。

草創期の映画製作を語るセネットの語りは絶好調だ。本人しか分からない苦労の数々。撮影所の中心に高い塔を建て、セネットはそこからすべてを監視したとか。そこにはセネット専用の浴槽が取り付けられていたとか。映画キャメラはエディソン社が特許を取っていたので、非合法のキャメラを使い、それがばれないように屈強な警備員を置いたとか（これは一九一七年まで続いた）。それが映画撮影自体の話となると、断崖絶壁を超高層ビルや飛行機のシーンとして使う方法とか。失敗の例として、馬の留め金を外してしまったせいで、役者が凧のように宙を舞ったこととか。「盗み喰いの術」と呼ばれる脇役が主役を喰って目立つ方法とか、パイ投げの極意とか。

おやっと思うエピソードがある。サム・ゴールドウィンとの対話だ。女優を借りにいったセネットに対し、サムは「モノクロ作品のストーリーを何本か彼女のために用意している」と断る。一九二〇年前後の話なのに、なぜわざわざ「モノクロ」と強調するのか。ここで「モノクロ作品」につけられた注釈が素晴らしい。「一九一六年にテクニカラー社によって二原色法カラー・フィルムが開発された。〔…〕コストの関係から当時は全編カラーでなく、導入部や強調したいシーンのみに部分採用されていた」。こういう風に映画史や映画技術史、アメリカ史の勉強になる注釈が満載なのである。ちなみに、グロリア・スワンソンがサロメを演じる二色テクニカラーの絢爛たる冒頭部を持つアラン・ドワン作品を見たことがある。そこは実は夢のシーンで、モノクロの現実に戻ると、彼女はウェイトレスなのだ。

セネットの俳優陣を紹介せねばならない。彼らの多くはキーストン社でデビューし、ほかの映画会社に移籍して大金を稼ぐことになる。ハンク・マン、ロスコー・アーバックル、アル・セント・ジョン、チェスター・コンクリン、ベン・ターピン、フォード・スターリング、チャーリー・チャップリン、W・C・フィールズ、ビング・クロスビー、ハリー・ラングドン、マリー・ドレスラー、グロリア・スワンソン、キャロル・ロンバート、マリー・プレヴォー……。間接的には、アーバックルの弟子としてバスター・キートン。セネットの眼鏡違いで解雇されてしまったが、ハロルド・ロイド。ロイドはキーストン社の最大の宿敵となるハル・ローチのもとに行く。肉体的なスラップスティックを身上としたキーストン・コメディに対し、ロイドはシチュエーション・コメディを編み出す。二〇年代に入り、長篇製作が中心になると、時代はロイド＝ローチ組に傾く。

もちろんセネットには、チャップリンの発見者たる名誉も加わる。セネット側から見たチャップリンの素描は、本書の読みどころでもある。セネットによって、グリフィスの映画作法が、チャップリンの誕生と連続性を帯びてくる。またセネットの脚本チームの一員だったフランク・キャプラによって、ハリー・ラングドンの無垢な個性が開花していく。キートン、ロイドも含め、キーストンから出発し、キーストンを超えていくわけだが、その肥沃な土壌をつくったのは、セネットなのである。

そして、本書の真の主役メイベル・ノーマンド。チャップリンと共演し、共同監督もした彼女に捧げるセネットの愛は尋常ではない。とはいえ、恋人でもあり、雇用主でもあったわけで、その関係の描写になると、純情な青年としてのセネットが、監督・製作者としてのセネット像と乱反射を起こす。驚くべきは、終盤に近づくと、本書はミステリーの趣を呈するのだ。事件は、ケネス・アンガーの『ハリウッド・バビロン』で、ロスコー・アーバックル事件に続いて登場する。ウィリアム・デスモンド・テイラー監督殺人事件のときは、一九二二年二月一日夜。この映画監督協会の会長も務めた名士と（犯人を別にすれば）最後に会っていたのが、メイベル・ノーマンドなのである。セネットはこの元婚約者で、公開前の製作作品の主演女優であるメイベルの名誉を回復するために、証言記録や推理作家のE・S・ガードナーの推論まで引用し、詳細に語っていったのだろうか。そして、註釈はこれを『サンセット大通り』（五〇）へと接続していく。そういえば、ここで殺された脚本家役のウィリアム・ホールデンは、グロリア・スワンソンのために「サロメ」の脚本の手直しをしていた。

このように山あり谷ありの本書は、それが規則のように、終章ではハッピーエンディングへ導かれる。セネットの死は、それから五年後、一九六〇年である。ちなみに、彼の天敵ハル・ローチの死は一九九二年、一〇〇歳であったと日本版は教えてくれる（付録の「銀幕喜劇人小事典」の便利なこと！）。『〈喜劇映画〉を発明した男――帝王マック・セネット、自らを語る』は、映画草創期から生き抜いてきた映画人により映画の秘密が活写されているという点で、わが『映画渡世――マキノ雅弘自伝』（天の巻・地の巻、企画・編集・構成：山田宏一・山根貞男、平凡社、一九七七）と双璧ではあるまいか。

［書評］マック・セネット『〈喜劇映画〉を発明した男――帝王マック・セネット、自らを語る』（新野敏也監訳、石野たき子訳、作品社、二〇一四年）

（『映画芸術』第四四八号、二〇一四年七月）

ハッピーエンディング！

キャプラとラングドン

「ハリウッドにおける、ハッピーエンディングとは何か」との問いには、ハッピーエンドならざる映画を定義することと同時にしか、解答が見つからないのではなかろうか。

たとえば最近では、ジョン・ヒューストンの『アフリカの女王』（五一）の製作過程を描いたクリント・イーストウッドの『ホワイトハンター・ブラックハート』（九〇）において、結末をハッピーエンドにするかどうか、監督と脚本家の対立が描かれていた。過去の例では、『断崖』（四一）で、ケーリー・グラントを殺人犯にするかどうかで、ヒッチコックとプロデューサーの意見の相違があったと聞く。この場合のハッピーエンドの選択は、グラントのスター・イメージの問題であったといえる。ヒューストンの場合、彼自身の悲劇志向があるわけで、それが許されたのは、彼の監督としての出発が四〇年代であったという世代的自由と無関係ではない。

それは、一九三〇年代に確立したハッピーエンディングの原則が、五〇年代に入ると軋みが起きているからだ。「ふたり揃ってハッピーエンド」と歌うモンローとラッセルを捉えたホークスの『紳士は金髪がお好き』（五三）はその一例だろう。またスコセッシがミュージカルへのノスタルジーをこめて『ニューヨーク・ニューヨーク』（七七）を撮ったとき、『ハッピー・エンディングス』なる映画中映画を挿入し、ハッピーエンドに終わらない本篇との距離を導入した。ライザ・ミネリの歌う「素敵な女と優しい男がある夜出会う、やがて波風が立つ、でもラスト・シーンは必ず、川辺でハッピーエンド」の歌詞こそ、「ボーイ・ミーツ・ガール」に始まり「キス・アンド・メイキャップ（仲直り）」に終わるハッピーエンディングの歴史を伝えるものである。それは、三〇年代ニューディールの時代のハリウッドで確立されたのだ。

ここでは、その時期ディズニー社のアニメーションとともに、ハッピーエンディングの代表的存在であったフランク・キャプラの映画に目を向けてみたいと思う。

キャプラの映画は、悲劇に終わる『プラチナ・ブロンド』（三一）や『風雲の支那』（三三）、また秘境ものに属する『失はれた地平線』（三七）を除けば、すべてハッピーエンディングで締めくくられる。『或る夜の出来事』（三四）、『オペラ・ハット』（三六）、『我が家の楽園』（三八）と三度アカデミー監督賞を受賞し、さらに『スミス都へ行く』（三九）、『群衆』（四一）から戦後の『素晴らしき哉、人生！』（四六）へと、想い起こすだけで幸福感に包まれる傑作が次々と産み落とされる。

ただ、これらのキャプラ作品がストーリーの分かりやすさにもかかわらず、決して単調なものになっていないのは、俳優の表情を引き出す力とともに、キャプラの構成力による。絵に描いたようなハッピーエンディングになっていないのだ。たとえば『スミス都へ行く』では、国会で自殺に失敗し罪を告白するクロード・レインズにより、ハッピーエンディングにいたるのだが、丸一日立ったまま演説を続けた末、失神したジェームズ・スチュアートが回復し勝利を知る瞬間は描かれることはない。代わって、揺り椅子に座った議長役のハリー・ケリーの笑顔のフェイド・アウトで映画を閉じるのは、誰にでもできる芸当ではない。逆に、男女のハッピーエンドでは終わるまいと思われた『オペラ・ハット』で、ほかに老婆ふたりしか姿の見えぬ裁判所に熱狂する群衆から逃げ込んできたゲーリー・クーパーとジーン・アーサーの熱いキスで映画が閉じられるとき、またもキャプラにしてやられた幸福感が胸を満たす。キャプラの頂点とも思える『素晴らしき哉、人生！』のラストでの、天使の贈り物である「トム・ソーヤーの冒険」の本に書き込まれた「翼をありがとう」のメッセージを見ながら抱き合うジェームズ・スチュアートとドナ・リード一家の姿に涙しない人はいないだろう。いささか異色に思われるのは『群衆』である。虚像とその凡庸なメッセージが大衆社会に増殖する神話を描いた重要な作品だ。バーバラ・スタンウィックの新聞コラムのなかで、クリスマス・イヴに投身自殺を宣言した虚構の人物ジョン・ドーを演じるはめになったゲーリー・クーパーが神話を実証するため、雪の舞う市庁舎の屋上に立つラストは、余韻の残る異様なハッピーエンディングへと導かれる。

さて、一九三〇〜四〇年代のキャプラのエンディングを俯瞰してきたが、実のところ興味深いのは、彼の長篇処女作『当りっ子ハリー』（二六［図2-1］）である。キャプラは、映画的キャリアをハリー・ラングドンのギャグ・マンとして出発し、ラングドンの前作『初陣ハリー』（二六）で脚本を担当し、次作『初恋ハリー』（二七）を監督した後、監督業への野心を燃やしたラングドンによってクビにされたといわれる。ともあれ、アンチ・ハッピーエンドの俳優ラングドンと、ハッピーエンドの作家キャプラの組んだ『当りっ子ハリー』の歪み方は、尋常なものではない。ラングドンとは、疑問符の意味すら知らない疑問符が人格を持ってしまった役者である。その幼児的な表情、彼の世界では、原因と目的が明確であったためしなどありはしない。事実キャプラも、ラングドンはストーリーやシーンの意味をよく理解せずに演じたと語っ

図2-1　『当りっ子ハリー』（1926）

ている。『当りっ子ハリー』は、第一次世界大戦中、ベルギーで戦う兵士ハリーに来た恋文の女性（一度も会ったことがない）を求めアメリカに渡ったハリーが、手がかりもなしに探し回るという不条理な設定である。乗合バスから落とされたハリーが坂をころげ落ち、曲がり角を曲ってきたバスの屋根に落っこちるという普通のギャグが出ただけで、むしろ人は安心する。女スリを抱いたまま二階に上ろうと、ハリーは階段に後ろ向きに座り、お尻から一段一段昇ってゆくという秀逸な身体的ギャグもある。オチは壁を塗るために置かれた脚立の階段にまで昇ってしまい、反対側に落っこちるのである。後半のハリーが登場する前の田舎町の描写は後年のキャプラを予告するものがある。ミュージック・ホールを経営する町のボスと牧師との対立。そして、その牧師の娘がハリーの探す相手である出鱈目さ。キャプラ自身は撮ることのなかった西部劇的な街の往来のロング・ショットの見事さ。だが、ハリーが登場するやいなや、一挙に画面は安定を失う。ミュージック・ホールの大群衆の上を空中ブランコで暴れ回るハリーを頭上から捉えた真俯瞰の移動ショットは素晴らしい。さらに求めた娘が盲目である設定。しかし、それら物語の要素が、何ら有機的に結びつくことなく終わってしまうことの不気味さは特筆すべきものがある。ラストで、ハリーと娘が並んで歩き去るのも、無理やりキャプラがハッピーエンディングに押し込めた趣なのだ。

さて、キャプラと別れた後のラングドンは信じ難いものを残した。『岡惚れハリー』（二七）。ラングドンが主演ばかりか、自ら監督した作品である。監督ラングドンは役者ラングドンを徹底的に突き放す。ラングドンが彼を叱りつけた憎き男の店の窓ガラスを割ろうと煉瓦を摑むシーンがある。観客は、ハリーが内心の葛藤を抑えたのだろう、煉瓦を後ろの荷車に戻すのを目撃する。しかし、ハリーは深く積もった雪に足を取られたのか、蹴つまずき、荷車の前の取っ手に尻餅をつく。荷台の煉瓦は梃子の原理に正確に飛んでゆき店の窓ガラスを粉々に砕いてしまう。ハリーが壊すことを諦めたがゆえに、壊れてしまう窓ガラス。『岡惚れハリー』では、ハリーの感情はまわりの世界とかみ合うことはない。というより、ハリーの顔こそ、世界のなかで絶対的な孤独として存在する表情の零地帯なのである。そして、ここまで役者ハリーを対象化したのはハリー自身しかいない。ラングドンは完全にハリウッドを逸脱した。

ここで思いいたるのは、ハリウッドにおいてハッピーエンディングとは、「ジャンルの規則」にほかならないことだ。それは、ギャング映画であれば主人公の死が、西部劇であれば去っていくヒーローが、ラヴ・ロマンスであればヒロインの病死が、それぞれ感動的なエンディングとして機能する。つまり、それが各ジャンルにおけるハッピーエンディングといえるのではないか。ジャンルを逸脱しないこと、ラングドンのような分類不能の作品をつくらないこと。それに比べれば、結末が悲劇か喜劇かは、ハリウッド映画にとって、もはや重要なことではない。

話を戻せば、キャプラにおいて、ラングドンの記憶は消えてしまったのであろうか。そうではあるまい。『オペラ・ハット』で周りを皆奇人変人扱いしたふたりの老嬢を思い出していただきたい。彼女らのキャラクターが『毒薬と老嬢』(四一)につながることは明白であろう。決して、キャプラ喜劇は善人、お人好しばかりの世界ではないのである。さらに『波も涙も暖かい』(五九)で、「息子は一一歳の大人、あなたは四一歳の子供」と言わせたフランク・シナトラに、酔っぱらって女を抱いたまま階段を後ろ向きに昇らせ、脚立から落っことしたキャプラであるから、シナトラにラングドンの思い出を重ねているに違いあるまい。

しかし、キャプラはあくまでハッピーエンディングの作家だ。『波も涙も暖かい』のラストは、浜辺でシナトラ親子が戯れる美しい情景だ。時代錯誤の声高き頃、続く『ポケット一杯の幸福』(六一)とともに、キャプラがカラー、シネマスコープ作品を残してくれたことは我々の大きな喜びである。ジャンルの規則を信じ守ってゆくことは、今やより大きな才能を必要とするのだ。『ポケット一杯の幸福』の物語をそっくりいただいたジャッキー・チェンの『奇蹟／ミラクル』（八九）が紙芝居でしかなかったことを考えると、キャプラ的幸福が、どれほど省略の大胆さと演出の繊細さに支えられたものであったか、『ポケット一杯の幸福』を見直すことから始めなければならないだろう。

（『ハリウッド映画100年史』筈見有弘監修、イチムラコレクション、一九九一年）

実写とアニメーションの融合
チャーリー・バワーズ世界

1　スラップスティック＋アニメーション

はたして、チャーリー・バワーズの映画群は、スラップスティック・コメディの文脈のなかに位置づけられるのだろうか。また位置づけていいものだろうか。一九六〇年代のレイモン・ボルドによる再発見以降、フランスで単発的に上映されていたとはいえ、「Slapstick Encyclopedia」ＶＨＳテープ全八巻が一九九八年にアメリカで発売され、その最終巻に『ほらふき倶楽部』（二六）が収録されたことで、バワーズの奇妙な世界が多くの映画愛好家の目にふれることになった。

スラップスティックのコメディアンの系譜を分類すると、チャップリン型とキートン型に大別できる。チャップリンは、意思を持って、周囲に向かい行動する。正義感からの場合も、悪意の場合もある。ともかく、自分の意思で、アクションのスイッチを入れるのである。一方、キートンは巻き込まれ型である。自分の意思と無縁な不条理に、瞬間瞬間に反応を迫られる。どちらの場合も、恋した女性を獲得できるかという枠組みを持つことが多い。

では、バワーズの場合はどうか。『たまご割れすぎ問題』（二六）では、頭上から落ちてくる卵が自分の服を汚したことから、割れない卵の開発に向かうわけなので、当初は、チャップリン的意思である。しかし、その物語が順調に進むことはなく、不条理な出来事が頻発し、気づいてみると、キートン的な超現実世界に取り囲まれて、本人はもとより、観客まで巻き込むことになる。実際、キートン的な世界がお手本になっている節は多々見える。キャラクターとしては、キートンのような一途な青年をお手本にしているようだが、ハリー・ラングドン的な無垢さから、後期に向かうに従い、ラリー・シモンのような白塗りの道化師に移っていく。つまり感情移入できるキャラクターから逸脱していく。善悪の観念を有しているかも疑問で、機械製作の資金がないと、あちこちから部品を盗んで平然としている。確かに、このジャンルは奇人に寛容ではある。

一九一〇年代から二〇年代前半にかけては、短篇コメディの黄金時代だった。チャップリンの短篇時代は、キーストン、エッサネイ、ミューチュアル三社合わせて、一九一四年から一七年。キートンの短篇時代なら、一九一七年（主演・監督作なら二〇年）から二三年。チャーリー・バワーズが主演デビューする一九二六年頃といえば、チャップリンは『黄金狂時代』（二五）、キートンは『キートン将軍』（二六）と長篇の代表作を生み出している時代である。ハロルド・ロイドも、ハリー・ラングドンも、長篇に移行していた。この時期に短篇デビューとは、バワーズは圧倒的に遅れてきた男なのである。しかも、トーキーの足音が聴こえはじめ、スラップスティック自体が凋落の一途を辿り出す、そして大恐慌も間近という時期なのである。

ところが、アニメーションの文脈でいえば、一九一〇年代にカートゥーン・アニメーションを発表するのは決して遅くない。さらに、一九二六年に精巧な模型による立体ストップモーション・アニメーション（パペット・アニメーション）を手掛けるのは、アメリカ・アニメーション界にあっては、ますます先駆者として位置づけられる。だから、バワーズはアニメーターとしては、映画史に残ってきたのである。日本の文献でいえば、作品数は不充分ながら、伴野孝司・望月信夫共著『世界アニメーション映画史』（ぱるぷ、一九八六）で紹介されている。表記は「チャールズ・ボワーズ」である（僕が知るかぎり、バワーズの登場する日本語文献は、もう一冊ある）。

カートゥーン・アニメーションなら、スラップスティック表現はお手のものなので、そこから実写に移るのは、物語レベルでも理解できる。『オトボケ脱走兵』（一八）の車の暴走を実写で表現したくもなるだろう。そして、俳優チャーリー・バワーズが最初に登場する『たまご割れすぎ問題』で、製図台で図面を引くその姿は、まるでアニメーターとしてのバワーズ自身ではないか。何しろ、実写転向の時期まで、彼の「マットとジェフ」シリーズは続いていたのである。

バワーズの独創性とは、この時点で、実写アクションとストップモーション・アニメーションを組み合わせたことにある（「バワーズ・プロセス」と命名した）。実制作を考えると、このふたつは、制作スタイルが水と油、まったく仕事の進め方が違う。一方は計算された瞬発力（キートンがボードヴィル出身であることを想起しよう）が要求され、もう一方は緻密で粘り強い忍耐力が必要となる。制作の手間を考えたら、恐ろしく不経済な結合である。まだ、『キング・コング』（三三）が製作される遥か以前なのである。しかも、共同監督による『キング・コング』の場合、メリアン・Ｃ・クーパーが特撮（ストップモーション・アニメーションは、ウィリス・オブライエンが担当）、アーネスト・Ｂ・シュードサックが俳優演出と、役割を分担し並行して撮影している。バワーズの場合は、ハロルド・Ｌ・ミュラーが撮影兼共同監督としてバワーズ世界を支えているが、特撮（アニメーション）と俳優（実写）の監督が分離されてはいない。アニメーションと映画、どちらも映画世界の表現におけるイマジネーションが作品の質を決定づける。この両者を見事に統合したところに、バワーズの「つむじ風コメディ」シリーズ全一三本が、わずか二年間で産み落とされる。

2　原理

ここで、映画とアニメーションに関して原理的な特質を確認しておくと、映画は現実を基盤にしていて、アニメーションでは創造主であるアニメーターの手作業に基盤を置く。カートゥーン・アニメーション（漫画・平面）ではそのとおりだが、ストップモーション・アニメーション（人形・立体）では、現実を活用し、手作業を加えていくことになる。これをパワーズに当てはめて考えるなら、頭のなかで膨らんだイメージを、平面アニメーションなら自らの手作業で制作可能だが、それを現実（三次元）表現とするには、現実（自分も含めた身体）を基盤としたスラップスティックの枠組みに、立体アニメーション表現による現実の変形作業を加えることが必要となる。

そのことは、バワーズの作品自体に、その原理的考察が隠されている。『たまご割れすぎ問題』の設計図から実物制作の流れは、そのまま平面アニメーションから立体アニメーションへの移行の暗喩でもあろうし、『とても短い昼食』（一八）から『全自動レストラン』（二六）への展開は、それを作品単位で見せてくれる。『ほらふき倶楽部』においては、映画と立体アニメーションの関係に置き換わり、現実と話された内容の視覚化という形で、世界表現がなされている。

多くの特撮映画で、俳優たちの実写とミニチュアの特撮場面が編集された違和感を観客は感じたことがあるだろう。それは両者の空気感の違いだけでなく、画面の遠近感が異なることに起因する。ところが、バワーズ作品にはこの違和感が感じられない。それは、ロケーションであれ、セットであれ、バワーズは両者を同じ場所で（同じ照明で）撮影しているからである。もうひとつ最も本質的な問題は、ストップモーション・アニメーションには、実写のひとコマに含まれるブレがないことである。実写のひとコマには、写っているものの時間性の差異が含まれている。これに関しては、バワーズ作品も免れ得ない。しかし、スケール比の違いがないことで、問題は空間表現ではなく、時間表現の差異のみに限られる。むしろ、その僅かな質の違いが、バワーズ作品の魅力につながっている。観客は、そこを察知して愉しむのである。

3 機械

チャーリー・バワーズの機械とは何か。発明家チャーリーの設計どおり機能しているのか。

『たまご割れすぎ問題』

『たまご割れすぎ問題』〔図2-2〕では、卵を頭上から受けたチャーリーが、自らの意思で、割れない卵の殻を作る機械を設計する。三週間後、完成した機械は、足で踏むペダルをはじめ、卵を転がし、粉や液体を振りかけていく。手に持った鳥籠で卵を受けたり、妙にアナログなのが可笑しいが、お見事というべきか、殻をゴムボールのような柔軟性のある物質に変えてしまう。ここまでは、チャーリーの目的は達成できている。

だが、ここから摩訶不思議な展開になる。なぜか、資本家に成果を見せるのに大量の卵が必要だと強迫観念に駆られるのである。一個あれば、とりあえず足りるのに。卵を産むことを強要され、最後に小さな一個だけ産み落として息絶える鶏の悲劇をスローモーションまでかけて真剣に撮るバワーズとは何者か。実写の部分で驚かされるのが、農家から卵を盗んだチャーリーが逃げ出そうとするとき、車の方から意思を持っているように、方向転換し、チャーリーの逃走を助けるのである（どうやって撮ったのか。人物入れ込みなので、コマ撮りではないだろう）。

そして苦労して集めた卵がエンジンで熱せられ、殻を割って現れた体と腕から変形し、大量のミニチュア車（T型フォード）が生まれてくる。卵が割れるまでは、時間の経過に従い撮影しているが、割れた後は、完成した車からの逆回転撮影になるはずだから、編集で巧妙につないでいるのだろう。チャーリーの唖然とした表情から、もちろん意図した結果ではない。やがて、その子供たちは親の体内に庇護されるように逃げ込んでいく。バワーズのセンスを感じるのは、一台のみ車の下に逃げ込むのが遅れて、オロオロする愛らしい様子を描きこむことである。そして、この異様な事態は、チャーリーの機械とは、とりあえず関係がない。物語として不安なことは、このシーンが現実とも白日夢とも分からないまま放置されることとである。

図 2-2 『たまご割れすぎ問題』（1926）

ともあれ、機械自体は見事に作動した。この機械が何に似ているかというと、二〇世紀の美術家ジャン・ティンゲリーの動く彫刻ではないだろうか。自転車の車輪やら日用品、廃物のブリコラージュとしての作品。回転する歯車が複雑に絡み合う。ただ違うところは有用性を持たないことか。ティンゲリーの作品は、勅使河原宏のドキュメンタリー『動く彫刻　ジャン・ティンゲリー』（八一）にも収められている。彼が動く彫刻を作り出したのは、一九五〇年代末のことだから、両者に関連はない。しかし、チャーリー・バワーズが、フランスで〝ブリコロ〟と呼ばれていることを連想してしまうのである。

『全自動レストラン』

『全自動レストラン』では、レストランが爆発し壊滅したところから、従業員がひとりもいなくても営業できる機械をチャーリーが一週間で製作したわけで、設計通り食品の製造から配膳まで脅威的な効率化を果たしている(まさしく最善以上!)。『たまご割れすぎ問題』では、機械の描写にアニメーションは使われなかったが、ここでコンソール部の背後の食品調理機械の描写に、ストップモーション・アニメーションが本格使用されることになる。特にエキスを加えるため、スープのボールへの斜面を体をくねくねさせながら登り、スープの池に飛び込み、泳ぎ出す牡蠣の動きのユニークさ。その表情も可愛いさと不気味さが混在していて、絶品である。

料理を直接、客のテーブルに運ぶチューブを描いた『とても短い昼食』からの発展形でもあるが、その間に、バスター・キートンの『電気屋敷』(二二)が公開されている。キートンは、調理場から、食堂のテーブルまで、料理を乗せたミニチュア列車を走らせる。チャップリンの『モダン・タイムス』(三六)はまだ先だが、二〇世紀の機械文明にコメディアンたちが反応した作品歴の中核に、バワーズ作品も置かれて然るべきだろう。ここでの調理はオートメーション化され、白手袋をしたロボット・ハンドが工員に代わって手作業をこなすのである。同時代的には、大規模なオートメーション化をアメリカで最初に実現したT型フォードとの歴史的関連が出てくるのかもしれない。

また客たちの欲望むき出しの顔が正面ショットを取り混ぜながら、クローズアップの短いモンタージュで畳み掛けられる生々しいさまは、拡大していく字幕効果含め、まるでソ連映画のようだ。ストライキという主題とも通底しているのか、エイゼンシュテイン『ストライキ』(二四)、『戦艦ポチョムキン』

（二五）のモンタージュや、ドキュメンタリーとアニメーションが結合した、ジガ・ヴェルトフの『カメラを持った男』（二九）との同時代性を考えさせられる。

『ほらふき倶楽部』

『ほらふき倶楽部』では、「ほら話」を競うわけなので、何でもありの世界だが、チャーリーは真実を語っているつもりだ。ここで「万物が実る木」を発明するわけだが、その元ネタは、『全自動レストラン』での缶詰が実る木にあるだろう。ここでも、チャーリーの意図に従って、接木する種類により、目的が達せられるようだが、猫が次から次へ生まれてくるように、チャーリーの計画を超えて、制御不能な状態になる。

バワーズの世界で最も異様なことは、無機物と有機物の一体化である。卵から生まれる車ばかりか、缶詰が生える木とは何事だろう。缶詰の蓋を切って取り出す手間が増えるのに。ここでも、実った茄子のなかから卵と塩の小瓶が出てくる。これを単なるギャグと片づけていいのだろうか。卵がトレードマークのバワーズ作品だが、卵は常に食べられないので（『Say Ah-h!』〔二八〕では、割れないダチョウの卵！）、例外的な場面にもなっている。

会員たちのほら話の違いを見てみよう。『ほらふき倶楽部』は、会員たちの話に対応する手法を使うという話法の面でも注目すべき作品である。会員Aの話は、ムッソリーニのアフリカへの野心を皮肉った時事的なものであるが、議事堂も象もペラペラの写真による平面アニメーションのようだ。つまり下手な嘘のようで、本当に見えない。会員Bの話は、海峡を泳いで渡った自慢話で、手法は実写である。彼の下で自転車を漕いでいた男がいたが、ペダルが故障したというオチである。ここは実写コメディとして撮られ、撮影はとても手間のかかるものだったであろうが、泳ぐ姿に同僚が頭に水を掛けるように、説得力と面白さに欠ける。会員Cの話は、メリエス的な入れ替わり撮影で、コートに隠れた男がみるみる縮小し、帽子のなかに隠れてしまう。入れ替え後は、単純なストップモーション・アニメーションである。それぞれ、平面アニメーション、実写、立体アニメーションと技法が異なるが、ワンアイデアの話でしかない。「くだらん。どれもありそうな話だ」と会員のひとりから言われてしまう。それに比べると、パワーズ・プロセス全開のチャーリーの体験談は比較を絶して、内容、手法ともに、勝負は明らかではないか。この観客の想像力を超えるチャーリーの話を信用するか、しないか。あの「ほらふき倶楽部」の会員たちは、そのまま観客の立場を代行しているのである。

恐るべきパワーズの機械はこれらに止まらない。無機物から生命を生み出す『生命の機械（A Wild Roomer）』（二六）、滑らないバナナを発明するための遠心分離機や巨大顕微鏡の出てくる『バナナだらけ（Many a Slip）』（二七）といった傑作がつくられている。機械が出てこない『Fatal Footsteps』（二六）でも、チャーリーの発明はあり、ベッドのスプリングとギアを組み込んだ靴が、履いた人を跳ね回らせる永久運動を引き起こすのだ。

パワーズの機械のなかでも、最大の能力を持っているのが、『生命の機械』における、ソファーに座った人がコンソールで操作する機械である。この機械は離れた場所にある物を消すこともできるらしいが、逆に生命まで生み出してしまう。すでに『全自動レストラン』で活躍した白手袋のロボット・アームが、綿を中身に白布の人形を作り、顔を書き入れる。ナイフで胸を切り裂き、ハートを埋め込み、糸で傷跡を縫う大手術をする。心臓の鼓動が起き、目が開く。その後、裸であることに気づいた人形は恥じらい、服を着て、靴を履く。人形の表情が可愛いので、連想の対象にはなり難いが、フランケンシュタイン博士の怪物のバワーズ版である。これは、息を吹きこみ、生命を与えるというアニメーションの語源に関わる純粋なメタファーそのものではないか。そして、かなりの時間を使った念入りの場面にもかかわらず、その間、物語は停止し、またこの人形が物語に介入することもなく、独立した映画内映画の趣がある。物語としては、父の遺産を手に入れるため、この機械を別の場所に運ばないといけなくなったが、扉から出ないし（扉はバワーズ世界の重要なキイワードである）、そのためには床に穴を開け、機械を階下に落とすことから始めなければならない。そして、巨大なマシーンが街中の道路を走り出す。この爽快感はバワーズの世界に、街の息吹を吹き込む。キートンの『警官騒動』（二二）の馬車の運動のように。遺産の相続を邪魔する叔父から、爆弾が投げつけられるのも、キートンにならっている。

『バナナだらけ』では、バワーズに滑らないバナナの皮を作るよう高額の報酬で依頼が来る。滑らないバナナとは、何という反スラップスティック的発想だろう。ここでは円筒形の大型顕微鏡が見どころになる。薬品に浸したバナナの皮の表面には靴を履いた細菌がいて、滑ったり、転んだりする。『怪人現る』（二八）のマクレガー君の原型のようでもある。ここでの自宅は、彼の発明の弊害を訴えるため、義理の母親が外出している間の僅かな時間で、あっという間に改築されて、玄関が二階になり、長い階段ができる。地下室にあった実験室は、一階分天井が上がり、機械を置くスペースが確保される。外壁には、遠心分離機を動かす風車が取り付けられる。キートンの『文化生活一週間』（二〇）の奇怪なマイホームに負けない外観である。『バナナだらけ』は、バワーズが実験する過程を細かく描いた貴重な記録＝映画なのである。バワーズの建築は、地下から屋根まで常に穴が穿たれ、上下の運動を可視化することになる。

4 恋愛

では、物語の枠組みとしての恋愛はどうなったのか。冒頭から結末までの枠組みとして一番機能しているのは、『全自動レストラン』だろう。長らく会っていなかった幼馴染みの住む都会へ馬に乗ってやってくる。お土産が鶏と卵と婚約指輪である。八角形に切り抜いた彼女の写真が出てくるので、これが恋の原因とは知れるのだが。『たまご割れすぎ問題』では、偶然、従姉妹と出会う。農家の納屋を制作室に提供を受ける実利はあるものの、男女の仲が進展する描写はない。『ほらふき倶楽部』の場合は、大砲に頭を突っ込んで点火しようとしていたところから倶楽部に招かれるわけで、その原因たる失恋が物語の終わりでもあった。発明家チャーリーの恋愛はここまで全敗ではないか。機械は恋愛に関しては、有効に作動してくれない。ところが、『生命の機械』の場合は、従姉妹と結婚の約束で終わっている。それどころか、『バナナだらけ』では、発明家チャーリーの天才を信じ切っている愛妻がいるのだ。こうして、発明家の恋愛遍歴は終わりを告げるように見える。だが、一九二七年の作品には失われたものが多いので（七本も！）、また異なった展開が用意されていたのかもしれない。

『怪人現る』

そして、謎のスコットランドヤードの迷（？）探偵チャーリー・マクニーシャを演じる、本格的幽霊屋敷もの『怪人現る』である［図2-3］。『Nothing Doing』（二七）では新米警官を演じていたので、チャーリーが一見偉くなったようにも思える。キートンの『化物屋敷』（二一）でも分かるように、観客に何が起こっているかを一瞬で理解させることが、こうしたホラー・コメディのジャンルでは必要である。どんな奇妙な出来事が起ころうとも、空間の位置関係は正確に描写し、またその事態に主人公がどう対処

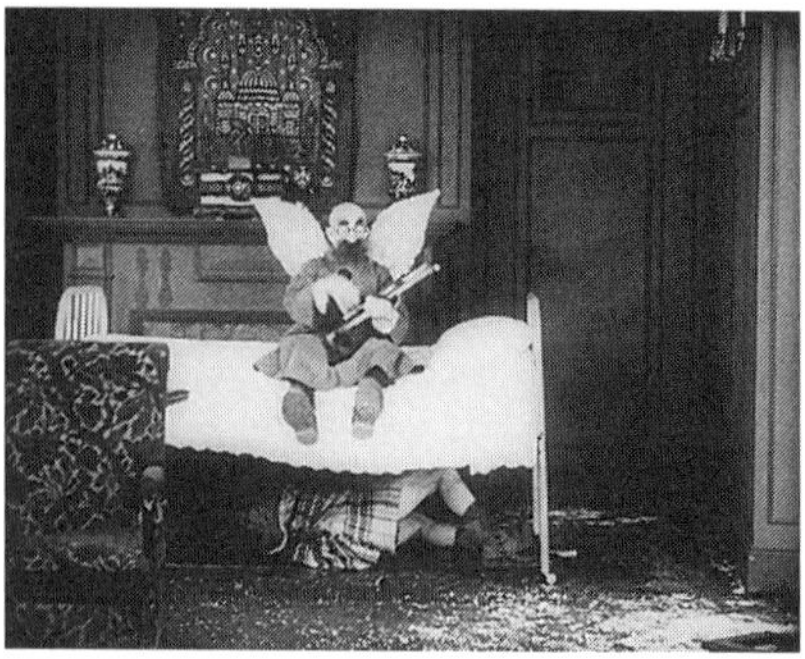

図 2-3 『怪人現る』（1928）

しようとしているのかが伝わらないといけない。キートンの明晰さに対し、バワーズの場合、主人公の反応が追いつかないほど矢継ぎ早に起こる出来事のスピードで勝負していく。

冒頭から、卵から親鶏が生まれるバワーズ印で、この屋敷に機械が隠され、怪人が陰で機械を操作しているのではないかと想像してしまうのだが、そんなことはない。これで逆に証明されるのは、機械を欠いたバワーズ世界は現実感を喪失してしまうことだ。つまり、どれだけ出鱈目に見えようとも、あの機械が存在することで、バワーズ映画のリアリティが成立していたのである。ここでは夢魔的な非現実世界という雰囲気が屋敷内を濃厚に覆う。何しろ、チャーリー探偵が大西洋を越え、ニューヨークの家に辿り着いたときでも、屋敷内の四人は居間のソファーに固まったままで、時間が流れたようには見えない。ここでせっかく怪人を捕まえたというのに、スコットランドでの就寝時間が来たという理由で、あっさり放免してしまう展開のいい加減さ。そして、事件解決とともに急速な恋愛が勃発し、ノミのマックレガー探偵助手ともども、愛妻と子供ふたりをもうけてしまうのである。このバワーズに似つかわしくないハッピーエンディングは、これ以上の展開を閉じてしまいたいのかとすら思わせる。

しかし、そのなかで次々と展開する玩具箱的狂騒世界は、圧倒的なパワーで観客を金縛りにしてみせる。怪人がどう現れるか、どう動くのか、屋敷の開口部の仕掛けとともに、一瞬たりとも飽きさせない。怪人対探偵の騒ぎと並行して、黒人の執事が屋敷を脱出しようとするが、ことごとく失敗する挿話もひたすら可笑しい。彼が持ち出そうとする小包には、幸運のお守りである「ウサギの足」と意味ありげに書かれているが、封が切られることはない。ただ、マックレガー探偵が、その紐を使い、怪人の足に引っ掛けようとはする。それにしても、チャーリーよりも実証的に見えるマックレガーの捜査が、事件の解決に何ら有効に機能しないのも、バワーズ映画ならではの構造である。

そして、最大の悪夢は就寝後にやってくる。その被害者が、チャーリーと黒人執事だというのも奇妙な符号である。頭上から水が降ってくるのは予知できたのか、雨傘を咄嗟に開いてみせたのだが、浴槽に落っこちるのは防げなかった。チャーリーを襲う水難の相は、どこから来ているのだろうか。怪人の主題は、『Whoozit』（二八）に受け継がれる。

ここで、冒頭の設問に戻れば、スラップスティックの極北に、バワーズの「つむじ風コメディ」群は位置するだろう。キートンが卓越した身体性でジャンルの限界を押し広げて観客の予想を超えた地点に到達したとするなら、バワーズは自ら設計した機械の想定を超える作動によって、当初の目的から物語もずれてゆき、終着点の予測できない世界にいたる。『Nothing Doing』や『怪人現る』といった機械が前面に出ない作品（非「つむじ風コメディ」）では、比較的スラップスティックの枠組みに収まっていることでも、「つむじ風コメディ」の特異性が逆に証明される。バワーズ作品のあっけないまでのラスト・ショットは、観客の脳裏に巨大な疑問符を残したまま閉じられるのである。

5　純粋アニメーション

後期のバワーズ作品にも簡単にふれておこう。

『イッツ・ア・バード（It's a Bird）』（三〇）は、バワーズ最初のトーキー作品であると同時に、俳優として出演した最後の作品となる。チャーリーは金属を食べる鳥を探して、吹奏楽団を引き連れ、世界を旅する。さて、この鳥の卵から何が生まれてくるか、バワーズ・ファンにはお楽しみである。

『Believe It or Don't』(三五)、『A Sleepless Night』(四〇)、『Wild Oysters』(四一)は、全篇がストップモーション・アニメーションで、バワーズお馴染みの擬人化された動物キャラクターの世界が展開される。より大衆向けというか、子供向けというか、「トムとジェリー」的なユーモアに満ちている。鼠対猫、鼠対犬、そして鼠対牡蠣! 鼠のベッドがサーディンの缶詰で、ゼンマイで巻き上げた蓋が枕になっているのが傑作である。

『Oil Can and Does』

晩年の異色作というべきが、『Oil Can and Does』(三九)。別題が『Pete Roleum and His Cousins』で、こちらのタイトルで、一九三九年のニューヨーク万国博覧会のスタンダードオイル館に出品されている(残されている両バージョンは、映像・音響ともに異同が多く、しかも不完全版である)。バワーズはアニメーターとしてクレジットされ、タイトル・ロールの声優も務めている。撮影が、ハロルド・L・ミュラーなので、バワーズ・プロセスでつくられたのは間違いない。テクニカラーで撮られたパペット・ミュージカル! そして、驚くべきことに、監督がジョセフ・ロージーなのである。バワーズのキャリアの終わりと、ロージーの監督人生の始まりの作品で、共同作業がおこなわれるとは、何という映画的遭遇であろうか。そして、バワーズの登場する日本語文献のもう一冊とは、ミシェル・シマンの『追放された魂の物語――映画監督ジョセフ・ロージー』(原著一九七九、日本語版、中田秀夫・志水賢訳、日本テレビ放送網、一九九六)のフィルモグラフィにほかならない。ここでの表記は、「チャールズ・バウアーズ」。ここでのタイトルは『ピート・ロリアムと従兄弟たち』とされている。音楽はハンス・アイスラー、編集はヘレン・ファン・ドンゲン（ロバート・フラハティの『ルイジアナ物語』〔四八〕の編集者）と、やはり驚くべき名前が並ぶ。ロージー含めた三人は、一九三〇年代ソヴィエト連邦で文化活動した体験を共有する（ベルトルト・ブレヒト、ヨリス・イヴェンスもいた）。ただ、『Oil Can and Does』の方のクレジットには、この三人の名前が入っていない。この本では、ロージーはバワーズに言及していないが、バワーズのDVDのためのドキュメンタリー『Looking for Charley Bowers』（二〇〇三）のなかで、バワーズを賞賛する言葉が紹介されている。

バワーズは小柄でひ弱な男でしたが、疲れを知らぬ仕事ぶりで、一流のアニメーターであることはひと目で分かりました。まだ若いと言ってもいいのに、疲れて諦めたような顔つきをしていたのがとても印象的でした。彼のやっている仕事は、恐ろしい終わりのない苦役のように思えました。（井上正昭訳）

この作品は録音されたナレーション（ハイラム・シャーマン）に、会場でさらにナレーションが加えられ、観客の反応を取り込む一種のライヴとして上映されたらしい。ロージーは「このスクリーン上の登場人物たちを、舞台と同じように、観客からの野次に答えているようにしたかった。その野次は事前に録音され、フィルム上で同調させねばならなかった」と語っている（巨額の費用がかかるので、この試みは実現しなかったようだ）。これは、推論だが、『Oil Can and Does』の方は映画だけで成立するように手直しされたバージョンなのではないだろうか（だから、こちらのナレーターが、バワーズなのではないか）。

ピート・ロリアムとは、油滴の人形である。油がなくなった地球が衰退していく様子を見せる。もちろん石油産業のPR映画ではあるが、大胆なビジョンで切り取られた世界は興味深い。世界大戦後の予言の映画にもなっている（二〇世紀は、石油をめぐって世界大戦の起こった時代である）。馬車や車が坂道で立ち往生したとき、車軸に油をさして動かす過去の描写。廃墟と化した未来の地上を横移動で捉えていくショットの緊迫感に、ロージーらしさがすでに窺われる（『呪われた者たち』〔六三〕といった核戦争後の世界を描いたSF映画につながっていく）。

ところで、石油は有機物か、無機物か。生物が起源なのか、どうか。有機成因論が有力だが、無機成因論が完全に否定されたとはいえない。つまり、バワーズが作家人生の最後期に、石油というモチーフと巡り合ったことが偶然と片づけられるのだろうか。『たまご割れすぎ問題』で、機械が完成し、試運転する直前、チャーリーが油差しからギアに注油していた姿が思い起こされるのである。

（「チャーリー・バワーズ　発明中毒篇」パンフレット、プラネット映画保存ネットワーク、二〇二二年）

鏡と反復
マルクス兄弟

恐るべきマルクス兄弟と、愛すべきマルクス兄弟がいる。前者がパラマウント時代、後者がMGM時代といえよう。

パラマウント時代（全キャリアといっても同じことだが）の最も狂気に満ちた傑作『我輩はカモである』（三三［図2-4］）は今なお人を唖然とさせ続ける。それはマルクス兄弟の壮大で無方向な愚行に見合った形で、監督のレオ・マッケリーがこの突拍子もないシネ・オペレッタを組み上げたからだ。だが、それはどういうことか。MGM作品を鏡とすることで、『我輩はカモである』の途方もなさが見えてくることだろう。MGMのタイクーン、アーヴィング・G・タルバーグの肝入でつくられた『オペラは踊る』（三五）は、サム・ウッドの入念な演出により、ヴェルディのオペラが上演される大規模な舞台装置のなか、マルクス兄弟を存分に暴れ回らせる。ここにマルクス映画は視覚的なスペクタクルへと変貌する。そしてマルクス兄弟が破壊に破壊を重ねていけばいくほど、映画は安定を獲得していく。というのも、悪玉のオペラ歌手をやっつけることで、若い歌手のカップルに成功をもたらすという娯楽映画のパターンに則っているからだ。『オペラは踊る』がマルクス兄弟の代表作とされるのも当然だろう。誰が見ても安心して面白がれるのだ。

一方、『我輩はカモである』のレオ・マッケリーは、サム・ウッドのように映画を面

図 2-4　『我輩はカモである』（1933）

白くしようとはしていない。彼は「動物」のドキュメンタリーを撮るように、マルクス兄弟の無意味な行動をその無意味さのままに、つまり映画的な誇張を排して定着している。ここでフリドニア国の大統領たるグルーチョの論理の展開が、自国のためなどという目的も方向意識も欠いていることを思い出してみよう。後の『チャップリンの独裁者』（四〇）を覆っていた善と悪、真と偽といった二元論をとうに崩壊させているのだ。『我輩はカモである』の恐ろしさは、レオ・マッケリーがマルクス兄弟の孕むアナーキーを「映画」のアナーキーに解放したことに存在する。

だから、MGMのおこなったマルクス兄弟の軌道修正は絶対に正しい。マルクス兄弟が反復に耐え得る映画的な存在に変容したからである。『オペラは踊る』に続く『マルクス一番乗り』（三七）では競馬、一作おいた『マルクス兄弟珍サーカス』（三九）に始まる、いわゆる「くたびれた三部作」（『マルクス兄弟のおかしな世界』（中原弓彦・永井淳訳、晶文社、一九七二）の著者ポール・D・ジンマーマンによる）では、サーカス、列車、デパートがスペクタクルの舞台装置として、マルクス兄弟に活躍の場を提供していく。当時の評価の低さにもかかわらず、現在の目で見て、とても面白い。『マルクスの二挺拳銃』（四〇）、『マルクス兄弟デパート騒動』（四一）にいたっては傑作と呼び得るだろう。終盤の追っかけなど、ここまでやってくれるか、という楽しさである。

だが、後期のマルクスを再評価するのも、面白いからだけではない。そもそも彼らは、映画がトーキーに移行するという偶然の必然により、銀幕に登場してきたのではなかったか。グルーチョとチコの饒舌にハーポの沈黙という絶妙の組み合わせ。しかし、ハーポはキートンのように音のない世界での表現者ではなく、彼も彼なりに饒舌にしゃべっているのだ。そのことは兄弟の最も活気づくやりとりが、ハーポがチコに仕入れてきた情報を伝達しようとするときであることでも明らかだろう。だから、マルクス兄弟の最も非マルクス的瞬間として、『我輩はカモである』の鏡のシーンを挙げよう。グルーチョに化けたチコと、本物のグルーチョが互いを模倣し合う鏡の反復に、三人目のグルーチョたるハーポが亀裂を入れる場面に、レオ・マッケリーは効果音を一切使わないのだ。だから、トーキー映画のなかに突如生じたサイレント映画的持続として、我々を戸惑わせ続けるのである。続くトランペットの高鳴りまで。

そして『マルクス兄弟デパート騒動』が素晴らしいのも、『我輩はカモである』の対になる鏡を持っているからなのだ。ちなみに監督は、チャップリンの助監督を数多く務め、『キートンの蒸気船』（二八）を撮ってもいるチャールズ・F・〝チュック〟・ライズナー。ここでの鏡は音楽付きだ。一八世紀の貴族の衣裳に身を包んだハーポがお得意のハープで、モーツァルトのソナタを奏で始めると、後退移動するキャメラによって、両側の鏡に映ったハーポの姿が現れる。ハーポの素晴らしい表情！　天真爛漫、純粋無垢な天使の姿だ。途中で自らより僅かに早く曲が聞こえてくるのに、ハーポは気づく。横の鏡のなかのハーポと微笑み合うハーポは、後ろの鏡を振り返る。ところが後ろの鏡のなかのハーポは振り返らない。ハーポは口笛を吹き、鏡のなかの自分に同じ動作を要求する。曲調の変わり目で、チェロが、続いてヴァイオリンが演奏に加わる。ハーポの驚き。見れば、鏡のなかのハーポたちがそれぞれ異なった楽器を弾いているのだ。天上の音楽を合奏するハーポ・トリオ。模像の織り成す至福の情景。

恐ろしきマルクス兄弟を賞揚するために、楽しき、そして限りなく美しいマルクス兄弟を犠牲になどできようか。真のマルキストならば、その両面を愛するだろう。

（名古屋シネマテーク叢書別冊「マルクスブラザーズ」名古屋シネマテーク、一九九四年）

三角関係の方程式
ルビッチ・タッチ

1　ルビッチ幾何学の原点——『結婚哲学』

エルンスト・ルビッチの生誕一〇〇年（一九九二年）である「現在」は、ルビッチからいかなる刺激を受け、いかなる関係を取り結ぶことができるのだろうか。いわゆる〝ルビッチ・タッチ〟とは何か。だが、そのためには、『極楽特急』（三二）、『生活の設計』（三三）、『天使』（三七）という、映画史がトーキーに入った三〇年代にルビッチが残した傑作群にふれる前に、少々の迂回が必要かもしれない。というのは、二九年の『ラヴ・パレイド』でトーキー時代に入った作家のサイレント期を振り返っておきたいからなのだ。ここで取り上げるのは『結婚哲学』（二四）である。だが誤解のないようにいいそえておくなら、『結婚哲学』を扱うのは、ルビッチの代表作だからでも、当時のハリウッドや日本に大きな影響を与えたからでもない。面白さという点では、ドイツ時代のオッシ・オスヴァルダをヒロインに据えた喜劇連作の方が上だと思うし、アメリカ時代でも『ウィンダミア夫人の扇』（二五）の典雅さや、『陽気な巴里っ子』（二六）の才気、『思ひ出』（二七）のリリシズムの方がより魅力的であろう。

どう見ても『結婚哲学』は、図式的で演出的なふくらみに乏しいという思いはぬぐえない。しかし、というか、それゆえに、かえってルビッチの指向が明瞭に見てとれるのも事実である。

ところで『結婚哲学』は、ルビッチがハリウッドに招かれ『ロジタ』（二三）を監督した後、同じユナイテッド・アーチスツから発表されたチャップリンの『巴里の女性』（二三）に刺激されてつくったものだといわれている。『巴里の女性』はチャップリン自身が出演しない唯一の悲劇だが、ここでアドルフ・マンジューが演じた好色な紳士のキャラクターは『結婚哲学』に引き継がれることになる。もっとも、ルビッチ特有の変型はなされるのであるが。『巴里の女性』は、確かに大胆な主題と冷徹な描写が群を抜き、チャップリンの野心を物語っていよう。ただ、『結婚哲学』には『巴里の女性』が持っていない要素がある。それを語ることによって、ルビッチのサイレント映画作法というものを明らかにしてゆきたい。

『結婚哲学』［図2-5］は、ふた組の夫婦とひとりの独身男性が織り成す恋のかけ引きが主題となっている。ここで、フローレンス・ヴィダー扮する若妻、モント・ブルー扮するその夫、友人の妻ヴィダーに恋するクレイトン・ヘイルを中心とする三角関係が生まれることになる。ここで分析するのは、三人が一堂に会するシーンをルビッチがどのように撮っているか、である。映画の終盤、妻は、夫と夫を一方的に愛する人妻との仲が何でもなかったことをすでに知っている。妻の待つ家に帰る夫は、人妻との仲を妻に誤解されていると信じている。一方、妻は前日、夫と間違えて、夫の友人ヘイルとキスを交わしている。この状況で、ルビッチはどのような解決をつけるのだろうか。

妻は、ひた謝る夫に対し、「私も同罪よ」と言って、ヘイルとのキスを告白する。ところが、夫は彼女の夢だと思い、まったく信用しない。妻は外に待たせたヘイルを部屋に招き入れる。ルビッチの独創性が証明されるのはこの後だ。扉近くで、妻はヘイルに自分とキスをしたことを認めさせようとする。ここでの人物の配置に演出の鍵がある。ヘイルと夫は向かい合う位置に、ヘイルを問いつめる妻は夫から見て背中を見せている。ヘイルは夫に助けを求めるよう視線を送る。キスの一件を信用しない夫は、ヘイルに同意するよう合図を送る。続くのは、後ろ向きの妻と手前向きのヘイルのふたりショットである。ここで、うなずくヘイルを確かめた妻は勝ち誇ったように、夫の方へ振り返る。切り返された画面で、大笑いしていた夫が神妙な表情に一変することはいうまでもない。こうしてお互いの誤解の上に、夫婦は元の鞘に収まるのである。

この複雑なシチュエーションが、ルビッチの手にかかると、実に簡潔な画面の連鎖として、字幕もなしに説明される。ここで見交わすふたりの人物を表すのに、互いの表情を交互にカット・バックする〝切り返し〟の技法が新たな展開をとげたのに気づかれただろうか。ルビッチは、三人の人物の対話にこの技法を応用し、一対二の切り返しとして表現したのである。その鍵こそ、振り返るアクションの導入にほかならない。ショット内のふたりのうち、後ろを向かせていた妻を振り返らせることで、ショットの視線の主体が変わるのである。この技法がルビッチの発明かどうかは分からないが、少なくともストーリーを語る上で、これほど効果的に使いこなしたのは、映画史上ルビッチが初めてだろう。ここでのルビッチの主題が〝見られずして見ること〟であり、いわゆる〝ルビッチ・タッチ〟とは、それを実現するためのテクニックにほかならない。そうした主題の要請から、第一に振り返るアクションが活用されたわけだが、第二の要素として、窓、扉、鍵穴、そして双眼鏡といった小道具が空間に配置されてゆく。そして『ウィンダミア夫人の扇』や『陽気な巴里っ子』では、サイレント技法の極致へと到達していくのだ。ルビッチ映画は、視線を拡大するものと遮るものとの葛藤が、たえず物語を活

図 2-5 『結婚哲学』（1924）

気づけてゆくことになるのである。

そうした観点から、チャップリンの『巴里の女性』を見てみると、エドナ・パーヴィアンスとアドルフ・マンジュー、カール・ミラーの三角関係を示す際に、女の家で男ふたりが隣り合った部屋にいるときでも、ダンス・ホールで三人が同じテーブルにつくときでも、ルビッチ的な視線の葛藤は見当たらず、舞台演出的とでもいうべきものが支配している。

もっとも、『巴里の女性』もラスト・シーンは視線に対する映画的な配慮が存在する。有閑紳士アドルフ・マンジューの乗った車とエドナ・パーヴィアンスが一本道ですれ違うが、互いに気づかないというシーンを演出するにあたって、チャップリンは、彼女を荷車の後部に後ろ向きに乗せるからである。しかし、チャップリンとルビッチの大きな相違は、チャップリンの映画話法は、ふたりの関係を描くことに終始するのに対し、ルビッチは同時に三人（以上）の人物の関係を描写してしまうことに存在する。ルビッチが基本的に室内劇という形式を採用するのも、視線の葛藤を映画に導入しやすいからにほかならない。

さらに、サイレント映画のなかでの音の扱い方にも、ふたりの資質の違いが見うけられる。『巴里の女性』は、男が自殺しようとするときも、拳銃のアップが挿入された瞬間、観客から音への驚きを奪ってしまう。『結婚哲学』でいえば、思わず手をついたピアノの鍵盤や落ちる花瓶のショットが、登場人物のみならず観客をも、どれほどの驚きへと誘っていたことか。ルビッチは音そのものというショットを不意に挿入することで、サイレント映画において、音を驚き《サプライズ》の武器として視覚化していたのである。

それでは、トーキー時代に移行したルビッチが、三角関係を描くにあたって、空間と音の関係をどう構築していったか、振り返るアクションの展開も含め、作品に具体的にふれてゆきたい。

2　声の誘惑――『極楽特急』

さて、トーキーに移行したことで、ルビッチ的な「見えるもの」と「見えないもの」の遊戯が新たな段階に入ることになる。「見えるけども聞こえない」装置と、「見えないが聞こえる」装置がルビッチ映画の前面に出てくるからである。前者の代表が窓であり、後者の代表が扉である。さらに、双眼鏡は窓の、電話は扉のヴァリエーションとして物語展開を活気づけることになるだろう。劇場や競馬場をルビッチが好んで取り上げるのも、堂々と双眼鏡を覗く口実が与えられるからだし、室内で立ち話をしていた人物たちの会話が堂々巡りを始めたとき、新たな展開をもたらすのは、扉をノックする音や電話の鳴る音であることを想起されたい。

ところで、『極楽特急』〔図2-6〕では、ハーバート・マーシャルを巡るミリアム・ホプキンスとケイ・フランシスの三角関係が巻き起こるのだが、ルビッチは終盤まで、三人が一堂に会すシーンを回避し続ける。しかし、その前に『極楽特急』の舞台装置を見ておかねばならない。まず、窓から窓へ自在に往復するキャメラの移動が人を驚かせることになるだろう。ヴェネツィアのホテルを回るキャメラの流麗さはもちろんだが、ここで特に着目したいのは、寝室の窓から別の寝室の窓へ、また二階のオフィスから一階の居間へと登場人物に先行してキャメラが動くコレ邸である。このコレ邸には、ルビッチの空間構成の基本的な要素がすべて出ている。まず、玄関を入ると大きな吹き抜けのホールがあり、その奥に居間、中央にある階段を昇ると二階には廊下に面した三つの扉がある。階段に近い側から、ケイ・フランシスの寝室、秘書のオフィス、秘書の寝室なのだが、ハーバート・マーシャルが雇われることとなる秘書のオフィスと寝室は直接、扉で出入りが可能となっている。この空間を使って、男女の誘惑ゲームが繰り広げられることとなろう。

では、ハーバート・マーシャルがケイ・フランシスを落とした手段は何だったろうか。ここで、ルビッチは『極楽特急』のなかで最も大胆な画と音のモンタージュを駆使する。二階のオフィスの置時計の同ポジのオーバーラップに画面外の声と物音を響かせるのである。①「五時」にミリアム・ホプキンスが帰る声。②「五時一二分」にホプキンスが帰ったのを見澄ましたケイ・フランシスがマーシャルを夕食に誘う声。③「九時五分」に鳴る電話はミリアム・ホプキンスからであろうか。④「一〇時五〇分」には、開かれた扉から差し込む光とともにフランシスが「居間でお話をしましょう」と誘う声を。ルビッチ

図2-6 『極楽特急』(1932)

は、ケイ・フランシスの少し潤んだような声と、ハーバート・マーシャルの女を溶け入らせるような声が掛け合えば、姿かたちを描写する以上の効果が出ることを知り尽くしている。同時に「見えないが聞こえる」主題の変奏ともなっていよう。このシークエンスは、おそらく居間に置かれた「一一時」を指す時計からシャンパンへのパンニング、窓からの鐘楼の風景を経て、二階の廊下の「二時」を示す大時計、そこで、それぞれの自室の扉の前で、お休みの挨拶を交わすふたりにつながるのだが、一瞬の迷いを示すハーバート・マーシャルが自室の扉を閉めて鍵を掛けた音が響くや、キャメラはケイ・フランシスの寝室の扉へとパンして、鍵の掛かる音を捉えるのである。無人の扉と鍵の音が、この上ない愛の記号たることに、ルビッチは鋭敏に反応する。ただ、ここで不可解なのは、真夜中の鐘音が響く鐘楼がどこの部屋から見えたものかということだ。居間であろうか。この疑問は宙に吊られたまま、最後の夜に

持ち越される。

その最後の夜も、二階の廊下に置かれた大時計がさりげなくサスペンスを高めることになる。二階の三つの部屋に誰がいるのか、といった鬼ごっこ的様相を映画は示す。扉の向こうを見せないルビッチの手管は、執事を戸惑わせるばかりか、ホテルからの電話がなぜかつながらないことに苛立つミリアム・ホプキンスをも呼び寄せることになる。ここで、ホプキンスがすでに盗んだ一〇万フランの札束の入っていた金庫を開けようとするケイ・フランシスとハーバート・マーシャルの対話が、マーシャルの寝室を舞台に続くのだが、ここで人を緊張させるのは、フランシスが近寄った窓から鐘楼が望まれ、鐘音が響き渡り、それを背景にマーシャルの愛の告白が囁かれもするからなのだ。これが前回の無人の窓とどういう関係を取り結ぶのか、判断は観客に委ねられよう。

『結婚哲学』で見られた〝切り返し〟に相当する技法は『極楽特急』に見られるだろうか。『極楽特急』で、マーシャル、ホプキンス、フランシスが一堂に会するのは終盤のワンシーンのみである。しかも、この三人が同時に同一画面に姿を現すのはワンショットしかない。だが、このワンショットこそルビッチ的というほかかない素晴らしい画面なのだ。ミリアム・ホプキンスはベッドに投げた札束を取って、ふたりの間を通って（同時にふたりを振り向かせて）、扉を開け、ふたりを振り返って一瞥ずつをくれてから扉を閉め華麗に退場してみせる。この振る舞いがマーシャルにホプキンスを追わせることになるわけだから、ホプキンスに恋の勝利を呼び込んだのである。しかし、続くケイ・フランシスの振る舞いも負けず劣らず感動的である。扉から出ていったマーシャルを追って扉にすがりつくのだが、ルビッチの扉の機能に忠実に、扉を開けようとはせず、扉の向こうから響く階段を駆け降りる足音を聞くだけなのだ。しかし、ルビッチ的な扉は観客の想像力を果てしなく挑発する。かつて、ケイ・フランシスはおそらく同じ姿勢でハーバート・マーシャルの扉の鍵の音を聞いたに違いない、と……。ここには『結婚哲学』で見られた〝切り返し〟はない。しかし、据えた長回しの画面のなかで、人が何と魅力的に振り返ることか。扉の向こうの足音が運命を指し示すことか。ルビッチがトーキー時代に入って、音を得たことの意味が、扉を挟んだふたつの空間によって証明されるのである。

そして、『結婚哲学』で男女の出会う発端に据えられていた、ふたりが並んで座る自動車の後部座席が『極楽特急』のラストを締め括ることになる。この構図は『生活の設計』にも受け継がれる。その事実を確かめてみよう。

3 正面ショットの反復──『生活の設計』

『極楽特急』で最後の最後まで、三人を出会わすことのなかったルビッチだが、『生活の設計』[図2-7]では、冒頭から、いつになく三人の出会いを細かく描写してみせる。出会いの舞台は南仏からパリへ向かう列車のコンパートメントだ。ここで眠っている劇作家フレドリック・マーチと画家ゲーリー・クーパーの向かいに広告デザイナー、ミリアム・ホプキンスが座り、スケッチをする。描き終えたホプキンスが居眠りするうちに、ふたりは目を覚まし、彼女のスケッチ・ブックを覗き見する。ここで男女の出会いに「見られずして見る」というルビッチ的な状況がさっそく現れてきている。ここで着目しておきたいのは、フレドリック・マーチを中央にして三人が横一列に並んで座るショットがすでに出現していることである。さらに、三人が仲良くなるきっかけを示すにあたり、ルビッチは途中駅でホームを三人並んだまま歩き回らせる。『生活の設計』で演出上一番難しいことは、男ふたりが女に同等の愛を持っていることを示す点ではないか。その鍵となるのが、三人の正面ショットである。それは映画のなかで、出会い、破局、ラストの三回使われるだろう。

さて、ここでのミリアム・ホプキンスの素敵なことといったら！ 普通に考えれば、破廉恥なとか、不道徳などという形容がふさわしい女性であるにもかかわらず、ルビッチの手にかかると、芸術の女神《ミューズ》であると同時に、ふたりの男を同時に愛する能力を持った魅力的な女性に変容してしまう。ホプキンスとふたりの男との仲は均等に深まるにもかかわらず、接吻の現場を見せてくれるのはゲーリー・クーパーの方だけである。なぜかルビッチは、フレドリック・マーチとの仲は間接描写に止めおく。マーチはホプキンスが屋根裏部屋に訪ねてきて、クーパーの絵を見るのに夢中になったとき、タイプライターを鳴らして、彼女を振り向かせることに成功する。このチーンという音こそ、クーパーにはない、マーチの武器となる。後にクーパーが留守中のアパルトマンで、ホプキンスとマーチの仲を取り持ったのも、壊れたタイプライターにほかならないからだ。

図 2-7 『生活の設計』（1933）

音で女との一夜の幸福を得たフレドリック・マーチは、また音にしっぺ返しを食うことになる。翌朝、ふたりだけの朝食を愉しんだ後にドアのベルが鳴るからである。二度目に三人が横一列の構図に収まるのは、この後である。予定より早く帰宅したクーパーは喜んで、ベッドのマーチの横に座り、ホプキンスも自分の横に座らせる。クーパーがマーチに話しかける間、見られていないホプキンスはあからさまに不安げな視線を露呈させる。このちぐはぐな三人の視線が、この正面ショットの醍醐味なのだが、やがてクーパーはマーチの夜会服姿に気がつく。次いでクーパーの見た目として挿入されるふたり分の朝食セットのショットこそ、ルビッチお得意のサイレント映画的手法である。夜会服とふたり分の朝食がクーパーの頭のなかでスパークする。クーパーがフレーム・アウトして、中央が広く空いたホプキンスとマーチの画面に、オフで食器が割れる音を響かせることで、悲劇的状況が限界近くまで高まったことを示すのである。

場所は変わって、ホプキンスと結婚したホートンのニューヨークの邸。『極楽特急』のコレ邸と同じようにホールに曲線の階段の付いたルビッチ的な空間である。ここで堂々と花嫁の寝室に忍び込むフレドリック・マーチとゲーリー・クーパーは、夫のエヴァレット・ホートンが来ても、見えなければいいといわんばかりに衝立ての後ろに身を隠す。この人を食った仕草は、ルビッチ的な空間の遊戯をパロディすれすれまで肥大させたものだ。このふたり組がパーティの招待客たちを退散させる間に扉を映すのみであるのも、ルビッチ映画であるからには何ら驚くことはないだろう。もちろん、そこにはふたり組の歌声とちょっとした乱闘の音が響くのだが。

『生活の設計』のラスト・ショットは、またしても自動車の後部座席である。これは『極楽特急』のふたりで終わる結末を三人にすれば面白いぞ、と考えたルビッチの遊び心であろう。前二回の横一列の構図と異なり、初めてミリアム・ホプキンスが三人の中央に座り、両側のふたりに交互に振り返ってキスを交わすのである。何たる不道徳！　こうして、映画史上最もインモラルな傑作は締め括られる。

4　サスペンスを生み出すもの――『天使』

『天使』［図2-8］は、製作主担として二年近い時を過ごしたルビッチが、ついに沈黙を破った作品であり、ほぼ一〇年に及ぶ彼の後期の始まりを告げる。しかも「男一対女二」という単純きわまる三角関係を真正面から取り上げたものだ。筋立ての単純さに加え、説明的な描写も極端なまでに切りつめられているにもかかわらず、というより、それゆえ、観客の想像力を刺激するつくりとなっている。たとえば、メルヴィン・ダグラスとディートリッヒがレストランの個室に移る描写にしても、プライベート・ルームの扉を一枚映すだけという簡潔さだ。前作『メリィ・ウィドウ』(三四)であれば、モーリス・シュヴァリエがジャネット・マクドナルドを二階の個室に誘うため、彼女の片方の靴を持って階段をかけ上がり、マクドナルドは片足を引きずりながら追いかけるという滑稽なギャグが演じられた。『天使』では個室に誘う計略も抜きに、場なれした風情のディートリッヒを示すことで、簡潔さが最大の雄弁さを持って、彼女の出自を示すことだろう。

図 2-8 『天使』(1937)

マレーネ・ディートリッヒをヒロインに迎えていることから当然といえなくもないのだが、ルビッチ作品のなかで最もスタンバーグのトーンを想起させるものとなっている。とりわけ、ディートリッヒとハーバート・マーシャルが夫婦を演じた『ブロンド・ヴィナス』(三二)のルビッチ的変奏とも思える。メルヴィン・ダグラスが執拗に、「あなたはエンジェルだ」と迫るのを聞いていると、ルビッチがディートリッヒの本性を問いつめているような迫力を感じてしまう。受けるディートリッヒは彼女のキャリアのなかでも例を見ない繊細さで対抗していよう。

ところで、自動車の後部座席は、始まりでも終わりでもなく、映画の中間部で現れる。オペラに向かう車のなかで、マーシャルはディートリッヒに大公妃のサロンで恋をした友人の話をするのだ。お互いに正面を向いてのおしゃべりだけに、ディートリッヒの表情がマーシャルに見られることなく変化するのである。続くオペラの桟敷席でも同じ位置関係なのだが、そこはほかの客から見られる場所でもある。ディートリッヒはメルヴィン・ダグラスが来てはいないかと夫に気どられないよう視線を走らせる。競馬場同様、双眼鏡を目に当てるのだが、ルビッチは彼女の見た目のショットを使おうとしない。ディートリッヒはあくまで見られる存在なのである。彼女は夫に友人は来ていないか確かめるのだが、その席で彼を明日の昼食に招待したことを知らされる。

こうして翌日の朝、ディートリッヒの寝室の窓から鐘楼が望まれ、鐘音が響く。『極楽特急』の記憶が呼び覚まされ、ルビッチ的な愛の予兆が広がる。続いて、車が到着するのが窓から見えるのだが、ここでルビッチは車の走行音を高らかに響かせる。冒頭の大公妃の館の窓を外からキャメラがナメていくときには、なかの音は一切聞こえなかったのと比べると、ここでのマーシャル邸は、その無防備な姿を露呈させているかに見える。ルビッチ的な「見えるが聞こえない」装置であったはずの窓の機能が奪われているからである。

さて、訪れたメルヴィン・ダグラスは客間でハーバート・マーシャルと談笑中である。そこで、ダグラスは裏返しになったマーシャルの妻の写真の入った写真立てを見つける。写真を見ようとダグラスが立ち上がったときにシーンは切られ、ルビッチはメルヴィン・ダグラスが恋焦がれる〝エンジェル〟の正体を知る瞬間――観客が一番見たい瞬間――を描こうとはしない。着替えが終わったディートリッヒが客間に入ってくるのに合わせて、キャメラがトラック・バックするときに、両側からふたりの男がフレーム・インするのだが、当然のこととはいえ、見えるのは男の背中ばかりなので、ダグラスがどういう手を考えているのか、観客は固唾をのんで見守るしかない。この後、ディートリッヒを中央にして三人は座って昼食の支度が整うまで会話を交わすのだが、ここではまだ腹の探り合いだ。続く昼食は例によって見事に省略され、給仕たちの会話から、メルヴィン・ダグラスがパリの話題で攻めていることが知られるばかりだ。

客間に戻り、ディートリッヒとダグラスのかけ引きは続くが、次なる興味はいつマーシャルがふたりの関係に気づくかだ。ここでの三人の行動のメカニズムの精緻なことは驚くばかりだ。パリの密会でふたりに捧げられた曲が、それと知らずにマーシャルが覚えてしまったという前提のせいで、ダグラスが同じ曲を弾きはじめはしないかと、ディートリッヒの怯えを引き出す。サイレント時代から、ルビッチの驚き《サプライズ》の武器だった音が、『天使』にいたって、サスペンスの限りない要素として甦ることになる。音楽ばかりではない。〝エンジェル〟という一語が、メルヴィン・ダグラスによって愛の陶酔から憧れ、絶望、嫉妬、脅しにいたるまでのあらゆる感情のニュアンスによって、発声されてゆく素晴らしさはどうだ。ハーバート・マーシャルにしても、思わずそう呼んで、知らずして妻を脅えさせた朝食のとき（思えば窓外の雨は崩壊の予兆であったのか）と、最後に重い情熱が宿った言い回しの落差を見よ。〝エンジェル〟のひと言を官能的に響かせることが女の心を捉える唯一の手段であるがごとく、ふたりは競い合う。

ピアノを弾くディートリッヒの後ろから、ダグラスに中座する合図を送るマーシャルの姿からは、『結婚哲学』以来の視線の劇が演じられる。弾き終わり、夫の方を振り向いたディートリッヒが夫の不在を知った瞬間から、壮絶な声と視線の闘争が始まる。決定的な音を発した瞬間のディートリッヒの表情の変化を見逃さなかったダグラスに有利に事態は推移していくのだが、小声で囁き合うふたりの姿に、ルビッチは開かれた扉から聞こえてくるマーシャルの事務的な電話の声を、異常に大きく響かせる。ディートリッヒの心を引き裂くように。

決着は、パリの大公妃の館に持ち越されるのだが、英国のマーシャルの邸が典型的なルビッチ的空間であったのに対し、大公妃の館は未知なるルビッチ的抽象空間という気がする。なぜか同じ部屋がいくつも続いているような迷宮性を感じてしまうのだ。といっても、メルヴィン・ダグラスも、マレーネ・ディートリッヒも、ハーバート・マーシャルにしても、確信に満ちて部屋を出入りしている。むしろ、迷子に見えるのは、大公妃や執事の方なのである。律儀に扉を開閉するルビッチ的人物に比べると、ディートリッヒの待つ部屋にいきなり現れるメルヴィン・ダグラスの出現ぶりにこそ、迷宮的衝撃性が込められてはいないだろうか。この迷宮で、ディートリッヒに最後の言葉をかけたハーバート・マーシャルは振り返り、出口の扉に向かう。ここでのマーシャルが、『極楽特急』のホプキンスの仕草を反復しているのは明らかだろう。ところが、扉を開けたところで、室内に残ったふたりを振り返ったホプキンスと違って、マーシャルは振り返ることなく、扉を閉めるや、後ろ姿で去ってゆくのみだ。この視線を失ったアクション。ルビッチ的な正面性から限りなく遠いこの画面こそ、『天使』がルビッチ映画の極北に位置する証明かもしれない。

5　ルビッチ的三角関係の縮図――『淑女超特急』

『天使』以降のルビッチは『青髯八人目の妻』(三八)を最後にパラマウントを離れ、MGM、ユナイテッド・アーチスツ、20世紀フォックスで、二本ずつの作品を残すことになる。計八本の長篇完成作という数は、奇しくも『ラヴ・パレイド』に始まり、『メリィ・ウィドウ』に終わるトーキー前期の八本と同数である。前期は、五本のオペレッタの連作(とりわけ素晴らしい『陽気な中尉さん』〔三一〕!)の合間に、『私が殺した男』(三二)、『極楽特急』『生活の設計』という意欲作を生んだ時期であった。オペレッタを中心にルビッチ調を確立した前期に比べれば、後期は一本一本に異なった狙いと実験を盛り込んだ多彩さが特徴的だ。『青髯八人目の妻』や『ニノチカ』（三九）のように派手な笑いを煽る作品から、『街角』（四〇）や『小間使』（四六）の燻銀《いぶしぎん》のような世界まで。『生きるべきか死ぬべきか』（四二）や『天国は待ってくれる』（四三）は、まったく独自の境地を開いた作品だろう。

そうしたなかで、『街角』と『生きるべきか死ぬべきか』の間の四一年に撮られた『淑女超特急』は、単純な三角関係のドラマながら、『天使』の厳しさと対照的に、馬鹿馬鹿しいまでに陽気な喜劇となっている。『当世女大学』（二五）のリメイクという事情もあるのだが、『結婚哲学』に始まるサイレント期の艶笑喜劇連作のタッチが、トーキー時代に甦ったような感じなのである。

『極楽特急』で未亡人を誘惑するハーバート・マーシャルを、『天使』では妻をメルヴィン・ダグラスの誘惑から守る夫の役に据えたように、ルビッチは『淑女超特急』で、そのメルヴィン・ダグラスに夫役を振り当て、バージェス・メレディスから妻マール・オベロンを守らせる。舞台は珍しく、ニューヨーク。保険会社を経営するメルヴィン・ダグラスの妻マール・オベロンはしゃっくりが止まらず、精神科医を訪ねる。そこで原因が夫との夜の生活にあり、欲求不満が嵩じたものと判断される。彼女は夫のいびきと、うがいの音に悩まされ、夫が「キック」と言って腹を突っつく奇妙なクセを死ぬほど嫌うのだ。オベロンは精神科医の待合室で知り合ったピアニストのバージェス・メレディスに心を惹かれ、彼の演奏によって恍惚となるのである。

メルヴィン・ダグラスは、ある会社の重役たちを自宅の晩餐会に招待し、保険を契約させようとする。この実業家と芸術家を愛好する夫婦は、『生活の設計』のホートンとホプキンスの夫婦が別れずに五、六年たったイメージが感じられる。ここでの彼らの住まいは高級アパートのワン・フロアであって、階段はないのだが、やはり寝室へつながるピアノの置かれた客間が活用され、その間の扉がダグラスとメレディスの攻守のラインになる。夫がオベロンに仕掛けた目隠しゲームによる視線の遊戯、夫が宿泊するホテルの寝室に愛人がいるように妻に見せかけ、扉の向こう側で大声を発したり、その間、妻がいるのに気づかずに愛人が部屋の扉を開けたりと、ルビッチ的な音と空間の遊戯は果てしなく続いてゆく。レディス・ラウンジの扉で始まり、寝室の扉で閉じられる『淑女超特急』こそ、ルビッチ的な三角関係のありさまを濃縮したエキスのごとき作品といえるのではあるまいか。

最後にひとつ付け加えるなら、人の振り向く単純極まるアクションについてである。ルビッチは、振り向くという仕草を、視線の移動と同時に限りなき優美さ、驚き、また映画のアクセントとして、さまざまに活用してきた。その事実は『結婚哲学』『極楽特急』『生活の設計』『天使』『淑女超特急』と流れるルビッチ的三角関係の連作に一貫して証明され、変奏されている。ルビッチが意外なほどカット数が少ないトーキー作家であった秘密もここにあるのではないか。同時に、単純なる三角関係の物語が、尽きぬ映画的な宝庫になるという事実もまた、〝現在〟がルビッチに追いつけてない証明であろうか。

（「ルビッチ生誕100年祭」パンフレット、プレノン・アッシュ、一九九二年）

ルビッチ的室内劇の設計図
『天国は待ってくれる』

1　手品師ルビッチ

エルンスト・ルビッチは、ドイツ時代の作品『花嫁人形』（一九）の冒頭で、手品師よろしき手つきで、ミニチュアの家や道、樹木などを作っている。そのミニチュアが原寸大に変わり、扉からヒロインが登場してくる仕掛けなのだが、ルビッチの映画というと、この手つきを思い出してしまうのだ。ルビッチは、背景に視界をさえぎるもの一枚あれば、どんな物語でも語り切ってしまう男だろう。「壁を作る金がなければ、ボール紙でも結構、それを壁に見せてみよう」、そのようにして映画の夢を紡ぎ出してきたような気がする。「でも、窓があったら、なおいいし、扉だけは絶対いるね」、こう言うであろう。ハリウッド時代の『街角』（四〇）でもこんな様子だ。カフェで文通相手と初めての待ち合わせをするマーガット・サラヴァン。彼女と背中合わせに座るジェームズ・スチュアート。この入り口近くの窓際の席が、ルビッチの指定席だ。一、二回奥行き深いセットも作ってあるよと、店の奥を切り返して見せもするが、ルビッチが執着するのは、壁の前での男女の位置関係だ。ここから、『天国は待ってくれる』（四三）のカンザスの夜の窓越しのショットへは近いであろう。窓越しのショットで忘れられないのは『陽気な巴里っ子』（二六）である。道をはさんで同じ高さにあるアパートの窓のおかけで、ふた組の男女が入れ違い、誤解を深め合う（?）おかしさ。道を中心に左右にアパートを捉えたショットのなかで、モント・ブルーが走って道を渡っていくのを見ていると、まるで『二十歳の恋』（六二）のトリュフォー篇のジャン＝ピエール・レオーじゃないかと思ってしまう。そういえば、『結婚哲学』（二四）で、屋敷の窓から街路に停まっている車を撮った俯瞰ショットは、すでにゴダールの『シャルロットとジュール』（五九）を先取りしていた。そうした初期作品に漂う断片的な生々しさ、そうしたヌーヴェル・ヴァーグ的感性で全篇が撮られた作品として、日本未公開の『That Uncertain Feeling（あのモヤモヤした気持ち）』（四一）がある（『淑女超特急』というタイトルでビデオ化される）。『街角』と『生きるべきか死ぬべきか』（四二）の間に撮られたこの傑作は、ルビッチ作品中、俳優が最も生き生き動いている作品である。『生活の設計』（三三）でその原型を確立した、男ふたりにはさまれた女ほど輝くという図式は、そのミリアム・ホプキンスから『天使』（三七）のマレーネ・ディートリッヒを経由して、『淑女超特急』のマール・オベロンでその頂点に達する。『ニノチカ』（三九）のグレタ・ガルボが思うほど輝かなかったのも、男がメルヴィン・ダグラスひとりだけでは当然の事態だったのだ。『突然炎のごとく』（六二）や『はなればなれに』（六四）と同質の空気が、四一年の『淑女超特急』という、『天国は待ってくれる』に先がけてニューヨークを舞台にしたハリウッド作品にすでに流れているのだ（特にルビッチ的設定は、マール・オベロンのしゃっくり病なのである）。アメリカ時代のルビッチは、ヨーロッパの架空の国や、パリ、ウィーン等の観光都市を舞台に選び、土地のリアリティが要求されるアメリカを描くことは例外的な事態であることに留意されたい。

だが、こうしたハリウッド時代のルビッチを見てみると、ドイツ時代のふたつの流れのうち、重厚な史劇大作ではなく、軽喜劇の系列が、ソフィスティケーテッド・コメディとしてハリウッド時代の主流につながっている。ルビッチは『ベン・ハー』や『十戒』を撮らされることがなかった。そのことの幸福を思わないではいられない。結婚喜劇が、そのプライベートな家庭空間を中心に据える題材である以上、室内劇という映画にとっての基本的な形が、ルビッチ映画のフォルムを生んでいるからだ。「ルビッチ映画の空間は四方を壁で囲まれてはいない」。この命題は、真でもあり、真でもない。たとえば、先ほどの『街角』のカフェのように、壁にドンデンになる空間も見せたからだ。だが、ルビッチ映画のなかでは、ワンカットで四方の壁を見せるような撮り方は存在しない（たとえば、一八〇度以上のパン・ショット）。そのことを、作家における映画的想像力の問題として探ってみたい。ルビッチ映画は、キャメラの背後に存在するはずの虚構の壁の消滅を望んではいまいか。

2　壁の消滅

ここで『天国は待ってくれる』［図2-9］で、ドン・アメチー演ずるヘンリーの二六歳の誕生日に起こったかけおちシーンを見てみよう。ヘンリーの従弟アルバート（アンリ・ジョスリン）にすすめられ、コンサートの席上でくしゃみが止まらない婚約者のマーサ（ジーン・ティアニー）は、書斎で休むことになる。ここで、たまたま書斎にいたアメチーに唇を奪われてしまう。ここから押しまくるアメチーと、驚き、怒り、泣き出し、ついには秘めた心情をぶちまけるまでにいたるティアニーはただただ素晴らしく、ハリウッド映画でこれほどつくりものらしくない感情の持続を描けた作品があったろうかと驚くほかない。ここでキャメラは人物の動きに合わせた横への動き、同軸上の寄せ引きのみで構成され、まるで波打ち際での水の動きのように感情の揺れ動きを表現する。そのなかで、テイアニーが椅子に倒れ込む二回の動きがアクセントを添える。ここで確認しておきたいのは、暖炉のある側の壁しか見えないことと、ティアニーへの斜めのアップが挿入されることはあっても、それに対応するアメチーへの切り返しショットは存在しないことである（余談にはなるが、アメチーの誕生日を反復する構成をとっている作品なので、季節はい

図 2-9 『天国は待ってくれる』(1943)

つも一〇月であり、暖炉にもいつも火が燃えさかっていることはいうまでもない)。

さて、続くかけおちシーンである。書斎からホールへ出てきたアメチーとティアニーは、クーパー夫人の歌うアリアが響きわたる客間の前を通らなければならない。客間の扉はホールに向けて広く開け放たれ、さながら窓になっているといえる。ふたりにつけてパンするキャメラは、客間の招待客が見える客間の入り口を中央に収めた位置で静止する。そのとき、ティアニーのくしゃみによって、招待客が振り返る。同時にアメチーがティアニーを抱き上げる。このカットは我々観客が、スクリーンの奥の招待客とちょうど向かい合って、その中間点でのアメチーとティアニーの華麗な舞いを見たような感動に貫かれないだろうか。このドン・アメチーの振る舞いに切破つまった思いを見るのも、空間の切り返しの不在というルビッチ映画の至高の形態が現れているからだ。つまり通常の映画では、二カットに分割されるべき客の視線と抱き上げるアクションを、同一画面に収めるというはなれわざをおこなっているのである。しかも、それがどちらか斜めにずれた視点で撮られていれば、普通の画面と何ら変わりない。注目されるべきは、スクリーンが鏡となったかのごとく、奥の観客が我々の分身と見えるようなキャメラの正面性である。もし、このカットのテンポが悪かったら、客の視線を探るか、人物のアクションを見たらいいか、我々の視線は大混乱してしまうだろう。そして、続く玄関から出ていくふたりを収めるのに、ルビッチはふたりを送り出す位置にも、反対に玄関側から手前に受けるポジションもとらず、前のカットから平行に移動した位置に据えられたキャメラにつなぐ。映画がグリフィスの時代に先祖返りしたようなルビッチの振る舞いに、思わず大拍手をしてしまうのである。

繰り返すが、この運動の快感を準備したのは、書斎のなかから客間の前を通り玄関へ向かうふたりがひたすら下手《しもて》への横の動きとして定着されたことである。そのためには、切り返されるべき反対側の壁の不在が絶対的な条件として必要だったのだ。

このルビッチの演出は、異なった立場から「壁の消滅」をその比較的晩年の作品で実践したふたりの巨匠を想い出させる。アルフレッド・ヒッチコックとカール・ドライヤーである。ヒッチコックの『めまい』（五七）で抱き合うジェームズ・スチュアートとキム・ノヴァクのまわりを回るキャメラが捉えていたはずのホテルの一室の壁が消え失せ、教会の納屋が浮かび上がった光景を忘れた人はいないだろう。『奇跡』（五四）で、気がふれたとまわりに思われている予言者が、死んだ母の小さな娘に語りかける場面で、ドライヤーはふたりのまわりをキャメラをゆるやかに半周させる。観客がまたそのふたり自身も回転していると気づいたとき、運動感覚の失調感とともに、その流れてゆく壁とふたりの回転のズレに彼らの精神の交流の反映を触知するのである。この回転運動を直線的な運動として反復させたのが『シエルブールの雨傘』（六四）のジャック・ドゥミである。

ヒッチコックとドライヤーがリアリズム映画の枠内でリアリティの限界に挑んだように、ルビッチも『天国は待ってくれる』で、ルビッチ的壁が鏡に変容するさまを見せてくれた。ヒッチコックは、スクリーンプロセスの応用であり、ドライヤーは人物たちを回転台に乗せただけではあるが、結果は現実で見ることのできない、映画でしか不可能な体験を視覚化させたのである。ルビッチの動きを止めたキャメラの前での仕草（ティアニーのくしゃみ）と視線（パーティの招待客）と行動《アクション》（ティアニーを抱き上げるアメチー）の三位一体も同様であろう。

ともあれ、ルビッチの切り返される空間の不在という観点から、前作『生きるべきか死ぬべきか』のなかに興味深い実例がある。冒頭のゲシュタポの一室の光景が、演出家のダメを出す声とともに、ドンデンに切り返されると、そこは壁ではなく、劇場の観客席であった。今まで続いているシークエンスが、芝居のリハーサルだと明かされてしまうのである。これは原理的にはどんな映画であっても、演出家の声とともに観客へ切り返される潜在的な可能性を持っているわけだが、ルビッチはブニュエルとは違うから、そうした表現と戯れることはない。しかし、これはルビッチ映画の成立の条件を語ってはいまいか。

『天国は待ってくれる』では、カンザスで、アメチーはティアニーを抱き上げる同じ動作を反復させることになる。前回の行きすぎを修正するかのように、再度のかけおちシーンでは、マーサの父親（ユージン・ポーレット）の目を開いて眠っている顔と、逃げ出すアメチーたちとのカット・バックで、サスペンスを構成している。でもその前に、カンザスにあるティアニーの実家二階の彼女の部屋におけるやりとりを分析してみる必要があるだろう。

ここで、先ほどの書斎のシーンで、アメチーとティアニーの間に切り返しのショットは使われなかったことを思い出してほしい。もともと、ルビッチはサイレント時代の監督にふさわしく、トーキー時代になってから急速に普及した「切り返し」の技法を極力使わなかった。使うときには最高の効果を上げる場合にしか使わなかったというべきか。『街角』がいい例だが、スチュアートとサラヴァンの切り返しを目にするには、映画の中盤をかなりすぎたところまで観客は待たされたはずである。すると、本屋のシークエンスにおいて、すでにアメチーとティアニーは切り返しで撮られていたといわれるかもしれない。しかし、このときは客と店員の関係であり、ふたりの感情が結び合わされることはないのである。だからこそ、安心して紋切型の切り返しショットが使えるのだ。ふたりが、「ヘンリー」と「マーサ」として、お互いを認め合ってからは、片方のアップが挿入されることはあっても、切り返しカットとして、ふたりの関係が表現されることはなかったのである。

では、カンザスの二階では、どうだったのだろう。最初は、ニューヨークの書斎と同じく、緊張感の流れに従って、ルビッチは一方から事態を見守る。様相が一変するのは、アメチーの祖父《グランパ》役チャールズ・コバーンが登場してからだ。祖父の言葉にティアニーが気を取られたすきに、アメチーが残された息子の女たらしぶりを話題に出すのだ。ここで、ふたりの出会いから一〇年後の心の交流を祝福するかのごとく、これまで禁じられてきた切り返しショットが連続する。ふたりの無言で見交わすオマケまでついて！　しかし、向かい合うふたりを横から収めたツー・ショットの方が、ルビッチらしいことは否めない。中央にコバーンを挟んで喜び合うショットは文句なく美しい。コバーンが外の様子を探りに姿を消すと、ふたりはそのままキスに移行する。そのカットが切られるタイミングも素晴らしく、ジャック・リヴェットがルノワールに捧げた「カットの終わりで絵画に到達する」という賛辞は、ルビッチのこのショットにこそふさわしい。ここまで来た以上、カット・バックで、ユージン・ポーレットの素晴らしい表情を描いて何の不都合があろう。ルビッチはそう語っている気がする。

ただ、ここでルビッチは小さな嘘をついていると思う。想像を働かせて、ルビッチの仕事部屋で、サムソン・ラファエルソンとルビッチが脚本の打ち合わせをしている様子を再現してみよう。

ラファエルソン「ヘンリーと祖父は、マーサとアルバートが階段で立ち話をしている間に、黒人召使のジャッキーの手引きで、マーサの部屋に入ったんでしょう。ということは、どこか裏口から二階に昇ったんでしょうね。何もホールの階段を降りて、父親とアルバートのいる客間の前を通っていく必要はないでしょう?」、ルビッチ「でもね、サム! それじゃ、画にならんよ。せっかく作るあの階段を降りる三人を見せないという手はないぜ。なに、観客はそんなことに気づくわけないさ」。

ここで、もうひとり、ティアニーとカット・バックされることのない不幸な役者がいることに気づく。ゆえなき差別に耐え続けるその横顔は実に感動的なのだが、まあそれ以上、いわぬが花というものだろう。

3 階段とアクション

時は流れる。最初のかけおちから二五年後に銀婚式のパーティが催される。ここで、客間にいたアメチーが書斎でティアニーを見つける設定自体、ふたりの役割を変えた反復である。それを強調するように、二五年前アメチーの座っていた場所にティアニーを置き、ここでティアニーに「ふりをしていた」ことを告白させる。二五年前のあの対応が、うぶな娘の〝演技の演技〟だったことが明かされたわけだ。再びホールに出たふたりは、あの一瞬の舞を踊り直すかのように、同じ場所で時を引き伸ばす。ここでの天上的とも思える美しさは、クレーンに乗ったキャメラが引いてゆくとき、またしても窓と化した客間の招待客がふたりと無関係に踊り続けることから来ている。もはや、招待客はこちらに視線を向けることはないのだ。このゆるやかな持続。『めまい』や『奇跡』が定着した印象は「ふたりがここにいながら、ここにいない」世界であった。映画が精神の交流という目に見えないものを描き出すときの実践が、この三人のシネアストを結びつける。そして、アメチーの声が絶妙のタイミングで、この永遠に踊り続けるかの姿に重ねてティアニーの死を告げるのだ。

さて、ルビッチ的室内劇の見取図を完成させるため、扉と階段にふれないわけにはいかないのだが、扉については、執事が開くたびに新たな展開が導入されるとのみ記して、上下軸の運動たる階段に目を向けてみよう。ところが、『天国は待ってくれる』では、階段のイメージが希薄な気がする。『百万円貰ったら』(三二)や『生活の設計』での素晴らしいショットを知っているだけに。

『百万円貰ったら』では、会社のオフィスで、階上の社長室へ怒りをいだき、昇っていくチャールズ・ロートンを、『生活の設計』では、フレドリック・マーチとゲーリー・クーパーが待つパリの屋根裏部屋へ向かうミリアム・ホプキンスを捉えたクレーン・アップ・ショットの快感ったらなかった。『ニノチカ』でも、グレタ・ガルボをエレベーターでなく、歩いてエッフェル塔に昇らせているルビッチにしては、どうしたことだろうと思って『天国は待ってくれる』を見直してみると、階段自体はよく使われているのに気づかされる。だが、これまで上昇の動きが多かったのに対し、『天国は待ってくれる』では、階段を降りるイメージが強いのである。冒頭の地獄がまずそうである。次は、ヘンリーの一五歳の誕生日の病気に動転した父が、そして母が。そのシークエンスの終わりで、アルバートが。そして、マーサとの運命の夜の出会いになる二六歳の誕生パーティのヘンリーが。その一〇年後、咳き込みながら降りてくる伯父。息子のジャックとヘンリーの長い会話も階段を降りながらである。そして、前述した三人が降りてくるカンザスのシーン。五〇歳のヘンリーがひと目惚れするダンサーも階段を降りてくる女性であった。そして、極めつけはヘンリーが死ぬときに、キャメラが二階のヘンリーの部屋の扉から降りてゆくときの階段である。そして、地獄までキャメラは降りてゆく。では、しかし昇りはどうしたというのだ。天国は待ってくれるというのに、上昇という運動は視覚化されないのであろうか。

しかし、逆転劇は起こる。もちろん、最後の閻魔大王の簡潔な動作にすべては決定される。ここでこの映画全体が、閻魔大王に語られた物語だったことを思い出してほしい。閻魔大王は、この映画の最も美しく雄弁なアクションを模倣したのである。ちょうど前半の終わり、映画の折り返し点で、マーサの失踪を知って憔悴するヘンリーに向かって、祖父が「マーサと和解しないと、天国の門で待ち構えて、よじ昇って来たお前をバットでブッ叩いてやる」と叫んだときのアクション、天上を指差すさまを。ここでのコバーンは、ルビッチの心が乗り移ったかのごとく、すさまじい。いかなる上昇のイメージもかなうまい。この言葉を受けて、「伯父さんはバットを持ってはいないよ」とヘンリーに語る閻魔大王であるから、勝負は明らかであろう。伯父は、生前だけでなく、死後まで勝利したのである。

レオナルド・ダ・ヴィンチの遺作は、天上を指差す聖ヨハネの図である。絵画史上と映画史上の最高の天才が、死の近くで同じアクションの軌跡を描いたのは偶然なのであろうか。

（エルンスト・ルビッチ『天国は待ってくれる』パンフレット、プレノン・アッシュ、一九九〇年）

ありない話を語る超絶技巧の世界

プレストン・スタージェス『サリヴァンの旅』

プレストン・スタージェスの映画のなかでも、『サリヴァンの旅』という作品はひとつの要を担っているといえないだろうか。一九四一年という『市民ケーン』が撮られた年に発表されたことに象徴されるように、スタージェスの作品系列において、最も時代と切り結んだ作品という気がするのである。だが、それは後のエディ・ブラッケンが主演した二作『モーガンズ・クリークの奇跡』と『凱旋英雄万歳』（ともに四四）のように直接、戦争という現実が反映しているということではない。それは『サリヴァンの旅』がプレストン・スタージェスの四本目の作品だということに関わっている。それが何を意味するかと問われれば、こう答えよう。三作目の『レディ・イヴ』（四一）と五作目の『パームビーチ・ストーリー』（四二）に挟まれていることが、『サリヴァンの旅』の特殊な位置を示していると。

とすれば、そのことの意味は何なのか。それは『パームビーチ・ストーリー』にいたって、プレストン・スタージェスの個性が全面開花すると仮定してみる。実際、このクレイジー・ワールドは彼のほかに撮れる人間を思いつかないのだ。ここで彼がハリウッド初の脚本家＝監督という事実が思い浮かんでくる。では、それまでの作品は彼でなくても撮れたのか、という疑問が浮かんでもくる。

彼の監督第一作『偉大なるマッギンティ』（四〇）や、続く『七月のクリスマス』（四〇）はもちろん誰が見ても傑作で、その好評ぶりによりスタージェスの第三作以降にスター俳優を起用することへ道を開いたわけである。とても初の監督作とは思えない堂々とした歯切れの良い演出なのだが、彼の作品を特徴づける奇矯なスタイルは見当たらない。脚本がしっかりしているだけに、別の監督が撮ったとしても、かなりのものにはなったに違いない。とりわけ、より屈折の度合いは大きいが、社会の腐敗や貧困に対するメッセージにおいてフランク・キャプラの世界とは多くを共有できるだろう。だが、『レディ・イヴ』になると、誰もキャプラとはいわないはずだ（比較するなら、ルビッチの方だろう）。ここにいたって、スタージェスは自らの演出家的資質を発見しつつあるように思われる。『レディ・イヴ』は、シチュエーション・コメディをよそおいながらも、はみだしている映画のように見える。

『サリヴァンの旅』は、映画監督を主人公にした初めての映画というのに止まらず、シークエンスごとに異なった手法を使い分けるという明確なコンセプトを打ち出した初めての映画のように思える。ここに、この作品のコメディの範疇に収まり切らない居心地の悪さがあるだろう。

1　物語的機能を演じる動物たち

パラマウントのマークの封を切って、包みを開くと現れる「Sullivan's Travels」の絵本によるクレジット・タイトルが終わり、世界の喜劇人にこの映画が捧げられることが示されると、もくもくと白煙を巻き上げ驀進する（おそらくミニチュアの）機関車によって映画の幕が切って落とされる。後のアルドリッチの『北国の帝王』（七三）でのリー・マーヴィンとアーネスト・ボーグナインの死闘もかくやと思わせる列車上でのふたりの男の激しい格闘が、見事なカッティングで、スクリーン・プロセスの背景を織り交ぜながら描かれる。ふたりの男は河に転落し、水面の下から「The End」の文字が浮かんでくるのだが、ここまでなら、スタージェスは優れたアクション映画の監督だと評されるだろう。だが、続く試写室の情景によって、今までのカットは天才コメディ監督ジョン・サリヴァン（ジョエル・マクリー）が社会派の映画を撮りたくて、プロデューサーを説得するために上映していた映画内映画であることが明かされる。しかも、試写室と隣のオフィスでワンカットずつの長回しで撮られており、アップとバストとロングに分割することでシーンを盛り上げるハリウッド的な作法から遠く離れ、サリヴァンが撮りたいというドキュメンタリー・タッチに見合った撮り方をスタージェスが選択しているともいえる。この冒頭の二シーンの不調和は、しかし映画と現実を対比するためといえなくもない。

だが、映画内の現実のシーンでも次々とスタイルが変わっていく。社会勉強のため浮浪者の格好で旅に出ようとするサリヴァンを執事が諫めるとき、スタージェスは執事の顔をしっかりとアップで収め、トーキー時代の普通のアメリカ映画の安定感を与える。にもかかわらず、サリヴァンが旅に出るやいなや、彼が同乗することになる鉄兜をかぶった少年の運転するレースカーと、サリヴァンを追いかける贅沢なキャンピング・カーの追っかけシーンが、ワーグナーから通俗音楽まで次々転調を重ねる伴奏を伴いつつ、コマ落としからコマ伸ばしまで多用して、サイレント時代のスラップスティック喜劇の伝統に連なることになる。

ルビッチ好きな女優志願の娘（ヴェロニカ・レイク）と一緒に珍妙な道中記を繰り広げる際も、自然の光を受けた実写の生々しさとスクリーン・プロセス風景によるスタジオの人工光線の世界が混ぜ合わされる。いくらかの詩情と滑稽さの勝ったそれらのシーン（はつらつとした娘の男装姿！）も、ふたりが本物の浮浪者と共同生活を営み、辛さが身に染みてくると、画調も沈んでリアルな触感を漂わせてくる（むろん、ここもスタジオのなかではあるのだが）。驚くべきことに、饒舌なスタージェス映画にあって、このシークエンスは七分間すべてが音楽の伴奏のみで、台詞はおろか現実音も一切使われてはいない。辛さに耐え切れなくなったご両人がハリウッドに再び戻ってくると、またあからさまなスタジオ光線が支配する。映画は絶えず、この両極の（カット割りや編集の技法も含めて）往復を繰り返す。後に一時的に記憶喪失に陥ったサリヴァンが刑務所で強制労働に従事させられるシーンで、悲惨さの極大値を記録することになる。まるでチャールズ・ロートンの『狩人の夜』（五五）を予告するような囚人たちの行進のシルエット画面まで登場する。

ところで、サリヴァンを改心させることになる黒人霊歌の流れる教会での映画会ほど不気味なものもない。いくら笑いに飢えている囚人であったとしても、物語も何もない単純なドタバタにあんなに笑いが重ねられていいものだろうか。あれほど精緻に構成されたハリウッドのシチュエーション・コメディの否定に感じられてならないのだ。だが、ここで登場するのがなぜディズニーのアニメなのだろうか。ひとつの仮説を立ててみる。ディズニー動画なので使われているのではなく、ここに登場するのが、鼠や蠅や犬といった動物や虫たちだからではないのか。なぜなら、これまでのスタージェス映画において、動物が重要な物語的機能を演じてきたからである。『偉大なるマッギンティ』でのダックスフント、『七月のクリスマス』の兎、黒猫、『レディ・イヴ』でのもちろん蛇と馬。例外的に（実写で）動物が登場しない『サリヴァンの旅』においては、ここでのアニメの動物が『レディ・イヴ』のタイトル・バックの蛇と同じく鍵をにぎるのだ。もうひとつ『サリヴァンの旅』での違和感は、スタージェス映画の最重要人物ウィリアム・デマレストが、その他大勢のなかに埋もれてしまっていることだ。それまでの三作では、いずれもデマレストがオチを見事に締めくくっていたではないか。ここで、スタージェス映画の構造の分析に分け入るべきだろうか。

2 特権的立場を追われる観客

初期スタージェス映画では、観客に（作中人物より）先行して情報を提供することで、サスペンスや喜劇的効果を生み出している。『偉大なるマッギンティ』では回想形式の採用により、乞食から州知事に上り詰めるマッギンティが現在某国でバーテンダーをしていることを知っているし、『七月のクリスマス』では主人公の得た賞金の小切手が同僚の悪戯だったことを知っている。主人公がデパートで山のような買い物をするとき、観客は「笑い」の特権的立場にいる。こうした古典性が揺らぎかけている『レディ・イヴ』でも観客は、御曹司は似すぎているので別人だと信じる、女詐欺師とレディの区別はつくわけだ。作中で観客の窓として正体を見抜くのが、デマレストなのである。だから、『サリヴァンの旅』におけるデマレストの役割の変化とディズニーによる直接的な笑いが、シチュエーション・コメディを揺るがすかに思えたのである。

もちろん、サリヴァンもレディ・イヴと同じく典型的なスタージェス的人物といえる。自分で自分を殺したと告白することで、分身の増殖するスタージェス的世界の住人だと証明するからである（この点でスタージェスは、ジェリー・ルイス＝フランク・タシュリン組の直系の親であろう）。

シチュエーション・コメディに欠かせない「騙す」「信じる」という位相が、『サリヴァンの旅』を境に、通常の映画の範疇を超えて、プレストン・スタージェス世界でのみ通用する次元に移行したのである。オチから発想するという意味はそういうことにほかならない。ありそうもない話をあり得るように語るのが、通常のシチュエーション・コメディだとするなら、スタージェス映画はあり得ない話を語ってみせる超絶技巧のワンダーランドなのだ。

かくして、ジョン・サリヴァン＝プレストン・スタージェス監督の次回作のコメディとして、『パームビーチ・ストーリー』が浮上してくることになる。数学的論理の支配するその世界が、キャプラともルビッチとも大きく隔たっていることはいうまでもない。

（『キネマ旬報』一九九四年五月上旬号、キネマ旬報社）

[第Ⅲ部]

ジャン・ルノワール

ルノワールおじさんのすべて
無上の幸福感を約束する定義不能の映画作家

1　人騒がせな巨匠

ジャン・ルノワールほど人騒がせな巨匠もいない。それはブニュエルのように意識した人騒がせかどうかも不明だし、第一これほど巨匠らしくない巨匠がいるだろうか。それは何かルノワールを定義しようとすると、いつの間にか定義の枠の外で微笑んでいる巨体に出くわして、決まって途方に暮れる羽目に陥るからである。生誕一〇〇年（一九九四年）を迎える今においても、事態は一向に変わっていない。それは、わが国では主要な三七本の監督作の半分すら公開されてないという事実によっているのではなく、むしろ見れば見るほど、その定義不能の状態は深まるばかりだというのが正確なありさまなのである。

だが、ヌーヴェル・ヴァーグの映画作家たちが文句なく凄い映画を「ルノワール的」と称したように、ルノワールはすべて「ルノワール的」である。問題は、その定義を試みた瞬間、一本では成立した条件が別の一本を持ち出した瞬間に崩壊してしまう世界の多様性である。その一例に『ゲームの規則』（三九）に使われる「楽しい悲劇」という矛盾した呼称がある。逆にいえば、中条省平がその著書『映画作家論』（平凡社、一九九四）のなかで、『ピラミッド』（五五）という非ホークス的作品でホークス世界の定義を示したようにはいかないのだ。なぜならば、ルノワール作品はすべて例外的存在だからである。そして作家的一貫性の要約を拒むのだ。これほど、やっかいな存在もない。にもかかわらず、私たちがルノワールに執着するのは、その無上の幸福感が、ほかで体験したこともないものだからかもしれない。たとえば、世界一官能的な中篇『ピクニック』（三六）を考えただけでも、ルノワールの例外性は際立っている。才能豊かな助監督陣（ジャック・ベッケル、イヴ・アレグレ、アンリ・カルティエ＝ブレッソン、ルキノ・ヴィスコンティ等）を擁しながらも、ロケ地が長雨で本人がやる気を失って撮影を途中で放棄しようと（次作『どん底』〔三六〕の準備に熱中していた）、そして戦後アメリカにいたため編集に立ち会うことなく完成されても、『ピクニック』が最もルノワール的な傑作であることを否定するのは難しい。そうであれば、草原、川、風、雨といった自然との官能的な一体化を実現したロケーションの作家としての自然主義者ルノワールの印象が強まりもするだろう。その道程は遠くインドでのテクニカラーの作品『河』（五〇）にまでおよぶ。しかしその一方で、都会の貧困から歓楽まですくい上げたリアリストとしてのルノワールの数々の傑作が点滅を始める。新しい技術に熱狂を隠さない進歩主義者。それまでのモノクロ・フィルムでは赤の感度が欠けており、ようやくグレイの階調が満たされたパンクロ・フィルムの発明に最も熱狂したのはルノワールだし、トリック撮影に熱中した一時期すらある。たとえば『マッチ売りの少女』（二八）でカトリーヌ・ヘスリングが乗った馬が天空を飛翔するさまは、スタジオに直径二〇メートルの円筒を作らせて、その内側と床を黒く塗り、白馬に跨がった彼女の疾走を円筒の中心から三六〇度のパンで追っかけたのだ。フィルムは巻き戻して空の背景を撮ったという。あるいは鏡を利用して、俳優をミニチュアの背景と同一画面に同時に収めるという離れ業に進んでいく。

そうした技術への関心は、初期には移動撮影用の装置作りにまで向かい、『騎馬試合』（二八）の宴会のテーブルを跨いで移動していくブリッジ移動車などはその一例だろうが、『荒れ地』（二九）でのアルジェリアの土地を歩き回るのにつけた気の遠くなるほど続くトラック・バックや、『十字路の夜』（三二）の真の闇のなかをヘッドライトの光が先の風景を一瞬一瞬照らし出して進む前進移動のスピードの迫力など直線的な移動のみならず、『ショタール商会』（三二）冒頭の、外から店のなかを通り抜けていく、とんでもなく複雑な大移動から、『ランジュ氏の犯罪』（三五）に典型的な円形のパンを含んだ複雑な移動へと進んでいきながら、描くべき対象を時間と空間の間で再発見させ、映画フォルムの簡潔化を果たすのだが、ルノワールのルノワールたる所以は、作品間に通底する形式を生み出しはしないことだ。その作品での試みは、ほかの作品の試みと関係ないのである。これもルノワールの作家性を定義する困難さの理由のひとつであろう。

2　ルノワールの「内的真実」

続いて、いわゆるルノワールの人間主義ということが挙げられるだろう。俳優の魅力的な瞬間が定着されるなら、物語も技術も穴だらけであっても良しとするあの神話である。それがどこまでの真実なのかは分からないが、ルノワールの映画で俳優が役柄を超えて迫ってくるというのは、よく経験する事実である。ルノワールの野蛮さというのがそれだ。そもそもルノワールは自分の好きな女の表情を撮るために映画を始めたとも公言する男だ。その最初の女優がカトリーヌ・ヘスリングである。なかでも『女優ナナ』（二六）の凶暴さ、シュトロハイムしか対抗できないのではないかと思わせるリアリズムではないか。その男優版がミシェル・シモンだろう。

自然主義から書き割りのセットによる人工性までの振幅も、横への動きを拡張するパンニングを主にしたかと思うと、素朴な固定ショットの切り替えのみであったりと、キャメラワークの対称性も、人間主義も、ルノワール本人が最も単純な説明を用意してくれている。

「こうした変化というものも、ひっきょう次の一事に尽きてしまう。すなわち、これらは全て、内的真実——これこそが結局私にとって唯一の関心事なのだが——に到達するための、さまざまな私の試みの反映に他ならないという事実に」(『ジャン・ルノワール自伝』西本晃二訳、みすず書房、一九七七)。

確かに「内的真実」といってしまえば、外観の不統一はたいした問題にならないかもしれない。しかし、その内的真実はフィルムの被膜に宿ることを最も知っているのもルノワールではないだろうか。ルノワールの天才はそのリアリズムが進むほど、また人工性が進むほどバランスをとる術を心得てもいる。異なった世界をいとも容易く通底させてしまうのだ。

その最も見やすい例がルノワールの「額縁効果」といわれるものだ。『牝犬』(三一)の人形劇、『黄金の馬車』(五二)の舞台の幕、『ジャン・ルノワールの小劇場』(六九)の幕の前でのルノワールの語りなどが典型だが、『コルドリエ博士の遺言』(五九)もそうした一本といえるだろう。ここでもルノワールが登場し、内容を説明する。ルノワールの後ろにはテレビのモニターが置かれ、やがて観客はテレビの映像の世界に引き込まれていくことになる。要するに、ルノワールによる「ヒッチコック劇場」なのだ。こうして、額縁によって虚構を重層化してしまうルノワール。だがルノワールにあっては額縁は端っこにあるとは限らず、映画のなかほどにも随時出現することになるのである。あの『ピクニック』の窓の扉もそうした装置ではなかったか。あの食堂(=映画館)の扉は暗い室内と明るい野外を通底させるばかりか、映画のなかにもうひとつの映画を持ち込んでもいたのだ。

『ランジェ氏の犯罪』で洗濯女が男の窓の扉を外して、窓の前のベッドに寝ていた男を起こしてしまう。『どん底』では騒動を観客から隠すように扉は閉められたのだし、同じ扉はジャン・ギャバンによって蹴破られ、縦に倒れるのである。扉以上に過激なルノワール的仕掛けは幕だろう。『大いなる幻

図 3-1　『大いなる幻影』（1937）

影』（三七〔図3-1〕）や『ゲームの規則』の突如作られる舞台は、窓や扉と同様、映画内部のもうひとつのスペクタクルをつくり出し、作品の転調のきっかけを自然に与えている。

ここでルノワールの生涯が、映画の成長と重なることを思い出す必要があろう。映画はルノワールと同時にその興行形態や技術を進展させてきたのである。ルノワールが最初期のアマチュア映画作家となったときは、ハリウッド的な意味での職人監督はフランスにいなかった時代といえる。ルノワールは自分の撮りたいものを撮りたいように撮っていった（配給業者によって短縮を余儀なくされたことはあったにせよ）。プロデューサーの企画を撮らされる、ハリウッドの職人としての映画監督とは違うのだ。フィルムの感度の向上（スタジオで灰色の階調の豊かなフィルム＝パンクロ・フィルムを使うための照明法の実験）や、トーキー技術の習得（三〇年代初期は撮影後の音のミックスができなかったので、たとえば『素晴しき放浪者』〔三二〕でも音楽が入るところは物音が消える。それが今では逆に新鮮なのだが）、キャメラ移動の工夫、カラーの登場（彼自身が撮るのは遅いが、二〇年代からカラーで撮るのを夢見ていた）など映画史を体で経験した（本質的に）偉大なるアマチュア映画作家なのだ。ここにルノワール生誕一〇〇年が映画一〇〇年に先んずる意味があるだろう。

3　第一次フランス時代

そこで、ルノワール作品を年代順に追っていく必要も出てくる。そうして見ていくと、『水の娘』（二四）から『ゲームの規則』にいたる第一期フランス時代は、手探りで始めた映画づくりが、撮影のバシュレ、録音のド・ブルターニュ、装置のルーリエといったルノワール組を形成するにいたった過程といえるだろう。トーキー第一作『坊やに下剤を』（三一）では、キャメラは基本的に舞台中継を思わせる全景とアップの切り替えで持続が途切れないことのみを優先させた。『ゲームの規則』では、デコールとキャメラと俳優の動きの総和としてルノワールのカットが生まれる。そこでは俳優が自由に動き回り、キャメラが横への動きを中心にフォローしていくなかに、不意に奥行きが出現するルノワール独自のスタイルが頂点に達する。そこでルノワールは俳優としても重要な役回りを演じて、キャメラ側と被写体側をおおらかに往復してみせる。これはルノワール組としてのスタッフが形成されることで可能になったのだろうが（技術的な条件が整ってこそ、ルノワール的な即興の生じる幅ができるのだ）、ルノワールがノラ・グレゴールとじゃれあうように演じているのを見ると、これが普段のルノワールの演出術そのままなのではないかと思えてくる。そこにおけるキャメラの役割は、俳優たちの不意の動きを最もよく見える位置で各瞬間に掬いあげるということになる。これがハリウッド的な物語を効率的に語るためのキャメラ・アングルの優先と対立することは明らかだろう。

ハリウッドでは観客の方向感覚を狂わせないことが必要とされる。たとえば切り返しショット。ルノワールは決定的瞬間にキャメラを俳優に直交させる。『トニ』（三四）でのセリア・モンタルヴァンが拳銃を手にして夫を殺そうとする場面を思い出していただきたい。彼女と夫のアップが切り替わるたびにレンズ（＝観客）はお互いと向き合い、瞬間の恐怖を体験するのである。あるいは『どん底』の冒頭、ルイ・ジューヴェはキャメラを見つめたまま回転する（キャメラとジューヴェが別の回転台に乗っているのだろう）。背景の鏡に別の男が映るのだが、次の切り返しがこの男の正面アップなので、最初のカットが男の主観ショットだと分かる仕掛けなのだ。ルノワールの凶暴さが露出した瞬間でもある。だから『大いなる幻影』の弱さが、決定的な切り返しショットを斜めのアングルで撮ってしまうという常識的な（ハリウッド的な）映画文法に従った点にも求められないだろうか。ここでのルノワールはどこか遠慮がちなのだ。こうした背景があるからこそ、ルノワールのアメリカ時代は一層興味深いのである。これほど世界観の違う文化が遭遇したためしがあっただろうか。そして第二期フランス時代のルノワールの途方のなさは、アメリカ時代を通過しなければ絶対にあり得ないものなのだ。

4　そしてアメリカ時代

ジャン・ルノワールは『ゲームの規則』にいたる第一次フランス時代で、普通の映画作家だったら一生かかっても到達不可能な位のサイクルを完結させている。戦争という外的要因によるとはいえ、アメリカへの旅は次なるルノワール映画のためには必然であったとはいえないか。そのハリウッドでの最初の作品『スワンプ・ウォーター』（四一）を見るなら、これがあの自由闊達な『ゲームの規則』の作家の次回作とはとても信じられないだろう。見事なまでにハリウッドに順応した堅牢なスタイルなのである。予算超過によって一旦は監督を降ろされたが、ラッシュを評価した20世紀フォックスの帝王、ダリル・F・ザナックによって、再び監督に復帰したというエピソードも自伝に語られている。だが、『ゲームの規則』のようなキャメラ移動を含んだワンシーン＝ワンカット的な手法は、ザナックたちによって退けられ、場面はいくつかのアングルに分解して撮るというハリウッドの編集システムに従うことになる。当然、視線も斜めに方向づけられ、切り返される。以下の諸作も同様である。

『この土地は私のもの』（四三）はナチス占領下のフランスの町を舞台にしているが、ＲＫＯの安っぽいセットの効果もあってか、超現実的とすらいえる不思議な映画になっている。次の『南部の人』（四五）ほどアメリカ映画的なアメリカ映画もないだろう。『スワンプ・ウォーター』の延長線上にあるこの映画で、すでにルノワールは何十年もハリウッドで活躍してきた監督のように見える。まるでジョン・フォードを唯一のライバルとするかのような映画である。ここでの圧倒的な洪水の場面は、フランス時代とはまた違った荒々しい水の表情を定着させた。

その次の『小間使の日記』（四六〔図3-2〕）は、アメリカ時代の作品で唯一フランス的なものを感じさせる作品である。それは舞台がフランスだからという理由ではない。フランス時代の『ボヴァリー夫人』（三三）がアメリカ的なものを感じさせたのと好一対なのだ。そこでは明暗のくっきりした街の通りが、まるで西部劇の空間のようであった（ちなみに、この後ルノワールはRKOでイングリッド・バーグマン主演による『ボヴァリー夫人』のリメイクを計画していた）。『小間使の日記』は、ポーレット・ゴダード（もちろん彼女の起用はチャップリンへの敬意の表れでもあるだろう）はじめアメリカの俳優が英語で演じているわけだから、フランス的な側面とは、主題とその取り扱い方によるといえよう。小間使とは実にルノワール的な存在である。そして、喜劇にまで高まった残酷さにおいて傑出する。アンドレ・バザンが『ゲームの規則』の「楽しい悲劇」に対比させ、『小間使の日記』を「悲劇的な笑劇」と定義したのも頷けよう。ここでは、ハリウッド的手法をフランス時代の自己のスタイルに溶解させ、終盤の群衆の頭上を移動していくクレーン・シ

図3-2　『小間使の日記』（1946）

ヨットが目につく以外は、移動の多用にもかかわらず、キャメラは目立たず、さりげない自在さに溢れている。『小間使の日記』こそ、第一期と第二期フランス時代を橋渡しする作品といえる。それに比べ、ハリウッドで撮られた最後の作品『浜辺の女』（四六）はフィルム・ノワール的なムードに溢れているせいか、典型的なアメリカ映画のスタイルに戻り、フランス時代のリアリズムでは考えられない夢や想像のシーンなども使われている。そして、インドにロケされた『河』は、世界で最も偉大な映画の一本とでも呼ぶほかないものだ。

5　第二次フランス時代の幕開け

五一年、ルノワールはついにフランスに帰還する。この後の作品は、どれも第一次フランス時代のリメイクともいえる。『黄金の馬車』は『ゲームの規則』の、続く『フレンチ・カンカン』（五四）と『恋多き女』（五六）も『ゲームの規則』のリメイクであり、同時に前作を更新していく。共通するのは、見世物という主題と、女ひとりに男三人、恋人が絡む恋愛遊戯が展開される点だ。そして『河』を含めた四本は、華麗な色彩のスペクタクルを見せるテクニカラー作品の最高峰である（残念なことに、この艶と透明度は、イーストマン焼きのニュー・プリントでは再現不可能なので、どうしても昔焼かれたテクニカラー・プリントで見る必要がある）。プリントの乳剤の状態で作品の魅力が極端に左右される作家というのは、世界でもルノワール唯ひとりであろう。

では、この時期のルノワールの特徴は何か。極端なセットの人工性、固定ショットの積み重ねによる単純化といえるのだが、大人数の登場人物をひとつのショットで捌いてしまう名人芸は誰も真似できまい。第一次フランス時代とは主としてロング・ショットは斜めから、アップは正面から撮られていたとすると、第二次フランス時代は逆にロングは正面から（舞台の導入の多用に見合って）、アップは斜めから撮られるのである。そしてアメリカ時代を通過したルノワールは切り返しを斜めから撮ろうとも、『大いなる幻影』の弱さはもはやない。そして、ルノワールが初期から守っていたスペクタクル（見世物）への情熱とアメリカ映画を経由した物語の効率性が統合されるのだ。そのアングルは異様に単純化されるが、視線の方向性は揺るぎなく、それでいて対象を最もよく愛でる場所に据えられる。たとえば、『フレンチ・カンカン』の最後のカンカン踊りの場。躍動する踊り子たちの波により、どこが観客席でどこが舞台という区別なく、本能的に最上の見物席を見つけるルノワールの観客たちに似て、キャメラもメイン・ポジション抜きに、瞬間瞬間の踊りに感応して、場所を移っていく。いってみれば『ピクニック』のブランコのショットで全体が埋め尽くされたようなもの、官能の極みなのだ。

続く『コルドリエ博士の遺言』は『獣人』（三八）の、『草の上の昼食』（五九）は『ピクニック』の、そして『捕えられた伍長』（六二）は『大いなる幻影』の（ただし、喜劇としての）リメイクといえよう。ここでもルノワールは前進を続ける。テレビ初期のマキノ雅弘のように、ワンシーンを複数のキャメラで一気に撮りあげる試みを『コルドリエ博士の遺言』と『草の上の昼食』でおこなう。最高で八台のキャメラを同時に回したという。

6　あまりにルノワール的な……

最後の作品（テレビ作品ではあるが）『ジャン・ルノワールの小劇場』（六九）は、四話のオムニバスで、劇場の幕による構成は『黄金の馬車』ともいえるが、各エピソードでいうと、第一話「最後のクリスマス・イヴ」は「マッチ売りの少女」と思える。しかし、第二話「電気床磨き機」はオペラ仕立てのブレヒト劇といった趣だし、第三話「愛が死にたえるとき」はジャンヌ・モローがシャンソンを一曲歌うだけの間奏であり、かつてこれほど大胆な簡素さは目にしたことがなかった。第四話「イヴトーの王様」は年老いた夫が若い妻に愛人ができたのを寛容の精神で許すという、ルノワールの縮図のような一篇である。むしろ、全体がルノワールの横に置かれた舞台のように、ルノワール全作品のミニチュアというべきか。人工性から自然性というルノワールの振幅を一作に詰め込み、視線も斜めに交錯させ、劇中の物語を進めるかと思えば、直接レンズを覗き込み、観客に目配せもする。第四話では、ルノワールが幕の下から滑り込ませた鉄球が劇中の人物に届いて、球転がしのゲームが始まる。そして、唯一自然のなかで進展した物語は、太陽の下で登場人物が一斉に驚くべき自然＝不自然さで笑いだし、何と観客に別れの挨拶として頭を下げるところで、幕が降りるのである。この驚くべき自在さに少しでも近づき得た作家は、今のところ『木と市長と文化会館／または七つの偶然』(九三) のエリック・ロメールしかいない。

(『キネマ旬報』一九九四年一〇月上旬号―下旬号、キネマ旬報社)

ジャン・ルノワール解析Ⅰ

『十字路の夜』（三二）

『坊やに下剤を』（三一）の水洗トイレの録音で始まったジャン・ルノワールのトーキー時代は、『牝犬』（三一）を経て、『十字路の夜』（三二）がトーキー第三作目となる。そして、これはトーキーでしか成立しない映画なのである。アマチュアの道楽と思われたサイレント時代と異なり、三〇年代のルノワールは、フランス映画界でトーキー時代を先導するプロの監督としての地位を固めることになる。実際、『坊やに下剤を』から『牝犬』、『十字路の夜』、『素晴しき放浪者』（三二）、『ショタール商会』（三三）、『ボヴァリー夫人』（三三）、『トニ』（三四）、『ランジュ氏の犯罪』（三五）、『人生はわれらのもの』（三六）、『ピクニック』（三六）、『どん底』（三六）、『大いなる幻影』（三七）、『ラ・マルセイエーズ』（三七）、『獣人』（三八）、そして『ゲームの規則』（三九）へといたる三〇年代のフィルモグラフィの充実ぶりはどうだろう。何より驚くべきは、その無秩序とも思える作品の多様性だ。前作の延長線上に次回作はなく、むしろ一作措くと、少しは関連が見えてくるといった類のものである。ジグザグに進展する作家としてのルノワール。

ミシェル・シモンの人物像を通して関連を持つ『牝犬』と『素晴しき放浪者』に挟まれた『十字路の夜』は、このフィルモグラフィのなかで孤立しているように見える。主演者ピエール・ルノワールの人物像も、メグレ警視とシャルル・ボヴァリーとルイ一六世では共通性を見出すことは難しい。この似たものがないということのなかに、『十字路の夜』の特異な魅力がある。この探偵ものは、まるでフィルム・ノワールのようなのだ。ハワード・ホークスの『三つ数えろ』(四六)やエドガー・G・ウルマーの『恐怖の回り道』(四五)に刺激を受けた若きフランス人監督が、それらを超えるノワールを撮ろうとした作品に見える。ところが、『十字路の夜』はそれらのフィルム・ノワールにはるかに先行し、フィルム・ノワールの公式第一作と認められるジョン・ヒューストンの『マルタの鷹』(四一)より、九年も早いのだ。そもそもフィルム・ノワールとは、第二次世界大戦当時の暗い世情を背景に出現し、従来の犯罪ものが勧善懲悪の世界観からできていたのに対し、悪の魅力を積極的に醸し出し、画面は暗く、また霧などで淀み、逆光が多用され、物語には曖昧さが溢れ、男はファム・ファタール(運命の女)によって転落していく。回想形式(フラッシュ・バック)の不採用を除けば、『十字路の夜』はこうしたフィルム・ノワールの特徴をすべて備えている(回想形式を採用してないフィルム・ノワールももちろんある)。こうした先見性は、『トニ』を想起させる。『トニ』は、イタリアのネオレアリズモの先駆的作品として評価を受けているが、ロベルト・ロッセリーニの『無防備都市』(四五)や『戦火のかなた』(四六)より一〇年は早い。そして、ロケーションでパリの表情を生々しく捉えた『素晴しき放浪者』(三二)は、ヌーヴェル・ヴァーグがすでに始まっていたかのごとき作品である。かつて蓮實重彥氏によって、「アルシ゠ヌーヴェル・ヴァーグ」として位置付けもされた(『映像の詩学』筑摩書房、一九七九)。これはヌーヴェル・ヴァーグに二七年は先行している。

つまり、三〇年代のルノワールには、戦後の三つの映画大国(アメリカ、イタリア、フランス)での三つの大きな映画革命(フィルム・ノワール、ネオレアリズモ、ヌーヴェル・ヴァーグ)を先取りする作品が含まれているのである。どうして、ひとりの映画作家にそんな離れ業が可能なのか。それがルノワールだから、というほかないではないか。

では、ジョルジュ・シムノン原作によるメグレものの最初の映画化となる『十字路の夜』の特異性とはいかなるものなのか。原作は一九三二年に出版されたばかりだった（邦訳は『深夜の十字路』秘田余四郎訳、早川書房、一九五三など）。ルノワールは友人でもあった原作者とともに脚色をおこなう。ロナルド・バーガンは『十字路の夜』が、「『三つ数えろ』と同じく、理解不能なほど複雑なプロットを持つ映画として悪名が高い」理由をこう説明する。「予算が底をついてきたため、一連の説明的なシーンを割愛せざるを得ず、それでなくても不明瞭なプロットが一段と不透明になったのだ。何とか完成にこぎつけるため、終幕の部分も駆け足で撮影されたし、同時録音の出来も状況をさらに悪化させた――台詞は屋根を打つ雨音や、交通量の多い道路の騒音と一緒になって聞こえる。おまけに、ヴィナ・ヴィンフリートは訓練されていない外国訛りで話す」（ロナルド・バーガン『ジャン・ルノワール』関弘訳、トパーズプレス、一九九六）。『十字路の夜』の難解さは製作条件のせいだというのである。ジャン＝リュック・ゴダールは「ジャン・ミトリが三巻分のフィルムを紛失してしまい、その分を撮りなおすことなく編集しなければならなかったからだ」（『ゴダール全エッセイ集』蓮實重彥・保苅瑞穂訳、竹内書店、一九七〇）と書いている。

最も信じ難い証言が、ピエール・ブロンベルジェである。

公開されるのを待ち構えて映画館「ピガール」に駈けつけたのだが、映画を見てびっくり仰天してしまった。というのは、いくつか筋のつながらない所があるのだ。さっそくルノワールの家に行って、感想を伝えた。たぶん私が見たときは、一巻抜かして上映されたのだろう、と。彼は、どの巻が抜かされたんだ？　と言う。私は、筋が理解できなくなった所を彼に説明した。ルノワールはしばらくじっと考えていたが、やがて口を開いた。

「ピエール、何も抜けていないよ。それが私の映画だ」

「でも、それならなぜあそこを切ってしまったんだい？」

するとルノワールは、

「断言するが、私はシナリオどおり撮り、編集しただけさ！」

私は、シナリオをかなり深く読みこんでいたので、どのシーンが欠けているかを指摘できた。私が自信を持って断言するので、ルノワールは撮影に使った台本を取ってきた。二人でシナリオを読みかえしてみると、ルノワールは七三ページから九〇ページまでを抜かしていたことに気づいた。そのときまで、ルノワールはページを抜かして撮影したことに全然気づいていなかったのだ。


（『シネマメモワール』斎藤敦子訳、白水社、一九九三）

仮にこの証言を信用すると、「七三ページから九〇ページ」ということだから、後半のどこかでつながらないところがあるはずである。何しろ七五分という短い映画である。少々煩雑な記述になるが、本篇を見ていこう。

1　フィルム・ノワールの先駆け

並木が等間隔に植えられた国道の片側を捉えた前進移動で始まる。背景には畑が一面に広がり、馬で耕作をしている農夫の姿が見える。パリから三二キロと読み取れる道路標識。逆方向がアヴランヴィルで、〇・五キロと書いてあるようだ。標識から左へパンしていく途中で、キャメラは引かれ、アヴランヴィルの十字路が現れる（おそらくロケ場所の関係で、三方向の道しか見えない）。その道の交わった角に、自動車修理工場があり、ガソリンスタンドを兼ねている。国道と交わる道に少し離れた二階建ての家が見える。ここが保険屋の家だと後に分かる。国道をさらに行ったところに、デンマーク人兄妹の住む屋敷があるのだが、十字路と同じ画面で捉えられることはない。十字路には、この三軒しかないという設定なのだ。自動車工場を頂点とした不等辺三角形が描かれる。

事件は保険屋ミショネのガレージで始まる。ミショネの車がなく、代わりにデンマーク人カール・アンデルセンの車が置かれていたのだ。警官ともどもミショネは、カールの屋敷に向かう。一同がガソリンスタンド前を通過するカットを挟み込むことで、三軒の位置を示している。カールの応答はなく、車庫を開けるとミショネの車が置かれていたのだが、その運転席には男が座っている。ミショネが駆け寄ると、男が崩れ落ちる。額からの血は凝固している。探偵映画として、文句のない導入部である。

場は一転して、パリ警視庁に移る。原作ではここから始まるのだが、死体発見のくだりはもちろん実際に見せたほうが効果的である。街角の新聞スタンドには、朝刊の広告が出ている。「オランダ人宝石商殺害される。現場はアヴランヴィルの十字路」。ルノワールは新聞広告の見出しで、観客に出来事の情報を伝えるのと同時に、長い一日の経過もモンタージュで簡潔に示すという一石二鳥のテクニックを使うのである。警視庁では、出前の給仕がメグレ警視に朝食を運んでくる。おそらく夜を徹して取り調べが続いたのだろう。メグレが扉を開いた隙間から、黒の片眼鏡の男が見える。縦長の額縁に入ったような全身像は、ルノワール特有の額縁効果、すなわち画面内画面の活用のいい例である。片眼鏡の男が容疑者のデンマーク人、カール・アンデルセンである。片眼鏡の下は義眼だと知れる。メグレの問いに、自家用機の事故が原因だと答える。

再びスタンド。日刊紙を求める通行人は下半身しか写らないよう、手前の排水溝を大きく捉えた画面である。カールは殺人を否認する。メグレは隣室で仮眠していた部下のルカに取り調べを引き継がせる。部屋の隅の水道の蛇口からは水がポタリポタリと落ち、コップに水が溜まっている。カールは宝石商とは面識がないと言う。スタンドでは夕刊が出ている。排水溝に濡れた新聞を流し落とす箒が見える。取り調べは、グランジャンに変わる。カールの仕事は、パリの家具商で、家具調度に張る布のデザインで、パリに出るのは月一回だという。これは、なぜあんな不便なところに住むかの答えだ。隅のコップの水は溢れている（わざわざ前進移動だ！）。メグレが復帰する。ここで取調室はまるで霧がかかったかのようだ。いくら煙草の煙でもここまではなるまいと思われる。十字路に行く前から、ただならぬ雰囲気が醸し出される。何もしゃべらないというグランジャンに、メグレはカールを釈放することを告げる。新聞スタンド。「殺人の容疑者アンデルセン、解放される。メグレ警視、現場を捜査」。

十字路。朝八時五三分。メグレがタクシーで到着する。自動車修理場にいたルカと会う。「この付近に家は全部で三軒。あっちが保険業のミショネ。ここがオスカルの店と住まい。向こうがアンデルセン、あのデンマーク人です」。ルカはメグレの荷物を持って、ここから一キロ先だという宿に向かう。霧のなかを車が行き交う。メグレはアンデルセンの屋敷を訪ねる。ここまでがフィルム（全四巻）の一巻目。

カールに招き入れられたメグレは妹のエルゼに会う。客間の調度品をメグレは見てまわる。人体のデザイン画、オルゴール、そしてレコードをかける。煙草はたくさん吸うかとエルゼに尋ねる。「二箱くらい」。二二フランと、煙草の値段がアップで示される（高級品ということか）。亀が飼われている。吊り輪のようなものを触ってみる。メグレは何かを探しているのか。床に置かれた銃を調べ、やっとエルゼの横に座る。カールが戻ってきて、曲の終わったレコードを止める。霧のなかの道、男が牛の群れと行き違う。ガソリンスタンドからバイクが出ていく。メグレとエルゼの会話の間に一瞬、暗い画面が明るくなり、屈んだ男の影が見えるカットが挿入される。カールが部屋の明かりを点けたのだろうか。エルゼは、「夫のデザインで月二〇〇〇フランの収入がある」と言う。エルゼは兄を呼び、ランプに灯を入れさせる。割れたガラス窓からなかを覗く男の顔（一瞬ドキッとさせるが、悪人ではなく、ルカ巡査部長らしい）。ルカが部屋に入ってきて、メグレに電報を渡す。「ゴールドベルグ夫人は一七日夜に村に到着。夫と一緒に写った写真を確認のこと」とある。カールはメグレに明日パリに行く許可をもらう。月末で金がいるのである。

霧の国道を横切る銃を持った男のシルエット。すっかり夜になり、車のヘッドライトが次々通過する。メグレとルカ、修理工場を通る。修理工が客に「クラクションも修理するか」と確かめている。暗くて分からないが、宿の前か。メグレ「夫人は来ないな」、ルカ「もう遅いですな」と会話。車が止まり、運転手が「アヴランヴィルは？」と尋ねる。建物の前を身を隠すように歩く男。車から、ゴールドベルグ夫人が降りる。その瞬間、暗殺者の背後にキャメラは引かれ、夫人が撃たれる。メグレ、犯人を追う。車の横でメグレにライトを向ける男。メグレ、「ライトを消せ」と叫ぶ。修理工場の近くで、メグレ、オスカルと会う。オスカルの顔から、パン・ダウン。靴に泥がついていないことを確かめたのだろう。泥濘のなかを歩く足のアップ。メグレ、ミショネ家を訪ね、妻に夫の居場所を訊くと、「主人はすぐに戻ってきます」。ミショネが銃を持って戻るが、ミショネは「アンデルセン家を見張っていた」と言う。

翌朝、カールがガソリンスタンドで給油し、パリに向かう。バイクの男、修理工場を出る。オスカル、メグレに酒を勧める。オスカル、アコーディオンを弾く。電話が鳴る。メグレへの電話である。アンデルセンの話題らしい。メグレ、オスカルに「事件は今夜解決する」と告げる。確信があるのか、はったりなのか。オスカルは今夜パリに出て、芝居を見て、食事だと言う。ルカがメグレにサンドイッチを持ってくる。オスカルはタイヤを修理しながら、デンマーク人が犯人だと主張する。メグレはオスカルを追い払い、ルカに「カールは公社に行っていない。駅の近くに車があった。ベルギーに行った」と教える。そして「車一台と部下三〇人」を集める指示を出す。パリで、グランジャンがルカの電話を受け、オスカルの尾行を引き受ける。以上、第二巻。

派手な甲羅の亀と戯れるエルゼ。床に寝そべり、煙草を吸っている。ここらあたりに張りつめた倒錯的なエロティシズムは、ルノワール全作品のなかでも突出している。メグレ、ライトで照らしながら階段を昇っていく。二階のカーテンが揺れる。メグレ、窓を閉める。エルゼ、物音を聞きつけ、「誰？」と訊く。メグレ、名乗り、部屋に入ろうとするが、エルゼはカールが鍵を掛けていったので、自分では開けられないと言う。メグレは万能鍵で扉を開け、なかに入り、カールが高飛びしたことを告げる。塀が一瞬挿入される（伏線か）。メグレがゴールドベルグと兄のことを問い詰めると、エルゼは泣き出す。そして、兄が帰らないので、朝から何も食べていないと訴える。食堂の割れた窓の外から手が伸び、ビール瓶が二本テーブルに置かれる。食堂で、ビール瓶を持って、メグレとエルゼ、二階の部屋に戻ってくる。メグレ、エルゼと抱き合うような格好でソファに座るが、そのはずみに壁の絵が傾き、隠し穴が現れる。なかには、鍵、拳銃、睡眠薬が入っている。エルゼがそっと額を戻そうとする手をメグレは止め、後ろに目があるかのように、拳銃を取り出す。メグレは鍵が部屋の扉と合うか、確かめる。国道で、ルカが部下の配置の指示を出している。エルゼ、ビールを飲み、倒れる。メグレ、ビールを口に含むと吐き出し、エルゼに飲んだものを吐かせる。家の陰に隠れる男。暗闇を歩いてくる男がいる。屋外で銃声が響く。メグレ、「何事だ」と外に叫ぶ。エルゼ、よろめきながらも立ち上がる。警官たちがカールを抱きながら、階段を昇ってくる。カールが「オルレアンに偽刑事が、後ろから撃たれて、車から投げ出された」と呻きながら告げる。メグレはカールを自室に寝かせる。エルゼは「カール」と叫ぶ。

修理工場前、ジョジョがメグレに「こんな時間まで捜査ですか」と声をかけ、運転手に「替えのタイヤは持っていくのか」と確かめ、替えタイヤを取り付ける。側面に取り付けたタイヤから車のタイヤへパン。これはタイヤのサイズの違いを見せているのだろう。トラックは出発する。メグレは「タイヤをどうする？」と工場内にジョジョを追い詰める。メグレ、工場内を調べ、いきなりタイヤのチューブに発砲する。チューブを裂き、なかからヘロインを取り出す。素晴らしいのは、このチューブを裂く音だ。工場内の車に乗り込もうとした別の修理工に向け、メグレ威嚇射撃をする。男、逃げ出す。メグレ、ジョジョと格闘し、簡易ベッドに投げ飛ばす。第三巻終わり。

パリのレストラン。オスカルに電話が入る。メグレは車のなかを探り、「目当ては宝石か」とジョジョに問う。オスカルが戻り、仲間に「行くぞ」と告げる。メグレ「考えたな。ガレージか。駐車しても怪しまれん。クラクションの中身は？」。ジョジョ「じきに分かります」。メグレ「ゴールドベルグを？」。ジョジョ「誰です？」。メグレ、電報を出し、「この男だよ。見ろ。ゴールドベルグとオスカルは仲間だ。金でもつれて、ゴールドベルグを殺した。アンデルセンの役割は？」。この間も車の走行音は響き続ける。二階の窓、男の影が見える。窓の明かりが点滅する。メグレ「合図なのか」。ジョジョ「たぶん。だが、とっくに気づいてますよ」。メグレ、ベッドをひっくり返し、何かを探る（秘密のスイッチがあるのではないかと思ったのだろう）。二階の窓の点滅。男は微動だにしない。メグレ外に出るが、車が来るとガレージに隠れる。これは、メグレの予知能力を示す描写だろうか。車からいきなり何発もガレージ内に発砲されるからである。車は逃走する。

警察の車が着き、医者が「ケガ人はここかね」と言いながら入ってくる。この医者が、ジョジョを重傷者と間違えるあたりの場違いなユーモアは実に変だ。警官たちがガレージ内を捜索し、証券類を見つける。メグレは電話で、「道路を封鎖しろ。灰色の車だ。乗員は五人。気をつけろ。武装しているぞ」と告げる。電話を受けていた憲兵が、全員に集合をかける。ガレージで報告。「銀のさじ一五本。銀器六。耳飾り二。ブローチ四。証券類一箱」。グランジャンがブガッティで到着。メグレは、グランジャンに、オルレアンに追跡する指示を出す。グランジャン、出発する。報告は続く。「コカイン二五箱。真珠の首飾り二。指輪一一。金めっきのポット三。貴石の指輪三」。

深夜の追跡。闇の前進移動ショットに、発砲の閃光が光る。フリッツ・ラングの追跡シーンとはひと味違う生々しさがある。本当に真っ暗で、何も見えないのだ。グランジャンが逃げる車に追いつき、停止させて全員逮捕する。

エルゼ、写真の束を見て、次々投げ出し、最後の一枚を見つめる。二階の階段の上。「助けてくれ」と響く。カールの声か。ミショネが忍び込み、エルゼの部屋に入り、格闘になる。エルゼの悲鳴が響く。警官が駆けつける。メグレが屋敷に戻って指示を出す。「女を部屋に。窓にひとり。残りはサロンに」。医者がカールを診察する。

グランジャンが逮捕者を連れ、修理工場に戻ってくる。メグレがアンデルセンの屋敷だと聞き、一同歩いていく。エルゼ、ナイトガウンを羽織り、化粧をしている。医者はカールを治療中。メグレ、エルゼの部屋に来る。メグレ「何人の男と寝た？　芝居はやめろ。大事な話だ。まずオスカルの密売。奴が鍵を作った。ミショネからは金を奪った。兄の名前で信用させて。何が兄だ。（胸の傷を見つけ）そして、この傷は？」［図3-3］。エルゼ「意地悪しないで」。メグレ「着替えろ」。エルゼ着替える。メグレ「生まれは？」。エルゼ「ハンブルグの港で働く沖仲仕と娼婦の娘よ。傷は弾の跡。コペンハーゲンで撃たれたの。亭主の金庫破りを見張っててね。そんなときに現れたのがカール」。カールの治療の映像に、オフ（画面外）で、エルゼ「私を更生させようとしたの」。メグレ「名家の出か」。エルゼ「そうよ」。メグレ「お前の魂を救済しようとした」。エルゼの部屋に戻り、メグレは睡眠薬の瓶を手に取り、「睡眠薬でカールを眠らせて、その間に次々男を引き込んだ。ミショネたちを。（テーブルの上の写真を見て）亭主か。（写真には若いエルゼと男が写っているが、男の顔は引っ掻き傷で判別できない）どれだ？」。エルゼ「探せば」。メグレ「どうせ下にいる。化粧したって無駄だ」。メグレ、エルゼに手錠をかける。カールの治療の背後で、メグレたちが通り過ぎる。

図 3-3 『十字路の夜』（1932）

一階サロンには、逮捕者たちが集まっている。ミショネやオスカルの姿も見える。メグレがエルゼを連れてくる。オスカルの「囚われの姫君か。泣けるぜ」の言葉に、手下たち笑う。メグレは誰が殺したか、問い詰める。メグレ、グランジャンに何か指示を与える。メグレ、「ハンブルク、悪党、亭主」と言いながら、レコードをかける。タンゴが流れ出す。エルゼ、窓の外から拳銃を構えている男を見つける。オスカル、隠れるよう手で合図を送る。窓外の男、隠れる。オスカル「言うことがある。そばに来てくれ」とメグレを呼ぶ。エルゼ、立ち上がり、メグレの盾になる。メグレ、窓を開け、男に銃を向け、降伏させる。カール、エルゼを呼ぶ。グランジャン、窓外の男を連れてきて、手錠をかける。医者がやってきて、「ケガ人がうわごとで、エルゼと」。エルゼ、立ち上がり、窓外にいた男の前に行く。メグレ、窓外の男を見ながら「写真の男だな。エルゼの最初の夫。答えろ。カールは兄じゃない。二度目の夫だ。ゴールドベルグに密売人を教えたのはエルゼ。だが金のことで殺したのはミショネたちだ。夫人を殺したのはお前だ」。窓外の男「まさか」。メグレ「いい仲間を見つけたな。オスカルはタイヤに麻薬や宝石を隠した。さばいたのはミショネ。女房が合図を出す係。ミショネは発覚を恐れ、ビールに毒を盛ったが失敗。口をふさごうとしたんだ。結果は無実の男が重傷を。(エルゼを見て) お前の魂を救おうとして。行け」。二階から、エルゼを呼ぶ声がする。エルゼ、医者の後から階段を昇ろうとする。窓外の男「エルゼ!」。二階から、「エルゼ、苦しい」。メグレ、階段の下で、「エルゼ、おいで」。メグレ、降りてきたエルゼに、「二年はあっという間だ。あとは自由になる。真の自由に」と言いながら、手錠を外してやり、「エルゼ」という声が聴こえると、階段を昇るように促す。窓外の男暴れだし、外国語で、「やめろ! 俺はこいつの亭主じゃない。放せ! 俺は何にも知らないんだ」。警官は男を連れ出す。エルゼ、メグレの肩に手を置いて寄りかかりながら、連れ去られる男を見ている。エルゼを呼ぶ声が響く(ふたりに前進移動)。ミショネやオスカルたちは、エルゼとメグレをじっと見つめている。エルゼ、メグレの肩を愛撫し微笑む。メグレ、エルゼには目を向けず、パイプをくわえる。エルゼ、諦めたように階段を昇っていき、見えなくなる。全巻の終わり。

2 神秘の次元にいたる探偵映画

以上が、映画『十字路の夜』なのだが、それほど大きなカットがされているとは思えない。脚本は分からないので、原作と比較すると、一番分かりにくいのは、メグレがジョジョを取り調べている場面だろう。ここで車が修理工場に止まることなく通り過ぎることが音響で表現されているが、メグレはジョジョがベッドの脇にある秘密のスイッチを操作したのではないかと考えて、ベッドをひっくり返す。だが、観客はメグレの行動の理由は分からないだろう。瞬間挿入される二階の窓の点滅が、修理工場に止まるなという合図なのだが、この窓をメグレは見られるわけはない。この窓はミショネの家だが、これも分からないだろう。そして、ミショネに見える人影は、カールを射殺しようとしたミショネのアリバイをつくるためのものであり、原作ではメグレがミショネの家に踏み込み、椅子に置かれた箒が人影をつくっていたのを発見するのだが、映画では説明されない。原作では、ミショネはカールを撃った後、アンデルセン家の井戸に隠れているのをエルゼに発見され、井戸の底での乱闘場面があり、メグレがふたりを捕まえる。当然、エルゼもびしょ濡れになり、下着姿で化粧をするエルゼが自然なのだが、映画ではここら辺りは大幅に簡略化され、ミショネがエルゼの部屋に忍び込んで捕まるというふうになったが、何せあの暗い画面では、何が起こったかよく分からないかもしれない。

問題は、メグレ警視の描写にあるのかもしれない。ゴダールが「ものぐさそうな鷹の目」と評したピエール・ルノワールのメグレは素晴らしいが、何を考えているかさっぱり分からないのである。絵の裏の隠し穴を発見したくだりも、原作では最初曲がって掛かっていた額が、いつの間にかまっすぐになっているのを見て発見するのだが、映画では偶然の産物のようでもあり、メグレがすべてを見通していたようにも取れるのである。要は、メグレの思考過程を示そうという気が、ルノワールにはこれっぽっちもないのである。

その代わり、映画は探偵ものという以上のものになった。怪しげな十字路の雰囲気に浸っていたら、ここで何が起こっても不思議でない気にさせられる。まるで深海のなかにでもいるような、闇と霧に包まれた世界は、国道の並木道ばかりか、室内までも覆ってしまっている。あの追跡シーンでの前進移動。何も見えない移動だが、車が曲がるときのみ、ヘッドライトが並木を照らし、撃ち合う音響と閃光が類いまれな視聴覚体験を導く。タイトルバックの音響の素晴らしさはどうだ。車の走行音を遮るように音楽が始まったかと思うと、ガスバーナーが鉄板を焼き切る音が画面とももども現れ、再び始まった音楽をすぐさまバーナーの音が遮り、短く音楽に戻ったかと思えば、走行音が高まり、音楽と打撃音がモンタージュされ、最終的に激しいバイクの走行音とともに、最初の並木道の前進移動に導かれるのである。本篇の短いカットの挿入法などもあわせ、この画と音の断片化は、ジャン＝リュック・ゴダールを予告している。『小さな兵隊』（六〇）や『カラビニエ』（六三）、『アルファヴィル』（六五）、『メイド・イン・USA』（六六）といった作品の持つ断片性と驚くほど似ているのである。まあ、そうだろう。ゴダール自身が、「フランスの最も偉大な探偵映画、いやそれどころか、最も偉大な冒険映画」と呼ぶ作品なのだから。

次がどう展開するのかまったく読めないばかりか、神秘の次元まで高まっていくような、卑俗でありながら、とびぬけて高貴な映画なのである。海の底のように息苦しいくらい魅惑に富んだ場面が、セットで撮られているのだろう、アンデルセンの屋敷内である。ここはもう通常の意味で、時間を持っていない。とりわけエルゼ役のヴィナ・ヴィンフリードが、下着姿で胸の傷を見せて以降はそうだ。ピエール・ルノワールとのやりとりは、探偵と容疑者のそれでありながら、たとえようもなくエロティックな儀式を執りおこなっているようだ。体が触れるか触れないかの距離が絶えず維持される。体に触れないことで、快楽を高めようとしているようにすら見える。ピエール・ルノワールがヴィナ・ヴィンフリードにかける手錠は、婚約指輪の代わりのようですらある。

階下に降りてからの手錠をかけられた容疑者グループは、記念写真を撮ろうというほど場を逸したおかしさがあるのだが、窓外にいる狙撃手の出現のサスペンスと共存しているというあり得ない体験。ヴィナ・ヴィンフリードは前の夫の銃口の前に立ち、ピエール・ルノワールを守ろうとするのだが、ルノワール演じるメグレ警視はすべてを知ったうえで演じているようにも見えるのである。どこかで、メグレはマブゼを思わせる。善悪の違いはあれ、全能の支配者としてのイメージを伝えてくるのだ。恐ろしいのは、亡霊のように二階から響いてくる声である。白衣の医者も何かの使いに見える。そうした緊張に耐え切れなくなったのか、前の夫が狂う。メグレと手錠を外されたエルゼは、彼が連れ去られる一点を見つめる。犯罪者集団も同方向を見つめていたはずなのだが、次のカットでは一様にエルゼに視線を向ける。エルゼは彼ら全員と寝ていたかもしれない。全員が金縛りになったかのような息詰まる瞬間である。エルゼは前に書いたようにメグレへ最後の愛を贈ろうとする。だが、愛に狂った男の待つ階上へ行かねばならない。これは何なのだろう。当然、原作にもない愛の磁場が三方に張りめぐられた地獄のような空間を造形するルノワールとは。ヴィナ・ヴィンフリードは階段を昇ったのだが、フレーム・アウトすることなく、漆黒の闇に消えてしまうのである。

ジャック・ベッケルが一九五四年に撮った『現金に手を出すな』の終盤の車の走行。ここには『十字路の夜』の夢幻性はないが、それでもどこかつながったものを感じさせる。『十字路の夜』は、製作主任兼助監督として、ジャック・ベッケルの最初の映画体験の場だったはずである。ルノワールは「さようならジャック」と題したベッケルの追悼文に『十字路の夜』の思い出を綴るのである。「雨がしみ通って体が麻痺したり、疲れのあまり足が重くなったりすると、われわれは十字路の家に帰った。あの家を見つけたのは車がパンクしたせいだったたって、きみは覚えているか？　シムノンの小説ではタイヤが重要な役割を演じているので、ぼくらにはそれらが運命的なしるしのように思えたものだ」(『ジャン・ルノワール　エッセイ集成』野崎歓訳、青土社、一九九九)。

かくして、『十字路の夜』は、フィルム・ノワールの先駆けであるばかりか、一方でゴダールへの道を予告し、もう一方でジャック・ベッケルを経由して、ジャン＝ピエール・メルヴィルやジョゼ・ジョヴァンニといったフランス暗黒街映画へと流れていく源流にもなっているのである。でも、あえてこういい切りたい。『十字路の夜』は、恋愛の神秘を描いた傑作であると。

(『ユリイカ』二〇〇八年三月臨時増刊号、総特集＝ジャン・ルノワール、青土社)

ジャン・ルノワール解析II
『ピクニック』（三六）

『ピクニック』の未使用ラッシュをシーン順に再構成した『ピクニックの撮影風景』（九四）は、テスト撮影の映像による『ピクニックのリハーサル』（九四）とともに、ルノワールの撮影のありさまを教えてくれる貴重な映像資料である。これは、プロデューサーであるピエール・ブロンベルジェがシネマテーク・フランセーズに寄贈した未使用のラッシュ・フィルムから、クローディーヌ・コフマンがおよそ九〇分に編集したものである。シナリオの順番に（ということは撮影順ではない）ラッシュを並べ、複数のテイクが比較できるショットもあり、ルノワールの演出が具体的に体験できる。もっとも、逆にワンテイクでOKが出てしまったショットは（NGがないので）当然ながら含まれていない。同時録音のショットに関しては、音を合わせてくれるので、ルノワールの指示が聞けるということや、カチンコに書かれた撮影日のデータから、撮影の進行の様子が分かるのである。さて、ここから何が読み取れるだろうか。

カチンコには、題名、監督名、撮影者名、そして、カット・ナンバーと撮影日が書かれている。カット・ナンバーには、シーン番号（ここでは、アルファベットで書かれているので、記号というべきか）、カット番号、テイク番号（録音部はトラック番号という）が書かれている。たとえば『ピクニック』では、題名「ピクニック」（原題だと「野あそび」か）、監督名「ルノワール」、撮影者名「C・ルノワール」、撮影日「三六年七月一六日」、カット・ナンバー「D−3−2」とチョークで書かれている。このカット・ナンバーの説明をすると、シーンD、カット3、テイク2という意味である。『ピクニック』で13テイクという例があるが、そうすると、OKテイクはここにはない14ということになるので、NGが13テイク出たということが分かる。もっとも、ルノワールの場合、OKを出しても、もう一回やろうと言い出したりするので、OKが複数あって、編集で選ぶ場合も多いわけである。ショットとカットは、同じもの（切れ目なしに撮られたもの）といってよいが、ショットというと撮影的な側面が重視され、カットというと編集的な側面で使われる場合が多い。

ちなみに、『ピクニック』の現場でカチンコを打っているのは、助監督の場合もあるが、大半はジャン・ルノワールとカトリーヌ・ヘスリングの息子アランである。アラン・ルノワールは冒頭の釣りをする少年役で出演もしているが、『ピクニック』の親密な雰囲気が、ラッシュだとカチンコによってもよく分かるのである。カチンコは、そのカット・ナンバーをフィルムに記録するためと、打って音を出すことで、画と音のフィルムを同期させるために使われる。だから、現場で打つとき、カチンコがフレームに入っていないと、編集で画と音を正確に合わせることができなくなる。だから、本番でカチンコがフレーム外で打たれたときには、キャメラマンが「もう一回」と言ったり、「尻ボールド」というが、監督のカットがかかっても、キャメラを止めずに、カチンコを逆さにして（尻ボールドの印）打ったりする。カチンコを打つ人は、自分がフレームに入っているうちは、編集で使えないので、打ったら速やかに、かつ静かにフレームから逃げることが求められる。

『ピクニック』には、監督ジャン、撮影クロード（ジャンの兄である俳優ピエールの息子）、アラン、それに当時のジャンの同棲相手であり（正式の婚姻ではない）、ジャンの映画の編集者だったマルグリット＝ウーレ・ルノワール（『ピクニック』ではレストランのメイド役で、ジャンと共演もしている）と、ルノワール一家が集結している。このとき、ジャン四一歳、クロード二一歳、アラン一四歳である。また、助監督が、ジャック・ベッケルをはじめ、アンリ＝カルティエ・ブレッソン、ジャック・B・ブリュニウス、クロード・エイマン、イヴ・アレグレ、そしてルキノ・ヴィスコンティというのだから、今から見れば何という才能豊かな若者たちが集まったものだと、溜息をつかせるに充分な現場だったのである。

参考のため、シーン記号とその内容を記しておく（ACは欠番、Bは編集でカット）。

D　**田舎の橋／レストラン**　橋の上で釣りをしている少年のところに、デュフール家が馬車でやってくる。馬車は橋の近くのレストランに向かう。レストランの前庭に馬車がやってくる。

E　**レストラン**　レストランの入口で、ロドルフとアンリが到着した馬車を見ている。レストランの主人プーラン親父が水を入れたバケツを持ってくる。ロドルフとアンリは食事をしている。ロドルフが窓の鎧戸を開けると、ブランコに乗るアンリエットとデュフール夫人が見える。

F　**レストランの庭／レストラン**　ブランコに乗るアンリエットとデュフール夫人。ロドルフとアンリは、女性たちを口説く相談をする。

G　**川岸**　デュフール氏とアナトール、川にとめられた舟を見つける。

H　**野原**　アンリエットとデュフール夫人が自然にふれた喜びを語る。デュフール氏とアナトールが、川にとめられた舟を見にいこうと誘いにくる。

I　**レストラン／庭／野原**　ロドルフとアンリが野原に行き、アンリエットの残した帽子を見つける。

J　**岸辺／野原**　舟を見ている一同。野原に戻ると、ロドルフとアンリに場所を取られている。ロドルフはアンリエットに帽子を返し、場所を譲る。デュフール一家、草の上の昼食を始める。

K　**レストラン／野原**　メイドがレストランの階段を降りてくる。野原で、食事を終えた一家が寛いでいる。デュフール氏とアナトールはしゃっくりを止めるため、野原を離れる。祖母は子猫を探しにいく。ロドルフとアンリ、チャンス到来と知る。

L　**野原／庭**　ロドルフとアンリは、アンリエットとデュフール夫人を舟遊びに誘い、夫人はデュフール氏の許しをもらう。ロドルフはブランコにぶら下がっているデュフール氏とアナトールに釣竿を渡し、穴場を教える。

M　**野原／岸辺**　アンリはアンリエットを、ロドルフはデュフール夫人を乗せて、舟を漕ぎ出す。

N　**川の上／岸辺／川の上**　デュフール氏とアナトールは釣りに熱中している。アンリはアンリエットを森に誘う。アンリエットは母が心配するからと断るが、デュフール夫人は舟が行けるところまで行くと言って、アンリエットの舟を追い抜いていく。

P　**森の岸辺／小道**　アンリの舟が着く。アンリエットとアンリは鶯の鳴き声を追って小道を進み、鶯のいる樹の下に座る。

O　**森の岸辺**　ロドルフとデュフール夫人の舟が岸に着き、森に向かう。

P　**森の岸辺**（鶯の鳴く樹の下）／**森のなかの野原**／**森の岸辺**（鶯の鳴く樹の下）　アンリはしだいにアンリエットを抱き寄せる。アンリエットを探すデュフール夫人を追いかけるロドルフ。ロドルフは夫人を木陰に連れ込む。アンリはアンリエットに迫り、キスをする。アンリエットの目から涙が流れる。

Q　**嵐の風景**　岸辺の草むらが風で揺れる。川に雨が激しく降る（カチンコがなく、撮影日不明）。

R　**数年後の同じ川／岸辺の小道／鶯の鳴いていた樹の下／岸辺**　アンリの舟が着く。すでに別の舟が着いている。鶯の鳴いていた樹の下にアンリエットと寝ているアナトールがいる。アンリとアンリエットは再会する。アナトールがアンリエットを呼ぶ。見送るアンリ。アンリエットは舟を漕いで帰っていく。

1　撮影

通常、撮影はシーンの順番通り撮っていく順撮りと、製作的制約や演出的な問題で、順不同に撮っていく場合とがある。ロケーションの場合、天候に左右されるので、セットや室内よりも、撮影の予定を早めに入れることが多い。また役者のスケジュールや場所の問題も、撮影の順番を大きく左右する。ところが、『ピクニック』の場合、場の移動がなく、役者も全員を集めての合宿で、しかも室内はレストランのなかの短いシーンだけなので、順撮りをしようと思えば、容易にできる環境にあった。

だが、必ずしも『ピクニック』が順撮りされたわけではない。カチンコに記された日付から、撮影のスケジュールを再現してみよう。もっとも、カチンコに日付が記入されていなかったり、フォーカスがぼけていたり、画面のフレーム外で読み取れない場合もある。したがって、おそらくこの日だろうという推測のものも含まれる。

六月二五日　テスト撮影
六月二七日　クランク・イン、F、G、I、K
六月二八日　F
六月三〇日　E、F
七月二日　F

七月三日　R
七月七日　I
七月八日　H、J
七月九日　J
七月一〇日　J、K
七月一一日　J、L
七月一六日　B、D、N
七月一七日　D、O、P
七月一八日　B、R
八月六日　N
八月八日　N
八月九日　L、M
八月一三日　F、P
八月一四日　D、F、K、L、R
八月一五日　F、クランク・アップ

一九三六年六月二七日にクランク・インしながら、クランク・アップしたのは、八月一五日である。五〇日間で、撮影されたのは、二〇日に過ぎない。特に長い中断が、七月一九日から八月五日まで続いた。長雨にたたられたのである。これで狭い室内に閉じ込められた一同の雰囲気が悪くなったというのは頷ける。しかし、最初のうちは快調だった。

まず、撮影初日に撮られたラッシュを見ていこう。シーンF（F－9－6、F－9－7、F－13－3、F－25－2）。シーンG（G－2－1、G－2－4）。シーンI（I－1－1）。シーンK（K－0－1）。

初日は比較的軽いシーンから入る場合が多いが、ルノワール組もそのようである。Fは、ブランコを見ているロドルフとアンリを窓外から捉えたショットである。Iは、ロドルフとアンリが外に出てくるショットで、窓から入口へパンされる（編集で、ふたりが出てきたところから使われている）ので、当然、Fに引き続き撮られたのであろう。Kも、メイドが同じ入口から出てくるショットなので、これもまとめて撮られたはずである（これは編集でカット）。残るGは、デュフール氏とアナトールが川岸で舟の上から川面を見て魚を探すところである。日付が分かるのは、G－2だけだが、残るG－1－1とG－4－1も、同時に撮られたはずである（G－3は欠番らしい）。G－1がふたりがやってくるロング・ショット（全景）、G－2がふたりのフル・ショット（全身）、G－4がその寄りのバスト・ショットで、G－3がないのは、G－2で、ふたりから川面へパン・ダウンして、またふたりへパン・アップしていくようにしたので、おそらく川面の単独カットを撮る必要がなくなったせいではないだろうか。キャメラは川のなかに据えられている。ここで面白いのは、G－2－1である。川岸にいるアラン少年がカチンコを打つと、キャメラが右手にパンして、デュフール氏とアナトールを写す。これはカチンコが見えるところで打ったためには舟に乗らないといけないが、その余裕がないので、キャメラがカチンコを打てるところで写してから、本来のフレームに戻したのである。しかし、そのときデュフール氏とアナトールの後ろの岸にメイド役のマルグリット＝ウーレ・ルノワールがいるのである。彼女は視線を下と俳優に動かすので、スクリプトをやっていたのではないかと思われるが、スタッフを写すというミスをしているのである。クロードの撮影デビュー作品でもあるわけだし、撮影初日ならではの失敗である。それに懲りたのか、G–2–4では、最初からデュフール氏とアナトールを写し、その代わり、デュフール氏がカチンコを打ち、カチンコは舟の後ろの岸辺にいたアランに渡し、アランがフレームから消えてから、芝居が始まるのである。

図3-4 『ピクニック』(1936)

二日目で、早くも魅惑の中心を撮る。ブランコに乗る娘が、男たちの心を一挙に摑まなければ、『ピクニック』は成立しない。F–4–1、デュフール氏がブランコを押すところを斜め後ろから撮った引きのショットである。F–5–1、四人の神父がやってくる。いよいよブランコを撮る〔図3-4〕。日付の分かるのはそれだけだが、アンリエットのブランコのショットは、ほとんど日付が記されていないので、この日と、ひょっとしたら翌日も、ブランコを集中的に撮ったのではないだろうか。アンリエットが揺れるのに合わせ、キャメラも並行して揺れるショットがある。これは、キャメラを載せたブランコをアンリエットのブランコと板か何かでつなぎ、同時に同じ距離で揺れるようにしたのであろう。ロドルフが窓を開けると、ほぼ正面からの引きショット(F–2)につながれるが、実はその前に編集でカットされたF–1があった。これは、背景にブランコの側面が見え、手前でデュフール氏がプーラン親父と話しているショットである。台詞を採録しておこう(台詞は紀伊國屋書店版DVDの柴田香代子訳を使わせていただいた。なお、本篇から台詞を引用した場合は、山田宏一訳である)。

デュフール氏「馬にえさをやってくれ」
プーラン親父「いいですよ、自転車より歓迎です」
アナトール「（背景で）押しますよ」
デュフール夫人「平気よ、ひとりで」
デュフール氏「いい店だね、モダンで。あの金網は？」
プーラン親父「新型です」
デュフール氏「近頃の金網はすばらしい！　わしもパリで金物店をやっている。あれは、バスチーユのベリエの製品かね？」
プーラン親父「英国製でしょう」
デュフール氏「英国製？　金物にかけては、フランスは英国に負けちゃいない」
プーラン親父「鶏にしますか？」
デュフール氏「鶏？」
デュフール夫人「あなた、押して」
デュフール氏「押してくる。すぐ来るよ」

最後にジャン・ルノワール演じるプーラン親父が去っていく際、草の上に転がっていた鍋を放り投げる仕草がある。編集でカットされることが多いが、カット尻でいろいろ試みている。テイクは、F-1-1とF-1-5が収録されているが、テイク1では、ルノワールが煙草を巻いて、唾で紙を留める芝居が会話のなかにあるが、テイク5ではやっていない。テイク5の途中で、何か棒のようなものが画面を斜めに横切って倒れてくるが、画面を止めて見てみると木の枝である。この木の枝は、ルノワールの白いシャツに木漏れ日を落としていたのだ。助監督が手に持って上から揺らしていたのを取り落としたのだろう。テイク1を見てみると、ルノワールのいる位置は木陰になっていたので、途中で日の位置が変わり、ルノワールの白い服の露出がとび過ぎるのを避けるためもあり、木陰をつくったのだろう。ちなみに、デュフール氏には自然の木陰が落ちている。会話に出てくる金網は、レストランの階段に置かれた巻いた金網だろう。後で雨になりそうな天気に階段を降りてくるメイドが蹴飛ばすことになるのだが（K-3）、編集では階段を降りてくるだけで、蹴飛ばす前にカットされるので、画面上に金網が登場することはない。ここでの台詞は「客はずぶ濡れになるわ。金網をあちこちに置くんだから！」である。

六月三〇日。EとFのレストラン内部を片付ける。ここで注目されるのは、ブランコを見た後のアンリとロドルフの切り返しショットである。なかでも、F-14のロドルフ越しのアンリのショットは、テイク2から6まで収録され、ルノワールのこだわりが目に見えるようだ。テイク2で、「すばらしい」と言いながら、次のテイクがあるのは、「すばらしい。もう一回見よう」とでも付け加えたのだろう。

ここでの台詞は、

ロドルフ「長続きするからさ」
アンリ「いい娘とならね」
ロドルフ「オルタンスは、バカな娘だったぜ」
アンリ「女は顔じゃない」
ロドルフ「レアは？　結婚しなきゃ、今でもまだ……」

アンリ「僕は父性的なんだよ。娼婦や世なれた女は嫌だ。やばいからな」

と、アンリの女性観を浮き彫りにするところなのだが、ここで問題になったのは、アンリの煙草の火である。

テイク3：ルノワール「ストップ。煙草に火をつけるのが早すぎる。タイミングが悪い」

テイク4：ルノワール「〝女のよさは〟じゃ台詞が違う」。アンリ「強調した。やり直そう」

テイク5では、ルノワールは「マルグリットは座れ」と八つ当たりし、カットがかからないうちに、アンリ役のジョルジュ・ダルヌーが目線を横にやったのを見て（ルノワールのいた方向だろう）、ストップをかけ、再び「煙草のタイミング」と注意する。

テイク6：ルノワール「ストップ」。ダルヌーはルノワールを見る。ルノワール「すばらしい！」。とはいえ、これはOKテイクではないので、少なくとも、もう一回は回したのだろう。ルノワールの演出は想像以上に厳密なことが分かる。本篇を見ると、確かにもっとよくなっているのである。

七月二日。Fの終盤のプーラン親父がオムレツ入りのフライパンを持って登場し、アンリエットより母親のことを賞賛するシーン。同棲関係にあったメイド役のマルグリットがジャンに注ぐ眼差しが印象的。ルノワールは俳優に「いいか、集中しろ」。

七月三日。R2–1。サイレント撮影で、アンリが船でやってくる。R15–1。アンリ、舟に乗ったアリエットとアナトールを見送る。

七月七日。I。アンリとロドルフが、サクランボの木の前にやってきて、アンリエットの帽子を見つけるシーン。

七月八日。H。サクランボの木の下で、アンリエットが金色の毛虫を見つけ、草や水や木にも愛を感じ、かすかな快い欲望が湧いてくると、母親に訴える素晴らしいシーン！　ルノワール「いいか、シルヴィア」「行け」「よし」「すばらしかったよ」。ここでのアンリエット役のシルヴィア・バタイユも素晴らしいが、わけても母親役のジャーヌ・マルカンの包容力を感じさせる受けの芝居がとってもいい。劇中で、ルノワール演じるプーラン親父が「あれこそ女だ。楽しめますぜ。いい味の女ですぜ、繊細で、優雅で」と絶賛するのがうなずける。

もうひとつ、J。J−1−1。J−2−5。J−3−1。船着場にやって来たデュフール一家。ここでは、キャメラのパンのタイミングの問題か、撮影のクロード・ルノワールに声をかける。ジャン・ルノワール「クロード、合図は。いいのか。行け」「カット。すばらしかった」。

七月九日。昨日の続き。J−4−4。J−5−1。J−5−3。J−8−1。J−12−1。

J−4は、編集で途中までしか使われなかったので、次の台詞がなくなった。

デュフール氏「アナトール、来てみろ。トンキンでは、家の屋根はみんなこんな風さ」

アナトール「藁ぶきか」

デュフール氏「バカなやつ！　草ぶきだよ。わからんやつだ」

デュフール氏の過去が垣間見える。

J-12-1は、サクランボの木の下での昼食を準備するロング・ショット。「ありがとう。完璧だ」。

七月一〇日。J-16-2。祖母の語るプレヴェール兄弟。Kのほとんど。K-4から、K-15まで。昼食の終わった後の草の上。アナトールのしゃっくり騒動。

七月一一日。J-6-2。J-7-1。ロドルフがアンリエットに帽子を返すところ。本日のメインは、シーンL。ロドルフとアンリが、母娘を舟遊びに誘う場面である。ルノワールは、母娘の歓声のタイミングを問題にする。「もっと早く。答えるのが遅すぎる」。ブランコ前で、釣竿を渡すシーンもこの日に撮る。

図3-5 『ピクニック』（1936）

七月一二日。J-13-8。機会を窺うロドルフとアンリ。これで、五日にわたったシーンJを終了。K-16-1。引きの機会がきたロドルフとアンリ。これで、Kも終了。

七月一六日。カットされることになるシーンB。D-3-2。魚を釣り上げるアラン少年。そこに馬車がフレーム・イン。川にイントレ（キャメラやライトの位置を高くするための組み立て式の櫓）を組んで撮ったのだろう。そして、舟の撮影が始まる［図3-5］。映画で舟を撮るのは、想像以上に大変な作業である。ここではアンリとアンリエットの乗る舟とキャメラを載せた舟が別になる。N-2-1。N-2-3。まず、カチンコからして大変である。アンリ役のジョルジュ・ダルヌーが打って、手前のアンリエット役のシルヴィア・バタイユに渡す。ルノワール「カチンコを隠してくれ。下に入れてくれ、シルヴィア」「いいか舟を漕げ、まだ喋るな」「シルヴィア、少し待て」「位置について。舟を漕げ」「ダルヌー、舟が滑るように走るまで待て。音も大きい。だめだ。カットだ!」。あと、N−1−1。N−7−1。靴を釣り上げるデュフール氏。

七月一七日。いよいよ山場を迎える。D−1−2。川面に釣竿、パン・ダウンすると、アラン少年。D−2−1。アランからパンすると、橋に向かってくる馬車。O−1−2。O−2−2。ロドルフとデュフール夫人の舟が岸に着き、森に上陸する。その引きと、引きにカット・イン(挿入)される寄り。そして、クライマックスのP。P−1から20まで。アンリとアンリエットが舟から降りて、鶯の鳴く樹の下で、口づけをするまでの一連である。とりわけアンリエットがキスをした後、涙が頬を伝わり、レンズに眼差しを向ける超クローズアップはサイレント撮影であり、ルノワールが何を言ったかは分からない。だが、どんどん魅惑的になっていくシルヴィア・バタイユの恍惚の表情がすべてを語っている。

七月一八日。シーンR。数年後の再会。同じ森。ここで、驚くべきことが起きる。ふたりが再会した切り返しショットである。お互いをナメて、切り返した後の単独ショットである。通常、ひとりしか写らなくても、相手を見つめる目線を定める必要があるので、相手がいると想定される場所に助監督が日印を置くか、実際に相手役の俳優が立つかするのが普通である。ところが、アンリを捉えたショット(R−11−4)で、聴こえてくるのは、ルノワールの「私をよく見ろ」という声なのである。瞳に涙が光るアンリエットのショット(R−12−2)でも、「シルヴィア、私の目を見ろ」と響く。つまり、こういうことだ。最後のクライマックスで、お互いの瞳に映っているのは、ジャン・ルノワールその人なのである。ルノワールは、アンリであり、アンリエットなのだ。男であり、女であるルノワール。

この愛の視線と対照的な『トニ』での一場面では、どうだったのだろう、との夢想に誘われる。セリア・モンタルヴァンが、マックス・ダルバンを射殺しようとする際の、ほぼ真正面からの切り返しである。あのときも、ルノワールはジョゼファであり、アルベールであったのだろうか。切り返しの場合、相手を入れ込むか、単独かということは、ルノワールにとっては単にコンテ上の問題ではなくなっている。このことは、ルノワールが俳優に入り込む映画監督である明証だろう。ショットの終わりには、それぞれ、「完璧だ、いいよ」「完璧だ、すばらしい」とのルノワールの声が入っている。

八月六日。長い中断を挟んで、撮影が再開される。N－0－2。舟出の最初のショットになるよう撮られたことは、1より早いカット・ナンバーである0が示している。

アンリ「ご住所は?」
アンリエット「マルチール街」
アンリ「丘の上ですね。空気もいい」
アンリエット「ここの方が」
アンリ「この次はひとりで来ませんか。僕が駅まで迎えにいきます」
アンリエット「父が許さないわ」
アンリ「ほっとけばいい」

この日は、このワンカットのみである。

八月八日。N－16から25までの、アンリとアンリエットの舟上でのカット・バック。引き返すことに決めた瞬間に、デュフール夫人の甲高い声の響くロング・ショット(N－26)は日付が分からないが、この日に撮られたのだろうか。ここで響くのは、撮影のクロード・ルノワールの声だと思われる。「バックに、かすかなモーター音が聴こえる。電源を切れ。平気だ。止まった。飛行機だ。回せ。だめだ」。とにかく、この日で舟は撮り終わる。

八月九日。この日はLとMの撮り残したカットを消化する。L-9-4。L-10-2。L-11-2。L-111-1。ロドルフが舟遊びに誘った続きである。前のカットが撮られたのは、七月一一日であり、しかも曇天だった。この日は夏の暑い日差しが、強いコントラストをつくっている。さすがに、つながらないと思ったのだろう、アンリに「晴れてきましたよ」と言わせている。この後の野原（M-2-1）、舟着き場（M-4-1、M-5-1）まで、曇天とピーカン（快晴）が交錯するのが、かえって映画にメリハリをつけ、面白い効果を生んでいる。

八月一三日。F-8A-2。アンリエットのブランコの追加撮影。キャメラはフィックスで、斜め前から、ブランコが手前に来たときに、フォーカスを合わせているが、それにしても甘いフォーカスだ。使えないと思う。P-9-6。樹の周りで、夫人を追うロドルフ。樹の枝を折って、縦笛を吹くカットだ。P-19-4。茂みから出てくるロドルフとデュフール夫人。それぞれ、「列車の音が入った」「バイクの音が」との声が入っているのが可笑しい。映画では、人里離れた桃源郷のイメージだからだ。

八月一四日。大急ぎで取り残しのカットを拾っている。D-4-3。レストランの主観移動。このテイクは、OKのものに比べると、マルグリットがフレームから外れている。K-3-7。前に述べた階段から降りてくるマルグリットが金網を蹴飛ばすショット。L-113-2（L-12とL-13の間に入る）。ブランコのところで、アナトールが「ワー！（オー！）釣竿だ」と感極まったように叫ぶカット。ルノワールは、この「ワー！（オー！）釣竿だ（デカナペーシュ）」という発声にこだわったようで、アクセントに注意させながら、何回も繰り返させている。R–9–5。アナトールが起きる寄りのカット。それと、F–4A–2。四人の子供が、ブランコを見るショット。アカンベをしているテイクもある。F–4B–1。荷車が来て、ふたりの農夫がブランコを見る。

八月一五日。クランク・アップ。F–8A–3。アンリエットのブランコ。フィックスで、フォーカスはボケボケで、手前で一瞬だけ合う。あれだけのものを撮っておきながら、とても不安だったのかもしれない。ブランコには最後までこだわったのだが、クランク・イン直後に撮られたときの初々しい生気はすでに失われている。

2 編集

『ピクニック』の編集は、撮影から一〇年の時を経た一九四六年に、ジャック・ベッケルとマルグリット＝ウーレ・ルノワールの監修のもと、マリネット・カディックスと、マルセル・クラヴェンヌによっておこなわれた。ピエール・ブロンベルジェの執念が映画を完成させたといえるだろう。しかし、このとき、ジャン・ルノワールはアメリカにおり、二重結婚の問題でフランスには帰りようがない時期だった。ただ、ルノワールが編集の現場にいなくても、『ピクニック』はこれ以上望みようがないほど、見事につながれている。

冒頭に字幕を入れたことで、簡潔に始まることになった。シーンBはカットされたのである。B–2–2とB–2–7は、馬車のなかのデュフール一家が紹介される。野原の道で、馬車が止まった瞬間から始まるこのカットは、馬車の全員が見えるよう、馬車をやや俯瞰で捉えたフィックス・ショットである。

デュフール夫人「美しいわ」
デュフール氏「雄大だ」
アナトール「釣りがしたい」
デュフール夫人「あなた、あれは何?」
デュフール氏「ロジャンの要塞とロニーの要塞。ふたつの要塞だ」
デュフール夫人「寒気がする」
デュフール氏「せっかく遠出したんだ。真実を見ないと」
アンリエット「きれいな森がある」
デュフール氏「ロニーの森だ。プレヴェール兄弟の狩場さ」
祖母「戦場だったね」
デュフール氏「いや、プレヴェール兄弟が狩りに来るんです」
祖母「ビスマルクがねえ」
デュフール氏「あとで書きます。悪いね」
アナトール「フライが食べたい」
デュフール夫人「二度とお家に戻れない気がする」

ここで、誰に何を言わせるかで、各々の性格まで描写しているが、それだけに導入部としてはやや重い感じを与えている。狭い馬車のなかで、人物たちが競り上がるように、手前に浮上してくるさまは、すでに『黄金の馬車』(五二)を先取りしている。それにしても、デュフール夫人に与えられた最後の言葉の不吉な印象はどう捉えたらいいのだろう。作品世界を超えた戦争前夜への予感として、ジャン自身の呟きだろうか。

今ひとつは、B－3－2。田舎道に手前から馬車がフレーム・インし、奥へ遠ざかっていくカットだが、通行人のエキストラが不思議な印象を醸し出す。コメディア・デラルテの道化役アルレッキーノを思わせるふたりの少年といい、前輪の巨大な自転車でやってくる男といい、ルノワール映画のなかに、フェリーニ的世界が出現したというか。『黄金の馬車』といってもいいが。どちらにせよ、本篇とは違和感を与えるものである。

とにかく『ピクニック』では、カットは詰められるだけ詰めてある。しかし、窮屈な印象はまったく与えない。レストランに馬車が入ってくるカット（D－5）にしても、すでに画面に馬車は入っている。終わりも馬車をフレーム・アウトさせることなく切っており、馬車の後から走っていく犬は登場しないままになった。またレストランからアンリとロドルフが出てきて、サクランボの木の下まで行く場面（I）。ここはレストラン前（I－1）、レストランの庭（I－2）、サクランボの木のある野原（I－3）と、三カットで全部場所が飛び、ふたりのアクションもつながらないので、どのコマでつなげるか難しい編集である。フレーム・イン、フレーム・アウトを使えばつながるのだが、それだと長くなるし、まどろっこしい。ここは全部ふたりをフレームのなかに収めたまま小気味よくつないでいる。ふたりの動きはカットで違うのに、違和感はない。このフレーム・アウトを極力使わない、すなわち人物の映らない空舞台をつくらないという方針が、だからこそ、ここぞという場面での空舞台が最大の効果を発揮するのである。そして、その効果が全体の流れとして絶大な力にいたったのが、あの草の揺らぎに始まり、嵐が到来し、川面を打ちつける雨を捉えたトラック・バックにいたる自然描写のモンタージュである。

『ピクニック』は、平行モンタージュの見本のような作品でもある。ここでいう平行モンタージュとは、違う空間の出来事を交互に編集したものである。同一空間でのカット・バックとは違うが、離れていた両者が近づいて、同一画面で収まったり、カット・バックに移行することは起こり得る。要は、距離をどう表現するかということである。デュフール家と、母娘を狙うロドルフとアンリが交互に示され、後半は、アンリとアンリエット、ロドルフと母親という二組のカップルによる平行モンタージュになる。見かけの麗らかさに目を奪われなければ、グリフィス的とでもいうか、実にアメリカ映画的な構成なのである。

では、あのブランコ・シーンの編集を見てみよう。自分の近親者以外の視線をことごとく惹きつけてしまう世界の中心としてのブランコである。ロドルフが鎧戸を開けると、室内に野外の空気が吹き込まれる（E－5）。ここから、こうつながれる（LS＝ロング・ショット、BS＝バスト・ショット）。

1　F－2：ブランコ全景、正面母親側から斜めのアングル
2　アンリエット（キャメラも同時に揺れる）
3　F－4：ブランコ全景、後方母親側から斜めのアングル
4　アンリエット（キャメラも同時に揺れる）
5　ブランコ（アンリエット側側面）からパン、四人の神学生
6　四人の神学生、寄り
7　（神学生の見た目）ブランコ（母親側側面）
8　四人の神学生、寄り

9　アンリエット、正面フィックス
10　四人の子供たち
11　アンリエット（キャメラも同時に揺れる）
12　F－9：窓越しのロドルフとアンリ、メイドが来る
13　（ロドルフの見た目）ブランコLSほぼ正面
14　F－9：窓越しのロドルフとアンリ、メイド去る。ロドルフ「彼女が座ってくれたら」
15　（ロドルフの見た目）ブランコLSほぼ正面
16　F－9：窓越しのロドルフとアンリ、最後でアンリがブランコを見る
17　（ロドルフの見た目）ブランコLSほぼ正面。アンリエット、ブランコに座る
18　アンリエット、フィックス仰角
19　ロドルフBS
20　アンリエット、フィックス正面仰角さらに寄り
21　F－13：窓越しのロドルフとアンリ

E－5から1（F－2）へのつなぎは、もちろん見た目ではない。前に述べたように、F－1はカットされているが、ここは一挙にブランコに行った方がいいという判断だろう。難しいのは、キャメラも同時に揺れるアンリエットのカットだが、違和感なく、観客を魅惑の世界に連れ込んでしまう。ブランコから神学生へのパンは、農夫へのパンと比較の上で、こちらを採用したのだろう。神学生からの見た目で、新たなアングルがとられ、四方からブランコが見られているという感覚を生じさせている。そして、四

人の子供たちを正面から捉えたカットをはさんだアンリエットの正面フィックスと揺れのカットが、ますます気分を高揚させる。そこで、レストランのロドルフとのカット・バックへと転調する。ここでは、ロドルフの見た目としておかしくないアングルとサイズがとられる。ここでの山は、ロドルフの希望通り彼女が座った見た目（17）から、寄り（18）への移行である。仰角の18は見た目ではもちろんないが、ロドルフがそこから眺めたいという場であり、欲望のアングルだといえる。続いて、ロドルフが初めて単独の寄り（19）になり、対応して、20は18で端に写っていた母親を切って、さらにアンリエットに寄る。ここでは、アンリエットが撒き散らす大気が四方を乱す前半から、室内からの視線の劇場となる後半へと構造が変化するのである。この後、一転して、室内でロドルフとアンリの切り返しへと変化し、ジョゼフ・コスマの音楽だけは流れ続け、ブランコの継続は示すものの、画面的には頑として窓を排除し続ける。ここでの会話は、アンリの女性観を伝え、ロドルフの欲望がアンリに移行するのを暗示する。撮影時にルノワールがこだわったアンリが煙草の火を点ける瞬間は、採用されたテイクには含まれていない。アンリの横顔から、野外への移行がまた素晴らしい。揺れる木々が写ったかと思うと、手前からアンリエットが舞い降りてくるのである。この揺れる木々のみが写る空舞台の数秒は、さきほど検討した絶えず画面に人物が写っているつなぎとの対照で、ブランコのフレーム・インを恐ろしく感動的なものに仕立て上げるのである。その近接したブランコの仰角から、窓越しのブランコへアクションでつながれ、シーンの始めと韻を踏むように、コスマの音楽の退場と同調しながら、走るアンリエットの窓外へのフレーム・アウトでブランコのシークエンスが閉じられる。

今度は、草の上の昼食の場面を見てみよう。といっても、大半を占めるのは昼食後の昼寝であって、そこでのアナトールのしゃっくり騒動により、釣り師ロドルフとアンリの行動が開始されるのである。

だが、ここで『ピクニック』のなかで最大のつなぎ間違いが起きている。それは、デュフール氏とアナトールが、水を求めてレストランの方へ戻っていくロング・ショット（K－15）の後に、膝の上から逃げた猫を追って椅子から立ち上がる祖母（K－9）をつないだことから起こったミスである。カット・ナンバーで分かる通り、デュフール氏とアナトールの退場は、祖母の退場より後の出来事である。実際、K－15には空の椅子が写っている。まるでメリエスの奇術映画のように、祖母は現れたのである。だが、それを不思議に思う者はたぶんいない。編集はそう判断したのだろう。なるほど、背景がこれまでの川向きと逆になったロング・ショットで空の椅子に目を向ける観客などいない。それでは、なぜあえて、祖母のカットがシーンの終わりに来るのだろう。

それは、実質的な草の上の昼食シーンが、サクランボの木の下で猫を抱いて椅子に座った祖母のカットで開始されたからではないのか。ここでも祖母のカットは、J－16であり、本来なら場所を譲って悪巧みをするロドルフとアンリのカット（J－13）に続くのは、祖母が写っているとはいえ、デュフール夫妻が中心となるJ－14なのである。ここで、編集チームは、草の上の昼食を祖母で始めて、祖母で終わらせたかったとしか思えない。そのためには、祖母が二度も消えるという荒業まで使うのである。そして、祖母は二度と『ピクニック』に現れない。だが、そのことを誰も不思議に思わない。祖母は猫とともに、この世界から消えてしまったのである。『ピクニック』は、釣り師が女性を釣る話であり、ふたつの世界が平行モンタージュされる。ロドルフとアンリに行動を開始するきっかけを与えるのが、空になった椅子であるといわんばかりのつなぎなのである。おそらく祖母は女性たちの庇護者の役割を与えられていたのであろう。男たちがその役割を果たすことができないのは、その後の展開で明らかである。だから、デュフール氏とアナトールではなく、祖母の退場が最後である必要が生じたのだ。『ピクニック』の前半と後半の転換点が、この空の椅子なのである。そして、ブランコが再び視界に戻ってくる。

しかし、そのときブランコは、もはや女性に揺らされる存在ではなくなっている。男たちには、懸垂のための道具なのだ。だが、なぜかブランコの紐が交差するように前後に揺れる。ルノワールはブランコの紐越しに、アンリエットと四人の男を捉える。この揺れが、未使用のテイクに比べて、格段に美しく揺れる。その揺れる紐によって、人物間の境界線が引かれる。アンリエットと無縁のものとして、線を引かれるのが、デュフール氏とアナトールである。では、あとの三人は……という問いを孕んで、ブランコは揺れ続ける。

最後の平行モンタージュとして、舟遊びを見てみよう。ここで編集は、アンリ＝アンリエット組（P－1、P－2、P－3、P－6、P－7）が、ロドルフ＝デュフール夫人組（O－1、O－2）より先に岸に着くよう変更している。そして、鶯を見ているアンリエットを抱き寄せるアンリ（P－7、P－8）をつなぎ、牧神のまねをして夫人を追いかけるロドルフ（P－9）、そして超クローズアップのアンリエット（P－12、P－13）までもっていき、オーバーラップでフル・ショット（P－14）まで戻している。そこから完成版では嵐の自然描写にいくのだが、撮影ではまだ続きがあった。茂みから出てくるロドルフとデュフール夫人（P－19）と、情事後の二組のカップルが出会うところ（P－20）である。ないほうがもちろん美しいが、当初ふたつの流れを合流させようとしていたことは興味深い。

そういえば、原作のモーパッサンの『野あそび』を読むと、ルノワールが小説に何を付け加えたかがよく分かる。加えたものやカットしたものはいろいろあるが、最も大きなものは、距離だろう。映画の描写は小説と違い、距離なしにはあり得ない。ルノワールが導入した映画的距離は、たとえばブランコのシーンで、アンリとロドルフに鎧戸の閉まった部屋で昼食をとらせたことだろう。原作ではふたりの若者は野外で食べているわけだから。ましてブランコの場面では、登場すらしていない。もちろんルノワールは、距離なしに男女が接近することを望んでもいるだろう。そして『ピクニック』はその限界に近づく試みでもある。しかし、映画では厳密な距離の意識なしに描写が成立しないことを知り抜いているのも、ルノワールである。

舟遊びでカットされたN-2には、こういう会話がある。

アンリエット「牛乳屋？　馬車のせいね。お隣から借りたのよ。うちは金物屋です」

アンリ「金物屋？　いいご商売ですね」

この後、アンリエットは岸で釣りをしていた父に手を振る。キャメラも舟上から、アナトールとデュフール氏を捉える。この二人組が、ローレルとハーディを彷彿させると書いたのは、ロナルド・バーガンだった。それはそれとして、ここがカットされたのは、原作にあったアンリがパリでデュフール金物屋を訪ねるシーンを使わずに編集できると、ピエール・ブロンベルジェが思いついたせいでもあるだろう。もちろん、このアンリがアンリエットの結婚を知る場面は撮られることなく終わったのだが、アンリがアンリエットの家を訪ねるためには、そこが金物屋だと知らなくてはならない。ここに限らず、土地の人が、デュフール氏が金物屋であることを知る会話は金部カットされている。アンリは、アンリエットを牛乳屋の娘として思い出すのだろう。

（『ユリイカ』二〇〇八年三月臨時増刊号、総特集＝ジャン・ルノワール、青土社）

ジャン・ルノワール解析Ⅲ
『ゲームの規則』（三九）

ジャン・ルノワールの最高傑作の一本である『ゲームの規則』［図3-6］は、公開当時観客の敵意を誘発し、興行的に惨敗した。この後、ルノワールはイタリアから呼ばれ『トスカ』を撮りにいくが、撮影を始めたばかりで現場を離れざるを得なくなり、そしてアメリカに亡命することになる。この失敗は、そのままフランスにいることが可能だったとしても、次回作を実現するのが困難であったほどだろう。

では、なぜ公開当時の否定的な反応と、その後の高い評価との落差が生じたのか。とりわけ、ほかの映画作家にこれほど影響を与えた作品もない。映画作家をやる気にさせ、『ゲームの規則』を目標に撮られた映画は数多いはずである。一本だけ例を挙げるなら、ロバート・アルトマンの『ナッシュビル』（七五）がそうした映画である。同時代の観客に嫌悪されながら、その後の世代の映画監督に深く影響を与えたことにこそ、「陽気な悲劇」を目指した『ゲームの規則』の特異な面がある。

まずいえるのは、前作『獣人』（三八）が大ヒットしたことで、自主製作時代はともかく、ルノワールがトーキーに移行してからは、めったに得られない創作上の完全な自由を得たことである。これは単に企画ということに限らず、それを実現するための資金的な裏づけがあったということである。自らのプロダクション（ヌーヴェル・エディション・フランセーズ）の旗揚げ作品として、まさしく『ゲームの規則』は大作であった。だが、スターらしいスターが出ていないという意味で、奇妙な大作であるともいえる。興行的失敗の原因のひとつに、観客が感情移入できる大スターがいなかったことが挙げられる。

しかし、ルノワールがスターを使わないと決めていたわけではない。『ゲームの規則』のキャスティングは難航した。最初、ヒロインの侯爵夫人クリスチーヌ役には、『獣人』で組んだばかりのシモーヌ・シモンにオファーした。しかし、シモン側が高額の出演料（当初の予算の三分の一にあたる八〇万フラン！最終的な全体予算は倍の五〇〇万フランかかったが）を要求してきたことで、この起用は頓挫する。夫の侯爵には、やはり『獣人』でシモンの夫役を演じたフェルナン・ルドゥーを起用したかったが、シモンの降板で、ルドゥーには森番シュマシェール役が検討された。『獣人』トリオのもう一角、ジャン・ギャバンには、侯爵夫人に恋する飛行士アンドレ・ジュリユー役を予定した。ギャバンのイメージに合わせたので、アンドレの職業も当初のオーケストラの指揮者から飛行士に変わった（『大いなる幻影』の印象もあるだろう）。しかし、これも流れる。ギャバンは同時期にオファーされた企画のなかで、マルセル・カルネの『陽は昇る』（三九）を選んだからである。オクターヴ役は、最初はジャンの兄ピエール・ルノワールで、実際一九三九年二月に始まったソローニュのロケーション撮影の当初は彼が演じたのだが、『ピクニック』と同様に長雨にたたられ、舞台の契約があったピエールは参加できなくなる。あわてて代役をミシェル・シモンに頼むが、彼も空いていない。当初のキャスティングでそのまま残ったのは、密猟者役のジュリアン・カレットのみである。役者を想定してシナリオを書くルノワールにとって、イメージの合わない俳優が来ることは大きな痛手であろう。

図 3-6　『ゲームの規則』（1939）

とりわけ難航したのが、クリスチーヌ役である。スタッフの勧めで、ミシェル・アルファという若手女優の劇を観にいったところ、彼女はジャンのイメージに合わなかったのだが、その劇場の桟敷席で彼の目に留まった貴婦人がいた。ノラ・グレゴールである。彼女はオーストリア大公妃で、ナチス・ドイツによるオーストリア併合によってフランスに亡命していたのである。しかも、カール・ドライヤー監督の『ミカエル』(二四)が一番有名な作品だろうが、結婚前は女優だった。ジャンはフランス語が不自由なノラ・グレゴールのため、クリスチーヌの設定をオーストリアの大指揮者の娘に改める。彼女の存在が、観客が無意識にでも第二次世界大戦前夜の雰囲気を感じ取る要因でもあろう。もうひとつ大きく動いたのが、オクターヴ役である。ピエール・ルノワールも、ミシェル・シモンも駄目になり、ジャン・ルノワール自身が演じる決意を固めたのである。ノラ・グレゴールを演出するだけでなく、実際に共演してみたいと思ったのではないだろうか。クリスチーヌの寝室で抱き合いながら戯れる幼馴染ならではのシーンを見ると、ルノワールの欲望が直接的に感じられるからである。

当初のキャスティングをまとめると、こうなる。

侯爵夫人クリスチーヌ：シモーヌ・シモン
ロベール・ド・ラ・シュネイ侯爵：フェルナン・ルドゥー
アンドレ・ジュリユー：ジャン・ギャバン
オクターヴ：ピエール・ルノワール（ミシェル・シモン）
森番シュマシェール：（フェルナン・ルドゥー）
密猟者マルソー：ジュリアン・カレット

全員ルノワールの映画に出演したことのある俳優たちであり、興行的にも強力なメンバーである。しかし、現在の『ゲームの規則』に深く感動するわれわれにとって、このキャスティングが想像できるだろうか。もちろん、これでも傑作ができたことだろうが、現行版の持つ魅力とは大きく異なったことは間違いない。結果、こうなった。

侯爵夫人クリスチーヌ：ノラ・グレゴール
ロベール・ド・ラ・シュネイ侯爵：マルセル・ダリオ
アンドレ・ジュリユー：ロラン・トゥータン
オクターヴ：ジャン・ルノワール
森番シュマシェール：ガストン・モド
密猟人マルソー：ジュリアン・カレット

格からいえば、だいぶ小粒な組み合わせである。直接恋の輪舞に参加するほかの配役も記しておこう。

小間使リゼット：ポーレット・デュボスト
ジュヌヴィエーヴ・ド・マラ：ミラ・パレリー
ド・サン＝トーバン：ピエール・ネイ
ジャッキー：アンヌ・メイヤン

主要キャストの変更は、『ゲームの規則』の性格を大きく変えていった。当初の『獣人』トリオのジャン・ギャバン、フェルナン・ルドゥー、シモーヌ・シモン、そして、ピエール・ルノワールは、ひとりで映画を引っぱれる大スターである。そして、この組み合わせは相当重いものであり、『ゲームの規則』という作品の軽さ、遊戯性を出すのは困難な気がする。とりわけ、ジャン・ギャバンとロラン・トゥータンでは存在感がまるで違う。予想外のキャスティングになったことが、『ゲームの規則』に主役のいない集団劇という装いを与えたのである。もちろん、映画はクリスチーヌを軸に展開していく。しかし、ノラ・グレゴールがひとりでこの映画を支えているわけではない。飛行士アンドレの彼女への恋の情熱が物語を作動させてはいる。だが、『ゲームの規則』に古典的なドラマトゥルギーとしての結末があるだろうか。ルノワールが映画を終わらせるためには、一発の銃弾が必要だった。だが、アンドレの死は思い違いと偶然によるもので、死ぬのは別人でもあり得た。結果として、物語を作動させた人物（つまり関係の平衡を乱した人物）が死に、この馬鹿騒ぎは何ももたらさない。残された人物たちは当初の日常に戻るだけだろう。もちろん内面には何がしかの亀裂は残されたであろうが。

「ゲームの規則」とは何か。それは「人が社会生活のなかで、おしつぶされまいとするかぎり、守らなければならない規則」のことだという。そして愛に関しての誠実さについて、登場人物は語り合う。ルノワールが目指したものは、「現代」のブルジョワジーの正確な描写だといわれる。しかし、そのためには、一八世紀に回帰しなければならなかった。ミュッセ（「マリアンヌの気まぐれ」）、マリヴォー（「愛と偶然の戯れ」）、ボーマルシェ（「フィガロの結婚」）。とりわけ「マリアンヌの気まぐれ」から、オクターヴ（友人の恋を取り持とうとする）の役名と、人妻に恋した青年が人違いで殺されるという脚本の骨組みの出発点を得た。しかし、人物関係は錯綜し、またブルジョワジーばかりか、召使いの世界も大きく膨らんだ。そして現代劇である。何しろ、ミュンヘン条約が締結され、世界大戦の勃発はひとまず回避されたと思われたかもしれないが、ファシズムの暗雲はいささかも晴れてはいない時勢である。兎狩りのシーンに、戦争の予兆を読み込まれてもおかしくはない。

しかし、『ゲームの規則』から「現代」は巧妙に排除されている。これほど、パリの庶民が排除されているルノワール映画があっただろうか。確かにジュヌヴィエーヴのアパルトマンからは、シャイヨー宮の間からエッフェル塔が望まれるが、それが平板な書き割りであることを映画は隠してはいない。現実のパリとパリの庶民は一切フレームから消えている。ロケーション主義者だったはずのルノワールの三〇年代で、現代劇でありながら、これほど現在の空気を消した例は異様ですらある。極力、偶然を排し、画面に写るのは映画の俳優に限ろうとしているようだ。冒頭の飛行場を除けば、一般人が画面に入る可能性のある外景の場面である、車の事故後のアンドレとオクターヴが口論するシーンも、背景に何も写したくないとしか思えないような仰角で、背景にはグレーの空が広がるばかりだ。

だが、そうした単純さは、『ゲームの規則』が進むにつれて消えていく。大体のシーンはロング・ショット主体で、パリの侯爵邸など調度品が多いばかりか、廊下には大きな鏡が誂えられている。画面の情報量が多く、社交界が描かれているので、登場人物を見分けるのにも時間を要し、そして人間関係の展開の速度についていくにも大変で、一度見たくらいですべてを理解できようもない。こんな映画は『ゲームの規則』以前にはなかったのである。複数の人物が対等に織り成す、特権的な主役がいない映画。ここで何が起こったのか。まず登場人物ごとに、その人物からの視点で、こうなったというふうに見てみよう。つまり、通常の主役のある映画に、一度分解してみるとどうなるか。

1　アンドレ・ジュリユー

リンドバーグに匹敵する大空の英雄だというのに、華麗に空を舞う飛行機のカットもなく、着陸の一瞬が写るのみである。思えば、『大いなる幻影』でも、飛行機など出てこなかった。飛行士を描きながら、空を飛ぶことに対するルノワールの、この冷淡さは何なのだろう。それを予算的制約だけに還元できるものだろうか。まして、アンドレを演じるロラン・トゥータンは、俳優になる前はアクロバット飛行のパイロットだった。

暗い飛行場（これはパリ風景の排除でもある）に着陸した後、アンドレは政府の役人の祝辞も、親友のオクターヴを見つけたことで、あっさり袖にしてしまう。オクターヴに話しかける最初の質問は「彼女（クリスチーヌ）は来ているか」である。来ていないと知ったときの失望ぶりはものすごく、ラジオの女性アナウンサーのインタビューもまったく無視したかと思えば、いきなりマイクを取り、クリスチーヌの不実をなじりだす。ジャン・ギャバンだったら、こんなことを言っただろうか。かくして、何とも女々しい英雄像が定着してしまう。

次には、オクターヴを乗せて運転した車を森の斜面にぶつけてしまう。自殺衝動とも事故とも取れる。オクターヴの非難に対して、君もクリスチーヌを愛しているのだろうと詰め寄り、クリスチーヌに会えないなら死ぬと、まるで駄々っ子である。

コリニエールの館では、ジュヌヴィエーヴとクリスチーヌの姪ジャッキーから歓迎のキスを受け、それを見たクリスチーヌからもキスを受ける。ふたりの関係に興味津々の一同に、クリスチーヌがその経緯を堂々と説明し、賞賛を浴びたのは、アンドレにとって屈辱だったのだろう。その夜、オクターヴと同室の寝室で、ここを逃げ出したいと漏らすし、狩りの場では、やはりオクターヴにクリスチーヌは嫌いだと愚痴る。クリスチーヌに脈はないとアンドレに忠告するのはジャッキーだが、アンドレは、君を愛していないと言うばかりだ。クリスチーヌとは、まだふたりの時間を持てないでいる。

2　クリスチーヌ

寝室で、アンドレが自分をなじるラジオ放送を聞いたクリスチーヌは、ラジオを切ってしまう。肩を大きくはだけ、小間使のリゼットに、男との性的関係を問う。幼馴染のオクターヴのことはよく分かっているようで、リゼットがオクターヴと浮気していることを察している。夫のロベールにアンドレの恋と友情の誤解を聞かされ、喜ぶ。ロベールから「私は嘘つきか」と問われ、「信頼している」と答える。オクターヴから説得され、現代の英雄を絶望に陥れた女になりたくないと、アンドレをコリニエールの侯爵の館に招待することに賛成する。

コリニエールの館にアンドレが到着後、ふたりの関係を一同に語る。その対応に対して、夜、ロベールから感謝される。リゼットを呼び止め、「子供が欲しい」と漏らす。ここは女性の心情が迸るようだ。

狩りの帰り、ロベールと愛人のジュヌヴィエーヴがキスを交わす姿を望遠鏡で目撃する。実際は別れのキスだった可能性が高いが、夫の裏切りを知ったことになる。

翌朝、荷造りをしているジュヌヴィエーヴのところに行って、ふたりの関係をずっと知っていたと話す。ロベールは嘘をつくと顔に出ることや寝煙草という欠点を話し、共感ができてきたところで、帰らないようにと説得する。「あなたが夫といるほうが、私は好都合なの」と。夫の裏切りを知ったことで、アンドレとの関係に踏み込む決意をしたようなのだ。

ところで、クリスチーヌはどうやって、アンドレの心を摑んだのだろうか。というのも、演じるノラ・グレゴールに魅力があるのか、ないのか、よく分からないからである。ミス・キャストにも思えるのだが、彼女抜きで『ゲームの規則』があり得ないのも事実だからだ。ルノワールは自伝のなかで、彼女の見せる狐疑逡巡をルノワール自身の迷いに帰しているが、主役ふたりの存在感があまり強くないことが、この映画の多面性を増幅させていることは確かだろう。

3　ロベール・ド・ラ・シュネイ

ラジオを聴いていたロベールは、友情と恋を取り違えるアンドレの男心をクリスチーヌに解説してみせる。しかし、そうした間も、入手したばかりの黒人の女の子の自動人形に夢中になっている。クリスチーヌに「私は嘘つきか」と問うた直後、愛人のジュヌヴィエーヴに会いたいと電話を入れる。アンドレの出現が長年の愛人関係を清算して、妻のもとに戻ろうという決意を固めさせたのか。しかし、別れられないと言うジュヌヴィエーヴになすすべもない。

ジュヌヴィエーヴをコリニエールの館に招待せざるを得なくなり、窮地に陥ったロベールは、彼女を誰かと結婚させようというオクターヴの提案を受け入れ、交換条件として、アンドレをコリニエールに招待することを受け入れる。クリスチーヌを信頼しているので、アンドレと充分話し合えばいいと寛容なところを見せているが。

狩り場で、密猟者のマルソーを気に入り、シュマシェールの反対にもかかわらず雇い入れる。この後も、マルソーとの奇妙な共感が続くことになる。

コリニエールの館で、アンドレを迎え、その際のクリスチーヌの対応に感謝を述べる。

狩りの帰り道、ジュヌヴィエーヴに「愛してない、重荷だ」と告げる。しかし、ふたりはキスを交わす。ただ、別れのキスだった可能性が強い。

召使の食事のとき、ラ・シュネイ家が外国籍のユダヤ人だとあてこする運転手に、料理長がロベール・ド・ラ・シュネイはサラダの味が分かる人間だと反撃する場があるが、ロベールの存在は、階級的にも、国籍も、人種にしても、あの時代として微妙な問題を孕んでいるのだろう。

4 ジュヌヴィエーヴ・ド・マラ

ルノワールはジュヌヴィエーヴを魅惑的な後ろ姿で登場させる。ロベールからの電話を受ける場面である。翌朝、ロベールから別れ話を切り出され、アンドレのラジオの一件が原因だと察し、クリスチーヌはパリ女でないと諭す。クリスチーヌがロベールとジュヌヴィエーヴの関係を知ったとき、怒るのは、ふたりの関係ではなく、ロベールが結婚当初から嘘をついていたことに対してだと言う。ジュヌヴィエーヴの部屋は東洋趣味で覆われている。彼女自身、中国風のドレスを身に着けているし、部屋のあちこちに仏像が置かれている。ルノワールは、『ゲームの規則』にあらゆる階級、あらゆる人種を集めようとしていないだろうか。招待客には、南米から来た男がいれば、ゲイの男もいる。黒人はいないが、ロベールの人形としてなら出てきた。会話でなら、ジャッキーがインディアンを、ロベールが回教徒を登場させてもいる。

狩りの帰り、ロベールに「愛してない、重荷だ」と言われ、ここを発つと告げる。クリスチーヌが現れる以前の三年前に戻りたいと言う。ロベールと別れのキスを交わし、実際、当初はここで帰るはずだったらしい。

しかし翌朝、帰り支度をしているときに、クリスチーヌに、「ロベールと一緒にいてほしい」と引き止められる。これは、撮影に並行してシナリオを直していったルノワールが、ノラ・グレゴールのフランス語に手を焼いた反動で、気に入ったジュヌヴィエーヴ役のミラ・パレリーの出番を大幅に増やしていったためらしい。実際、後半に行くにしたがって表情に生気がなくなるノラ・グレゴールに対して、ミラ・パレリーはどんどん乗りを増していくのである。

5　リゼット

結婚して二年だが、別荘にいる夫とはずっと別居状態である。だが、リゼットはクリスチーヌの世話ができることに完全に満足している。また、オクターヴとは愛人関係にあるらしい。それは、オクターヴの来訪で実証される。つまり、この時点で、クリスチーヌ、オクターヴ、夫と三人との関係ができている。ロベールから夫のシュマシェールのところに行くよう言われても、「奥様と離れるくらいなら離婚します」という入れ込みようだ。

だが、コリニエールの館で、新しく召使になったマルソーと夕食の場で知り合い、気に入ったようである。マルソーのことをクリスチーヌに話すと、夫のシュマシェールを忘れないよう忠告される。そのシュマシェールから新品のマントを贈られる。それが悲劇のもとになるのであるが、まだ先のことだ。マルソーといちゃついていた現場をシュマシェールに見つかり、これで何か起こらないはずはない。

6　シュマシェールとマルソー

このふたりは森番と密猟者、つまり秩序とその侵犯者の関係であり、敵対する陣営にいるはずなのであるが、お互いが分身でもあるような鏡像関係を生きている。マルソーが館に雇われてからは、リゼットをめぐる恋のライバルとなる。最終的に、真の敵はクリスチーヌだったことが判明するわけだが。

ともあれ、『ゲームの規則』を独創的な作品にするのに、このふたりが大きく貢献しているのは間違いない。ルノワールの信頼も篤く、このふたりには行けるところまで行かせようとしていることが伝わってくる。

7 オクターヴ

オクターヴはクリスチーヌの幼馴染みであり、彼女がロベールと知り合うにも、またアンドレと会うにも仲介を果たしていると思われる。飛行場では、アンドレのラジオへの対応を最低だとなじる。アンドレから、クリスチーヌへの愛の気持ちを問われ、肯定するが、それは彼女の父親である大指揮者の恩義に報いるためであるという。異国にいる彼女を守るのが義務だともいう。オクターヴの頼みを聞き入れ、彼がクリスチーヌと会えるように取り計らう約束をする。ちなみに、大指揮者のモデルは誰なのだろう。ナチスのオーストリア併合によってパリに亡命し、またウィーンやザルツブルクで活躍した大指揮者という意味では、ブルーノ・ワルターかと思ったが、ルノワール自身はトスカニーニのような人と話している。イタリア人でアメリカでも活躍したという経歴から、トスカニーニがモデルとは思えなかったが、確かにトスカニーニは一九三五年から三七年にかけて、ザルツブルク音楽祭でモーツァルトの《魔笛》などのオペラを振っている。

侯爵家の寝室で、クリスチーヌと抱き合うように戯れながら、アンドレをコリニエールに招待することを受け入れさせる。一方、ロベールにジュヌヴィエーヴと別れられるよう取り計らうともちかける。

その代わりに、コリニエールにアンドレを呼ぶことを承諾させる。「この世には、恐ろしいことがひとつある。それは、誰もがそれなりの道理を持っていることだ」という有名な台詞はここで述べる。ともかく、オクターヴは外見に似合わず、策略家である。

リゼットを追いかける姿を発見したロベールから「危険な詩人」と呼ばれるオクターヴだが、それは牧神の姿こそそしていないものの『素晴しき放浪者』で、メイドと戯れるレスタンゴワ氏を想起させる。

ルノワールのこの演技のハイテンションも、当時の観客の癇に障ったことは想像できる。『ゲームの規則』では、彼がキャメラの後ろだけではなく、前にもいるということは重要である。『ピクニック』での軽い役の自然体は措いておくにせよ、『獣人』では無実の罪を着る元犯罪者の役柄で、ルノワールだけ全体を壊すほど高い調子で演じるものだから、観客としては彼が登場するとハラハラしたものだったが、ここでは全体の調子とものの見事に合うというか、うまくかきまわして映画のトーンをつくっている。

8　絡み合う人間関係

ここまでの関係を整理しておこう。クリスチーヌには、ロベールとアンドレ、そしてリゼットともレズビアン的な関係が感じられる。潜在的には、オクターヴ。まあ、リゼットは措いておいて、クリスチーヌを中心に三人の男との関係ができている。

ロベールは、クリスチーヌに隠れて、ジュヌヴィエーヴを愛人にしている。アンドレのクリスチーヌへの思いを知り、ジュヌヴィエーヴと別れ、クリスチーヌとの生活を維持しようとする。こちらは典型的な三角関係である。

アンドレは一方的にクリスチーヌに恋焦がれるが、コリニエールの館では、ジャッキーに愛される。また愛されているわけではないが、ジュヌヴィエーヴと微妙な距離を持つ。

リゼットは当初、夫のシュマシェールに隠れてオクターヴとつき合っているが、これは遊びだと割り切っている。唯一愛しているのは、クリスチーヌであろう。マルソーに関しては、本当に愛しているように見える。男三人がいるわけだが、一番大事なのはクリスチーヌであるから、男は誰も敵わないのだ。

一番の問題は、オクターヴである。クリスチーヌの幼馴染みだが、結婚する勇気はなかった。彼女の父親の死後、彼女の保護者を自認するが、愛していることはもちろんである。現実には、リゼットと火遊びをしている。この点から、シュマシェールから撃たれる資格は充分だったわけだが。ロベールとアンドレをつなぐ存在で、双方と取引をする。アンドレをクリスチーヌと結びつけようとするが、一方でジュヌヴィエーヴをアンドレにあてがおうとした形跡もある。

そして、仮装を中心とした宴会になっては、個別に記述することはできないだろう。物事は同時に展開し、観客は複数の運動に巻き込まれることになるからである。

9 撮影風景と間取り

ここで、ルノワールの撮影風景を見ておきたい。ジョルジュ・サドゥールによる『ゲームの規則』のジョワンヴィル撮影所での撮影ルポルタージュである。ルノワールの撮影の様子が垣間見える貴重な記録なので、一部引用させてもらう。

ちょうど植木でいっぱいの狭い廊下でカレット（密猟人マルソー）とダリオ（ロベール）のかなり長

い対話の部分を撮影している。主人ダリオが、愛人との「けんか」の場面から大変興奮して出てくるのを待っていたカレットが呼止めたところである。カレットは主人に話しかけるが、煙草の煙を鼻にふきかけながらネクタイの結び目を直す。

二時間も前から、カレットは装置から装置へと、自分の役の台詞を何度もくり返しながら行ったりきたりしていた。ところが突然、受け答えの最中、記憶がなくなる。「ああ、畜生！」とカレットがパリ訛りで叫ぶ。そしてルノワールのほうを向いて「悪かったな」と言う。「かまわんよ、ゆっくりやれ。すこし休もうか？」

またスタートする。五度目だ。「録音、オーケー。ルマール、モーター？　ダリオ！」とルノワールが叫ぶ。ダリオが廊下に来ると、カレットの手が彼をつかむ。カメラと二人の撮影技師（ルマールとバシュレ）が音を立てずにレールの上を動く。録音技師（ド・ブルターニュ）が、ダメを出す。カメラのゴロゴロという音がかすかに聞こえる。やり直さなければならない。「いいかい、ダリオ？」とルノワールが叫ぶ。今度はダリオが「男と女の関係についての大問題」の台詞を忘れる。またやり直し。空気がピリピリしてきて、緊張感が高まってきた。カチンコが鳴るたびに、それがサーカスで「危険な演し物」をつげる太鼓のドロドロいう音に聞こえてくるのだ。

その場面の一七回目の撮り直しが始まった。「カット！」とルノワールが叫んだ。よろこびが言葉にあふれる。「すごい！　すごい！　まさにそれだ、いい演技だ！　これ以上にはできない！」

（「視点」一九三九年五月一一日、『ゲームの規則』窪川英水訳、新書館、一九八二）

それでは、コリニエールの館の間取りを説明しておこう。車を降りると丸く広がった階段を昇り、テラスから玄関ホールに入る。右翼側は控室をはさんで、サロンになる。仮装大宴会が開かれる場所である。舞台は玄関に近い側に設えられる。控室は、カード遊びなどに使われる。左翼側は玄関に近い側から武器室の扉、二階の客間につながる大階段、地下の調理室と召使の食堂へつながる隠し戸がある。その先を左折すると、食堂につながる廊下（撮影ルポのシーンはここだ）があり、両側に植木が並べられている。この植木は、館内に人工の木漏れ日をつくり出し、ここを通る人物たちに陰影をもたらす。武器室の奥の扉も食堂につながっている。仮装大会のときは、食堂を着替えの場所に使っている。玄関ホールと食堂には、大きな鹿の剝製が人間を見下ろすように飾られているが、とりわけ武器室の両側の扉を監視しているようでもある。

この館は、外観はロケーションだが、内部はすべてパリのジョワンヴィル撮影所に美術監督のウージェーヌ・ルーリエと助手のマックス・ドゥーイによって組まれたセットである。最初にセットが登場するのは、ジュヌヴィエーヴの到着シーンだった。ロケ先の長雨もあり、実景からセットにつなぐのに、雨が活用された。玄関の扉が開かれ、なかのホールが写ったカットからセットになるのだが、俳優の手前にバケツで（という現場写真が残っている）雨を降らせて、違和感なく虚構の空間に移行するのである。扉から内部が見えるカットはすべてセットである。アンドレが到着したときのカットで、扉の外が見えているが、風景は書き割りである。仮装大会のシーンは夜なので、玄関の扉の外は黒くつぶれていて何も見えない。実景を先に撮った関係でつながりに問題が起こっているところもある。

10 仮装大会のカット構成

では、仮装大会の幕を開けることにしよう。カット番号を記しながら、記述する。ほとんどセットなので、ロケーションのカットのみ注記する（ロケ）。画面はほとんどロング・ショットなので、寄りのショットのみ略号を記す（フル・ショット〔FS〕、ミディアム・ショット〔MS〕、バスト・ショット〔BS〕、クローズアップ〔CU〕）。

1 画面がフェイド・インすると、「コリニエールの祭」と書かれた楽譜のアップから、ピアノを弾いているシャルロットへキャメラが引かれる。

2 舞台上で観客に挨拶をしている仮装した一同。熊の着ぐるみに入ったオクターヴ、調教師のアンドレ、アラビア風の衣裳をつけたジュヌヴィエーヴ、チロル娘の扮装をしたクリスチーヌ、やはりチロル風の衣裳に身を包んだサン＝トーバンたち。幕が閉まり、アンドレが鞭を振るい、熊のオクターヴを幕のなかに追い立てる。サロンをパンしながら、拍手する招待客を捉えていく。一番後ろには酒のテーブルが用意され、召使たちが控えている。

3 幕の裏では、大受けを喜び、ジュヌヴィエーヴがロベールに抱きつく。クリスチーヌは突然サン＝トーバンの手を引っぱり出ていく。アンドレは追いかけようとするが、周りに止められて、動けない。

4 観客席正面。アンコールを要求する一同。将軍が前列中央にいる。上手のピアノにパン。クリスチーヌがサン＝トーバンの手を引き、走り去っていく。ジャッキーがふたりに気づく。

5 幕が開くと、チロル風の帽子のゲイの男や南米の客、ベルトラン、ラ・ブリュイエールが革命記念日の《凱旋の歌》を歌いながら登場。ジュヌヴィエーヴとロベールが登場し、客席に合唱を呼びかける。アンドレが熊のオクターヴと登場。幕が閉まり、再び開くと熊の頭だけ脱いだオクターヴだけが残っている。幕が閉まる。

6 幕の裏。アンドレがクリスチーヌを探している。オクターヴは熊の衣裳を脱がしてもらおうと、ベルトランたちに声をかけるが、彼らは次の出し物の骸骨の衣裳に着替えていて、オクターヴに構う余裕はない。次の背景になる暗幕がオクターヴに落ちてくるので、ひっくり返る。

7 自動ピアノがサン＝サーンスの《死の舞踏》を弾きだす。それを不思議そうに見るシャルロットとジャッキー。キャメラは舞台にパンし、幕が落ちると、骨だけの傘を持った幽霊を思わせる白装束の男が三人現れる。骸骨男が登場し、踊り出す。

8 舞台を立って見ている料理長と執事。壁の鏡に幽霊が映っている。

9 舞台から観客席を俯瞰。幽霊たちが観客席に下りていき、観客の周りを回る。

10 召使たち（BS）のところにも来る幽霊。

11 舞台でひとり踊る骸骨。

12 闇に紛れ、マルソーとリゼットがキスする（BS）。

13 制服のシュマシェールがサロンの後ろの廊下に来る。キャメラは彼につけて上手に移動。幽霊の持つランタンが客を次々照らし出す。長椅子に座っているクリスチーヌとサン＝トーバン。リゼットとマルソーを見つけ、その横に来るシュマシェール、その横にはクリスチーヌを見るアンドレ。姿を消すマルソー、後を追うリゼットをシュマシェールが押さえる。サロンを抜け出すクリスチーヌとサン＝トーバンにつけてキャメラ下手にパン。

14 サロンの控えの間を出ていくクリスチーヌとサン＝トーバン（MS）につけてキャメラ下手へパン。オクターヴがクリスチーヌを呼び止めるが、クリスチーヌたちは奥の武器室に入り、サン＝トーバンが部屋の扉を閉める。オクターヴは控えの間に戻り、アンドレを呼び止めるが、アンドレはクリスチーヌを探していて取り合わない。ジュヌヴィエーヴに手を引っぱられたロベールに、オクターヴは頼むが、ロベールも通り過ぎていく。シュマシェールに追われたマルソーがオクターヴの後ろに隠れる。シュマシェールがリゼットの手を掴みながら、マルソーを探している。マルソーが後ろから着ぐるみを押さえたのに驚き、オクターヴ跳び上がる。

15
オクターヴを盾にしたマルソーは控えの間から廊下に逃げていく。オクターヴ、ゲイの男を連れたシャルロットが通り過ぎる際に、挨拶する。下手へ移動。シュマシェールとリゼットに、クリスチーヌを知らないかと訊くアンドレ。三人とすれ違ったオクターヴは武器室の扉を開け、なかに入っていく。

16
武器室で、サン＝トーバンに熊の着ぐるみを脱がしてくれと頼むオクターヴ。サン＝トーバンは取り合わず、扉を閉めにいく。扉の向こうにはサロンで踊る骸骨の姿が見える。クリスチーヌはオクターヴの背後の棚の後ろに隠れる。オクターヴは奥の食堂側の扉から出ていく。一八〇度パン。

17
オクターヴが食堂に入り、閉める扉の奥にクリスチーヌが見えるが、気づかない。食堂にいたジュヌヴィエーヴが脱がせてあげるとオクターヴを呼ぶ。ロベールは仮装を脱ぎ、正装する。ジュヌヴィエーヴに着ぐるみの背中を引っぱられて、オクターヴ尻餅をつく。ロベールは廊下に面した扉から出ていく。

18
玄関ホールへ続く廊下の柱の影から、マルソーの手が伸びて、ロベールを摑む。キャメラ下手に移動。ふたり（BS）は女性問題に関して共感のこもった会話を交わす（サドゥールの撮影ルポのカット）。マルソーは玄関ホールにシュマシェールがいないか見てくれと頼む。

19 玄関ホールを見て、大丈夫の合図を出すロベール。しかし、そこに玄関からリゼットの手を引いたシュマシェールが入ってくる。ロベール、控えの間の方に歩き、シュマシェールを呼び止める。

20 ロベールが控えの間の入口で、シュマシェールと話をしている間に、マルソーは大階段横の隠し戸から地下に降りていく。それに気づいたリゼットはそっと後を追う。ロベールはベルトランに呼ばれ、サロンの方へ行く。入れ違いにアンドレが来て、シュマシェールにクリスチーヌの行き先を尋ねる。リゼットが隠し戸を閉める音で振り返ったシュマシェール、武器室の扉だと思い、その扉を開く。そこにはクリスチーヌとサン＝トーバンがいた。アンドレは走り出し、シュマシェールを押しのけ、なかに入る。ジャッキーがアンドレを追ってやってきて、シュマシェールともみ合う。

21 アンドレはクリスチーヌに話しかける。ジャッキーなかに入り、扉を閉める。

22 アンドレ（BS）「説明して欲しい」。

23 クリスチーヌ（CU）「断るわ」。

24 アンドレ、サン＝トーバンの頬を平手打ちする。サン＝トーバンは決闘を申し入れるが、アンドレは取り合わず、彼の尻を蹴飛ばす。

25 サン＝トーバンを止めるジャッキー（MS）。

26 アンドレを止めるクリスチーヌ（MS）。

27 サン＝トーバンがアンドレを殴り、乱闘になり、扉を開き、ふたりは大広間に飛び出す。

28 大階段の踊り場まで追いかけ、サン＝トーバンを倒したアンドレ、クリスチーヌをつれて武器室に戻り、扉を閉める。それを見て気絶したジャッキーとサン＝トーバンを召使が介抱する。

29 武器室。アンドレ（MS）、クリスチーヌに「なぜ飛行場に来なかったか」問う。

30 クリスチーヌ「それは愛していたから。自分を抑えていた」と答える。

31 アンドレ（BS）「夢のようだ」と言う。

32 クリスチーヌ、そばに来たアンドレに、「すぐここから駆け落ちしよう」と迫る（MS）。

33 アンドレ、クリスチーヌに愛を告げる（CU）。

34 アンドレを見つめるクリスチーヌ（CU）。

35 アンドレ、ロベールに話そうと言う。それを理解できないクリスチーヌ、長椅子の端に座る（FS）。

36 アンドレとクリスチーヌの口論が続く（BS）。アンドレ、「規則はある」と言う。

37 サロンでは、舞台上に黒い山高帽に黒い付け髭をしたゲイの男、ベルトラン、ラ・ブリュイエール、南米の客が歌いながら踊る。

38 舞台と客席の大俯瞰。幕が閉まり、ロベールが現れる。

39 ロベールの合図で、幕が開くと、巨大な自動演奏楽器リモネール・オルガンが現れ、演奏を始める。

40 ライトの点いたリモネール・オルガン（UP）。

41 演奏する人形から、喜びを隠し切れないロベールへパン（BS）。

42 地下の食堂で、リゼットの食べている林檎をマルソーもかじる（FS）。シュマシェールが階段を降りてくる。マルソーは食器棚の後ろに隠れる。

43 リゼット、シュマシェールにワインを出し、マルソーの居場所を背にするよう座らせる。

44 シュマシェールは「明日邸を出て一緒にアルザスに行こう」とリゼットに言う（MS）。リゼットはシュマシェールの後ろに回り込み、マルソーへ合図を出す。クレーン・アップ。マルソーが忍び足で背後に出てきたとき、「銃で一発お見舞いする」と言いながら、テーブルを叩き、マルソーをびくつかせる。マルソーは滑って、お盆を落っことし、派手な音を響かせてしまう。シュマシェール、振り返り、追いかける。マルソーは奥のテーブルを回って、手前の階段を駆け上がる。マルソーとシュマシェールの長い追いかけの開幕である。

45 サロンから玄関ホールへ向かうロベール。上手へパン。大階段横の隠し戸が開き、マルソーとシュマシェールが飛び出してくる。ロベールがシュマシェールを止めようとする。マルソーは居合わせた人たちを盾に使い、何と主人のロベールをシュマシェールにぶつけて逃げ出す。シュマシェールは、彼の服を摑んだリゼットを引きずりながら追いかける。

46 武器室では、クリスチーヌがアンドレに、今すぐ出ていくか、諦めるか、迫る（BS）。そこにマルソーが走ってきて、手振りでふたりに釈明するが、すぐ逃げる。シュマシェールがふたりの前を走り去る。リゼットもふたりに話そうとするが、すぐシュマシェールを追いかける。下手にパンすると、ロベールがいる。執事が部屋の扉を閉める。ロベールは、アンドレに妻を盗むのかと殴りかかる。

47 反対側の食堂側の扉から、オクターヴがジュヌヴィエーヴの手を引いて入ってくる。扉の奥ではマルソーとシュマシェールの追っかけが見える。クリスチーヌがオクターヴの手を取るので、オクターヴはふたりの女性から同時に引っぱられる。突き飛ばされたアンドレが、オクターヴとジュヌヴィエーヴの手を切った格好になる。クリスチーヌはオクターヴの手を引いて横のテラスへの扉から出ていく。ロベールはアンドレに本を次々ぶつける。

48 屋敷の外のテラスで、クリスチーヌが取り乱しながら、頭の花飾りをはずし、オクターヴにアンドレへ愛の告白をしたことを告げる（BS）。オクターヴがクリスチーヌをつれて歩き出す。上手へパン。武器室の窓から、戦うアンドレとロベールの姿が見える。

49 武器室に、マルソーが逃げ込んでくる。ピストルを構えたシュマシェールをリゼットが止めようとする。それを長椅子で酒を飲みながら眺めるジュヌヴィエーヴ。手前ではアンドレがロベールの首を絞めている。シュマシェールの発砲の音で、アンドレ手を離す。ふたりはクリスチーヌがいないことにやっと気づく。

50 ジュヌヴィエーヴ（BS）が、クリスチーヌはオクターヴと一緒だと告げ、ロベールにいつここを発つのかと迫る。下手へパン。ロベールは怒り出し、ジュヌヴィエーヴは泣き出す。

51 （ロケ）オクターヴがテラスへの扉の前で、クリスチーヌに彼女の亡くなった父である指揮者の思い出を話している（BS）。オクターヴ、扉を開き、テラスを演奏会場のステージに見立て、出ていく。

52 （ロケ）テラス正面。オクターヴが想像上の観客に挨拶をし、想像上のオーケストラに向き直る。

53 （ロケ）オクターヴ、指揮を始めるが、気落ちしたように階段に座り込む。クリスチーヌが慰めようとするが、オクターヴはその手を振り払う。

54 大広間横のサロンでは、客がダンスをしている。マルソー、そのなかに紛れ込む。シュマシェールはピストル片手に追いかける。下手へ一八〇度パン。

55 サロンの控えの間では、客がカードを楽しんでいる。やってきたシュマシェール、発砲する。リゼットと揉み合いながら、玄関ホールに出る。上手へパン。

56 玄関ホール。シュマシェール、武器室を通りながら、発砲する。下手へパン。悲鳴をあげ、倒れたジュヌヴィエーヴをアンドレとロベールが抱えて運び出す。ロベールは執事にシュマシェールを止めるよう命じる。上手へパン。シュマシェール、逃げるマルソーを狙って発砲する。

57 シュマシェールがサロンのなかに銃口を向ける。客たちは両手を挙げる。マルソーは客の間に動き、シャルロットの後ろに隠れる。上手へパン。

58 リモネール・オルガンが狂ったような音を立てる。その前にいるラ・ブリュイエール夫妻は余興だと思い、笑っている。上手へパン。狙いをつけたシュマシェールを執事が足を引っ掛けて倒し、取り押さえる。絶体絶命のマルソーを見ることができず、顔を手で覆ったリゼットは、一転喜ぶ。

59 シャルロットが隠れていたマルソーに気づく（MS）。マルソーは感謝の気持ちを込め、シャルロットに抱きつく。

60 二階の廊下。ジュヌヴィエーヴの部屋の前で、ロベールが監視している。アンドレが睡眠薬を持ってくる。扉が開き、ハイテンションのジュヌヴィエーヴが出てきて、踊り出す。ジャッキーが部屋から出てくる。ロベールはジュヌヴィエーヴを抱き上げ、部屋に運び込む。ジャッキーが気絶するのを見たアンドレは、彼女を抱き上げ、部屋に運び込む。ジュヌヴィエーヴ、扉から出てきて廊下の暖炉の上に置かれたコップと睡眠薬を取って、部屋に戻る。アンドレは将軍が階段を昇ってくるのを見つける。ロベールはジュヌヴィエーヴの部屋の扉に鍵を掛ける。将軍とベルトラン、やってくる。

61 将軍「クリスチーヌに挨拶をしたい」と言うが、ロベール「頭痛だ」と嘘をつく。上手へパン。シャルロットが階段を上がってくる。ロベール、階下に向かう。ゲイの男とすれ違う。

62 玄関ホール俯瞰。南米の男、階段を上がってくる。ロベールとアンドレ、階段を降りる。ラ・ブリュイエール夫妻、階段を昇る。泊まりでない客は玄関から帰っていく。

63 ロベールとアンドレ、ラ・ブリュイエール夫妻にお休みの挨拶をする。上手にパン。玄関ホールには執事が、シュマシェールとマルソーをつれて、ロベールを待っている。ロベールは、シュマシェールをクビにする。シュマシェールは「一緒に出ていこう」と、やってきたリゼットに言うが、リゼットは「奥様のところにいる」と断る。

64 リゼット、玄関から出ていく。上手へパン。ロベール、マルソーもクビにする（ＢＳ）。

65 ロベール、アンドレに謝罪する（ＭＳ）。

66 ロベールとアンドレ、食堂に向かいながら、お互いに謝罪する。上手へパン。

67 食堂。アンドレ「クリスチーヌを愛している」と言うと、ロベール「君と一緒に発って欲しい」と、アンドレにクリスチーヌを譲る発言をして、上着を着せる。

68 ロベール、アンドレに「君が事故死したら、彼女への遺産はあるか」と問う（ＭＳ）。

69 館の庭の大理石の彫像の下で、蛙が鳴く。パン・ダウン。

70 館の前のテラスに、クリスチーヌとオクターヴ、戻ってくる（ＭＳ）。玄関ホールの灯が点る。なかからリゼットがやってくる。

71 クリスチーヌ（CU）、リゼットに「ジュヌヴィエーヴは夫の情婦ね」と確かめる。

72 リゼット（CU）「クリスチーヌの結婚前からの関係だった」と答える。

73 クリスチーヌ（CU）「隠していたのね」。

74 リゼット（CU）「奥様のためでした」。

75 クリスチーヌ（ふたりのCU）「三年間騙され続けてきたのよ」。オクターヴ「誰もが嘘をつく時代だ」。

76 クリスチーヌ、オクターヴに「散歩しよう」と言う。リゼット、自分のマントをクリスチーヌに着せる。オクターヴ、マントのフードを被せる。

77 （ロケ）マルソー橋を渡ってくると、シュマシェールがいる。通り過ぎようとするが、思い直し、近づく。

78 （ロケ）マルソー、シュマシェールにつらいかと声をかける（MS）。

79 （ロケ）シュマシェール、うなずく（BS）。

80 （ロケ）マルソー（BS）「俺もだ」。

81 （ロケ）マルソー「君は女房に」。シュマシェール（BS）「会ってない」。

82 （ロケ）マルソー（BS）「俺もだ。彼女は奥様と結婚したんだ」。

83 （ロケ）シュマシェールとマルソー、親友のように今後の話を交わす（MS）。上手へ移動。

84 （ロケ）橋の上。オクターヴ、自分が失敗者で寄生虫だと、自己を省みて嘆く。クリスチーヌにフードを被せ、歩き出す（BS）。

85 （ロケ）オクターヴとクリスチーヌ、橋を渡り切る。下手へパン。シュマシェール、クリスチーヌのマントを見て、リゼットだと誤解する（BS）。

86 オクターヴとクリスチーヌ、歩く。上手へパン。ふたり、温室のなかに入り、灯を点ける。後をつけてきたマルソー、シュマシェールにピストルをぶっ放せと勧める。

87 クリスチーヌ、オクターヴを慰め、愛を告げ、キスを交わす（BS）。

88 それを見ていたシュマシェール（BS）「ふたりとも殺す」と言い、マルソーをつれて、銃を取りに戻る。上手へ移動。オクターヴ、クリスチーヌのコートを取りに館へ戻る。

89 控えの間。アンドレとロベールが話している。オクターヴ、戻ってきて、そっとリゼットを呼ぶ。

90 玄関ホール。オクターヴ、リゼットにクリスチーヌのコートを取ってくるように頼み、廊下の端のクロークで自分のコートを探し、着る。

91 リゼット、オクターヴに思い直すよう説得するが、オクターヴは聴こえないふりをして、帽子を探す（BS）。下手へパン。アンドレがいる。

92 オクターヴ、アンドレに、クリスチーヌが待っていると告げ、彼女のコートを渡し、自分のコートを着せる。下手へパン。アンドレ、温室に駆け出す。オクターヴ、帽子を床に叩きつける。ロベールが来て、帽子を拾い、オクターヴに「妻が好きか」と訊く。

93 リゼット（BS）、泣いている。

94 ロベール（BS）、リゼットに「僕は泣いてない」と言う。

95 ロベールとオクターヴ、控えの間の方に並んで歩く。

96 温室で、クリスチーヌが待っている。上手にパン。シュマシェールとマルソー、戻ってくる。

97 アンドレが走ってくる。シュマシェール、撃つ。アンドレ、倒れる。

98 シュマシェールとマルソー、下手へパン。クリスチーヌ、アンドレに駆け寄り、顔を見て気絶する。

99 （ロケ）マルソー、橋の上を走っていく。

100 サロン。ジャッキーが銃声を聞いて、サロンのリモネール・オルガンの前にいたロベール、オクターヴ、リゼットのもとへ来る。下手へパン。

101 （ロケ）マルソーがテラスからサロンに走ってくる。

102 ジャッキーがマルソーに駆け寄る。マルソーが事態を伝える。ジャッキーとロベール、出ていく。オクターヴが来る。

103 （ロケ）オクターヴ、テラスに出る。マルソー、後を追い、さらに様子を伝える。

104 （ロケ）オクターヴ、テラスの手すりに手をつく。リゼットが来る。オクターヴ、リゼットに別れを告げる。リゼット、マルソーにキスし、執事と温室に向かう。下手へパン。

105 （ロケ）オクターヴ、マルソーと別れを告げ、パリに向かう。

106 （ロケ）橋の上。クリスチーヌ、ロベール、シュマシェール、ジャッキー、リゼットが戻ってくる。ジャッキーをリゼットとクリスチーヌが支える。

107 （ロケ）玄関前に将軍やサン＝トーバンなど招待客が集まっている。

108 ジャッキーとリゼット、なかに入る。クリスチーヌ、招待客に挨拶して、なかに入る。

109 （ロケ）ロベール、招待客に事態を事故だと説明する。

110 ロベール（BS）、明日アンドレを偲び喪に服すことを告げ、客になかに入るよう促す。

111　〈ロケ〉サン＝トーバン「事故の新しい定義だ」と言うと、将軍は「ロベールは階級を守った。もうお目にかかれなくなる階級だ」と言う。館に戻っていく人影が次々に壁を横切っていく。フェイド・アウト。

ここで、映画が動き出すのは、カット13である。サロンの後方で大勢の人が立って、舞台を見ている。見物人を掻き分けて、シュマシェールがリゼットを探している。キャメラはシュマシェールを追って上手に動くが、途中で長椅子に座っているクリスチーヌとサン＝トーバンを捉え、そのままマルソーとリゼットのところまでやってきたシュマシェールが立ち止まるが、キャメラはさらに上手にパンをすると、クリスチーヌを見つめるアンドレが部屋の隅に立っている。キャメラは逆に動き出し、クリスチーヌとサン＝トーバンの動きをフォローする。続くカット14は、控えの間から玄関ホール側を捉えたカットだが、ここで熊の衣裳を着けたオクターヴが現れ、クリスチーヌとアンドレ、マルソーとシュマシェールという二組の追いかけの間に立ちはだかる。自在に動けない熊のオクターヴを中心に、ジュヌヴィエーヴとロベール、そしてシュマシェールとリゼットが交錯し、シュマシェールから隠れるマルソーが熊の衣裳を後ろで引っぱるので、オクターヴがびっくりして跳び上がる可笑しさは絶品である。

クリスチーヌたちは武器室に隠れるのだが、玄関ホール側の扉が開くと、部屋のなかから扉を通して、玄関ホール、控えの間、サロンという縦の驚異的な奥行きが生まれる。カット16ではサロンでの幽霊の踊りまで見通される。何という日常の修羅場と祭りの、生と死の同時進行。こうして何ともルノワール的な画面内画面〈ルノワールの額縁効果と呼んでもよい〉が頻出することになる。場合によっては、扉の向こうに本物の額縁が現れ、狩りの情景を見せる場合もある。しかも、『ゲームの規則』では、キャメラが登場人物の横への動きについていくうちに、扉が開閉されることで、縦の奥行きが現れたり、隠されたりする。観客に、この館のなかを自由に歩き回れるような臨場感をもたらすのは、部屋のロング・ショットがあって、人物の寄りの切り返しショットになるという、段取りをふんだ手法をほぼ映画から一掃しているからでもある。

仮装大会の間には、招待客たち、召使たちというふたつの集団のゆるやかな動きのなか、クリスチーヌを中心とするかくれんぼ、マルソー、リゼット、シュマシェールのトリオによる追っかけという急速な運動、このふたつのリズムが奥行きを生かした画面に共存するのである。この運動が、『ゲームの規則』の命だ。時間はまったく省略されていないように見えながら（たとえ舞台は地下の食堂になろうとも、仮装大会からの音楽は遠くに響いている）、恐ろしい速度で凝縮された時間が展開する。それは徹底的な複数の時間が織り成されることから生じた印象だ。観客はこの同一画面のどの情報についていったらいいか途方にくれることになる。ルノワールは狂ったように、複数の戯れを爆発させる。その運動の方向の知れない無軌道ぶりが、観客になぜかを問う時間を与えないのである。

たとえば、クリスチーヌは、なぜサン＝トーバンを誘惑するのか。アンドレを挑発するためとも、お酒に酔って彼女の賛美者なら誰でもよかったとも、解釈はできる。だが、正解はない。おそらく彼女自身にも分からないのではないか。リゼットがマルソーに惹かれる理由は何か。リゼットがシュマシェールと結婚したこと自体が驚きだが、まあそれはいい。地下の食堂で、ふたりきりになったとき、マルソーは疑いもなしに自動人形のねじを捻った。すると、魔法がかかる。リゼットは嘘のように、マルソーと戯れるのである。そのとき、ルノワールが人形のクローズアップをどれほど艶《なまめ》かしく撮ったことか。そうしたとき、自動人形の収集家としてのロベール・ド・ラ・シュネイ侯爵とは何者かという疑問が湧きあがってくる。

実際、『ゲームの規則』のなかで、ロベールほど理解しがたい人物もいない。当主としてパーティを主催しながら、兵士のように戦い、召使には寛容で、機械仕掛けの玩具には目がなく、友愛の心に満ちているようで、嫉妬心もそれなりにある。ゲームの主催者なのか、対戦相手のひとりなのか（神なのか、人間なのか）、よく分からないが、両方の立場を往復するのだろう。とにかく最後には、オクターヴが想像上の観客相手でも中断したテラスでのパフォーマンスを、招待客の前で完遂するのだから。こんな人間は、「現代」どころか、過去でも未来でもいそうにない。そういう意味では、過去の遺物として描かれる将軍とは対照的である。だが、今は食堂に戻ろう。

カット17である。ここで、ようやくオクターヴが熊のぬいぐるみをジュヌヴィエーヴに脱がせてもらえる［図3-7］。ここで、ロベールも仮装を脱いで、館主としての正装に戻る。この常軌を逸した馬鹿騒ぎを巻き起こしたのが、仮装であることを思い起こされる。この仮装劇にあって、最初から場違いの雰囲気を醸し出したのが、森番としての制服のままサロンを歩き回ったシュマシェールであった。まるで仮装大会を森に見立て、猟に来たようではないか。そして、ロベールとオクターヴが正装に戻る辺りから、衣裳の機能が逆転するのである。すなわち仮装を脱がない女性が目立ち始めるからである。それは、もちろんアラビアの衣裳のジュヌヴィエーヴとチロルの娘に仮装したクリスチーヌである。ふたりとも、お酒を飲み過ぎて、正常な判断力を失っているという理由付けはないではない。しかし、ルノワール映画である以上、理由が重要ではない。ふたりは自動人形になっているので、自分から着替えなどしないのだ。それにしても、ジュヌヴィエーヴ人形の魅力はどうだろう。それは彼女の退場になるカット60での、扉との戯れで頂点に達する。無意識の奔放さで、アンドレとロベールのふたりを途方に暮れさせるさまは、ルノワールが現場で「素晴らしい！」と叫んだに決まっている。扉の前で睡眠薬の調合をしているロベールとアンドレなど眼中にないように、いきなり扉から出て踊り出すのだ。あろうことか、ジャッキーまで自動人形になったのか、夢遊病のように扉から出て、彷徨い出す。アンドレはジャッキーを、ロベールはジュヌヴィエーヴを抱いてベッドに運ぶことになるのが、縦の構図で同時に執りおこなわれるのが、何ともルノワールなのである。しかし、扉は今一度開き、ジュヌヴィエーヴはどこに意識が残っていたのか、先ほどの騒動で、アンドレが廊下の暖炉上に置いたコップと睡眠薬を迷わず手にして、陽気に自室に戻っていくのである。慌てて、ロベールが扉に鍵を掛けるのは、監督ルノワールが最終の騒動に彼女を巻き込まないためである（ロケーション部分を先に撮ってしまったはずなので、残念なことに彼女はここで退場してもらわないといけないのである）。クリスチーヌの場合、チロルの衣裳のままだったら悲劇は起きなかったのは明白だろう。コートを着せたリゼットがいけないのか、フードで顔を覆ったオクターヴがいけないのかは問わないにしても。チロルの白い服が黒で覆われる見るからの不吉さといったら。

図 3-7　『ゲームの規則』（1939）

　先に述べたふたつのリズムの共存に付け加えておくと、その運動が衣裳と取り結ぶ関係が、誰にも真似できないルノワール映画をつくっているのである。チロル娘の衣裳のクリスチーヌは、年齢においても、身分においても、そぐわない。アラビア女のジュヌヴィエーヴも同様である（このキャラクターは『フレンチ・カンカン』のマリア・フェリックスに受け継がれる気がする）。しかも、前半ではココ・シャネルのデザインによるドレスを優雅に着こなしていたふたりだけに、その対照が際立つのである。だが、その似合わなさを緩和するのが、オクターヴの熊であり（監督自らがこんなことをやるなら、俳優は何でもありだという気になるだろう）、シュマシェール、マルソー、リゼットによる狂想曲とフーガである。この召使三人組は身分に応じた正装をしていることで、仮装大会において場違いな存在であり、その行動は正当化されないのだ。それにしても、マルソーの乗りはどうだろう。オクターヴ熊を盾代わりに隠れたり、シュマシェールに追い詰められると、ロベール（ご主人様だよ！）を障害物のように森番にぶつけてみたりと、止まることを知らない。「さすが、ジュリアン・カレット」と声もかけてみたくなる。一方、男たちが次々正装に戻っていくなか、まるで思春期の娘に戻ったかのようなクリスチーヌは、さすがに髪に挿した花飾りははずすものの、チロル娘との偏差を生きるのである。この滑稽さと真剣さが紙一重で共存している不思議さが、不思議に思われないところに、『ゲームの規則』の真の不思議さがある。

ついでに、ロケーションを先に撮ったところでの混乱を挙げておこう。カット52で、オクターヴが指揮を始めるところである。ここで玄関ホールの灯りは点っているのに、下手の武器室の灯りは消えているのである。ここには、アンドレとロベール、ジュヌヴィエーヴがいるわけで、灯りがないとおかしなことになる。ほぼ同じ構図をとるカット109と同じ灯りだが、このロベールがアンドレの死を事故として招待客に説明する場面では、すでに召使たちが部屋のシャンデリアの灯を消した（カット89）後なので、問題ない。考えられるのは、カット52を撮ったときには、まだシナリオが決定してなかったか、あるいは編集で実際より早いところに変更したかであろう。奇妙なのは、テラスに出るカット51もそうである。人目を避けているオクターヴとクリスチーヌなのに、このテラスへの扉は、カット101のマルソーが事態を告げにくるところでも分かるように、サロンのリモネール・オルガンの置かれた舞台のすぐそばなのである。まだ招待客がたむろしている時間帯だけに謎である。

シャンデリアの消されるカット89も、奥行きの素晴らしいルノワールの額縁カットである。前景にロベールとアンドレが控えの間で会話し、中景の玄関ホールにリゼットがいて、後景の武器室の灯りを召使が消し、黒い長方形が生まれた瞬間に、オクターヴがその黒画面にフレーム・インするのである。恋の闘いの舞台となった武器室の扉は閉じられることなく、空虚な黒として物語的機能を終えるのだ。

11 饗宴の果て

では、最初に見た人間関係は、この仮装大会の一夜で、どう変わったのだろうか。仮装により、誘惑者クリスチーヌをめぐって、男たちは心の奥底をさらけ出す。サン＝トーバンを倒したアンドレは、ロベールとクリスチーヌをめぐる第二ラウンドを闘う。しかし、クリスチーヌの不在が、この対立関係を嘘のように解消してしまう。ロベールとアンドレはまるで親友のように語り合うのである。クリスチーヌの不在は、もうひとつの対立関係であるシュマシェールとマルソーまで親友にしてしまう。小間使リゼットが、クリスチーヌのもとに向かうからである。シュマシェールは妻との別居状態が半永久的に続くという現実を突きつけられるのだ。つまり、クリスチーヌの不在が、誰も勝者を生まない平衡状態をもたらすのである。そして、ルノワールはクリスチーヌを黒く塗りつぶす。クリスチーヌは背中を大きく露出したドレスに掛けられた白いコート姿で、この世界に登場した。そのクリスチーヌが黒いフード付きのコートで姿を隠す。シュマシェールにはリゼットに見えたかもしれないが、クリスチーヌは物語的な不在を超えて、視覚的に消されたのである。アンドレに駆け寄ったときの貧しいばかりのイメージはどうだろう。ここには、「死の舞踏」を舞い踊った骸骨の形すら消えている。

そうしたら、オクターヴの役回りは何だろう。狂言回しのはずが、当事者になってしまう。クリスチーヌのコートを取りに戻った館で、急に出現する廊下の端の鏡。オクターヴはここで自分自身と向き合わなければならない。はたして、自分はクリスチーヌにふさわしいのか。そんなオクターヴの前に出現するアンドレ。オクターヴはここでクリスチーヌをアンドレに譲るのだが、はたしてそうか。ここで、アンドレとオクターヴが、シュマシェールとマルソーに似た補完関係にあったことが想起される。ここでは飛行士であるとはいえ、当初ルノワールはアンドレを指揮者として構想していた。つまりクリスチーヌの父である大指揮者の後継者たる存在である。成功者アンドレと失敗者オクターヴ。つまりアンドレの死とは、オクターヴのあり得たかもしれない可能性の死なのである。

ルノワールの動物的残酷さは、射つ者と射たれる者を同一画面に収めるというこだわりに表れている。編集によって、虚構の時間を引き延ばしたりしない。死はあっけないものなのである。シュマシェール越しに倒れるアンドレを捉えたショットは、ただちに狩りで兎や鳥を撃つ者を同一画面に収めたショットを連想させる。はるかな先駆けとしては、『十字路の夜』でのゴールドベルグ夫人が射殺される瞬間を暗殺者の背後から同一画面で捉えたショットがある。拡大解釈すれば、『ピクニック』の窓越しブランコだって、人間的欲望と映画的倫理が交差するルノワール的同一画面の変奏だろう。

それにしても、オクターヴが恩師の指揮者の仕草を模倣して、聴衆に挨拶し、オーケストラに向き直り、指揮棒を振り上げる（どれも想像上のものだが）ロング・ショットとは何なのだろう。音楽的才能を欠いた自己の挫折という、これまで目を閉ざしていたものに思わず向き合ってしまった瞬間が見事に定着されているのかもしれないし、その大指揮者に父ピエール＝オーギュストの記憶を重ねているのかもしれない。ただいえるのは、このひと晩に見せるオクターヴの陰から陽までの振幅は、ほかの登場人物をはるかに凌駕するものであることだ。ルノワールは成功者より失敗者をはるかに魅力的に描く。そして、ラスト・シーンの前に、どこか未知なる場所にひとり去っていく。それは、ラストはキャメラの後ろにいるよという振る舞いなのかもしれない。『ゲームの規則』以後、ジャン・ルノワールが本人として、映画を紹介する（『コルドリエ博士の遺言』『ジャン・ルノワールの小劇場』）以外の役回りで、自作に出演したことはない。俳優として、映画内の世界に居場所を持つことを放棄したのである。悲しいことに、一九三九年公開時の観客の罵倒によって、当初の一一三分が、一〇〇分、九〇分、八五分と短縮されていったが、そのカット・シーンの多くが自らの出演場面だった。あまりに短縮したために、ラストなど自らがクリスチーヌと出奔しようとするどころか、アンドレのために館に戻ってきたとしか思えない編集になってしまった。映画はカットされると、筋が分かりにくくなるのが普通だが、ルノワールの映画は逆かもしれない。一〇六分の復元版『ゲームの規則』によって、ジャン・ルノワールの真価が証明されるのだが、それは完璧でありながら未完成に見えるという、謎多き作品なのである。

（『ユリイカ』二〇〇八年二月臨時増刊号、総特集＝ジャン・ルノワール、青土社）

考証と創作

ロナルド・バーガン『ジャン・ルノワール』

ジャン・ルノワールについては、すでに『自伝』が邦訳されているし、アンドレ・バザンによる優れた研究書『ジャン・ルノワール』も出ている。そんなところに、第三者による伝記が出たところで、どれほどの意義があるのだろう。だが、そうした疑念は、読み進めると同時に吹き飛んでいった。ルノワールの主観ショットで構成された『自伝』は、それゆえ、ジャンの体温やまわりの女性の息遣い、周囲の空気の色まで感じさせたのだが、ロナルド・バーガンによる伝記『ジャン・ルノワール』では、ジャン本人の発言や文章を縦横無尽に引用しながら、まわりの主観的な描写や、歴史的・地理的および映画史的背景のショットを加えつつ、八四年のジャンの生涯を浮き彫りにすることに成功している。つまり、ルノワールの映画のテーマや手法を、時代背景と交友関係の広がりのなかで、分かりやすく示している。原著は一九九二年にロンドンで出版された英語圏の書物である。

行き届いた考証と創作ぎりぎりの面白さが、ほどよいバランスをとる。第一章「モンマルトルの城」のジャンの誕生した真夜中すぎのシャトー・テ・ブルヤールの描写など、そこへ居合わせた漫画家やら、立ち会った親戚やらの感想が表明されるなか、セザンヌ風トマト料理が供される一夜は、まるで三〇年代ハリウッドのシナリオ・ライターの手になるかのようだ。つまり、ジャンの大きい口から料理のテーマを印象づけつつ、キャメラ位置や俳優の芝居まで見え、しかも、数日後に父がマネ門下の女流画家ベルト・モリゾに送った次男誕生報告の手紙でシークエンスが締めくくられる様子など、すぐナレーションの調子まで浮かんでこようというものだ。映画と女性が相互浸透するルノワールの自伝に、もちろん誕生日の描写などない。

この生地モンマルトルの環境が、後年の『フレンチ・カンカン』（五四）を呼び、幼年時代を過ごす南仏カーニュへの追憶が、『草の上の昼食』（五九）に結晶していくあたりが、ルノワールへの旅を試みた者にとっては感動的だ。モンマルトルの丘の急な階段を昇り、車の入れない細長い路地の塀から眺めた、やや寂れた楽園といった趣の庭つきの建物、その灰色の佇まいの印象が、光溢れるカーニュのオリーブの匂いにむせかえるような緑の丘の斜面と、明暗のコントラストを呼び、人工と自然との極端なバランスが振幅するルノワールの作品世界を思い出させずにはおかないからだろう。

著者のバランス感覚の結果、『大いなる幻影』（三七）の準備で、シュトロハイムとルノワールが初めて会ったときの模様が、ルノワール自身の回想と、そのとき通訳を務めたジャック・ベッケルの覚書では違っていたり、『獣人』（三八）を映画化する際、ルノワールがゾラの原作を読んでいたかどうか、三年ほど間をおいた自身の証言が異なっているのが分かったりする。この両論併記により、真実の曖昧さが伝わってくるのだ。またルノワールや関係者の残した文献以外に、バーガン自身によるインタビューをおこない、アリス・フィギエラなどルノワール家と親交深かった人ばかりか、マルセル・カルネなどやや対立関係にあった監督からも証言を引き出しているのが貴重である。そして企画倒れの映画についても分量を割いているのもいい。『マルキッタ』（二七）に鞍替えしたため結局撮られなかったルノワールのポルノ映画ほど、この世で観たい作品が存在するだろうか。

この本の一番の問題は、バーガンが失敗作の烙印を安直に押しすぎることである。『マルキッタ』、『騎馬試合』（二八）、『荒れ地』（二九）、『ショタール商会』（三二）、『ボヴァリー夫人』（三三）、そして『河』（五一）。だいたい、ヴェネチア映画祭で同時に監督賞を受けたブレッソンの『田舎司祭の日記』（五一）とワイルダーの『地獄の英雄』（五一）とわざわざ比較して、『河』の完成度が低いなどという権利が著者にあるのか。それにもまして、ルノワールが魅力的なのは失敗作すれすれを積極的に撮り続けたことにあるのではないのか。だから、今になっても『大いなる幻影』が代表作といわれ続けてしまうのだ。不発弾という感は否めないが、捕虜生活のなかにまでどうしても仮装パーティのドタバタを入れてしまうのがルノワールなのである。だが、これら失敗作（!?）に下している不当な評価が事実か確かめられる絶好の機会が今巡ってきている（『マルキッタ』だけは確かめようがないが）。

［書評］ロナルド・バーガン『ジャン・ルノワール』（関弘訳、トパーズプレス、一九九六年）

（『キネマ旬報』一九九六年一一月下旬号、キネマ旬報社）

世界の中心に、フランソワーズ・アルヌールのニニがいた！

フランソワーズ・アルヌール［図3-8］との出会いは、中学時代にテレビで見た『ヘッドライト』（五六）だと思う。その頃は、ドロンとベルモンドがマイ・ヒーローで、『シシリアン』（六九）や『華麗なる大泥棒』（七一）を地元の伊勢や松阪の映画館に追いかけていたが、まさかその三本が同じ監督だとは気づいていてはいない。『ヘッドライト』（アンリ・ヴェルヌイユ監督）はひたすら暗い映画だった。ヒロインの死の原因が妊娠中絶だとも分かっていなかっただろう。可哀想な、食堂の小さな娘の記憶しかない。

その女優の名前が絶対的な固有名詞になる瞬間が来る。東京に出てから見た『フレンチ・カンカン』（五四）だ。東和マークの入った初公開時のテクニカラー・プリントだった幸運が大きい。鮮やかな原色が乱舞する世界の中心に、フランソワーズ・アルヌールのニニがいた。貧しい洗濯女からムーラン・ルージュの花形へ。映画がこれほど人を幸福にするものなのか。ベータのビデオデッキを買って、最初に入手したソフトが『フレンチ・カンカン』なのは当然だろう（同時に、『草の上の昼食』（五九）

図3-8　フランソワーズ・アルヌール

と『偉大なるアンバーソン家の人々』（四二）も）。ビデオ一本が二万五〇〇〇円の時代である。輪郭が滲《にじ》み出すまで繰り返し見た。

大学時代、日仏学院から一六ミリ・フィルムを借りて、大学の視聴覚室で上映した、ロジェ・ヴァディム監督の『大運河』（五七）が、アルヌールとの三度目の出会いとなる。冬のヴェネチアがシネスコの画面に映えた。英語字幕のみだが、批評家ゴダールの分析を補助線に観たと思う。アルヌール演じるソフィーと三人の男。だが、いわゆる四角関係ではない。彼女を邸宅に囲う富豪と愛人は、金とセックスに役割を分担する。そこに彼女を映画館で一目惚れした男が現れる。男を部屋に招いた娘は横たわり、珍しいもののように男の指を舐める。キスではない。子猫の仕草。最初の口づけは透けたカーテン越しである。それでいて、情事の後のアルヌールはシーツを体に巻いて、うつ伏せで足をバタバタさせる。ヴァディム演出では、ソフィーの愛は、真実なのか、一時の気まぐれなのか、判別がつかない。つまり、演技なのか、素なのか（六二年の『パリジェンヌ』になると、親友の彼を寝取る悪女を完璧に演じてみせるのだが）。

それから約一五年後、「ジャン・ルノワール、映画のすべて。」のゲストとして来日したフランソワーズ・アルヌールと面会することになる。いまだ女優の資質は摑めていない。事前に計算した演技なのか、場のリアクションに委ねる瞬発性なのか。ともあれ、通訳の古賀太氏の案内で、フィルムセンター（現・国立映画アーカイブ）応接室で、アルヌール本人と向かい合うことになる。

驚くべきは、ニニがそこにいた。撮影時から、四二年経っているはずなのに、時の流れを微塵も感じさせない。もちろん、マダムと呼ぶべき落ち着きでそこにいるのだが、こちらを見る瞳は若々しく好奇心を発している。少々ぎこちなく質問を始めたが、受け答えは誠実そのもの。デビュー作のジャック・ベッケルの話も昨日のことにように話してくれる。前年（一九九五年）に自伝を出版したそうなので（日本語版は二〇〇〇年刊）、それはそうなのかもしれないが。話題は、ルノワール一家に移る。女優ソフィー・ルノワールの子供が、オーギュストの描いた子供のジャンの肖像画そっくりだと彼女が言った後、「僕はその子に会いました」と返した言葉が翻訳された瞬間だった。「まあ、素晴らしい出会いだわ。すごいことだわ。わたしがある人の子供の話をしたら、知っている人がいるなんて。こういう偶然て、わたし大好きです」。興奮で、異国にいる緊張が解放され、一気に親密さが漂った。

その事情を説明しておくと、映画生誕一〇〇年の九五年にNHK-BSで放送する『フランス映画の100年』のロケでのこと。リュミエールに始まる第1章に続き、トーキーに入った三〇年代から五〇年代までの第2章をまるまるジャン・ルノワールの軌跡に充てた。それで、ジャンの兄ピエール（俳優）の息子クロード（撮影）の娘ソフィーの自宅にお邪魔して、生まれたばかりの赤ん坊を抱かせてもらったという次第。もちろん偶然。そのときの通訳は吉武美知子さんだった。しかも、第2章のラストを『フレンチ・カンカン』のラストで締めることにしたので、アルヌールさんの笑顔がルノワールから視聴者への別れの挨拶となるのである。

東京の応接室に戻れば、それからは何でも話してくださった。演出術の一例。「朝のメイクの時間に、ルノワールはやってきて、小さなメモを渡してくれます。紙を開くと、ここでニニが微笑するとか、アカンベーをするとか、役柄の手掛かりを与えてくれるのです」。

アルヌールの経歴で、アンリ・ヴェルヌイユの重要性にふれておこう。アルヌールを世の中に一躍注目させた『禁断の木の実』(五二)の小悪魔的なイメージ以降、一本一本異なった役柄を与え、演技の幅を広げさせた。夫殺しを疑われる未亡人を演じた『過去をもつ愛情』(五五)のサスペンスから、ジャン・ギャバンと対等に渡り合った『ヘッドライト』の人生の悲哀を挟み、軽妙なロマンティック・コメディ『幸福への招待』(五六)にいたる。どの作品でも男の視線で捉えられたときの演出に秘術を尽くし、その表情の未知なる魅力を引き出している。アルヌールは自伝でいう。ヴェルヌイユはルノワールとともに、「技術的な効果と同じくらい俳優の演技を重視する監督」だと。

最後に、見るたびに、すごさが増していく『ジャン・ルノワールの小劇場』(六九)の最終話「イヴトーの王様」について語ろう。ここで、アルヌールが最初に登場するときの、乱れた黄色のバスローブ姿でソファーに横たわるショットの不吉な魅惑はどうだろう。やはり夫の視線を受けている。ルノワールが幕の下から球を投げ入れて始まった「寛容」をめぐる物語は、アルヌールと三人の男たちがルノワールに代わって観客に最後の挨拶を送り、幕を下ろすのである。

[付記] 著者によるフランソワーズ・アルヌールへのインタビューは、『ユリイカ』二〇〇八年三月臨時増刊号、総特集=ジャン・ルノワール(青土社)に掲載されている。

(『キネマ旬報』二〇一一年一一月下旬号、キネマ旬報社)

［第Ⅳ部］

ポスト・ルノワール

フランス映画の埋もれた結節点
ジャン・グレミヨンを中心に

ドイツ占領下に製作された四本を含む四〇年代フランス映画の連続公開は、昨年のジャック・ベッケルに引き続き、忘れられた時代の傑作を発見する貴重な機会である。当時の新鋭クルーゾーやカイヤットのデビューの頃の珍しい作品もさることながら、すでに大家といえただろうジャン・グレミヨンの二本の未公開作が入っていることに興奮の色を隠しようもない。

三〇年代「詩的リアリズム」のひとりに数えられることもあるグレミヨンだが、クレールやルノワールのように一見してそれと分かる作風とはいい難いので、その魅力をひと言で語ることは難しい。だが、伊丹万作と同世代の映画人であるといえば、リアリズムを基調にしながらも、シーンからシーンへ、カットからカットへ、論理的に受け渡す映画手法が見えてくるかもしれない。実際、ワイプやオーバーラップ、フェイドを多用しながら、その選択を間違わない点など、伊丹とグレミヨンの共通性は明らかだ。『この空は君のもの』（四四）で黒いリボンをかけられた飛行クラブ会長の彫像から、その写真の飾られた部屋へと場と時が経過するオーバーラップなど、伊丹の『巨人傳』（三八）の銅像の運命が変転するオーバーラップの反復を思い出さずにはいられない。ワイプにしても、とりわけ三〇年代の『愛欲』（三七）をはじめとする諸作では、伊丹の『赤西蠣太』（三六）同様、上下左右斜めへと走るワイプの反復が出来事の対称性や反転を視覚的に強調したはずだ。

シャルル・スパークの脚色は、尻取りのようにシーンの連鎖反応を組織する。先ほどの彫像は、会長の死により予定した飛行機の整備の資金が失われ、娘のピアノを売り払うという親子の対立へと進展し、ピアノが消え去る部屋の一隅の同ポジ、オーバーラップに導かれる。さらにオーバーラップで飛行機の車輪とオイルの跡を残したガレージが映し出され、両親が長距離飛行大会に出発したことが示される。

だが、『この空は君のもの』で、通常のそれよりグレミヨン独特の効果を帯びるのはフェイドである。アフリカを目指し離陸した後のマドレーヌ・ルノーの消息が不明なまま、管制塔で待ちわびる夫のシャルル・ヴァネルの苦悩は、夜から深夜、朝へと、オーバーラップではなく、フェイドでつながれることで、より深いものとなる。瞬時に時間経過や場の移行を知覚させるオーバーラップやワイプに比べ、ここでのフェイドは続くシーンの情報が遅れて知らされることで、停滞のサスペンスとでもいうべきものを映画に張りめぐらせることになる。続いて失意の帰郷をするシャルル・ヴァネルが雨中、駅まで迎えにきた娘と息子を抱擁する様子がフェイドで閉じられ、雨上がりの広場が闇から浮かび上がってくるのは何とも感動的な瞬間だ。そこには歌いながら行進する孤児たちの声が響き、家に帰ってきた親子は水たまりに立ち止まり、孤児たちの列を見送るのである。親のない子供たちと母親を失いかけている子供の遭遇だから、感動的なのではない。冒頭で孤児たちのいた孤児院の私有地が飛行場に変わったように（続くゴーティエ一家の引っ越しの情景に、孤児たちの歌が響いていたからなのだが）、場を移った者たちが偶然に出会うありさま――妻の出発を挟むように孤児たちが出現する――が何ともグレミヨン的な複数の物語を生起させるようで感動的なのだ。

グレミヨン的な複数の物語といえば、『白い足』（四九）にいたっては、スージー・ドゥレールをめぐる三人の男の愛情のもつれが初期ヴィスコンティ的な自然描写で収められるのに対し、本来なら副筋であろう零落の貴族ポール・ベルナールとカフェの女給アルレット・トマの淡い純愛がコクトーを思わせる人工的な描写とともに展開される。五人の男女の愛の葛藤を、グレミヨンはすでに『高原の情熱』(四三)で描いていたのだが、そこでの舞台のホテルが、ダム工事中の谷間を望む山腹に位置していたように、ここでも山と海の違いはあれ、港町を見下ろす崖が構図に斜線を導入することになるだろう。サイレント時代の『燈台守』(二九)以来、落下への潜在的不安が彼の映画の通奏低音となってはいないか。

車が崖から落下したのは、『不思議なヴィクトル氏』(三八)だったか、『高原の情熱』だったか。『この空は君のもの』では墜落の不安を先取りするかのごとく、引っ越しの際、二階に吊り上げられたピアノが落下するのである。『白い足』でも、祝典の夜、ダンスの曲にのって、五人の男女(白い足が印象的)が崖の上を走り回り、落下へのサスペンスを高めることになる。男の手に残されたヴェールが灯台の灯りで一瞬白く煌きながら虚空に消えてゆくとき、グレミヨン悲劇の極北を垣間見たような戦慄が走る。

だが『白い足』には、さらに素晴らしいとしかいいようがない美の極致が用意されている。荒れ果てた城館の一室が瞬時に変貌する。鏡に映ったシャンデリアに次々と灯が入ってゆき、プリンセスと化したアルレット・トマの横顔のクローズアップが続き、正装したポール・ベルナールとの優雅極まりない舞踏が始まり、ここに、一種のシンデレラ物語は大団円を迎える。もちろん、アルレット・トマの幻想には違いないのだが、ここに見られる映画的な強度はどうだろう。回転し翻るドレスの輝きは、『白い足』がふたりの女の衣裳の戦いであったことも明らかにしている。

アンリ=ジョルジュ・クルーゾーの二作も見のがせない。個人的には、『ピカソ　天才の秘密』(五六)を除けば、『犯罪河岸』(四七)までの初期三作の抑制のきいたタッチの方を評価したい。同じ犯人探しのミステリーの形をとりながらも、『犯人は21番に住む』(四二)の不気味ななかにも稚気溢れるブラック・コメディと、『密告』(四三)の田舎町の日常の下に潜む下劣な感情を暴く仮借なき描写は好対照であり、クルーゾーの幅の広い芸風を愉しめること請け合いである。

『犯人は21番に住む』の完全な主観ショットなど、ロバート・モンゴメリの『湖中の女』（四六）より以前の作品だけに、処女作ならではの凝りようだ。「六死人」（映画化はジョルジュ・ラコンブ監督、クルーゾー脚本の『六人の最後の者』（四五））で有名な探偵作家S・A・ステーマンの原作（『犯罪河岸』とともに）だけに、謎解きの面白さはもちろんだが、今なら、むしろ雰囲気描写の方に魅力が移って見えるかもしれない。同様に『密告』も、真犯人の発見より、割り切れない余白の震えといったものが滲み出てくるさまに今なお古びぬ秘密があるように思える。

グレミヨンの『曳き船』（四一）の脚色を担当したこともあるアンドレ・カイヤットだが、その彼の監督第二作『貴婦人たちお幸せに』（四二）も意外なほど面白い。ジャック・リヴェットは彼の後年の作品について、「悪い映画だが、重要な作品だ」という意味のことを語っていたが、その意味なら「重要な作品ではないかもしれないが、悪くない映画だ」ともいえるだろう。一九世紀パリの百貨店の風俗描写だけでも興味深く、しかもミシェル・シモンが見られるのである。

『人生への回帰』（四九）は、カイヤットの深刻な皮肉、クルーゾーのサスペンスといった重いパートと、ランパン、ドレヴィル（第四話）の軽いコメディが交互に来るオムニバス構成が成功し、ドイツ人女性を妻にして故郷の村に帰ってくる男を描く最後（第五話）のドレヴィル篇が実に秀逸で、後味のいい諦めくくりとなっている。

四〇年代を代表する名優たちの競演としても見のがせない連続上映だとひと言付け加えておきたい。

（「失われた時代の巨匠たち」パンフレット、シネカノン、一九九三年）

ジャック・ベッケル

端正極まりない演出力と類希な転調の才能

1　ベッケルの多様性

わずか一三本の作品しか残していないにもかかわらず、ジャック・ベッケルの世界は多様な広がりを示し、その全体像を掴むことは容易ではない。そうしたなか『幸福の設計』（四七［図4-1］）の久々のスクリーン登場は、ベッケル・ファンにとって何ものにもかえがたい喜びである。もちろん、デビュー作の犯罪アクション『最後の切り札』（四二）や、パリのオートクチュール界の巨匠デザイナーが恋の駆け引きの末、破滅する『偽れる装い』（四五）、日本の太陽族映画のはるかな先駆けのようなアプレゲール世代の青春群像『七月のランデヴー』（四九）。しかも、このなかでサッシャ・ギトリの演劇とジャン・ルーシュの民族学映画が共存する）、フランス製フィルム・ノワールを創始した『現金に手を出すな』（五四）、マックス・オフュルスの死によって受け継いだ画家モディリアニについての伝記映画『モンパルナスの灯』（五八）。あるいは、フェルナンデル主演のファンタジー・コメディ『アラブの盗賊』（五四）、モーリス・ルブランの原作を直接使わず、ほとんど映画オリジナルの挿話とした『怪盗ルパン』（五七）。そうした商業的に見えかねない企画であっても、人間の息遣いの聞こえる作品に仕上げる（しかも極上の！）ベッケルであるからには、観る機会の希少な『エストラパード街』（五三）も含め、残る八作品も観ないで済ませるわけにはいかない。

そして、これまでに上映された五本に限っても、ベッケルの多面性は明らかだ。フランス版横溝正史とでもいうか、田舎の大家族に巻き起こる殺人事件『赤い手のグッピー』（四三）。ベルエポック期のパリを舞台にした粋でいなせな娼婦とやくざ者の悲劇的な恋物語『肉体の冠』（五二）。そこでルノワールの『ピクニック』（この作品を編集し、完成させたのは、アメリカ亡命中のルノワールに代わって、プロデューサーであるブロンベルジュの意を受けたマルグリット・ルノワールとベッケルだった）を受け継ぐような舟遊びの後の河畔のダンス・シーンの見事さ。ここでベッケルが創造したのは、回転しながら踊るひと組の男女のうちの女性と、それを輪の外で見ている男とで交わされる視線劇である。シモーヌ・シニョレが示す回転しながら首を振る仕草は、流麗な回転運動と決定的な視線の交錯を共存させ、時間の甘美な残酷さを刻みつけたのである。そして、脱獄の過程の息詰まる緊張感のなかに、監房の内外で映像と音の開示する新たな映画空間を創造した究極の遺作『穴』（六〇）。ジャンルも登場人物にもまるで共通点はないが、暗く重たい作品群ではある。これらを「短調のベッケル」と呼ぼう。

図 4-1 『幸福の設計』（1947）

　それに対し、『幸福の設計』や『エドワールとキャロリーヌ』（五一）の「長調のベッケル」がいる。底抜けの幸福感に溢れた愉しい作品群だ。『七月のランデヴー』や『エストラパード街』がその仲間である。とりわけ『幸福の設計』『エドワールとキャロリーヌ』『エストラパード街』は若い夫婦の感情のもつれを主軸にした三連作というべき軽快なコメディだ（後の二作は、アンヌ・ヴェルノンとダニエル・ジェランの共演で、前者では夫婦だが、後者ではヴェルノンの夫はルイ・ジュルダンで、ジェランは誘惑者となる）。まわりの男性の目を引きつけてしまう魅力的な妻を持ったがゆえに、嫉妬深くならざるを得ない夫を演じるのが、『エドワールとキャロリーヌ』ではダニエル・ジェランであり、『幸福の設計』ではロジェ・ピゴーということになるのだが、そうした設定を必然化するように、アンヌ・ヴェルノンも、クレール・マフェイも、勝ち気で美しい現代女性を実にチャーミングに演じてみせる。観客のすべてを虜にしてしまう若奥様ぶりなのだ。そして、ベッケル特有の環境描写の見事さ。戦後まもなくの決して物資が豊かではない時代のパリのアパルトマンの雰囲気。『幸福の設計』から観てみよう。

2 転調の離れ業――『幸福の設計（アントワーヌとアントワネット）』

冒頭のエッフェル塔近くの印刷所と凱旋門を望む通りの百貨店。土曜日だ。百貨店の前の宝くじ売店。夫婦の最寄りの地下鉄の駅。食品店。バー。サイドカー。夫婦が帰宅するまでの日常描写のなかに実は展開されるべき要素はちりばめられている。観客は濃密なパリの空気にうっとりするばかりで、幾重もの伏線に気づく余裕などないだろう。ルネ・クレールであれば誇示されるところの記号は、ベッケルにあっては、見えており、聞こえているがゆえに、流通の網の一片として消費されることにさえ無頓着なものである。むろん、人から人へと貸し借りされる本がそのひとつであるが、たとえば、バーで聞こえる三日後におこなわれる娘の結婚式という情報もそれである。『幸福の設計』ではエピローグを別として、土曜に始まり、翌日の日曜を挟み、結婚式のおこなわれる火曜日までの四日間の出来事が描かれるからである。ベッケルの素晴らしさは、人物の出入りと小道具の活用といった、すべての要素が連動し、絶妙の流れを織り成していく点にある。説明のための説明といったカットがただのひとつでもあろうか。クレール・マフェイ演じるアントワネットに思いを寄せる食品店の店主（ノエル・ロクヴェール）が通りを横切り、彼女のアパルトマンの階段を上っていくおかしさ。月曜日は自転車の車輪と花の鉢、火曜日はマロングラッセの包みを持っている。たとえば、花を受け取ったアントワネットはどうしたか。夫に無用の誤解を与えることのないよう、同じ階の奥さんにあげてしまう。ところが、夫婦がそろっているとき、花を浮気の証拠とでもとったのか、夜警が仕事の夫が妻を伴い、花を持ってくる。アントワネットは正直に答えざるを得ない。疑われた妻の平手打ちが夫に炸裂する間に、ロジェ・ピゴー扮するアントワーヌの猜疑心が抑えきれないほど高まってくる。ところで、夜警の妻がボクサーと浮気をしていることは観客にはすでに示されているので、この場面のアイロニーが生じる。ともあれ、アントワーヌとアントワネットの冷戦が始まるのだが、それが本筋の宝くじの発見に、映画が三分の一を過ぎたころにようやく到着することにつながっていく。アントワーヌは新聞紙が切り抜かれていたせいで判別できない数字を確かめに、バーへと階段をすっ飛んでいく。そのバーでは翌日の結婚式の準備がたけなわである。というように、主筋の間に環境描写が挟まれているように見えながらも、その環境描写のなかで、シチュエーションの伏線が何重にも張られていくのだ。そして魔の火曜日とでも呼びたい連鎖する事件の爆発を呼び込んでいく。

ところで前に音楽的比喩を用いたのは、ほかでもないベッケルの転調の見事さを強調したかったからだ。明るい長調といえども、部分的には短調に転調しながら展開されていく。同様に『幸福の設計』の楽譜も、軽快な導入部から、急激なクレッシェンドで急転直下解決する終結部まで、さまざまな音色を響かせる。サッカーの観戦から舟遊びにかけての最も甘い旋律の奏でられる休日が終わると、仕事と欲望の拮抗する空間のドラマに移る。そのなかで示される映像と音、あるいは音同士の対位法。たとえば、宝くじの引き換え場所となる傷痍軍人館。そこではピアノの調律の音がひっきりなしに続いている。音楽になりきらない即物的な音がアントワーヌにどのように聞こえたか。くじの紛失に絶望的になるとき、伴奏音楽が高鳴る際にも調律の音は途切れることなく続いている。または幸福の絶頂を表す鏡に口紅で書かれた高級な部屋やバイクなど欲しいもののリストが、後に悲嘆の調べに変わってしまう残酷な瞬間。もしくは結婚披露宴にはふさわしからぬ不吉な歌を歌う花嫁、バーのカウンターには花婿の父親から酒をおごられるアントワーヌの姿がある。この後、偶然のもたらすヒッチコック的な恩寵の瞬間が開示されるかに見えるのだが、それすら裏切られ、ある論理的なひと言によるダメージでアントワーヌは去っていく。戻っていくわが家で、自らボクシングの試合に出場するとも知らずに……。そこで失神したヒーローは介抱する友人の扇ぐタオルの影によって、光が点滅するのを脳裏に感じながら、内的記憶を回復するだろう。その光はラストのサイドカーの走行シーンで、夫婦の顔に当たる木漏れ日の反映につながるように思われる。

ジャック・ベッケルの、作家であり職人であるという二面性が、ときおり信じ難いフォルムの完璧さを呼び込む。しかし、この完璧というのを静的に捉えるべきでないだろう。絶えず前進する現在のなかでの綱渡りに似た均衡こそが、ベッケルの完璧さなのである。

3 距離＝時間の離れ業——『エドワールとキャロリーヌ』

ジャック・ベッケルは、カップルの名をタイトルに冠した映画を二本残している。原題を「アントワーヌとアントワネット」という『幸福の設計』と『エドワールとキャロリーヌ』である。どちらも若い夫婦の感情の揺れを描いた魅力溢れる傑作だが、同時にひとつの事件（前者では紛失した一等宝くじ券探し、後者では社交界の名士へ夫のピアノの腕前の売り込み）が巻き起こる構図が共通する。また下町のアパルトマンの住人が主人公夫婦の生活に介入する点が、山中貞雄の長屋もののパリ版を思わせもする。『幸福の設計』の貧しき夫婦が印刷工とデパートの売り子であったように、ダニエル・ジェラン演じるエドワールは売れないピアニストなのだが、違うのは妻のキャロリーヌが上流階級の出身という点なのだ。演じるのは、アンヌ・ヴェルノン。『シェルブールの雨傘』(六四)のエムリー夫人の若き姿に魅了されてしまう。ここで、『エドワールとキャロリーヌ』は庶民と上流階級の距離こそが主題として浮上してくるだろう。

といっても階級闘争とやらが問題なわけではなく、具体的な距離、おそらく下町にあるのだろうエドワールのアパルトマンと、キャロリーヌの叔父のボーシャン邸の距離こそが問題なのである。比較的狭いパリのことだから、推測すれば二五分位で行き来できる距離にあるのではなかろうか。ひと晩の間に、エドワールは二回、キャロリーヌと彼女に思いを寄せる従兄アランは一回、この距離を往復するのが(それと電話が)、『エドワールとキャロリーヌ』という映画の演出上の鍵なのである。

距離が主題であるにもかかわらず、街を走り抜けるエドワールも、タクシーに乗り込むキャロリーヌの姿も直接描かれることはない。ここでのベッケルの視線は、エドワールの安アパルトマンとボーシャンの高級住居のなかだけに限られ、キャメラが屋外に出ることは一度もないのである。ヒッチコックの『ロープ』(四八)を思わせもするが、時間経過を誇示する大窓が背景に用意されているわけでもない。ベッケルは外界から閉ざされたふたつの室内のみに題材を限定することで、二〇世紀半ばのパリの様相を描くという大胆不敵な離れ業に挑戦しているのである。

『幸福の設計』で見られたアイリス・インや画面が揺れるフラッシュ・バックなどの技巧は姿を消し、場が移る(電話を除く)ときに使われる七度のオーバーラップ(ＯＬ)を除けば、すべてカットつなぎで、夜の七時過ぎから、翌朝近くまでの一夜が時間順に綴られる端正極まりない演出ぶりなのだ。ここで述べる余裕はないが、本作は素晴らしい衣裳劇でもある。キャロリーヌが叔父の家に電話しようとするのを契機に、最初のOLでボーシャン家に舞台が移るのは、紛失したエドワールのタキシードのチョッキを借りるためであったようにだ。ここから映画は時間軸の流れに沿って、どちらかの空間が描かれることになる。ベッケルは片方の場を描くことで、ふたつの場の距離を時間として表すのである。

さて、エドワールはチョッキを借りにボーシャン家まで往復するのだが、その間にキャロリーヌはドレスの裾を短くし、胸の谷間をV字にカットしてしまう。戻ってきたエドワールはその姿をグロテスクと断じ、大喧嘩の末、ひとりで夜会に出かけたわけだが、残されたキャロリーヌが素足（先刻靴を放り投げたためだ）で花を踏みつけるカットでOLし、夜会に移る。ここでふたりの遅刻を気にした従兄が電話をかけると、すでにエドワールが邸に着く時間を計算したキャロリーヌが電話の前で待ちかまえているのだ。従兄の持った受話器から、夫からの電話だと信じ込んだキャロリーヌの「メルド」の声が夜会の場に響くのは何とも感動的ではないか。ご丁寧にも、エドワールが玄関で従兄とすれ違うときに、「ちょっと前に着いたのだが」と言わせるベッケル演出の時間の計算は確かだというほかない。

従兄がキャロリーヌをつれて邸に向かってから、ベッケルはクライマックスのピアノ演奏までの場を一〇分ほどかけて細密画のように描写してみせる。ここが見事にサスペンス溢れる名場面になっているのは、観客に二点間の距離を熟知させた演出あってのことである。エドワールがひとりの貴婦人の支援を得て帰りの挨拶をかわしている間に、ベッケルはキャロリーヌ登場の最高のタイミングを計っている。ここで貴婦人を手前に配したロング・ショットの奥に小さく（というのがここでのベッケルの野心なのだが）キャロリーヌがフレーム・インすることで、蓄積された可笑しさは一気に弾け飛ぶ。空間の奥行きを活かしたこのさりげないカットの効果は絶大だ。このワンショットを準備するために、貴婦人が彼女の夫を紹介するのを最後までとっておいた演出的配慮の周到さには舌を巻かざるを得ない。ベッケル、万歳！

脇役にいたるまでの配役の魅力、小道具の活用ぶり、その天才的な構成力、そしてエドワールとキャロリーヌの運命は、もはや直接映画を見てもらうしかないだろう。ただひとつ付け加えたいのは、映画を開き、閉じる窓からのパリの光景だ。これを修辞学的配慮と受けとっては、永遠にベッケルを理解することなどできまい。このパリの空気の生々しさは、題材の違いを超え、遺作『穴』でマンホールの蓋を上げた囚人の見た、夜明け前の刑務所を覆っていた外気の驚くべき感触をすでに予告してはいないだろうか。

（「ジャック・ベッケルの世界」パンフレット、シネカノン、一九九二年／ジャック・ベッケル『幸福の設計』パンフレット、同、一九九五年）

ヴィスコンティと官能の風

1　額縁のなかの人々

ルキノ・ヴィスコンティの映画のなかの、壁という壁を埋め尽くす絵画。それは晩年、『家族の肖像』（七四）で単に背景に収まることなく、物語の主題として前景化した。もっとも、『山猫』（六三〔図4-2〕）であっても、バート・ランカスターが舞踏会の控室で見入ることになる絵画「義人の死」のように、作中人物の内心を代弁する場合もある。だが、そうした機能は絵画に止まらない。

たとえば、窓。『揺れる大地』（四八）の主人公一家の家の前で、口論がおこなわれている場面。家の二階の窓から、ふたりの妹が事態を見下ろしているが、存在が凝固したかのように微動だにしない。まるで絵が外壁に掛かっているようだ。ヴィスコンティは人物を額縁のなかに閉じ込めたいと思っているに違いない。肖像画家として、メイクと衣裳には徹底的にこだわりもする。『ボッカチオ'70』（六二）第三話「前金」での、ロミー・シュナイダーの衣裳替えの見事なことといったら。『夏の嵐』（五四）で、アリダ・ヴァリの顔を覆ったベールが剥がされて、髪が露出するだけで、まるで存在が裸にされたかのごとき衝撃が走る。

額縁に収まった矩形のオブジェというなら鏡だって、『郵便配達は二度ベルを鳴らす』（四二）以来、ヴィスコンティ映画の大きな要素である。『山猫』で、アラン・ドロンが初めて姿を現すのは、髭を剃るランカスターの手元の鏡のなかではなかったか。しかも、続くドロンの単独ショットの背景には、鏡が彼の逆側の横顔を映し出し、この野心家のもう一面を指し示しているようでもあった。キャメラがランカスターに切り返されると、その背景には、ドロンを映す鏡よりはるかに大きい鏡がランカスターの全身を映し出し、ふたりの器の大きさの違いを見せつけるのである。つまり、ランカスターとドロンが出会うシーンにおいて、ヴィスコンティは鏡という視覚的な装置を徹底的に利用して対象を相対化する。

2 揺れるカーテン

しかし『山猫』の導入部で、見る人を魅了するのは、シチリアの貴族の館の窓から室内に吹き寄せる山風である。揺れるカーテンの動きによって、祈りを捧げる人たちに光が移ろう。石造りの堅牢な邸宅は、この何とも気持ちよさそうな風によって、映画の被写体としての魅惑を全開にする。だが『山猫』で、もう一度、この風を体験してみたいと思う観客の期待がかなえられることはない。後は、ヴィスコンティ的な絵画や鏡の額縁の力学が支配するばかりである。

舞踏会の場面に戻れば、ランカスターは絵画に見入る前後、二度にわたって、鏡を見つめることになる。鏡のなかに焦点が当たっていることで、内面が浮き彫りにされたようなランカスターに対し、ドロンはといえば、婚約者のクラウディア・カルディナーレとともに、大きな鏡に映り込むのだが、かなりのアウト・フォーカスなので、ふたりの亡霊が背後にいるように見える。幸福な結婚生活が長続きするようには、とても見えないというと深読みに過ぎるか。この招待客たちが絶えず汗を拭き、扇子を扇ぐ舞踏会に、

図 4-2 『山猫』（1963）

涼を呼び込む風が吹き抜けることは遂にない。

もっとも、『白夜』（五七）や『熊座の淡き星影』（六五）など、決定的な場面で、突風が吹き荒ぶ作品はある。だが、それらの作品での風は、野外に限られるので、ここでの考察の対象にはしない。ここで問題とするのは、室内空間に吹き込む風なのである。そうすると、視界に浮上するのは『夏の嵐』である。ここでのアリダ・ヴァリとファーリー・グレンジャーの密会の場面では、ヴェネツィアの淫らな風がふたりに纏わりついて離れなかったではないか。そういう印象を与えるのは、ふたりとその背後の壁に落ちているカーテンの影の絶え間ない揺らぎである。ヴァリの別荘のシーンでも、事態は変わらない。まるで、ヴェネツィアの風がここまで追いかけてきたかのようなのだ。ふたりは長椅子で一夜を過ごす。翌朝、抱き合いながら立ち上がったふたりを追って、ティルト・アップするキャメラは背後の鏡をフレームに収める。そこには、白いカーテンが鏡の対角線上に揺れている。風力を、そしてもちろん愛の力を測定するようなこの鏡によって、ヴィスコンティ的な官能の至上形態が視覚化されたのである。

『夏の嵐』の風と鏡の融合ぶりに対し、『山猫』は不毛さに連なる鏡のイメージが圧倒したまま、作品は閉じられてしまう。もう風は吹かないのか。ヴィスコンティの集大成のような『家族の肖像』では、全篇がセット撮影され、それは書き割りの空を背景としたテラスもそうであることで、微風ですら吹き抜けることはない。まるで、時間が止まった世界のようなのだ。そして、絵画の一枚一枚が小宇宙を形成し、館の住人を見下ろしている。まさに究極の額縁世界が現出していて、これがヴィスコンティの遺作なら、誰もがそう納得するものだっただろう。しかし、そこに『イノセント』(七六)が出現し、最後のヴィスコンティの風を吹かせ、あられもない官能を呼び込むのである。

ここで、ラウラ・アントネッリがベールを被ることで、『夏の嵐』の記憶を呼び覚ましもする。もっとも、鏡に映った肖像画の不気味な感触といい、ここでも死の影に満ちた額縁の力学は健在である。ジャンカルロ・ジャンニーニが妻のアントネッリを嫉妬して訪れたリラ荘の場面。ヴィスコンティは珍しく扉の外から、室内のふたりを捉える。そのとき、扉の片側のカーテンが躊躇いがちに揺れるのである。彼女の夫と愛人の間の躊躇いであるかのように。死を目前にした映画作家に訪れた、この瑞々しさは何なのだろう。彼の最初の現場であるジャン・ルノワールの『ピクニック』(三六)の記憶か。脱ぎ捨てられた衣裳から、ふたりが全裸で抱き合う姿がソフト・フォーカスで捉えられる。そこに、何か白いものがふたりを隠すように、シネマスコープ画面を横切る。何が起きたかと思う間もなく、溜息の出るほど美しく揺れるカーテンのショットが緑の樹々を背景に現れる。素肌を風にさらすことで、かろうじてふたりは束の間の愛を取り戻したかのようなのだ。

だが、『イノセント』には、今ひとつの風の表情がある。嬰児殺しの場面である。雪の降るクリスマスの晩、ジャンニーニは乳母にミサに行くよう勧める。乳母が衣装棚を開いたとき、扉の鏡に殺人を決意した者の怯えた姿が映り込む。ジャンニーニが窓を開けるや、厳冬の寒風が吹き込んでくるのだが、この大きく膨らんで揺れるカーテンこそ、ヴィスコンティの残した最も残酷なショットなのかもしれない。

（『ルキーノ・ヴィスコンティ』エスクァイアマガジンジャパン、二〇〇六年）

ルノワールからトリュフォーへ
偉大なるルノワールへの回帰

1 『暗くなるまでこの恋を』

偉大なるジャン・ルノワール――。ヌーヴェル・ヴァーグの面々はそれぞれにルノワールを消化し、自らの映画づくりの糧としてきた。しかし、そのルノワール的な現れは各々異なっている。たとえば、ジャン＝リュック・ゴダール。『気狂いピエロ』（六五）では、オーギュスト・ルノワールの複製画を飾り（この作品に限らないが）、アンナ・カリーナの役名をマリアンヌ・ルノワールと命名する。といっても、ルノワールとゴダールの映画が似ているわけではない。おそらく、ゴダールがルノワールから学んだものがあるとしたら、続けて同じ映画をつくらないこと、常に観客の先を歩むという姿勢においてである。映画づくりの方法論を受け継いだのは、ジャック・リヴェットであろう。役者、スタッフとの緊密な共犯関係による映画づくり。結果より過程の優先。女優が彼らの映画に出たがるのも理解できよう。何よりも、リヴェットは『フレンチ・カンカン』（五六）の演出助手についているのだし、『われらが親父、ジャン・ルノワール』（六六―六七）と題された三部作にわたるテレビ用ドキュメンタリーを撮ってもいるのだ。クロード・シャブロルの場合は、突発的な犯罪描写と美食への好みの一致か。一九五九年の『素晴しき放浪者』（三二）というべき『獅子座』（六二）でデビューしたエリック・ロメールは、独特のテクストを優先させた映画づくりを継続させるが、『緑の光線』（八六）以降『木と市長と文化会館／または七つの偶然』（九三）まで、そして遂には『我が至上の愛～アストレとセラドン～』（二

図4-3　『暗くなるまでこの恋を』（1969）

○○六）という途方もない作品にいたり、ルノワールに挑むような自然描写のなか、登場人物の織り成す喜劇的様相を追求する。

　では、フランソワ・トリュフォーはどうなのか。『大人は判ってくれない』（五九）を恩師アンドレ・バザンに、『夜霧の恋人たち』（六八）をシネマテーク・フランセーズのアンリ・ラングロワに、『野性の少年』（七〇）をジャン＝ピエール・レオーに、『アメリカの夜』（七三）をドロシー＆リリアン・ギッシュに捧げたトリュフォーは、『暗くなるまでこの恋を』（六九［図4-3］）をジャン・ルノワールに捧げている。新聞紙の見合いの広告欄にかぶさる数多くの男女の声が交錯するトリュフォー的な始まりは、フランスからインド洋上のレユニオン島の地図にキャメラが寄っていくや、意外にもフランス革命時の兵士たちを捉えるモノクロ画面が続く。いかにもニュース・リールの引用のような使い方であるが、当時に映画撮影機があろうはずもない。ジャン・ルノワール監督作品『ラ・マルセイエーズ』（三八）の一場面である。マルセイユ軍と近衛兵の和解（レユニオン）を記念して、この島がレユニオン島と名づけられたというナレーションがこの唐突な引用を正当化し、歓喜の曲が高鳴るなか、ジャン・ルノワールへ捧げるというトリュフォーの署名入りの字幕でプロローグが結ばれる。

　だが、なぜアメリカのミステリ小説の翻案が、ジャン・ルノワールに捧げられているのか。主人公の男女の性格設定が、ルノワールの『獣人』（三八）を思わせるからか。少なくとも、ジャン＝ポール・ベルモンドが『獣人』のジャン・ギャバンを下敷きにしていることは、トリュフォー自身によって語られている。

ジャン＝ポール・ベルモンドは、いまヨーロッパで最も完璧な俳優であることはたしかです。彼のキャリアには三つの面があります。ひとつは女房に裏切られたと思いこんでいるモリエールの『スガナレル』的な面、アメリカのギャング映画のスター的な面、そしてジャン・ルノワールの映画『獣人』のジャン・ギャバンの血をひく面、です。わたしが『暗くなるまでこの恋を』で彼に要求したのは、その第三の面、苦悩する男の暗さと重厚さを見せてくれることでした。彼に愛のせりふをたくさん言わせたのも、そのためでした。

（ドミニク・ラブールルダン編『トリュフォーによるトリュフォー』山田宏一訳、リブロポート、一九九四）

トリュフォーは『暗くなるまでこの恋を』のなかで、ルノワールのアメリカ時代の作品『小間使の日記』（四六）の再現をおこなってもいる。ジャン＝ポール・ベルモンドとカトリーヌ・ドヌーヴが大樹の根元に座って愛を誓うシーンのことだ。そのことは山田宏一氏によって、トリュフォーが意図的に引用したのだとの証言が直接引き出された（「フランソワ・トリュフォー最後のインタヴュー」『季刊リュミエール』第二号、筑摩書房、一九八五）。トリュフォーは、『小間使の日記』のポーレット・ゴダードとハード・ハットフィールドの座る巨木が、レユニオン島の邸宅の前のロケ場所がそっくりなのに気づき、同じ台詞を言わせたという。また、ベルモンドがドヌーヴと別れて映画館へ行くとき、「アリゾナ・ジム」と言うが、ルノワールの『ランジュ氏の犯罪』（三六）への目配せだろう。ラストは『大いなる幻影』（三七）を思い出さないのは困難だが、想起されるのはルノワールだけではない。探偵殺しが発覚したベルモンドとドヌーヴがリヨンのホテルに隠した大金を取りに戻るが、警官の多さに断念する。その一部始終を車の後部座席から捉えたワンシーン＝ワンカットは、ジョゼフ・H・ルイスの『拳銃魔』（五〇）が下敷きになっているのだろうし、パリへ八一三キロの標識を見て以来、パリへ行こうと執拗に誘うドヌーヴに対して、ベルモンドが断り続けるのも『勝手にしやがれ』（六〇）の記憶のせいかもしれない。

2　トリュフォーのアメリカ時代

ここで、トリュフォーのフィルモグラフィを検討してみたい。ルノワールにアメリカ時代があるように、トリュフォーにもアメリカ時代がある。もっとも、トリュフォーがアメリカに映画づくりに行ったわけではない。トリュフォーはフランスにいながら、自覚的に自らのアメリカ時代をつくり出したのだ。『大人は判ってくれない』から『二十歳の恋』（六二）までがルノワールの第一次フランス時代にあたる時期だろうか。ここでは即興性に満ちた自由さが特徴だ。その頂点をなす『突然炎のごとく』（六一）が、ルノワールを（そしておそらくヒッチコックをも）嫉妬させたのもうなずける。厳密なカット割りによる『柔らかい肌』（六四）により、ルノワール的な意味でのトリュフォーのアメリカ時代が始まる。いってみれば、才能に任せるままに撮ってきたトリュフォーが、コンテ主義にいったん身をおくことで、分析的な映画づくりを試みたのである。フィルム・サイズが自由さを感じさせるシネマスコープから、これ以降ビスタになるのも、より緊密な演出への転向が図られたのだといえる。続くのは、英語で撮られたアメリカ時代ならぬイギリス時代の『華氏451』（六六）。同じ六六年に『映画術　ヒッチコック／トリュフォー』が出版されるが、その出版企画が始まった六二年にすでにトリュフォーのアメリカ時代は始まっていたのかもしれない。『黒衣の花嫁』（六八）でヒッチコック的サスペンスへの挑戦をするが、アメリカ時代のドワネルものというべき『夜霧の恋人たち』や『家庭』（七〇）とともに、今見直すとヒッチコック以上にエルンスト・ルビッチの影響が大きいのに気づかされる。たとえば、『黒衣の花嫁』でジャン＝クロード・ブリアリがジャンヌ・モローにどこで会ったかを思い出すきっかけの手は、『極楽特急』（三二）の焼き直しである。『華氏451』と『黒衣の花嫁』で、音楽にアメリカからバーナード・ハーマンを迎えたのも、オーソン・ウェルズやヒッチコックと同質のエモーションを喚起させたかったからではないか。再度の疑問。そうしたアメリカ時代のただなかに撮られた『暗くなるまでこの恋を』が、ルノワールに捧げられているのはなぜか。それも、誰よりも明晰な批評家であったトリュフォー自身が答えてくれている。

『暗くなるまでこの恋を』はジャン・ルノワールに捧げられています。わたしの即興撮影はすべてルノワールから学んだものであり、撮影中に難問にぶつかったときには、わたしはかならず「ルノワールだったら、どうやって切り抜けるだろう?」と考えるのです。『ゲームの規則』や『大いなる幻影』などの偉大なる映画作家、ジャン・ルノワールの三五本の映画を知っていれば、わたしたちは、映画をつくりながら、けっして孤独ではないと思うのです。（『トリュフォーによるトリュフォー』）

『暗くなるまでこの恋を』の面白さは、アメリカ時代のただなかに意識的にルノワールに回帰しようとしている点にあるだろう。ほとんどシノプシス程度の台本でクランク・インし、台詞を撮影中に書いていたことでも、即興の要素が拡大し、ルノワールへの参照を強めているはずだ。この作品が『柔らかい肌』以降、唯一シネマスコープ・サイズで撮られていることも、その例外性の現れではないか。ただ、ジャン＝ポール・ベルモンドが『獣人』のギャバンというには、あまりにも優しい面ばかり出ていて、激しさが足りない。『獣人』のシモーヌ・シモンや『牝犬』（三一）のジャニー・マレーズ、あるいは『女優ナナ』（二六）のカトリーヌ・ヘスリングといったファム・ファタル的存在を演ずるべきカトリーヌ・ドヌーヴも、その悪女ぶりが物足りない。それはアメリカ映画的なキャラクターとしては欠点といえるのだが、ことジャン・ルノワール的な役柄のもっともらしさより、役者の真実を優先させる映画づくりを考えれば、ベルモンドのマゾヒスティックな一面や、ドヌーヴのおおらかな側面に忠実なのであり、その意味で『暗くなるまでこの恋を』は何とも感動的な一作というしかない。

では、トリュフォーのアメリカ時代はいつまで続くのか。トリュフォーはごく曖昧にアメリカ時代を離脱する。そのきっかけが、キャメラマンのネストール・アルメンドロスにあるというのが、ここでの仮説である、ふたりが初めて組んだ『野性の少年』から、何かが変わりだし（もっとも、『野性の少年』は実にヒッチコック的な作品である）、トリュフォー第二の頂点をなす『恋のエチュード』（七一）によって、第二次フランス時代が始まるのではなかろうか。ルノワールの第二次フランス時代と同様で、ふたつの世界観＝映画形式が調和して、個性的でありながら、ある普遍性に到達している。もっとも、トリュフォー特有の揺らぎが消え去ったわけではない。ときおり、そうした一面は顔を出す。しかし、これ以降、トリュフォーが自己のスタイルを摑んだと思えるのは、時代ものには（『パリところどころ』（六四）以降、ロメールのキャメラマンとなった）ネストール・アルメンドロス、現代ものには（リヴェットの『アウト・ワン』（七一）で注目した）ピエール＝ウィリアム・グレンと、撮影を使い分けることによる（トリュフォーはジャンルによっても、脚本家を使い分ける）。ルノワール作品の見せるデタラメなまでの転調。トリュフォーは（初期の『ピアニストを撃て』〔六〇〕などを除き）デタラメさの印象が希薄だが、この時期、ルノワールに比するべき微妙な転調の技術を身につけた。その成功した一例を、傑作『アデルの恋の物語』〔七五〕に見ることができる。

（『キネマ旬報』一九九四年一二月上旬号、キネマ旬報社）

ジャック・リヴェット
空白への誘惑

1 空白

まっ白な画面から始まるフィルムがある。ジャック・リヴェットの代表作であり、一九六八年を象徴する一本となる『狂気の愛』（六八）である。アンドレ・ブルトンの小説のタイトルを冠したこのフィルムは、だがシュルレアリスムと直接の関係は持たない。ラシーヌの『アンドロマク』を上演しようとリハーサルを続ける演出家と妻の関係を主軸にしたフィルムである。『パリはわれらのもの』（六〇）と『修道女』（六六）を経て、リヴェットは『狂気の愛』で、映画の新しい地平を開いたといわれている。実際、ほかのリヴェット作品同様、観客の支持は得られなかったものの、新しい表現を指向する監督や俳優に与えた影響は絶大であった。

冒頭の「白」、その正体は芝居の舞台の床であった。その劇場は、むしろ体育館かボクシング場を思わせるように、四方に観客席が設置されている。舞台は、ボクシングのリングからロープを外したとでもいったものだ。真俯瞰で見たら、スクリーンそっくりの四角形だろう。映画において、黒あるいは暗闇は、決して空白でない。空白とは白である。といっても、フィルム上では透明、要するにスヌケというやつである。そのスヌケがスクリーンに投影されるや、通常、白かシルバーのスクリーンを露わにするのだ。だから、虚構世界を構築すべき劇映画において、白は鬼門である。スクリーンのなかより、周囲の矩形を意識してしまう全面的な白は、沈んだ黒と違って、スクリーン内の世界がフレーム外へどこまでも延長しているという幻想を壊してしまう。映画において、空を映すことが危険なのも同様の理由による。

では、なぜリヴェットは「白」から始めるのか。もちろん、舞台が映画のなかで中心となる場所だからという答えはある。だが、何もないスクリーン、ここから始まるというのは、リヴェットの必然だといえる。なぜなら、リヴェットほど出発点に無をおく映画作家もいないからだ。リヴェットの映画は、脚本の絵解きではない。撮影の瞬間に生起するものが、出発点なのである。そうしたリヴェットの方法論が確立された映画が『狂気の愛』なのだ。だから、空白から出発する。

2　原理

ジャック・リヴェットの映画ほど、単純な原理でできているものも少ない。リヴェットを観る人を捉える複雑さ、あるいは難解さといったものは、ほとんどがあり得べくもない誤解の産物である。だが、そうした誤解が生む妄想とでもいうべきもの、それ自体がリヴェットの映画中に張り巡らされているように感じるのも事実である。だとしたら、リヴェットのあまりの単純さこそが妄想を呼び込むのか。その判断は確かに難しい。まずは、単純さの側に寄り添うことで、リヴェットへの旅を始めようか。

処女長篇『パリはわれらのもの』は、列車からの横移動で始まっていた。田園地帯を走っていたキャメラは、次第に建物の密度を増し、やがて駅へと滑り込む。ここでは、まったく同じアングルに固定されたキャメラからの移動を短く編集している。同じ方向への直線的な移動である。これは、地方からパリに向かっているヒロインの視点だと考えられるが、彼女の視点を説明するものはなく、無調的な音楽がかぶさる匿名的な運動だといえる。この後、ヒロインの視点から、パリを巨大な迷宮に見立てた堂々巡りが始まるのであるが、冒頭の直進性はこのフィルムのなかでは例外的な細部となっていよう。

この直進性は、およそ三〇年の時を隔て、『彼女たちの舞台』（八八）で再現されることになる。このフィルムでは冒頭の一ヵ所ではなく、映画の中間部に何度も出現する。これは郊外に住む女性たちのパリとの往復を表象すると考えられるが、これもキャメラは固定され、窓から外の風景が横に流れゆくのを捉えるのみなので、彼女たちの視線とは断定できない。

『北の橋』（八一）というフィルムを観てみよう。ここには、パリの地図が映し出される。この地図は、もうひとつの暗号、それは双六《すごろく》なのだが、それと相似形をなす。つまり、ここでのパリは双六のゲーム盤と化している。そのパリの二六区は、一区を中心に渦巻く同心円状の形をとっている。この映画の規則のひとつは、パリ二六区から外に出ないことというものだった。つまり『パリはわれらのもの』や『彼女たちの舞台』の直進性はこの円形に突っ込まれた外部からの進入路を示すといえる。

要するに、リヴェットの映画は、パリの外周を境に二分できるのである。パリの内部を舞台にする作品群——『パリはわれらのもの』、『狂気の愛』、『アウト・ワン』（七〇）、『セリーヌとジュリーは舟でゆく』（七四）、『デュエル』（七六）、『北の橋』、『地に墜ちた愛』（八四）、『彼女たちの舞台』そして『パリでかくれんぼ』（九五）ということになる。一方、パリの外に舞台をとった作品群——『修道女』、『ノロワ』（七六）、『メリー・ゴー・ラウンド』（七八）、『嵐が丘』（八六）、『美しき諍い女』（九一）、そして『ジャンヌ・ダルク』（九三）である。

さらに分類を続けるなら、円を描くように移動する作品群と、ふたつの中心を往復するような作品群に分けられる。その中心点に舞台が多いことは、リヴェットの特徴でもある。前者に、『パリはわれらのもの』『デュエル』『メリー・ゴー・ラウンド』『北の橋』『ジャンヌ・ダルク』。後者に、『狂気の愛』

『セリーヌとジュリーは舟でゆく』『地に墜ちた愛』『嵐が丘』『彼女たちの舞台』『美しき諍い女』『シークレット・ディフェンス』(九八)。残りは、両者の折衷形だと考えられる。

以上のことを念頭において、リヴェット映画の原型たる『パリはわれらのもの』を検討していこう。

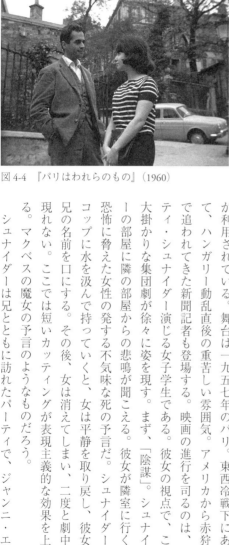

3 原型

『パリはわれらのもの』〔図4-4〕には、リヴェットがその後の作品で繰り返し、変奏していくテーマがくっきり現れている。「陰謀」と「演劇」である。それを必然づけるために、メロドラマとしての構造が利用されている。舞台は一九五七年のパリ。東西冷戦下にあって、ハンガリー動乱直後の重苦しい雰囲気。アメリカから赤狩りで追われてきた新聞記者も登場する。映画の進行を司るのは、ベティ・シュナイダー演じる女子学生である。彼女の視点で、この大掛かりな集団劇が徐々に姿を現す。まず、「陰謀」。シュナイダーの部屋に隣の部屋からの悲鳴が聞こえる。彼女が隣室に行くと、恐怖に脅えた女性の発する不気味な死の予言だ。シュナイダーがコップに水を汲んで持っていくと、女は平静を取り戻し、彼女の兄の名前を口にする。その後、女は消えてしまい、二度と劇中に現れない。ここでは短いカッティングが表現主義的な効果を上げる。マクベスの魔女の予言のようなものだろう。

図4-4 『パリはわれらのもの』(1960)

シュナイダーは兄とともに訪れたパーティで、ジャンニ・エスポジト演じる演出家と知り合う。彼はシェイクスピアの『ペリクリーズ』を自主公演しようと、リハーサルを重ねているところであった。演出家に気に入られたシュナイダーは、その主役に抜擢される。また、シュナイダーは最初の死を遂げた人物の謎を追う。その鍵は、彼が死の前に残したギター演奏のテープにあるらしい。そして、そのテープに残された曲は、エスポジトが『ペリクリーズ』の舞台音楽に欲したものだという。シュナイダーのエスポジトへの恋愛感情も伴って、ここにギター奏者の死の謎の探索が、「陰謀」の解明と「演劇」の完成というふたつのモティーフを合流させる。

こうして、シュナイダーの迷宮巡りを連想させるテープ探しの過程と、『ペリクリーズ』のリハーサルの光景が並行して描かれることになる。芝居は、小さな稽古場から野外の小スペース、そして資本家の援助を得て、桟敷席のある大劇場へと空間を拡大していく。しかし、商業性が優先された結果、シュナイダーは役を降ろされてしまう。ほどなく、演出家のエスポジトも解雇される。こうして、リヴェットの特徴となるリハーサルの繰り返しが延々と続くが、実際の上演はおこなわれないという定型をつくることになる。そして、片方の目的は喪失しながらも、謎めいた人物は次々登場してくる。自宅でフリッツ・ラングの『メトロポリス』(二六)を上映している、ひょっとしてマブゼ博士のような秘密結社の首領との疑いもつのる経済学者などがそれにあたるが、シャブロルやゴダールやドゥミといった友人の映画作家たちも登場し、それぞれにうさんくさい人物を演じてみせる。

ここで、ベティ・シュナイダーが、「女優」と「探偵」というふた役を演じることを強いられる点に注目したい。リヴェットにおいては、女性がふた役を担うのである。その後、この基本形をさまざまに変奏しながら、リヴェット的作品が生まれていくことになろう。

リヴェット的世界、そこには「陰謀」があり、「探偵」がいる。ということは「犯人」がいるということだ。普通、犯人が陰謀を巡らし、犯罪をおこない、事件が起きる。そこで探偵が登場し、謎を解明し、犯人を突き止める。現実では、こういう図式でできており、映画においても同様だと思われる。『パリはわれらのもの』も、一見そう見える。探偵があちこち捜査を始めると、怪しい人物は出てくるし、さらに人の死にも遭遇する。ほとんど真犯人が見つかりそうにすらなる。だが、映画は真実が判明したことによる解放感とは無縁のエンディングを迎える。その終わりは曖昧さとともに、不条理さを助長する。それはリヴェットの使う映画語法と関係するのだが、そもそも「映像」というものは、それ自体、真とか偽とかの区別がない。だからこそ、因果関係の連鎖を組織することで、映像の意味を固定化させてきたといえる。たとえば、登場人物の考えている顔に、別の映像をつなぐことで、人物の想像を伝えるテクニックもそのひとつだ。『パリはわれらのもの』の最後のほうで、男が射殺される場面が出てくる。ほかの場面に比べて、露出がオーバーな白っぽい画面なのだが、それが登場人物の想像なのか、あるいは真実の映像を挿入しているのか、判別する手掛かりがない。リヴェットは、「陰謀」が実在したのか、それとも登場人物の「妄想」にすぎなかったのか、曖昧なまま、映画を閉じるのである。

そして最後の舞台はパリ郊外の森のなかである。パリの街中と郊外を往復したルイ・フィヤードの『吸血ギャング団』（一五―一六）が思い出されなくもない。ベティ・シュナイダーの目の前に広がるのは、水鳥のはばたく川の情景である。水鳥につけた、ゆるやかなパンニング（それは特別な目的があるようにも見えない）で映画は閉じられるのだが、これが結末であっていいのだろうか、と観客は疑問符を宙に吊るしかない。つまり、この思い切り物語から遠い画面は、『狂気の愛』の「白画面」を予告するものであるのだ。

ここで、リヴェット作品のキャメラについて考えてみよう。それはスタイルについて考えることと同義である。なぜなら、リヴェット作品のスタイルは、キャメラの重さと切り離しては考えられないからだ。そのスタイルの断絶は、『狂気の愛』にある。注意すべきは、『狂気の愛』とその前後の作との間にあるのではなくて、『狂気の愛』の内部に裂け目が穿たれているのである。『狂気の愛』とは、リヴェットのなかで、作者の複数化の最初の実験がおこなわれた作品である。ここには、『修道女』までの書き込まれた脚本も、厳密なデクパージュも存在しない。まず、ラシーヌの『アンドロマク』のリハーサル。ここでの演出は、映画のなかでの実際の舞台演出家であるジャン＝ピエール・カルフォンの手に委ねられ、リヴェットはそれに介入することはない。そして、カルフォンと妻のビュル・オジエの日常生活は、数週間の撮影日程にメモ程度の行動予定が記される程度で、撮影が進行していったのである。限りなく日常に近い虚構。そして、舞台のリハーサルを取材するテレビ局の撮影クルー。これも取材内容は、ディレクターのアンドレ・S・ラバルトに任される。映画中のテレビ撮影の演出、舞台の演出は、リヴェットの手を離れ、俳優の演出にリヴェットがまったく介入しないわけはないが、それとて俳優の自発性が優先されるのである。

4 表象

さて、『狂気の愛』の断絶は、マテリアルそのものに露出している。映画自体は、三五ミリ・フィルムで撮られているのだが、テレビ局の取材用一六ミリ・フィルムが挿入され、理由もなく切り替わるのである。三五ミリでは落ち着いて全景が眺められるが、一六ミリではハンド・キャメラによる動きの多い即興的な映像となり、三五ミリに比べれば粒子の粗さが目立つものなのである。言い換えれば、三五ミリ部分では監督の意志が反映し、シネマ・ヴェリテの影響の濃い一六ミリ部分では古典的な意味での監督の意図は読み取れない。

そしてここを境に、リヴェットは演出の作家から、撮影の作家へと変貌していくのである。リヴェット作品中、最も即興の要素の強い次作『アウト・ワン』は、『狂気の愛』の一六ミリ部分の延長線上にある。キャメラの軽さが支配しているのである。続く『セリーヌとジュリーは舟でゆく』も同じである。『デュエル』『ノロワ』『メリー・ゴー・ラウンド』といったあたりも同様の軽みが必要な作品群なのだが、三五ミリ・フィルムで撮られた関係上、減法美しくはあるのだが、被写体の運動に比べて、どことなくキャメラが鈍いという印象を与えてしまう。それは、一六ミリ・フィルムで撮られた『北の橋』と比べれば、一目瞭然だろう。ことによると、『パリでかくれんぼ』も、一六ミリで撮られるべき素材だったのではあるまいか。

5 軌跡Ⅰ

リヴェットの、というより『カイエ・デュ・シネマ』誌を中核とするヌーヴェル・ヴァーグの旗揚げとなった処女短篇『王手飛車取り』(五六)は、リヴェットの古典性を色濃く伝えるフィルムである。愛人の存在を夫に隠している妻という配置で始まる物語は、チェスのゲームになぞらえて進行する。すなわち、一手一手が明確な目的を持つ。ということは、ワンカット、ワンカットに曖昧さがないということだが、的確に物語が語られる。にもかかわらず、単なるストーリー・テラーには収まらないリヴェットの個性は、はっきり画面上に認められる。それは夫婦の夕食の場面なのだが、ふたりを切り返して捉えるキャメラの高さが、ほぼテーブルと等しいのである。ということは、画面手前に巨大なグラスやボウルをナメた奥に、各々の人物が配され、何とも皮肉な距離として示される。モノを置くことによって、人物を相対化しているといっていいだろう。そして、最後の一手ならぬ、ラスト・ショット、それが妻の持つワインだったか、シャンパンだったかのグラスのアップなのである。これは物語として翻訳すれば、夫に裏をかかれたにもかかわらず、自分の負い目から有効な反撃を撃てぬ妻にとって、夫に注がれた酒の味の苦さを示すものといえるのだが、これも『パリはわれらのもの』ほど明確に物語から離脱しているわけでないにせよ、一種のゼロ記号であり、人間の物語から距離をとるものなのである。

『パリはわれらのもの』は、『王手飛車取り』の的確さを受け継いでいる。リヴェットの才能は画面内の配置に見て取れる。人物の大小、モノと人の位置関係。と同時に、編集、つまりワンカットが何秒続き、どのカットとつながれるかという持続の側面の才も際立っている。冒頭近くに、二〇人ほどが登場する屋根裏部屋でのパーティのシーンがある。ここをリヴェットは細かなカット割りで、精緻に組み立てていく。カットが重ねられるたびに、空間が徐々に明かされ、登場人物たちの取り結ぶ力関係が見えはじめ、そのなかで動き回る人物の位置関係も狂いがなく、緊張を持続させている。大人数のシーンを捌く見事な手腕に、この監督がただ者でないことは一目瞭然なのだ。にもかかわらず、何のために、という部分が分からないのだ。つまり、精緻に組み立てられた建築物の中心は、空洞なのである。だから、周辺を堂々巡りするばかりで、中心には決してたどりつけない。これでは事件が解決しない、といってもよい。というか、現実か妄想かを判断するコード自体が映像にないということは前に述べたとおりだ。

こうした「だまし絵」的なリアリズムが、当時の観客の理解を超えていたことは想像できる。加えて、暗い陰鬱な雰囲気。それはバルトーク的なものを求めたという無調的で不安げな音楽によって倍加される。フランソワ・トリュフォーは、そうした事態を正しく予見していた。『パリはわれらのもの』は、シャブロルの『美しきセルジュ』（五八）に次ぐカイエ派第二弾の長篇作品としてクランク・インしながら、資金不足と俳優のノー・ギャラ出演に頼ったため、俳優を拘束できなくなり、製作は遅延に次ぐ遅延を重ねていた。遅れてクランク・インしたトリュフォーの『大人は判ってくれない』（五九）やシャブロルの『いとこ同志』（五九）、ゴダールの『勝手にしやがれ』（六〇）が、映画祭で受賞したり、興行的にヒットしたりしていたものの、この作品自体は完成の目処がついていなかった。それをトリュフォーがシャブロルと共同でポスト・プロダクションを引き受けたのだった。『大人は判ってくれない』のなかで、ジャン＝ピエール・レオーの一家が映画を見にいくシーンがある。そこで映画館の入り口の看板に表示されている作品こそ、当時、完成すらしてなかった『パリはわれらのもの』なのだが、そこでは探偵ものと内容紹介され、また映画からの帰り道、ジャン＝ピエール・レオーにさも面白かったというように、晴れやかな笑顔をすらつくらせたのである。

トリュフォーが危惧したとおり、『パリはわれらのもの』は興行的に惨敗し、リヴェットが映画を撮る機会は五年以上、巡ってこない。その間、リヴェットは『カイエ・デュ・シネマ』誌の編集長を務めているが、ゴダールよりアンナ・カリーナを借り受け、ドニ・ディドロの『修道女』の舞台化に取り組むことになる。その後、『修道女』がリヴェットの長篇第二作として映画化されるのだが、カトリック側から宗教を冒瀆したとの理由で抗議を受け、上映中止というスキャンダルに巻き込まれることになる。リヴェット自身の名前は高まるが、それは「呪われた映画作家」という呼称においてである。

ともあれ、溝口健二の『西鶴一代女』（五二）に想を受けたという女性の受難のクロニクルである『修道女』によって、リヴェットの「監禁」という主題が顕在化した。自らの意志に反して、修道院へ送り込まれたアンナ・カリーナは、自由への思いも空しく、閉鎖空間での監禁状態が続く。請願書が効力を発揮するも、それは修道院を移ることだけである。新たな修道院では、拷問の代わりに、院長のレズビアンへの誘いが待っていて、カリーナは自らの小部屋に逃げ込むばかりなのである。ここでは、息の長い移動ショットを多用し、前作とは異なった文体をとるのだが、セットを組むという理想的な製作条件は得られなかったためか、いくつかの修道院でロケして、編集で同じ場所に見せかけるという、モンタージュの詐欺術を駆使している。つまり、映画のシステム自体が、アンナ・カリーナを閉じ込めるのである。この作品で、アンナ・カリーナが修道院を脱出してからは、断片的なカットが積み重ねられて、極度に省略的にカリーナのその後を語る。そこでは、閉じ込める力学が働かない以上、映画も分解するほかないと語っているかのようですらある。

そして、恐るべき『狂気の愛』が来る。

6 崩壊

『狂気の愛』〔図4-5〕の三五ミリ撮影部分は、『パリはわれらのもの』の構築性と『修道女』の持続性の総合だといえるだろう。『王手飛車取り』以来の構図感覚も健在である。それはビュル・オジエとジャン＝ピエール・カルフォンが向かい合って食事を取る場面で分かる。ふたりの切り返しショットで構成されるが、ふたりは画面の中央からずれた位置にいる。ビュル・オジエでいえば、カルフォンに近い側の空間に寄せられ、逆側にはワイン瓶が置かれる。通常、視線が結ばれる側の空間を広く空けるのがセオリーだろうに、リヴェットは逆を行き、ふたりの関係の不安定さを強調する。カフェで、ビュル・オジエが女友達と会話している場面がある。ここで、オジエの顔が壁の鏡に映り、彼女の実像と虚像の両方が見える。女友達は鏡の奥に映っている。キャメラが上手にパンすると、オジエと女友達の実像になる。オジエの実像は常にフレームに残しながら、友人の実像とオジエの虚像のパンニングが繰り返される。

リヴェットが最高のデクパージュを駆使している例としては、夜中にビュル・オジエがジャン＝ピエール・カルフォンの目を突こうとする場面が挙げられる。ベッド上で寝ているカルフォンのアップ。読経の声のような騒音が聞こえる。騒音は消えるが、時計の音が刻まれる。カルフォン、何か異変に気づき、目を開くと同時にズーム・バック。カーテンの向こうの光が画面を白く飛ばすなか、窓辺にビュル・オジエの黒々としたシルエットが映る。カルフォンは目を閉じる。何やら思い詰めたようなビュル・オジエは、何かを取ってベッドに近づく。一度止んだ時計の刻まれる音が、カルフォンのアップとともに復活する。彼の顔がビュル・オジエの影で陰る瞬間が恐ろしい。ビュル・オジエの手のアップ、指が挟んでいるのは針だ。一度ロングに引かれてから、三段階で、カルフォンの顔まで寄っていく。オジエの手の針が、カルフォンの瞼の上で揺れる。その手が引かれ、カルフォンの顔に光が差し込むのと同時に、カルフォンの目が開き、ビュル・オジエを抱き締める。台詞のひと言もないシーンである。

図 4-5 『狂気の愛』(1968)

ビュル・オジエは『アンドロマク』のエルミオーヌ役に予定されていたにもかかわらず、精神的に不安定なのが原因か降板してしまう。代役として起用されたジョゼ・デトゥープに嫉妬して、夫との仲を疑い出す。実際に、カルフォンはジョゼ・デトゥープの部屋に泊まってもしまうのだが、ビュル・オジエは奇行を繰り返す。ダックスフントを探しに、ペット・ショップに行った後、犬を飼っている年配の紳士の部屋を訪ねる。飼い主が席を外した隙に、テラスにいたダックスフントを盗んで帰ろうとするが、犬が騒ぎ出し手を擦り抜けたので、慌てて逃げ出す。そして、旧友のもとを訪ね、男のベッドに滑り込みさえする。

こうした日常と舞台のリハーサルが交錯しながら進行していく。映画は、オジエが役を降りた一四日に始まり、黒味で日にちの替わり目が示されるが、ときおり日付が明示されることもあり、『アンドロマク』公演初日の翌月一日まで続く。

ビュル・オジエは、エルミオーヌの台詞をテープ・レコーダーに吹き込んでは再生する。ビュル・オジエの声と舞台上のジョゼ・デトゥープの台詞がカット・バックされる場面もある。カルフォンが帰宅して寝室を覗くと、ビュル・オジエが拳銃を構え、彼の胸に狙いをつけているという恐るべき状況さえ生まれる。幸い狙いは外れるのだが、カルフォンはオジエの首筋を左手で猫を捕まえるかのように掴み、キスした後、服を破り出す。

そして映画史上、最も緊迫感にとんだ破壊のシークエンスが来る。その予兆は、カルフォンが剃刀で自らの服を切り裂き始める瞬間にあった。自らの体が傷つくことも厭わずに、服を切り裂き、ハサミまで持ち出し、壁に掛かっていた衣裳の破壊に乗り出す。

日は替わり、カルフォンを手元に取り戻したオジエはベッドにいる。そこでは、幾分ハワード・ホークスの『モンキー・ビジネス』(五二)を思わせる幼児退行劇が起こっている。だが、ここではもちろん喜劇ではない。ふたりは、各々の服に色を塗り、ボディ・ペインティングにも興じる。カルフォンは壁に張られた花柄の布に人の顔をデッサンし始める。ビュル・オジエは顔の輪郭に合わせ、壁布を切り取っていくのだが、それはドリッピングで現代絵画の革新を成し遂げたジャクソン・ポロックの「カット・アウト」の空白の人型のようでもある。

翌日に入ると、ふたりは居間と寝室の間の扉を金づちと斧でぶち抜き始める。ふたりは何かに憑かれたかのように、部屋の境に穴を開けることに熱中するのだ。それに対応するように、リヴェットの映画技法も変調しはじめる。その前のシーンで長い黒味が繰り返し挿入され、イメージを分断しながら、ふたりの表情をより印象づけていた。ここでは、曼陀羅を思わせる壁の同心円状の模様を、長回しの持続を切り裂くように、一瞬挿入する。こうしたフラッシュ・モンタージュは『パリはわれらのもの』でも壁に貼られた写真のモンタージュとして現れていたが、ここでは何度か数コマのカットがフラッシュされることで、映画世界に亀裂が入ったような不思議な効果を見せる。

『狂気の愛』では、ビュル・オジエとジャン＝ピエール・カルフォンに委ねられる部分が大きいわけだが、それとともに、リヴェットの映画手法の総決算というべき画面効果を伴って、独自のリアリティを確保している。黒味やフラッシュ・モンタージュとともに、急速にキャメラを回転させて次の場につなぐ、スイッシュ・パンによる場面の移行も、その一例だ。あるいは、放心状態のビュル・オジエが見る壁紙。画面中央にのみフォーカスが合っており、周りにはワセリンか何かがレンズ前に塗られているのだろう、ボケている。そのままの状態で、ズーム・バックされる。こうして『狂気の愛』は精神のゆるやかな崩壊過程の記録となる。

7 軌跡Ⅱ

ただ、こうした濃密な技巧は、続く『アウト・ワン』では影を潜める。一六ミリの機動性を生かした原始的な即興撮影が全篇を覆うのである。だが、この怪物的作品にふれる前に、七〇年代のリヴェットの進展を簡単に素描しておこう。『アウト・ワン』は全八話、上映に一二時間を要する超大作になったのだが、もともと予定されていたテレビでの放映は拒否され、一度だけ二晩に分けて公開されたに止まった。その後、リヴェットは編集者を変え、同じ素材を用い、四時間の『アウト・ワン：スペクトル』(七四)を編み上げる。続く『セリーヌとジュリーは舟でゆく』は、リヴェットのルイス・キャロル的なノンセンスがよく現れた遊戯性にとんだ作品となる。

そして、リヴェットの七〇年代後半。当初、ネルヴァルに想を受け「火の娘たち」シリーズと呼ばれ、「平行する人生の諸相」シリーズとなった連作が来る。ファンタジー映画『デュエル』がその第二作であり、一種の西部劇の予定が冒険映画に形を変えた『ノロワ』がその第三作なのだが、第一作および第四作は、リヴェットが過労で倒れ、製作が中止された。第一作は、『マリーとジュリアン』と題されたラブ・ストーリー、第四作はミュージカル・コメディの予定だった。『メリー・ゴー・ラウンド』はこのシリーズではないが、その代わりに製作された作品である。このシリーズは、『セリーヌとジュリーは舟でゆく』に引き続き、魔術的世界の探求の色が濃い神話的作品である。月の満ち欠けの映像が挿入されるのが印象的だ。

『デュエル』は、現在のパリが舞台とされながら、何か現実ばなれした世界である。そこでは、宇宙から来たらしい女性が登場する。太陽の娘と月の娘。彼女たちは、地上では四〇日間しか生きられず、それ以上の生を保証する魔法の宝石を探している。『ノロワ』は海洋活劇の要素を含んだ王国の内紛劇とでもいおうか。海岸線に立つ古城が舞台となる点で、リヴェット作品中、最大の異色作である。『デュエル』では、ビュル・オジエ対ジュリエット・ベルト、『ノロワ』では、ジェラルディン・チャップリン対ベルナデット・ラフォンというように、「女」の闘いが繰り広げられる。

『メリー・ゴー・ラウンド』は、リヴェット的フィルム・ノワールとでもいおうか。ここでは、題名の示すとおり、堂々巡りがひたすら続く。『北の橋』と対をなす作品といえる。というのは、パリの外に出ないという原則に則った『北の橋』に対し、『メリー・ゴー・ラウンド』は、オルリー空港の滑走路が窓外に見えるバス内にいるショー・ダレッサンドロが映し出されるのだが、そのバスはパリへと向かうことなく、空港近辺のホテルに到着する。そこで待ち合わせた女性の姿は見えず、彼女の妹だというマリア・シュナイダーとともに、彼女の影を追う旅に出ることになる。そして、パリの周囲を回り続けることになるのである。

リヴェット作品に現れる放浪性。ある地点からある地点へと動き続けることが、映画のただひとつの成立条件たるフィルム。移動し続けるうちに、ショー・ダレッサンドロとマリア・シュナイダーは何をしていいのか分からなくなっているようだ。その空白が限界まで達する直前に、つくり手は次の展開を放り込むかのようなのである。彼らは物語としての人物の背景も過去もない。つまり自分が何者かもよく分からぬまま、映画世界をさまようのである。何やら遺産相続に関する陰謀に巻き込まれたらしいのだが、その正体に関しては、つくり手ですら曖昧なので、遭遇する空間や人物とのやり取りを頭を真っ白にしながら、切り抜けていかねばならない。つまり『メリー・ゴー・ラウンド』は、リヴェットのなかでも最も空白への接近が進んだフィルムなのである。

8 音響

再び、『狂気の愛』に戻ろう。ここでは、同時録音の生々しさが聴覚を刺激する。舞台では、三五ミリのキャメラに捉えられた一六ミリのキャメラとマイクが画面に現れる。一六ミリの場面には、対象に近接したマイクが使われ、三五ミリ部分に戻れば、もっと広域の音を捉えたマイクの音に変化するので、画面の質の違い同様、音の質の違いが、両者がカット・バックされるたびに際立つことになる。

ビュル・オジエの部屋ではどうか。パリのアパルトマンの最上階近くにあると思われる部屋の窓が開かれるたびに、街の騒音がまさに物質的に侵入してくることになる。ビュル・オジエが芝居の台詞を録音していることは前に述べたが、彼女が録音しているのは、台詞だけではない。電話の声、ラジオの音など、さまざまな音響が採取される。そのなかには、日本の雅楽まで交じっているのである。だから、ビュル・オジエの部屋は、一種のミュージック・コンクレートを思わせる引用の音楽が合奏されることになる。あの幼児退行劇のときには、波音が響いてもいるのだ。だから、先に述べた視覚的革新は、聴覚によって補強されリアリティの幅を広げることに貢献している。この聴覚に対する変調は、後の『地に堕ちた愛』を先取りしているといえるだろう。『地に堕ちた愛』では、あの極彩色に塗り分けられた屋敷の開かずの間を思い出せばいい。ジェラルディン・チャップリンが鍵穴に耳を近づければ聞こえてきた波音や熱帯の鳥の声。あの微妙にコントロールされ、室内に異界をつくりだした音響が、『狂気の愛』では、もっと荒々しい形で投げ出されているのである。

そして、同時録音の極限の形に挑戦しているのが、『ノロワ』である。ここで城内で響く音楽は、最初観客はもちろん劇伴だと捉えるのだが、キャメラの移動に伴って、楽師たちが演奏する姿が映し出される。これは前作『デュエル』のジャン・ヴィエネールによるピアノ演奏にもいえることだが、ここではロベール＝コーエン・ソラル、ジャン＝コーエン・ソラル、ダニエル・ポンサールによるパーカッションヨン、ベース、フルートによる三重奏は、たとえ画面に演奏者が見えなくても必ず同時録音されており、現場で台詞や環境音とミキシングされているのである。

『ノロワ』では、出演者がフランス語と英語を同一場面内でも使い分けているのに驚かされるのだが、『メリー・ゴー・ラウンド』においても、英語とフランス語が共存している。俳優と同一空間上に演奏家がいた『ノロワ』に対し、『メリー・ゴー・ラウンド』は、演奏家と俳優が別次元に位置する作品である。ここでも、音楽の演奏家は映し出される。それも冒頭から。スタジオなのかはっきりしないが、薄暗い小部屋で、バール・フィリップスのコントラバスと、ジョン・スールマンのクラリネットバスの演奏が続いている。そして、音楽は響いたまま、映像はオルリー空港から移動するバスのなかに切り替わる。これでは、音楽は映像の伴奏だとはとれないだろう。音楽は自立したシーンである。そして、物語には一切関係を持たない。映像が物語を追っていても、音楽は別の固有の空間と時間のなかを流れている。つまり複数の時間が共存していると捉えるべきだろう。ここでは、シークエンスの変わり目に、何度も演奏の映像に引き戻される。それが物語の映像と短くカット・バックされることもある。だから、後半、音楽だけが流れるシーンがあっても、単なる劇伴に聞こえることはない。

そして、『メリー・ゴー・ラウンド』には、もうひとつの次元が存在する。ホテルだか館だかにいるショー・ダレッサンドロのシーンに、森のなかで逃げ回っている彼自身の映像がインサートされるのである。またマリア・シュナイダーのシーンには、砂丘で蛇の穴に落ち込むマリア・シュナイダーそっくりの衣裳に身を包んだ彼女の分身のようなエルミーヌ・カラグーズのシーンが挿入される。これは夢とも空想ともつかぬ不可解なシーンなのだが、だんだんに内容がエスカレートし、エルミーヌ・カラグーズがジョー・ダレッサンドロに犬の群れを放ったり、矢を射ったり、さらには白馬に跨がった鎧兜の騎士が剣を抜いたりという悪夢のような場面が続くのである。『メリー・ゴー・ラウンド』は、演奏者と現実と悪夢の三つの異なった空間と時間の次元が、円周軌道を追いかけ合っているような印象をもたらすのである。
こうして、リヴェットの作品においては、音響も明確な空間性を持つ。

9 軌跡Ⅲ

八〇年代以降のリヴェットに関しては、ほぼ日本公開されている関係上、特に補足することもないだろう。五〇年代末のパリのドキュメンタリーが『パリはわれらのもの』であり、七〇年が『アウト・ワン』だったのと同じ意味で、八〇年のパリの表情を取り込んでいるのが『北の橋』ということになろう。殊にこの作品の場合、室内シーンを排除し、パリ二三区内で進行するというルールが定められていることも、このパリ名所案内という性格を助長させている。

その後、演劇に舞い戻り、『地に堕ちた愛』が撮られ、一転して、エミリー・ブロンテ原作の『嵐が丘』という文芸映画が来る。続く『彼女たちの舞台』で、演劇ものの集大成が図られ、ここでは「四人組」という原題が指し示すとおり、『北の橋』や『地に堕ちた愛』の二人組の女性の冒険譚という枠組みを拡大させた。バルザックの『知られざる傑作』を原作とする『美しき諍い女』では、絵画の生成が主題となり、「画家とモデル」の関係が考察される。そして歴史劇『ジャンヌ・ダルク』が、リヴェット作品中、予算面で桁外れの大作として撮られる。続くのは、ミュージカル・コメディ『パリでかくれんぼ』だが、ここで主役の女性は三人、しかし、ひとりは、ほかのふたりと交わることがないという独創的な構成を見せるのである。

10 監禁と侵入

リヴェット作品の主題が「監禁」とそこからの脱出にあることは、『修道女』で示された。同様に、『ジャンヌ・ダルク』の第二部が「牢獄」となっていたように、やはり監禁状態のジャンヌ・ダルクの姿が描かれた。「監禁」という主題は時代劇に限らない。『セリーヌとジュリーは舟でゆく』を思い返してみよう。これは想像的世界の越境の話である。その意味で対照的なのは、『メリー・ゴー・ラウンド』であろう。あそこでの現実界と想像界は決して交わることはなく、また登場人物によるイマジネールな世界であるかどうかも不明確なままであった。セリーヌとジュリーは、その境を越えるのである。ところで、あのなかの世界は、どことなくヴィクトリア朝の英国を思わす家庭内の陰謀劇だった。遺産相続のため、少女の毒殺を企む犯人。同じ物語が繰り返し上演されている。その意味では、演劇のテーマの変奏でもあり、劇場だといえるし、もっといえば物語がとぎれとぎれの断片の形で挿入される点、映画フィルムそのものである。キャメラのレンズを人の手で隠すという手型のシルエットのカットすらあったではないか。だから、これは『狂気の愛』の三五ミリと一六ミリの断層に近いのだ。

セリーヌとジュリーを演じるジュリエット・ベルトとドミニク・ラブリエが入り込む屋敷は、幽霊の巣窟である。ふたりの飛び込む世界は夢のなかに近い。だが、夢だとしたら、いったい誰の……。ともかく「監禁」があれば、「侵入」という主題が続いてくる。だが、『セリーヌとジュリーは舟でゆく』が恐ろしいのは、イマジネールな世界に侵入し、さらに脱出にも成功するのだが、最後でイマジネールなものが現実界にも侵入してくる逆転の過程を描いているからだろう。

それは『北の橋』において、晴天なのに鳴り響く嵐の音や、火を吹く遊園地の滑り台のドラゴンに見られるものでもある。それから、『彼女たちの舞台』での女性たちが興じる奇妙な裁判劇を思い出してもよい。そして『デュエル』や『ノロワ』は映画全体が丸ごと、向こう側の世界である。『デュエル』

における競馬場の巨大な場内馬券売り場や水族館や地下鉄の通路が、いかに非現実的な迷路と化していたことか。

11 劇場と部屋

『狂気の愛』において、中心はふたつある。もちろん、劇場と家である。劇場から排除されたビュル・オジエは、ジャン＝ピエール・カルフォンを劇場から拉致して、家に閉じ込める必要が生じるのだ。つまり、劇場と家がカルフォンをめぐって、場の磁力を引き合うことになるのである。こうした構造は、『彼女たちの舞台』の劇場と女性たちの屋敷や『嵐が丘』のふたつの屋敷、『セリーヌとジュリーは舟でゆく』の幽霊屋敷とジュリーの部屋の関係に顕著に現れている。また『パリでかくれんぼ』では、要素がいささか複雑になり、マリアンヌ・ドニクールは、ホテルの一室と叔母の遺産の屋敷が、ナタリー・リシャールは、自分の部屋とアンドレ・マルコンのアトリエが、ロランス・コートは、自室と自分の実の母親でないかと疑うアンナ・カリーナの家の間で揺れ動き、三人に共通する磁場として、アンナ・カリーナの経営するディスコがあるというべきだろう。

では、『美しき諍い女』の場合はどうなのか。ここでは、アトリエが劇場としての役割を担い、家ではジェーン・バーキンが夫のミシェル・ピコリの帰りを待っているだろう。エマニュエル・ベアールはこの劇場の囚人でありながら、ミシェル・ピコリを魅了することで、家からの磁力に抵抗しているというべきなのだ。だからこそ、アトリエのふたりをめぐって、バーキンをはじめ、ベアールの恋人やその妹たちが集まってくることになるのだ。

そして、このふたつの場所の間で強く生成がおこなわれた場が勝利を得る。だから、劇場が強いのは理の当然なのだが、『狂気の愛』のように、驚異的な成長ならぬ、破壊的な退行がおこなわれた場合はわけが違ってくる。だから、舞台の初日、観客が開演を待つ間、ジャン＝ピエール・カルフォンは破壊の跡が生々しい自室を動こうとはしないのだ。では、ビュル・オジエはどこにいるのか。彼女はパリを離れる列車のなかにいる。これは『パリはわれらのもの』の冒頭を正確に裏返した運動である。劇場と家というふたつの円を包み込んだ、パリという大きな円から離れていく直線運動。『狂気の愛』では、冒頭や中盤で、このパリからの離脱が何度も予告されていたはずだ。

だから、リヴェット作品にはパリという不可視の境界線が存在している。だからこそ、その越境という行為が世界を崩壊させてしまうほどの力を持つのである。その境界線が一度だけ、視覚に浮上したことがある。それは『ジャンヌ・ダルク』での堀に囲まれた巨大な壁としてである。城壁都市としてのパリの壁が、ジャンヌの前に立ちはだかったのである。このパリ攻防戦の挫折が、ジャンヌの運命を変えたことを想起しよう。

そうしてみると、幾度もパリの境界線を越える『彼女たちの舞台』の不思議さが一層際立ってくる。あの劇場の主たるビュル・オジエが幽霊なのは見えやすい事実だろうが、娘たちの住む郊外の屋敷も幽霊の館なのではないか、という疑いは捨てられない。また『嵐が丘』は、最終的には死んだ女を取り戻そうとする男の話ではなかったか。あの鮮烈なラスト・シーン、文字どおり幽霊の手がガラスを突き破り、現世へと侵入してくるのだ。

12 『アウト・ワン』

『アウト・ワン』では劇団がふたつに分裂する。この対立するふたつの中心が『アウト・ワン』の基本的力学である。そして、バルザックの『十三人組物語』から想を得た秘密結社が導入される。誰が組織に属するのか。そこで、探偵役もふたりに分裂する。お互い無関係に謎を追うジャン＝ピエール・レオーとジュリエット・ベルトである。もちろん、パリが舞台なのだが、やはりここでもパリから離れた海辺の奇妙に歪んだ館が姿を見せることになる。

延々と続くリハーサル。その隙間から、物語が少しずつ動き始める。『アウト・ワン』は時間感覚を失調させる映画である。野蛮な活力に満ち、それでいて無の記号が配される。海辺の館にも開かずの間がある。ビュル・オジエは、その空の部屋中で限りなく自己が増殖する合わせ鏡の前に立つ。ビュル・オジエの顔と背面の無限の反復……。

13 余白

リヴェットの一番短い映画について補足したい。『リュミエールの仲間たち』（九五）というタイトルで、イメージ・フォーラム・フェスティヴァルで上映され、『キング・オブ・フィルム　巨匠たちの60秒』というタイトルでビデオ・リリースされたサラ・ムーン監修によるオムニバス作品である。映画生誕一〇〇年を記念して、世界最初の映画キャメラであるリュミエールのシネマトグラフを使って撮るという企画に、世界の三九人の監督が参加した。リヴェットの作品のタイトルは『ニノンの冒険』。五五秒の映画である。ほかの監督たちに比べ際立って単純な感じを与える。ニノンは、『パリでかくれんぼ』のナタリー・リシャールの役名である。『パリでかくれんぼ』番外篇といっていいだろう。モノクロ。それは『狂気の愛』以来だ。フィックス、ワンカット。無人の石畳みの公園。そこに鐘の音が響き、歌声が聞こえてくる。それだけで感動的だ。鐘の音は、リヴェットにとって越境の記号なのである。いかなるとき、リヴェットの作品中で、鐘が響いたかを想起すれば思い当たるだろう。そこに三人の人物が登場する。ランドセルを背負った小さな女の子。歩きながら新聞を読んでいるおじさん。ローラースケートで滑ってくるニノン。手には小包なのであろう、ライト・スタンドの包みを持っている。最初は逆さに持っているので、スタンドだと分からない。少女の周りを軽快に回るニノン。だが、周回軌道を外れたニノンはおじさんと正面衝突してしまう。弾みでニノンの手には新聞が、ライト・スタンドはおじさんの手に。荷物を取り替えて、ニノンは配達に向かい、笑いながらフレーム・アウトしていく。これだけだが、この単純さは『アウト・ワン』のように素晴らしい。

リヴェットの映画は終わらない。『ジャンヌ・ダルク』に違和感があるとしたら、火刑という明確な終わりが定められた物語だったからだ。『北の橋』のように主体が不明の照準線で終わってしまうのが、リヴェットなのだ。『美しき諍い女』と『美しき諍い女／ディヴェルティメント』(九二)のラストの編集はまるで違う。『アウト・ワン』と『アウト・ワン：スペクトル』も同様だ。とりあえずの終わり……。

『狂気の愛』のラスト・シーンは、ファースト・シーンに戻る。なぜなら、ファースト・シーンは『アンドロマク』の初日の開演前の時間だったからだ。冒頭と逆行するキャメラの動きによって、舞台の白地へと回帰していく。そこには、ざわついた騒音のなかに子供の声が響いている。そして、露出したスクリーンの白が絶対的な空白をもたらすのだ。

(『ヌーヴェル・ヴァーグ――〝新しい波〟の奇蹟』ネコ・パブリッシング、一九九七年)

リヴェット的遊戯の規則
『セリーヌとジュリーは舟でゆく』

1 鐘が鳴り物語は始まる

ジャック・リヴェットの数ある作品のなかでも、遊戯性という側面での極致というべき『セリーヌとジュリーは舟でゆく』（七四）において、セリーヌとジュリーが交代で探検に行くことになる幽霊屋敷に入るための規則が存在する。本能的に規則を理解するふたりは、鐘が鳴るのに合わせ、ベルを鳴らすのだ。これは、その後もリヴェット的な遊戯の規則になる。リヴェット的迷宮——『彼女たちの舞台』（八九）であれば劇場、『美しき諍い女』（九一）であればアトリエにヒロインが最初に参入するとき、鐘の音が響くのである。もっとも、『美しき諍い女／ディヴェルティメント』（九一）の場合は、一同がアトリエへの階段を昇る、四時間版と同じシーンでも鐘が鳴らないのだが、これは端的に偽作であるせいだろう。室内シーンのまったくないのが特徴である『北の橋』（八一）であっても、マリーが凱旋門に昇る前の路地では予兆のように鐘が聞こえているのである。『地に堕ちた愛』（八四）は、ヒロインが屋敷を去るときに初めて鐘が響く点で、例外的な一篇といえる。

さて、セリーヌやジュリーが屋敷に入っていっても、観客は一緒に連れていってはもらえない。観客が屋敷内での出来事を知るのは、彼女たちが屋敷から持ち帰るボンボンをなめることで、彼女たちの潜在的な記憶に残された映像が甦るときに限られる。それもボンボンが口のなかで溶けてしまえば、記憶再生の力は終わってしまう。したがって、敷地内の映像は断片的であり、観客はそこから物語を推理し、復元する快感を得ることになる。何しろ、その屋敷では毎日、同じ物語が繰り返し上演され、そこに参入するヒロインは「アンジェル嬢」という看護師を演じることになるのである。では、その物語を脚本に復元してみよう。

S−1　マドリンの部屋。朝、看護師のアンジェルが来て、幼い女の子のマドリンを起こし、飾られた花をかたづける。そこに、マドリンの死んだ母ナタリーの姉カミーユが入ってくる。

S−2　オリヴィエの部屋。カミーユが来て、マドリンの父オリヴィエに、ナタリーが死んでから初めての誕生日を迎えるマドリンのために、ナタリーの服を着てみせるから、ナタリーのトランクの鍵を渡すように頼む。

S−3　マドリンの部屋。ナタリーの友人ソフィがマドリンとゲームをする。オリヴィエが入ってくる。

S−4　廊下。アンジェルがソフィに、「誰かが注射器を使った」と告げる。ソフィはマドリンから花の絵を見せられ、ショックを受ける。オリヴィエが、ナタリーの服に着替えたカミーユを見て、妻の思い出を語る。ソフィは、カミーユの胸の花飾りを見て、ショックを受ける、カミーユ、花飾りをはずす。

S−5　ソフィ（?）の部屋。ソフィはカミーユに「オリヴィエを誘惑するな」と警告する。死んだナタリーとの誓いで、オリヴィエはマドリンが生きている間、再婚できない。

S−6　マドリンの部屋。マドリン、母の服を着たカミーユを見て、母だと思い怖がる。カミーユ、手にしたグラスで手を切って倒れる。アンジェル、カミーユを連れ出す。ソフィ、マドリンを落ち着かせ、ボンボンを渡す。

S–7　洗面所。アンジェルがカミーユの手の傷の手当をする。カミーユは妹と自分の関係を話している。

S–8　オリヴィエの部屋。青いドレスに着替えたソフィ、オリヴィエにマドリンへの贈り物の人形を見せる。そして、オリヴィエへの愛を告げる。

S–9　広間。ソフィと赤いドレス姿のカミーユ、テーブルのセットをしている。ソフィ、何かを見て、気絶する。

S–10　広間。マドリンの誕生パーティ。ダンス。ゲーム。童話の語り。アンジェル、眠る時間が来たマドリンを連れて出ていく。

S–11　廊下と階段。アンジェル、マドリンの部屋から出てきて階段を降りる。オリヴィエ、アンジェルを追いかけてきて話しかける。ソフィ、階段を駆け降りて、「恐ろしいことになった」と告げる。アンジェル駆け上がり、マドリンの部屋に入ろうとすると、カミーユが立ちふさがり、もみ合う。

S–12　マドリンの部屋。アンジェル、なかに入ると、マドリンが死んでいる。シーツの上には赤い手形が……。

ときどき挿入される黒画面が、抜けている真犯人を示すシーンなのかもしれない。最初は数コマのフラッシュが八カット挿入される。続いてボンボンを口にジュリーは、一二カットの台詞のある断片を連続して見る。このときのシーンは順に、5、1、4、5、11、3、8、4、6、4、10、9であり、観客は時間のバラバラなフィルム断片に戸惑うばかりである。次にセリーヌが持ち帰った五つに割れたボンボンにより、かなり長いシーンを見ることができる。S-4の一部、9、3、5の全部、S-11、12の一部。かなり設定が分かるようになるが、まだシーンの順番は理解できない。先ほどジュリーが演じた「アンジェル」は、セリーヌによって演じられる。

物語の大筋が理解されるのは、セリーヌが二個のボンボンを持ち帰ってきたときである。ここでふたりは同時にボンボンをなめ、視線を正面に向ける。要するにセリーヌとジュリーはスクリーンの向こう側から「映画」を見ているのである。連日、同じ物語が繰り返される点からもいえるように、『セリーヌとジュリーは舟でゆく』〔図4-6〕は、映画のイマジネールが主題となっているのだ。しかも、ここではふたりが同じ夢＝映画を見るので、同じシーンが繰り返され、「アンジェル」役がセリーヌとジュリーで交代に反復される。そのありさまは、夢の主体は誰かという問題を投げかける。『セリーヌとジュリーは舟でゆく』以降も、その問題は展開される。『地に堕ちた愛』で、鳥や波の音を聞いたのが、ふたりのヒロインのうちのひとりだったように、音の主体という問題まで提起する。リヴェットのルイス・キャロル的側面ともいえよう。『北の橋』では、晴天時に起きる雷の音に始まり、バチストが見る火を吐く龍の幻想へと深まる。それは登場人物の現実を知覚する能力がそのままスクリーンに映し出されたものなのだ。リヴェットの

図4-6　『セリーヌとジュリーは舟でゆく』（1974）

遊戯性とは、この現実＝幻想の強度を手に入れるための出発点であって、いささかも目的ではない。『セリーヌとジュリーは舟でゆく』に戻れば、ここで興奮したり、すでに見たシーンだと不満を漏らしたりするふたりのリアクションとともに、物語を一日の話だと捉え、一日を朝から夜へと時間順に追うことができる。ここでカミーユの服が黒、薄緑、赤と変わったのに混乱していた観客は、彼女が一日の間に三度衣裳を取り替える物語的必然を見いだして、深く納得する。そして、オリヴィエと結婚するために、幼いマドリンを亡きものにしようと企む腹黒い女は、カミーユか、ソフィか、と必死に手掛かりを摑もうと試みるのだ。しかし、ラスト・シーンにいたる前にボンボンが溶けてしまう。ふたりは犯人を知るため、魔法の薬を調合する。こうして結末を知ったセリーヌとジュリーは、マドリンを救い出すため屋敷に乗り込んでいく。ここで、夢を怖がり眠ることを恐怖するジュリーの姿は、本当に感動的だ。

ここで、ジュリーに付いて屋敷に侵入したセリーヌは、ジュリーが「アンジェル」を演じている間、屋敷を探検し、物語に欠けていた輪を発見するのである。一方、ジュリーは緊張して「休んでますから、小さな声で」と言うべきところを、「赤い戸棚の鍵を頂けますか」と、別のシーンの台詞と間違えてしまう。もっとも、幽霊どもが間違った台詞とも気づかぬように、自分の台詞を続けていくのだが。終盤で、手の影が大きく映るカットが短く挿入されるのは、キャメラか映写機のレンズを手で覆うことで、映像＝物語の流れを止めようとしたものではないだろうか。ともあれ、脱出劇は成功するのか……。

2　リヴェット的「扉」は「鍵」では開かない

ここで想起されるのは、リヴェット的「監禁」に扉が徹底的に無力なさまである。扉を開くために、鍵が重要な機能を持つなどということはまずない。『彼女たちの舞台』で、ポルトガル女性の呪文によって発見された鍵が、扉を開く目的においては、マクガフィンに徹していたことを想起しよう。『地に堕ちた愛』で、シャルロットがベアトリスの部屋の扉を鍵で開いたというのは例外である。とはいえ、ここでもシャルロットがキスをする対象物としての鏡や、クレマンに返された鍵が平手打ちを呼んでしまう意味作用の方がはるかに面白い。鍵が閉じた扉を開くためのサスペンスの道具となることはないのだ。『狂気の愛』のように、開かないわけでもない扉ですら、斧で打ち破られてしまう。『セリーヌとジュリーは舟でゆく』の場合、扉を救出の回路にする必要すらない。むしろここで重要となったのは、窓である。現実と異界の通底路としての窓は、後の『嵐』のラスト・シーンを凄烈に締めくくることになるだろう。

比較的有効性を持つ扉は、『北の橋』の、閉じてしまわぬようマリーが体で支える電話ボックスのガラス扉というべきかもしれない。ここでの扉は、マリーの命をおびやかす凶暴な装置へと変貌しているからである。とはいえ、なぜ扉がリヴェット映画の閉鎖空間を統御しないかという問題は残る。それは、リヴェットの空間の閉鎖性、逆にいえば通底性は、溝口健二同様、映画的運動の力学による、目に見えないものであるからだ。人物の動きとキャメラの動きの微妙なバランスで成立したカット同士を魔法のようにつないでしまうリヴェット独自の編集が、その秘密である。空間は開かれつつ閉じられ、閉じられつつ開かれる。『デュエル』(七六)の月の女と太陽の女が互いに相手を追いつめるために囲い込むように回り込む動きや、『地に堕ちた愛』の幻視が起きるときの半円形を描くキャメラのパンニングが、その典型的な例である。

映画を始動させる厳密な曖昧さを湛えた字幕が、『セリーヌとジュリーは舟でゆく』から始まったことも重要かもしれない。

「たいていの場合、物語はこんな風に始まった」（『セリーヌとジュリーは舟でゆく』）
「一九八〇年の一〇月か一一月、もうずっと昔のこと」（『北の橋』）
「時として、日曜の夜に……」（『地に堕ちた愛』）
「（いわゆる）現代のパリ、一一月下旬か一二月上旬、お昼すぎ」（『彼女たちの舞台』）
「七月上旬の月曜日、午後三時から四時の間」（『美しき諍い女』）

こうした曖昧に限定された字幕で始まった物語は、ふたりのヒロインが人格を交換したり、視点を移したりすることで、リヴェット的な分裂する主体が生まれる。対等なふたりのヒロインという設定から外れる『美しき諍い女』の場合も、最後でマリアンヌと明かされる匿名の声の存在で、視点が複数になるのである。だから、『北の橋』の最後の空手のシーンで挟み込まれる十字形の照準線の画面や、『地に堕ちた愛』でのさまざまな音響的実験やエミリーの足もとを這う蟹（本当に存在したのか）、『セリーヌとジュリーは舟でゆく』のふたりの「アンジェル嬢」や同一シーンのアングルと編集の変化なども、リヴェット的な視点の複数化による主体の分裂なのではなかろうか。

（『キネマ旬報』一九九二年八月上旬号、キネマ旬報社）

創造と解体の間で
リヴェットによるふたつの『十三人組物語』

『ランジェ公爵夫人』（二〇〇七）が始まって、思わず目を疑った。抜けるような青空に輪郭を際立たせる孤島の修道院などという光景が、ジャック・リヴェットの映画の冒頭を飾るとは想像だにしなかったからである。澄み切った陽光がこの世界に必須のものだと感じたのは、舞台がパリに転じてからのことである。このパリは、夜にしか人は生きていないようなのである。そういえば、昨年（二〇〇七年）来日したビュル・オジエに『ランジェ公爵夫人』の話を訊いたとき、嬉々として「リヴェットが初めて演出したのよ」と語っていたのが印象的だった。ここでの「演出」が何を指すのかというのは難しく、オジエも演技指導という意味だけで使っているわけではないと思うが、これは俳優の立場から感じ取った実感ではあるだろう。そしてこの言葉は、一九八七年のパリで、ビュル・オジエが語ってくれた、もうひとつの言葉を思い起こさせた。「『アウト・ワン』は、野蛮なという言葉がふさわしい。原始的な即興でした」。オジエがリヴェットと初めて組んだのが、一九六八年の『狂気の愛』で、七〇年の『アウト・ワン』がそれに続く。『アウト・ワン』も、海辺に建つ館を主要な舞台にしているが、しかし背後に広がるのは不気味な暗雲なのである。見事に演出された作品『ランジェ公爵夫人』と、原始的即興だという『アウト・ワン』は、ひょっとして、リヴェットの作品群でも両極に位置するのかもしれない。だが、その両作とも、オノレ・ド・バルザックの『十三人組物語』に想を得たものであるのは偶然なのだろうか。オジエの言葉を手がかりに、リヴェットの演出について考えてみたい。

1 『アウト・ワン』の迷宮

ジャック・リヴェットは、長篇処女作『パリはわれらのもの』（六〇）において、盟友フランソワ・トリュフォーの言葉のとおり、ヌーヴェル・ヴァーグのなかで「最もゆきとどいた演出」の作家として登場した。作品のスタイルは一作ごとに異なるとはいえ、『修道女』（六六）、そして『狂気の愛』まではそうした映画作家として認められるに充分なものであっただろう。ただし、『狂気の愛』において、それは内部から揺らぎだす。マルク'Oの『アイドルたち』（六八）から借用したビュル・オジエとジャン＝ピエール・カルフォンのカップルとの出会いから、ふたりの即興的な掛け合いに映画を委ねるからである。順撮りで、ふたりの関係の崩壊過程を記録していく。しかし、それを捉えるリヴェットのキャメラ・アングルとカット割りは厳格な個性を保持していた。そのカット割りは分析的で、アングルは中心を外し、不安感を煽るという意味で構図感覚に溢れたものだった。ただ、三五ミリで撮られた本篇に挿入される、テレビ・クルーが撮ったという設定の一六ミリ部分が、当時キャメラと録音機材の軽量化から起こったシネマ・ヴェリテと近しいものだった。ここには、劇映画的なカット割りはない。続く『アウト・ワン』は全篇一六ミリ撮影だが、キャメラが手持ちが得意なピエール＝ウィリアム・グレン（トリュフォーが現代劇を委ねたキャメラマンだ）ということもあり、俳優の動きに柔軟に対応するキャメラ・ワークで、事前のカット割りなどなかったと思われる。

『アウト・ワン』は、バルザックが描いた十三人組が、現在（撮影時の一九七〇年）のパリに存在したら、という設定から始まった物語である。一二時間を超える上映時間の大長篇だとはいえ、もともとテレビ用に企画され、八話に分けられていることもあり、それほど驚くことはないと思うのだが、問題は内容で、さすがにテレビ放送は拒否されたのである。それで、一九九〇年に復元版がつくられるまでは、上映は一度だけという幻の映画だった。それも、当時の上映用に正式にプリントがつくられたかは疑わしく、ラッシュを編集したワーク・プリントだった可能性が高い。翌七一年、リヴェットは約四時間の『アウト・ワン：スペクトル』を再編集でつくることになる。

ここでは、『パリはわれらのもの』でのシェークスピアの『ペリグリーズ』、『狂気の愛』のラシーヌ『アンドロマク』に引き続き、演劇のリハーサルが延々と続けられる。今回はアイスキュロスがモチーフで、劇団がふたつになり、片方が『縛られたプロメーテウス』、もう一方が『テーバイ攻めの七将』である。前者の演出家がトマ（マイケル・ロンスデール）で、後者がリリ（ミシェル・モレッティ）。ふたりはもともと一緒にやっていたのだが、トマの独裁者的気質に、リリは反発し、集団演出体制をとるアマチュアの劇団を結成する。そして、謎を探る探偵役がやはりふたり。ひとりが聾唖を装っている青年コラン（ジャン＝ピエール・レオー）、もうひとりが盗みの常習犯のフレデリック（ジュリエット・ベルト）である。映画は、この四者を並行して描いていく。そして、最終的に場は解体され、人間関係は崩壊し、人物は虚脱状態に陥っていく。その緩やかな歩みが執拗に繰り返される。

『アウト・ワン』は、手法において、リヴェットの自己解体が行くところまで行った映画である。つまりどう撮るかという欲望を封印しているのである。もっとも、それはすべてを役者に委ねようという、ややマゾヒスティックな意思が働いているとも、あるいは監督という権力を放棄したときに映画がどうなるかを見てみたいという別の欲望に突き動かされているともとれる。つまりトマよりはリリに幾分肩入れした立場であり、映画を自分の内側からではなく、外側から誕生させようとしている。その第一号作品としての意味が、タイトルに込められていないわけがなかろう（何で英語なのかはよく分からないが）。

では、撮影はどう進行していったのか。リヴェットによれば、六ヵ月におよぶ俳優たちとの討議を経て、六週間の撮影をおこなった。簡単なシノプシスはあったにせよ、撮影に使われたのは、日程とその日に誰と誰が会うのかがひと目で分かる表一枚なのである。撮影の日と映画内の日を極力合わせることで、できることをやるという明快な進行表であり、これがビュル・オジエの言うところの「原始的な即興」の源になっている。『狂気の愛』では、オジエとカルフォンのふたりに適用されたものが、役者全員に拡大したのである。俳優は神経の疲れる真剣勝負を、次々相手を替えながら続けるわけである。撮りはじめたとき、結末は決まっていなかったはずである。そして、約三〇時間のラッシュが残され、それが六ヵ月間の編集を経て、一二時間を超える『アウト・ワン』になった。

第一話、第二話あたりでは、たっぷり芝居のリハーサルが続くので、参ったと思う観客がいるかもしれないが（ここで観客を選んでいる疑いもある、冗談だが）、第三話あたりから徐々に物語が動き出し、後は加速度的に面白くなっていく。その物語を動かす原動力は、コランである。彼のもとに、三度メッセージが届けられる。階段から投げ落とされた最後のメッセージが、ルイス・キャロルの『スナーク狩り』の一節であり、そこに現れた一三という数から、コランは、バルザックの『十三人組物語』を取り出し、残るふたつのメッセージがここから取られていたことが分かる。コランは、バルザック研究家（エリック・ロメール！）に会いにいくが、彼は常識的な知識しか話さない。コランはメッセージに隠された暗号を見つける。それは、サンド・オポルチュン広場二番地という住所であった。そこは、「アングル・デュ・アザール（偶然の曲り角）」というヒッピーの溜まり場のようなブティックだった。コランは、「十三人組についてご存知ですか」という紙を店員に渡す。ブティックの店主が、ポーリーヌ（ビュル・オジエ）である。ここら辺りが、第三話になる。続く第四話で、フレデリックが絡んでくる。彼女は空き巣に入ろうとした家で、ひとりでチェスをしていたエティエンヌ（ジャック＝ドニオル・ヴァルクローズ）に招き入れられる。隙を見て戸棚を物色するが、見つかったのは手紙の束である。その手紙には十三人組のことが書かれてあった。フレデリックは、この手紙をネタに恐喝を始める。

それで、十三人組である。メンバーだと判明するのは、実業家エティエンヌ、弁護士リュシー（フランソワーズ・ファビアン）、演出家トマとリリ、作家サラ（ベルナデット・ラフォン）、哲学者フロック（ジャン・ブイーズ）、そして姿の見えない建築家ピエールとジャーナリストのイゴールである。現代の十三人組は社会を構成するいろいろなポジションに潜んでいるわけだ。そして、オバドという海岸沿いの地に彼らが連絡の中継地としている隠れ家がある。実に奇妙に歪んだ四階建ての館なのである。この程度理解していれば、あとは『アウト・ワン』の迷宮で迷うことを存分に楽しめると思う。実際、『アウト・ワン』は、リヴェットの遊戯性が顕在化した最初の作品である。陰謀とは、恐ろしいのと同じくらい楽しいものでもある。

ジャン・ルーシュを思わせるようなシネマ・ヴェリテ的手法が、ピエール＝ウィリアム・グレンの手持ちキャメラによって活用される。リリの劇団で競馬のくじで当たった大金を新入り劇団員のルノー（アラン・リボ）が持ち逃げするのだが、劇団員マリ（エルミーヌ・カラグーズ）が彼の写真を手に、道行く人や車の運転手に片っ端から訊いていく長いショットがあり、止まったトラックのドアを開け、運転手に写真を見せて問い質したりと、ほとんどドキュメンタリーのような現実感が漲る。ここでは、まさしくパリの街角が劇場と化している。それは、ジャン＝ピエール・レオーが登場する多くの場面にもいえることだ。

一方、これまでのリヴェットの映画的文体というものは消えている。『アウト・ワン』の画面には、作者がリヴェットだと分かるようなものは何もないのである。ただ一ヵ所を除いては……。それは、もう終わりが近い第八話にある。例のオバドの館で、ベルナデット・ラフォン演じるサラの部屋に、ビュル・オジエが入っていったシーンである。役名でいうと、オジエは、ポーリーヌのほかにエミールという本名（？）があり、ここではエミールを使うべきなのだろう。このシーンが例外的な理由はいくつかあるが、まずコランの吹く悲痛なハーモニカの音が重ねられる。もちろん、コランはここにはいない。こうした特殊な音響処理はここだけである。トマの稽古場で、サラの前で吹いた曲である。ポーリーヌに一方的に恋したコランは、うわ言のようにポーリーヌの名を、『夜霧の恋人たち』（六八）を連想させるように、繰り返し呟くのである。キャメラは、ベッドに九〇度の角度で座ったサラとエミールからパンして、エミールを画面に残しつつ、鏡に写ったふたりをフレームに入れる。これは、『狂気の愛』のカフェで、やはりビュル・オジエの実像はフレームに残しつつ、女友達の実像と鏡に写るオジエの虚像をパンニングしたショットと双子のようだ。続いて鏡のふたりの寄りになり、そこでエミールを問い質すサラの厳しい視線が刻み込まれる。キャメラはエミールひとりの実像へパンするが、そこでエミールの眼差しに合わせ、何もないカットが一瞬挿入される。何もないカットというのは、たぶん鏡の縁で、壁の実像と虚像が写っているのだと推測される。ここで、『パリはわれらのもの』や『狂気の愛』で頻出した場の持続を切り裂くような数コマのフラッシュ・モンタージュを思い出さないわけにはいかない。ここで、編集においても、リヴェットの刻印が押されるのである。この無のカットは、やがて幾分長く挿入されることになる。しかし、ここだけなのだ。

2　リヴェットの自己解体——『アウト・ワン：スペクトル』

さて、実はここで語りたかったのは、『アウト・ワン：スペクトル』（七四〔図4-7〕）の方なのである。この四時間版を編むにあたって、リヴェットは編集者を『アウト・ワン』のニコール・リュプチャンスキーからドゥニーズ・ドゥ・カサビアンカに変更した。リヴェットにおいて、別のタイトルがつけられるということは、『アウト・ワン：スペクトル』は、『アウト・ワン』の短縮版ではないということを示している。『美しき諍い女／ディヴェルティメント』（九一）がそうだったように、『アウト・ワン：スペクトル』は『アウト・ワン』のパラレル・ワールドなのである。

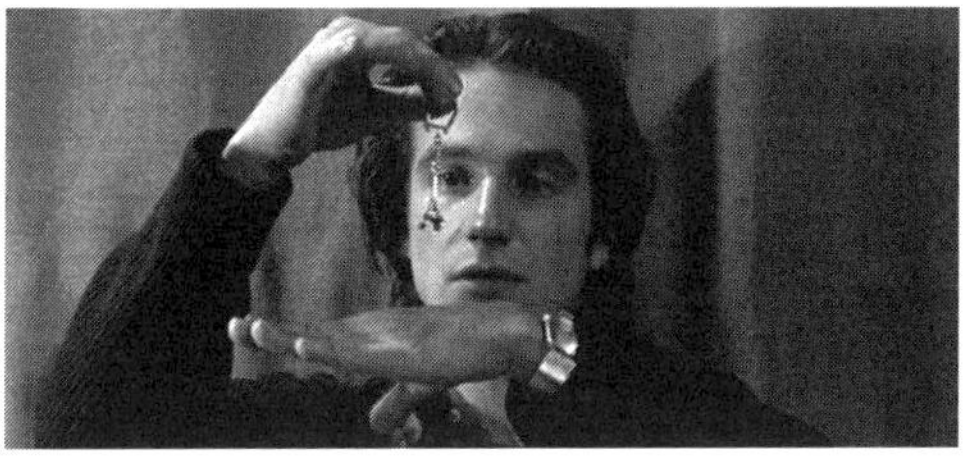

図4-7　『アウト・ワン：スペクトル』（1974）

『アウト・ワン』では、第二話以降、冒頭に前回のシーンがモノクロの静止画で要約されたが、この静止画がところかまわずノイズを伴って挿入される。したがって、フラッシュ・フォワードにも、フラッシュ・バックにもなり、また削除されたシーンまでも出るので、謎は深まるばかりだし、絶えず意識を現在のみにおくことまでも困難にさせるのである。そして、シネマ・ヴェリテ的な魅力に溢れた人探しのシーンも、唯一リヴェット性を刻印したサラとエミールの鏡の場面も消えてしまう。つまり個性の見える画面がなくなり、作者がいない映画の印象がますます強まる。『アウト・ワン：スペクトル』は、リヴェットの自己解体の極地なのである。

そして、『アウト・ワン』で隠されながら語られていたものが直截に押し出される。それはポーリーヌ＝エミールの物語だ。たぶん映画のなかでも特に精緻に組み立てられていたのは、ポーリーヌのブティックであり、エミールの自宅アパルトマンである。エミールは失踪したイゴールの妻らしく、家には二、三歳くらいのふたりの子供とそのベビーシッターがいる。彼女は、ピエールがイゴールを殺したのではないかと疑っていて、復讐のため、彼の不正を暴く建築見積書を入手し、コピーを新聞社に送ろうとしている。それを阻止するため、サラがエミールの部屋を訪れる。そこではコピーを入れた封筒を手にしたベビーシッター、そして自動車の玩具に乗っていたり、風船で遊んでいたりする子供たちの前で、サラはエミールの頬を殴り、揉み合いになるのだが、その瞬間、遊んでいた幼児たちは、何ごとだろうというふうに、母親たちをじっと見つめるのである。まったく演技賞ものではないか。

『アウト・ワン：スペクトル』の負の中心には、実体のないピエールとイゴールがいるのである。彼らは、手紙や人々の会話に登場するばかりであり、観客は与えられた情報で、彼らの人物像を推測していくしかない。そしてここにおいて、トーキーが発明されて以来、マンキーウィッツによって探求された不在の話法というものを、リヴェットが新たな次元に開放しようとしていることを理解する。人が真実を語っていると保証するものは何もない。『アウト・ワン』は実体と不在の間で織り成されるゲームである。そして、そのことを強調するかのように『アウト・ワン：スペクトル』の終盤を盛り上げたコランの失恋の悲痛さも、フレデリックの悲劇的な冒険も、トマとリリの友情の回復、そしてトマの茫然自失ぶりも、すべて消えている。オバドの幽霊の館に戻ろう。

ここで、エミールはイゴールのスカーフを発見する。そして、ひょっとしたら、イゴールがいるのかもしれないと想像させた、開かずの間の扉に鍵が刺さっているのを見つける。部屋は無人だったが、そこでエミールは合わせ鏡の間に宙吊りになる。その形はタイム・トンネルのようだが、その無限の連鎖のなか、どこまで行っても自分しかいないのだ。しかし、電話が鳴る。エミールはそれがイゴールからだと知る。この瞬間のビュル・オジエの素晴らしい表情！　エミールはワロックの家でイゴールと落ち合うため、リリとパリへ向かう。しかし、エミールから電話の件を聞いたトマは信じられないという反応をする。これまた素晴らしい演技だ。トマはイゴールが死んでいると知っているとしか思えないではないか。スペクトル！　亡霊からの電話なのか。エミールとトマのどちらを信じるべきか。どちらも真実だったら……。

『アウト・ワン』は、銅像の下で人待ちをするマリの姿で終わった。『アウト・ワン：スペクトル』は、放心状態で分銅代わりのキーホルダーを揺らすコランの「もうおしまいだ」という呟きで終わる。しかし、なぜマリが最初にコランへ「十三人組物語」のメッセージを渡したのか、謎のままだ。

3　斧に触れるな

『アウト・ワン』は俳優の映画であった。リヴェットにとっても、『アウト・ワン』は人材バンクのような映画である。ここから誰と誰を組み合わせようか、もちろん新顔が加わることもあるが、いくつもの企画が立ち上がっていく。そうして、リヴェットの『セリーヌとジュリーは舟でゆく』（七四）から、『北の橋』（八一）にいたるファンタジー時代が始まる。それは俳優との脚本を含めた共同制作の時代だったといってよい、野蛮なまでの……。そして、パスカル・ボニゼールを脚本に迎え入れた『地に堕ちた愛』（八四）から新しい時代が始まる。それはリヴェットの新古典主義時代とでもいっておこうか。撮影の面からいえば、ウィリアム・リュプチャンスキーと揺るぎないコンビを確立し（こちらはボニゼールより早く、ファンタジー時代の『デュエル』（七六）からだが）、初期の構図主義とは違う、緩やかな移動を伴った長回しというスタイルを探求する。

ボニゼールにクリスティーヌ・ローランを加えた共同脚本の時代のひとつの到達点として、再び『十三人組物語』をモチーフにした『ランジェ公爵夫人』が登場する。この「リヴェットが初めて演出したのよ」と語られた映画のなかで、息を呑んだ場面をひとつ挙げて、本章を終えたい。それは、この映画の原題になってもいる「斧に触れるな」という場面である。舞踏会のなか、間にひとりの貴婦人を挟んで、アントワネット・ド・ランジェ公爵夫人（ジャンヌ・バリバール）とアルマン・ド・モンリヴォー将軍（ギョーム・ドパルデュー）が対峙する。このスリー・ショットから、リヴェットはこの映画で初めてアルマンのクローズアップを撮る。アントワネットの問いに、「あなたが斧に触れたからです」と答えるのである。とりわけ素晴らしいのが、それを受けたアントワネットのクローズアップである。まるで、リヴェットはクローズアップをここで発明しているようなのだ。手垢に塗れたカット・バックという古典的手法から思いもかけない驚きを引き出すのである。怯えを噛み殺し、顔を引きつらせながら、「何て素敵な予言かしら」と答えるバリバールの表情もさることながら、金の首飾りを幾重にも巻いた、その首筋である。まるでここから斬首されるとでもいうように、フレーミングされるのである。これが、ビュル・オジエのいうところの「演出」というものなのだろうか。

（『nobody』issue27、二〇〇八年）

［第V部］

ヨーロッパ映画

霧のなかへの眼差し
テオ・アンゲロプロス『ユリシーズの瞳』

テオ・アンゲロプロスの映画が粒子の粗いモノクロ画面で開始されるのは奇妙な体験であったのだが、その『糸を紡ぐ女たち』という映画は、ギリシアで最初に映画を撮ったマナキス兄弟の一九〇五年の作品だという。数人の女たちが庭先で糸を紡ぐロング・ショットと、ひとりの老女が糸を紡ぐやや寄りのショットが二回繰り返される四カットが、『糸を紡ぐ女たち』という映画の全部かどうかを知ることはできない。引きのショットは別テイクなのだが、寄りのカットが老女が画面外の何かに目をやる仕草やフィルムの傷の具合から同一カットなのは明らかである。空間的にはヴィスタ・サイズで『ユリシーズの瞳』(九五)本篇が撮られているので、スタンダード画面の上下が切れているだろうし、続く今回の実写場面とオーバーラップでつながれているので、終わりも曖昧なままだからである。糸車の回転がフィルム・リールの回転を思わせないでもない。

続くのは海面からキャメラが引かれて、マナキス兄弟の兄が海岸で撮影している再現シーンである。彼は青い船を撮影中に倒れて死にいたることになるのだが、船がフレーム・インする頃合いにモノクロ画面が色彩画面に移行し、後ろにいた助手が、主人公であるハーヴェイ・カイテル演じる映画監督に事の顚末を語るときに、時間はマナキス兄の死んだ一九五四年から現在に移っている。歩きだすカイテルにつけてキャメラがパンしていくときには、撮影機もマナキス兄も助手の姿も消え、青い船だけが沖を航行している。キャメラは船上にひとりだけ青い服の女の姿が確認できるくらい青い船をフレーム一杯近くまでズーム・アップした後、船をフレーム・アウトさせる。このアヴァン・タイトル部分で覚える不安は、アンゲロプロスらしからぬオーバーラップや着色や一直線のズーム・アップである。草創期の映画と現代を結ぶのに、アンゲロプロス以外の監督でもやりそうな説明的な映像処理はどうしたことか。アンゲロプロスとは思えぬ平板なイメージ・カットになってはいないか。

しかし、そうした不安は早くもタイトル開けのシーンから一掃される。

1 アンゲロプロス映画の「総合」

ここで確認しておくなら、アンゲロプロスのフィルモグラフィが一・三・一・三・一というサイクルで進んできた後、『ユリシーズの瞳』で総合されるということである。『再現』（七〇）に始まり、『一九三六年の日々』（七二）、『旅芸人の記録』（七五）、『狩人』（七七）という歴史三部作の後、歴史の幻滅を描く『アレクサンダー大王』（八〇）があり、個人が全面に出た『シテール島への船出』（八四）、『蜂の旅人』（八六）、『霧の中の風景』（八八）という沈黙の三部作が来て、そのなかで潜在していた国境という問題が顕在化する『こうのとり、たちずさんで』（九一）にいたる。大まかな分け方をするなら、前期が時間をテーマにしたのに対し、後期は空間が主軸になるということだろうか。

『ユリシーズの瞳』では時間と空間の旅が交錯する。マナキス兄弟の旅と重ね合わされることによって、二〇世紀のギリシア史が展開されるのと同時に、映画監督個人の記憶の旅が重ねられる。総合というのはそういうことだ。『シテール島への船出』以降の時代では、同じクレーンによる長回しでも『アレクサンダー大王』までの時代には厳格なまでに対象との間に保っていた距離が消えていく。それは主題が歴史から家庭、もしくは個人に移ったこととも対応していよう。『シテール島への船出』で三二年ぶりにソ連から帰ってきた父スピロが家の前に来るのを、キャメラは人物よりやや先回りして待ち構え、彼が立ち止まるときには正面向きのバスト・ショットを形づくる。すると、キャメラは一八〇度切り返され、母カテリーナのバスト・ショットで受ける。そこで母は「食事はすんだ?」と口にするのだが、これはアンゲロプロスが一回だけ小津になった瞬間ではなかったか。その母カテリーナを演じたドーラ・ヴァラスキが『ユリシーズの瞳』ではコリツァに妹を訪ねる老女を演じて、広い道路の真んなかに彼女ひとりを残してキャメラが遠ざかっていくとき、ここでは『シテール島への船出』で夫とふたり浮桟橋で霧のなかに消えていく記憶が強烈なだけに、世界で孤立したような姿が何とも痛ましい。そして、アンゲロプロス自身ばかりか、世界映画史の結節点とでもいうべき、映画作家たちの影がある。ヒッチコックやオーソン・ウェルズ、意味深長な言い回しで語られるエイゼンシュテイン。ブルガリアの農家の女とのシーンは誰が見たって溝口(それにしても何という川音!)、サラエボの廃墟はロッセリーニだろう。だが、そのこと自体が問題なわけではない。とにかく、マナキス兄弟の映画に始まったように、潜在的な映画史総体の水脈が『ユリシーズの瞳』に流れ込んでいるのは間違いない。この途方もなさに動揺を抑えることなどできはしない。

距離を遠くに保つ『旅芸人の記録』の長回しが溝口健二的だとすると、『シテール島への船出』以降の長回しはオーソン・ウェルズ的だといえる。それは対象との距離を自在に変化させ、ワンカットでロングからアップの効果を兼ね備えてしまう。といっても、ウェルズとの違いもまた明白だ。たとえば、『黒い罠』(五八)のファースト・カット、ここでウェルズは時限爆弾のアップに始まり、時限爆弾を仕掛けられた車の走行、そしてカットの途中からフレームに入ってくる主人公のチャールトン・ヘストンとジャネット・リーの乗った車の走行、その距離の変化を、それを捉えるキャメラとの距離の変化を通してフレームの内外で時間との戯れのなかにサスペンスを凝縮させる。アップから俯瞰の大ロングまでワンカットで捉えられている点で後期のアンゲロプロスの画面とよく似ている。ただし、決定的な違いとして、アンゲロプロスのカットはウェルズの時限爆弾といった情報を観客に先行して与えることを徹底して回避する。観客が作中人物に先んずることを許さない。ただ『黒い罠』は別の意味でアンゲロプロスに刺激を与えてもいるだろう。この舞台はアメリカとメキシコの国境の町であり、爆発が起こるのも国境検問所であるからだ。『こうのとり、たちずさんで』から、国境がアンゲロプロスの特権的な場として浮上してきている。民族、言語の異なる者の共存する場、『ユリシーズの瞳』には一体いくつの言語が響いていただろうか。

それにしても、アンゲロプロスの映画に登場する映画監督は、自身の撮影現場が描かれることはない。キャメラを持たない映画監督。撮影時の権力を持たない、ただの見る人。あるいは旅する人。『ユリシーズの瞳』の映画監督は名前すら示されない。シナリオによれば「A」という配役名なのだが、本篇でそう呼ばれるわけではない。『ユリシーズの瞳』にはアレクサンドロスという特権的な名前はない。

Aが語るマナキスの「すべての曖昧なもの、すべての矛盾、バルカンで衝突し合う力を、フィルムに撮った」という言葉ほど、アンゲロプロスの映画自体を定義するものもないだろう。アンゲロプロスは衝突し合う力をフィルムに定着する。しかし、どうやって「力」を写すのか。

2 可視と不可視の戯れ

ここで、ようやく『ユリシーズの瞳』のタイトル明けのシーンへとたどり着くことになる。場所は『こうのとり、たちずさんで』で、虚構の国境線の作られた町フロリナである。ハーヴェイ・カイテル演じる映画監督Aは自作の上映のため、三五年ぶりにアメリカから帰郷したところだ。しかし、映画に反対する教会とその狂信派が上映推進派と衝突し、町を二分する騒ぎになっている。まるで西部劇のような設定だ。ここで外に流れる映画の音とそれを妨害する鐘の音と、まず音の闘いが繰り広げられている。ここでAの監督作品（『こうのとり、たちずさんで』）の国境の電線の修復工事をして疲れ切ったマルチェロ・マストロヤンニの台詞、ただし英語に吹き替えられたものが流れている。ここではベルトルッチ『革命前夜』（六四）のシナリオの紹介文「ゴダールの『ウィークエンド』の映像を聞くこと、ジャン＝マリー・ストローブの『アンナ＝マグダレーナ・バッハの日記』の音響を見ることから出発しよう」という宣言が思い浮かんでもくる。街角から蠟燭を持った狂信派の行列が進むのが画面奥に捉えられる。とりわけフォーカスがぼけて灯の塊のように見える蠟燭が、おそらく坂道なのだろうが、縦に連なるのは凄まじい。

しかし、ここでマヤ・モルゲンステルン演じる、Aにとっての運命の女（シナリオではユリシーズの妻）が出現するにいたって、映画は別の次元に移行する。タクシーで町を脱出しようとするAの前を「女」が遠くを見つめながら通り過ぎる。そのフレーム・インの意表をついたタイミング。そして視線をAと反対側の斜め上にとった不思議さ。キャメラは「女」につけて後退移動した後、「女」がフレーム・アウトし、後をつけるAをフォローする。Aの内声が「女」との再会の驚きを語る。「女」は蠟燭を持つ狂信派と警官隊の間に入って、傘をさしながら、曲がり角から消えていく。キャメラは俯瞰の大ロングへと上昇し、蠟燭の群れと警官隊の後から集結する上映派の鈍く光る雨傘の群れの対峙するさまを映し出す。Aは警官隊のなかで「女」を追うことを諦めて引き返そうとする。ここで「女」の登場後、漲る現実感にもかかわらず、映画は夢幻性を一気に強める。それは女がまわりの群衆を意に介さず、泳ぐように擦り抜ける動きから来ている。ここでアンゲロプロス特有の可視と不可視の戯れが始まっている。Aは「女」との距離を詰められない。『狩人』ではあり得ない死体を発見するところから物語が始動し、ついには姿の見えない国王、いってみれば透明人間状態の国王とダンスを踊る夫人がエクスタシーに悶える様子が描き出された。『狩人』の集団幻想とは異なり、ここではAのみが見る（のかもしれない）。

雪の国境地帯で動きを止められた難民たちの姿が車からの横移動で捉えられる。フロントガラスからの前進移動に移ると、難民たちは歩みを始めている。静止と動きの両極。不自然なまでの演出に見えるが、アンゲロプロスの演出を振り付けだとすると、そうした演出を許容するジャンルがある。ミュージカルである。しかし、ここではドキュメンタリー的な生々しさを保持したミュージカルと化す。わずか三ショットで構成されるフロリナの映画会の夜のシーンでも、人物の歩きにつけたキャメラが刻一刻と持続を刻むなかで、人物との距離を変化させるとき、フレーム奥を進む群衆の登場のタイミングといい、何という息を呑まされる振り付けだったことであろう。モナスティルのマナキス兄弟映画博物館で「女」と出会ったときは、Aが「女」を認知していることは示されない。ただ匿名の男女として「力」がぶつかり合う。「女」が列車から降りたとき、Aは列車の扉から謎めいた話を投げかける。発車した列車に遅れまいと走りながら話を聞く「女」。キャメラも列車の速度に合わせ、移動する。動きを捉えることに徹するとき、ただならぬ力が充満する。その速度が変化、あるいは停止する瞬間、『ユリシーズの瞳』はさらなる次元を獲得する。

3 時間の遡行

Aの旅は時間を遡る。国境の検問所で係員に同行を求められたAが廊下を歩くとき、隣に歩くのが過去の兵士に見えるように思えた予感が確信に変わるのは、馬のいななく声によってだ。Aはマナキス兄となり、目隠しをされて処刑場に引き出されるのである。時代は一九一五年。兵士の持つランプの灯によってオレンジに染まったAの顔から、オレンジ色が消えていき、蛍光灯の中性的な光に変わる。目隠しを外し、歩き出すにつれ、キャメラがパンしていくと、闇だった空間は現代の検問所に戻っている。アンゲロプロス特有の魔術的なワンカット。そこでマナキス兄弟映画博物館の係員となった「女」がAを待っているが、時が戻ってもAはまだ錯乱が続いている。マナキス兄として、再びルーマニアへ向かう列車に乗り込むのである。ブカレスト駅に到着する。現在の乗客とすれ違った後、扉からホームを見回すA。そこは一九四四年の情景である。Aの母親が来る。母にはAが五歳の姿に見えているのだろう。「女」の姿は消え、マナキス兄から五歳の自分に横滑りしたAと母が隣の客車に乗り込むと、そこは古い木製の座席になっている。Aは一九四四年の大晦日、親戚一同の集まる実家へと到着する。ここで一一分間のワンシーン(?)=ワンカットの間に時が一九五〇年の元旦まで進む。かつてのアンゲロプロスの時の移行はキャメラの移動に伴っていたことに対し、ここでは広間の扉と階段を背景にしたほぼ固定ショットのまま、時が二、三年ずつ飛ぶという、見方によっては演劇的ともいえる手法を使う。扉から人物が入ってくると、手前の家族たちも急速に時を移行してしまうのである。

だが、ここでの演出はもう少し複雑である。まず母とAはホールを抜け、食堂に入り、親戚たちと挨拶を交わす。母と女中の会話のみルーマニア語で、一同の会話がギリシア語なのは、ルーマニアに移住したギリシア人だと表しているわけだろうか。Aの答えが英語なのは、現在のAが持つ距離感自体を示していよう。さらにAは少女たちに隣の居間へと導かれる。そして再びホールに場が戻るが、そのとき、昼間の光を受け赤や青に輝いていた扉のステンドグラスの色は沈んでいる。キャメラが二、三分で一周する間に真夜中になっているのだ。そしてこの後、場が同じまま年が進むとはいえ、ワンカットのキャメラ移動により、実体的な家庭空間の記憶が沈殿して、もはや扉と階段の平板な光景ではない。最後に全員の記念写真を撮るのに、Aが母に呼ばれるとき、返事をするのはハーヴェイ・カイテルだが、フレーム・インしていくのは一〇歳くらいの少年のAである。まるで、人には大人が子供に見えるのに、写真だけはごまかしがきかないといわんばかりの処理だ。それともA自体が演じる人から見る人に移ったということだろうか。

図5-1 『ユリシーズの瞳』（1995）

4 霧のなかの音を見る

霧のなかの風景〔図5-1〕。アンゲロプロスは霧の量を調整し、白フェイド・アウト／インの効果を出す。サラエボ映画博物館館長イヴォ・レヴィの娘ナオミ（あの「女」なのだが、ここでは名前が与えられている）とダンスを踊ったAは後、深い霧の奥へと消えていく。続いて、ほとんど白の画面の奥から人影が見えてくる。子供たちが先頭にいる。手前から受けたまま、ゆるやかにトラック・バックしていたキャメラは、やがて子供たちを横移動で捉えた後、子供の歩みが早いのだろう、抜かれるようにフレーム・アウトする。そのままの速度で横移動を続けるキャメラは、次いで子供の母親、そして父親、祖母に追いつかれ、次々フレーム・アウトさせていく。人物より少し遅いキャメラ。人物がフレームにないときも背景の霧のなかにうっすら見える木の枝や地面の雪の積もり具合で、動きは知覚できる。「踊りましょう」と跳びはねるようにナオミがフレームに入ってくる。少し遅れてくるイヴォ・レヴィは孫の様子をナオミに見にいかせるので、レヴィとAの歩きをフォローすることになる。そのとき、車が急停止する音とともに先で異変が起こる。「散歩しているだけですよ」という祖母の声が聞こえる。「何があっても動くな」とイヴォ・レヴィはAに言い残し、霧の奥に進んでいく。そのとき、ふたりの歩みが早まるので、キャメラはふたりの背後から追いかける形になっている。レヴィの姿は画面奥に消える。キャメラは冒頭のAが青い船を見ていた場面のように、数歩進んで立ち止まるAを追い抜く。しかし、船に寄っていったようにズーム・アップするわけではなく、Aをフレーム・アウトした地点で停止する。観客とAの視点はほぼ等しいだろう。何しろ画面は全面、真っ白だ。かろうじて、画面上手の下の土と雪の境が道の斜めの方向性のみ伝える。この後、ほぼ白の画面が続くなかに、敵の将校の声と銃声、そして死体が川に投げ込まれる音が響く。ここに音を見るというベルトルッチの言葉を思わせる場面が実現している。

極限的な画面の情報量の少なさにもかかわらず、しかし、家族の歩行とともに移動する記憶による空間の厚みに支えられ、かつてAの実家におけるホール空間の扉がそうだったように、霧のなかの風景は確固として実在する。音もオフなのではなく、風景のなかから聞こえてくる。素晴らしいのは、Aと事件の間で動きを止めたキャメラの位置の微妙さである。車が出発する音により、魔法が解けて金縛りから解放されたようにAが歩きだす。キャメラがAの横に回り込むと、ほんの数歩の距離でイヴォ・レヴィ夫妻の遺体が道に横たわっているのが浮かび上がる。さらにキャメラの横移動でナオミの死体もフレーム・インする。ナオミの体を抱き締め、悲痛な叫びをあげるAの姿から、キャメラは遠ざかり、画面一面を霧の白で覆ってしまう。

この霧をへて、Aはマナキス兄弟のフィルムを見る。スクリーンに映るのは、何も写っていない映像でも、白い画面でもない。スクリーンの上では激しいフリッカーが起きている。つまり、フィルムは極端に白いコマと極度に黒いコマが交錯している。つまり、Aが「女」に語ったようなアポロンの彫像を写したものが黒い闇でしかなく、四角いブラックホールと化した画面、または廃墟の黒い窓のようなスペースと、すべてを包み込む豊かな混沌としての霧が闘いを繰り広げているようなものではないか。そして、映画を見つめるAの眼差しで『ユリシーズの瞳』は閉じられる。Aの顔には、マナキス兄の処刑場のランプの反映とも、無機的な国境検問所の蛍光灯の光とも異なる、スクリーン上に反射する光の明滅そのものが映し出されている。

(『ユリイカ』一九九六年五月号、青土社)

あの時間は永遠に自分のものだ

ギヨーム・ブラック『やさしい人』

1　マケーニュ三部作

二五分、五八分と来て、今回は一〇〇分となったので、ギヨーム・ブラック監督は上映時間を慎重に測定しながら、自己の世界を拡大しているように見える。この第三作にして、長篇処女作は、確かに前二作の経験が生きているのは間違いないのだが、前作を見ている人ほど驚きが大きいのではないか。それにしても、この完成度はただごとではない。恋愛の諸相を、出会いから、成就、隙間風、決定的な距離、焦燥、その結果起こる行動＝事件へと一気に畳みかけていく。これだけのことを一本の映画で描くのもたいしたものだが、年若い女性との燃え上がる恋に、対位法的に長年わだかまりがあった父との和解という、もうひとつの距離の物語が並行して進んでいく。その複合的な構成により、与えられる結末の余韻は、一見簡潔に見える映画文体にもかかわらず、驚くほど深い。

ギヨーム・ブラックは、ロケ地が物語を決めるような監督だ。というより、その環境が物語を育んでいったように見える。『遭難者』（二〇〇九）、『女っ気なし』（二〇一一）の舞台は、パリの北に位置する保養地オルト。海に面した小さな町。浜辺と切り立った崖の上の草地との対照が、物語を支えていた。『やさしい人』（二〇一三）では、パリの南東にあるトネール（原題は文字通り Tonnerre だ）。パリからの距離という点では、オルトと同じくらいではないか。白ワインの産地として有名なシャブリがすぐ近くにあり、サッカーのクラブチームがあるオセールも主要舞台に含まれる。海がないかわりに、トネールに現れるものが何かという楽しみがある。

ヴァンサン・マケーニュの主演という点で三作は一貫する。マケーニュ三部作、あるいは最初の二作は同じシルヴァンという人物を演じているので、二部作というべきか。シルヴァンはオルト在住の人物だったので、外から来た、おそらくはパリから来た旅行者を迎え入れる話であった。『遭難者』では自転車乗りのリュカを、『女っ気なし』ではパトリシアとジュリエットという母娘を（訪問者の母娘を土地の男性ふたりが誘惑するという図式で、ルノワールの『ピクニック』〔三六〕を想起せずにいることは難しい）。シルヴァンは、『遭難者』ではキューピット役を、『女っ気なし』では淡い恋愛の当事者となった。一方、『やさしい人』のマクシムは、父の住むトネールに二ヵ月限定でやってくる。前二作がマケーニュのホーム・グラウンドだったとすると、ここではアウェイ・ゲームを強いられるのである。

ここで、ギヨーム・ブラックの特徴として、音の先行を挙げておこう。『遭難者』でのパンクの音がメイン・タイトルにダブリ、ということはその瞬間は画面で描かれず、続くショットでは、自転車乗りが自転車を道脇の草むらに放り投げるところから始まっていた。シルヴァンの登場も、道端でパンクの修理をする自転車乗りの前に車が止まる音が響き、画面としては止まった自動車のドアを開くところから始まっていたはずだ。『女っ気なし』では、シルヴァンが海に面したペンションの扉を開けようとする音が冒頭字幕に響き、画面の開始は、白壁の前の母娘のショットで、扉を開けられずにいるシルヴァンが映るのはその後なので、ここでも『遭難者』同様、外来者に遅れて、シルヴァンが登場するという原則は守られているというべきだろう。シルヴァンの不器用さに母のパトリシアが代わって鍵を開けるのだが、それは自分の車のドアを開けられずに、同乗者の自転車乗りがそのスイッチを操作する『遭難者』のエピソードにつながってもくる。

こうしたことを前提に、『やさしい人』〔図5-2〕の世界を見ていくと、どうなるか。

2　『やさしい人』の魔法

最初の画面はマクシムの弾くギターの音が映像と同時に同期して始まる。つまり音先行ではない。もっとも、この音楽はキャスト・タイトルやトネールの夜景二ショット、早朝の町の俯瞰を経て、メイン・タイトルいっぱいまで続く。そして、タイトル開けは、部屋の内側の扉に、ノックの音が響く。入ってきたのは、自転車の競技スーツを着た父親のクロードだ。『遭難者』の目配せという意味もないわけでもなかろうが、演じているのがベルナール・メネズなので、ジャック・ロジェの世界が越境してきたようにも感じられる（『オルエットの方へ』〔七二〕と『メーヌ・オセアン』〔八六〕を見た人には忘れられない存在になっているだろう）。切り返された画面には、ベッドでシーツに包まって寝ているマクシム——演じているのは、もちろんヴァンサン・マケーニュ——の姿が映される。頭を枕に押し付け、顔だけ出しているので、白い布に覆われた赤ん坊のようだ。彼が素裸なのは、カット・バックの間に分かるが、ここで父親と息子が同一画面に収まらないことに注意しておこう。両者を橋渡しするのは、飼い犬なのである。マクシムはベッドでシャツを着、階段を降りるのは、セーターを被りながらである。

居間のテーブルで、父親にアルバムを見せてもらっているのが、地元新聞の記者であるメロディだが、彼女がマクシムのファム・ファタールになることは観客にもまだ分からない。ここでは彼女を意味ありげに撮らないのである。演じているのは、ソレーヌ・リゴ。メロディの感情を先読みさせない聡明な演技が素晴らしい。マクシムの自室で、インタビューが始まる。向かい合うふたりを横からの二ショット、後はメロディ、マクシムの順で、切り返していく。まあシンプルなやり方だ。ただ、ここで彼女の携帯が振動することは気に留めておくべきなのだろう。夜の食事、ここで犬の単独ショットが登場する。捨て犬だったことが明かされ、そのカニバルという名の犬は詩を好むらしく、その証明に、父はミュッセの「十月の夜」を朗読するのだが、詩に反応するカニバルの名演技が楽しい。どうやって演出したのであろうか。

翌朝、街路のロング・ショット。店のガラス窓を鏡代わりに髪を直し、地元新聞社の編集局に、メロディを訪ねるマクシム。不在だった彼女の携帯番号を聞き出そうとした瞬間、野外の階段を降りてくるメロディの姿につながれる。彼女に会うために階段を降りなければならなかったマクシムの反復であるからには、鉱泉のわきで彼女を待っているのは、当然マクシムその人である。

ふたりはワイナリーにいる。そこでメロディの取材を受けるワイナリーの経営者が、ふたりのキューピット役を与えられたようだ。あけすけに、もう肉体関係までできている恋人だろうと宣言する。そのキューピット役は、彼の弟に引き継がれ、マクシムのファンとして、メロディの前で彼の株を大いに上げ、自宅に招待までするのである。

こうして、お膳立てができていくが、次なるシーンが圧倒的に素晴らしい。雪が降っているというだけで、この無人の夜景が何かただならぬ予感を煽るのが魔法のようだ。そこに、脇道からマクシム

図 5-2 『やさしい人』(2013)

が登場してくる。雪を王冠代わりの髪飾りにして。彼が覗き込むことになる室内の情景には、時が止まったような緩やかな動きが、フォーカスの甘いなかで揺れ、それが手前に実像が現れることで、メロディの鏡像だったことが知れる。窓のなかにあるのは、彼女が通うダンスのレッスン場なのである。ここで、踊り終わったメロディが羽織る赤い服と青いバッグ。その後ろでは、マクシムがロッカーらしい踊りを踊るだろう。

3　カット・アウェイ

ここで、話は映画の編集に移る。ショットとショットのつなぎには、二種類しかない。同じものが映っているか、いないか。いればマッチ・カット、いなければカット・アウェイである。カット・アウェイは編集上、何とでもつながる。マッチ・カットは、対象の寄り引きか、アングル変わりになるのだが、この場合、アクションや照明が連続性を持たなければならない。つまり、撮影時につなぎを意識して撮っておかないと、つながらなくなるのである。そして、ひとつのシーン内では、時間の省略がないように感じさせることが原則である。つまり、マッチ・カットの連続で、シーンを構成するのは意外と大変でもある。つながらないからと、別のショットをインサートするというのは、つなぎをマッチ・カットからカット・アウェイに切り替えるということなのである。

では、ギヨーム・ブラックは、ショットのつなぎにおいては、どんな監督なのか。前二作の印象でいえば、圧倒的にカット・アウェイの人である。アクションの連続性で語っていくよりは、人物の単独ショットで切り返され、要所で状況説明の引きのショットが不規則に入る。シーンの終わりは、いかにも終わりという決定的な行動や台詞、またロング・ショットを回避して、流れのなかで唐突にシーンを断ち切る。何しろ全篇が、ダイレクト・カットであり、シーンのつなぎもフェイドやオーバーラップなどのオプティカル効果は使わない。ということは、観客にショットがどこまで続くか、シーンがどこまで続くか、予測を与えない監督なのだ。

古典的というべき映画ではどうだろう。一九四〇年代くらいまでのハリウッドの娯楽作品を念頭に置くなら、シーンはフェイド・アウトで閉じられ、次のシーンはフェイド・インで始まり、シーンの区別が一目瞭然、シーン内では決して単独ショットの切り返しだけで進むわけではない。あらゆるサイズのショットが有機的に絡み、状況設定のためのロング・ショットはシーン冒頭に置かれることが多かった。内部の組み立てでは、ロング・ショットやフル・ショットで人物を動かし、関係性を主軸にしたナメのショットの切り返しに移り、印象的な単独ショットによる切り返しは決定的な瞬間まで取っておかれた。つまり、マッチ・カット中心で出来事は進行し、カット・アウェイになるときはシーンの狙いどころというメリハリがあったはずである。最初から単独ショットの切り返しを多用する監督は、二流といわれてもおかしくない。

もちろん、多様化した現代映画において、こうした文法的な規範は崩れている。とはいえ、ギヨーム・ブラックの撮り方は、二流で素人っぽいといわれてもおかしくないものである。では、カット・アウェイの人、ギヨーム・ブラックは、なぜこう撮るのか。

4 シーンを跨ぐアクションつなぎ

『やさしい人』が、前作と大きく違う点が、シーンとシーンのつなぎである。通常、ダイレクト・カットによるつなぎであっても、シーン間のつなぎはシーン内のつなぎよりも距離感をもたらさなければならない。ところが、『やさしい人』では、シーン間をアクションでつないでしまおうとするのである。その一例が、ダンス教室から街路へのつなぎである。踊っているマクシムに、メロディが近寄る。手を伸ばし、マクシムを支えるとも、突き飛ばすともとれる仕草をすると、彼は床に倒れ込む。室内での勢いそのままに、マクシムは体を弾けさせ、雪のなかに倒れ込む。倒れ込む動きによるアクションつなぎである。マクシムがやって来たときの静と比べて、ここでの燃えるような動はどうだろう。シーンを跨いで、アクションつなぎがおこなわれたのだ。これは再び繰り返されることになる。

しかし、建物のロング・ショットで、マクシムとともに高揚した観客の心はいったん醒まされる。ただ、唯一灯りの見える窓がある。その室内に移ると、マクシムが冒頭よりはるかに熱を込めて、愛の詩を歌っている。そこに携帯の着信音……。

呼び出されたマクシムは、店の地下にある異様な雰囲気のディスコに来る。そこから何やら冥府巡りに似た旅に、マクシムは誘われる。そこはカタコンベ（地下墓所）だったのだろうか。メロディの持つ懐中電灯の光が洞窟のなかを照らし出す。そして、ふたり揃って、洞窟の階段を降りていく。そこはトネールの昔の監獄だったという。ここでブラックは、メロディにとってのおきのクローズアップを与える。その闇から浮かびあがった顔は、まるでフェルメールの描く、青いターバンを巻いた《真珠の耳飾りの少女》のように謎めいてもいる。そして、ふたりはお互いを貪り合う。この洞窟のキス・シーンから、続くマクシムの部屋のベッドへ強烈なアクションでつながれる。お互いの唇を近づける動きを繰り返すのだが、その引力を思わせる動きで洞窟とベッドが結ばれ、女性上位で、メロディの乳房がたわむほどの姿を観客は目撃することになるのである。縦に並んだ着衣のふたりが、九〇度回転して、全裸で横になったつなぎである。そして、前回のマクシムのダンス同様、感情がつながせた編集になっている。

この前半の山場まで、ギヨーム・ブラックはいかに周到に準備を積み重ねてきたことか。マクシムが階段を降り、メロディが階段を降りる。そして、ふたり一緒に階段を降りる、シーン間のアクションつなぎの反復。最初は、マクシムひとり。そして、ふたり。どちらも縦から横へと移行したはずだ。そして、冒頭近くのベッドへと舞台は戻ってくる。ベビー・フェイス・マクシムが、ここで女性と同じベッドを共有する。そこで、前作の『女っ気なし』の記憶が甦ってくるのはいたしかたないだろう。もちろん『女っ気なし』のシルヴァンもベッドに女を招き入れた。女から招き入れられた、というほうが正確だろうが。しかし、あのときは、性行為の前の情景をキャメラが傍観者のように横移動で捉えたかと思うと、翌朝の女性のうなじのショットへとすぐさまつながれた。そこで省略された埋め合わせのように、ここでは堂々とセックスが描写される。そして、その違いは『女っ気なし』のジュリエットと『やさしい人』のメロディの性格の違いに、また映画の題材の違い、淡い恋と生涯を賭けた恋の差に還元はできる。しかし、それはブラックの演出の狙いの差でもある。

『女っ気なし』では、マクシムがキスに失敗したことから始まっていた。ここでは、双方の熱情が生んだ接吻のアクションが、セックスにぶつかっているのである。それは、『女っ気なし』のディスコのシーンの演出との比較で、いっそう鮮明になる。あそこでは、女性ふたりと、シルヴァンのライバルとなる男が踊りなれた風情で腰を振っていた。シルヴァンはそれを遠目で傍観しているだけだった。ジュリエットに導かれて、ぎこちなく踊りはじめはしたが。それに比べて『やさしい人』では、女性だけのダンス教室に侵入して、髪を振り乱し、いきなり踊りはじめる。その唐突さが、踊り終わったメロディの心を撃ったことは間違いない。そこでのアクションが次のシーンを生んでいる。カット・アウェイでありながら、アクションがつながれる例外的な事態を反復させた周到さを見落としてはならない。

5　境界のカットつなぎ

翌朝、父と息子は裏庭で会話を交わしている。草刈りをしている父に、マクシムは前夜メロディが父のいたトイレのドアを開けてしまった非礼を詫びる。ここで、父の過去の恋愛にふれられるが、そのとき、現在進行形の恋のメールの着信が鳴る。「アナタのニオイと一緒に仕事中」。夜、ふたりは待ち合わせているが、ここでマクシムはイヴァンの存在に感づいたようだ。自宅で、ふたりはスキー・ウェアを選んでいる。父がマクシムにダブダブのジャンパーを着せているが、服を選ぶことの重要さは、すでに『女っ気なし』で描かれていた。雪の道で、メロディは、紫ではなく、赤い服を選んだことが示される。

雪山の山荘の食堂で交わされるふたりの会話は、ブラックの映画文体を象徴する重要なシーンである。向かい合ったふたりが単独ショットで延々と切り返される。メロディから始まったショットが、マクシムに移ると、何ともいえぬ違和感が観客を襲う。それはメロディの背後にあった暖炉が、マクシムの後ろにも見えているからである。この空間の歪みは、何度か切り返すうちに、メロディの背後の暖炉は鏡に映ったものであることが分かってくる（その炎は鏡像なので、実像以上にボケている）。それで、違和感が解消されたかといえば、そうではない。メロディの背後に映る薪の炎は消え入りそうなのに、マクシムの後ろの炎は赤々と燃え盛っているからである。これでは、ふたりの感情の行く末を暗示しているようではないか。これが意識的な演出かどうかは判断できない。いえるのは、二台のキャメラで同時に回したものではないことである。ここで、メロディとマクシムの会話は連続しているのに、背後の炎は断絶している。このつながっていて、つながっていない感じというのは、カット・アウェイの場面が、鏡によってマッチ・カットになり、その連続性にミスが起きたことによる。失敗したマッチ・カット。しかし、これは本当にミスだろうか。シーンとシーンを偽のアクションでつないでみせたように、ここではシーン内部のカット・アウェイとマッチ・カットの境界線を崩して見せているのではないだろうか。そう解釈すれば、背後の炎は、草創期の映画のような、ふたりの内面のバルーン（吹き出し）に見えてくる。

6　父との関係

この調子で描写していったら、とても終わらないので、ここからはテーマを絞って見ていくことにしよう。まず父との関係である。再び、マクシムはメロディと自室のベッドで寝ている。メロディが下着姿、とりわけ赤いパンティを誇示しているのが、全裸よりいやらしい。その延長のように、ふたりが窓辺にいると、父クロードが年増の女性と帰ってくる。ここでクロードとキャロル（というのが彼女の名前だ）、マクシムとメロディとの疑似家族の成立がクロードとメロディのダンスから展開していく。この束の間の幸福。シーンの最後は踊るマクシムとメロディの密着した顔になるが、ここでもアクションの遊戯で、カニバルがマクシムにキスしようとする瞬間につながれる。カニバルは飼い犬である。ここはカニバルが、マクシムをメロディから奪い取ったように見えなくもない。

ここで、メロディがクロードの家を何度も訪ねているにもかかわらず、決まって犬が不在である意味を考えてみるべきだろう。メロディが彼の家を訪ねた最後のシーンであること、マクシムがカニバルとメロディに同じ行為をすることが示唆するもの。そこにメールの着信音が響くが、ここは浴室なので、音が先行しているのかもしれない。携帯画面の背景は野外だからである。「少し疲れた。戻ったら、会いましょう」。もうマクシムは不吉な予感に駆られている。早朝、メロディの家の前で待ち構えるが、その後、彼が出かけるのが、サッカークラブの練習場だからである。ここではマクシムの眼差しに、イヴァンがどういうふうに登場してくるか、ブラックの演出力が見事に発揮されているシーンといえる。その巧妙さを味わうには、二度見る必要がある。

続くシーンで、扉を開いてやってくるのは少々意外な人物である。以前ワイナリーで、キューピットBとして登場したエルヴェである。彼の家に、マクシムが招かれているのだ。そこにはエルヴェの母と彼のふたりの娘がいる。娘により「雨が降ると、心が痛む」という内容のヴェルレーヌの詩が朗読される。エルヴェは隣の空き家にマクシムを誘う。そこで彼が取りだしたのは拳銃である。妻が出ていったときに、自殺を考えた経験を語るのである。キューピット役と思っていたエルヴェは、それ以後を示唆する役割を負っていたのだ。

やっと父との第三幕に入る。帰宅したマクシムは、父クロードがネットでテニスの試合を見ているのに出くわす。それは、一九八四年の全仏オープン決勝戦、マッケンロー対レンドル。かつて、親子で見た試合だという。そこでのインプレーを、見ているふたりで割って感想を入れているのが、カット・アウェイの人ブラックらしいが、このシーン自体はナメの構図による切り返しで構成したマッチ・カット主体という例外的なものである。後半でレンドルの反転ショットが王者マッケンローを打ち砕いた瞬間まで見せる（ちなみに、この試合はこのシーズン四二連勝中のマッケンロー相手に、二セットダウンからの大逆転勝ちで、レンドルが四大大会初優勝を飾った歴史的な決勝戦だった）。マクシムが挫折したテニス少年だったらしいことも暗示させるが、現在の彼の当面の敵はサッカー選手である。マクシムは父の昔の恋人マノンについて問いただす。クロードは、軍人と婚約中だったマノンを誘拐に近い形で連れ出し、北イタリアのコモ湖の近くの別荘で、三ヵ月過ごしたというのだ。父はこう断言する。「あの時間は永遠に自分のものだ。誰にも奪えぬ」。

クロードの過去が、マクシムの現在と重ね合わされた瞬間である。言葉と同時に画面は終わり、列車が滑り込んでくる。順番は前後するが、父との第四幕を先に述べよう。シーンを反転させている構成力が分かるからでもある。今度はマクシムが同じパソコンで、イヴァンを検索しているところに、クロードが帰ってくる。今度は母の死をめぐる父と息子の対立。文体がカット・アウェイ中心に変化する。

列車がリュミエール構図で到着する（ブラックのリュミエール的側面は、『女っ気なし』のエビ獲りのシーンに表れていた）。曇天のなか、ホームに立つマクシムの持つ花束が痛々しい。メロディが降りてこないのは明白だからである。夜、携帯の着信音が鳴る。ベッドから起き上がり、メールを見たマクシムに抑えきれぬ怒りが湧く。ここは『遭難者』のことを思い出さないわけにはいかない。酔いつぶれて眠ってしまった自転車乗りの携帯メールを勝手に読み出すときの携帯の灯りが、下から顔を照らし出す同質性が反復されている。違うのは、前回が善意のメールの差出人だったのに、ここでは悪意のメールの受取人になっていることである。ここから、イヴァンの家探しが始まり、父との第四幕を挟み、サッカー公式戦会場に行きつく。ここで、メロディを選手の家族席に置くという卓抜な発想で、見えるけど言葉の届かない斜軸の距離を組織してみせる。

それにしても、日替わりの表現として多用される、ブラックの風景の大ロングの挿入の素晴らしさはどうだろう。これは音のメリハリも大きく影響しているのだが、この空気感の絶妙さといったら。それは一六ミリ・フィルムのもたらす質感も大きい。帰宅したマクシムが、ソファーで居眠りした父と相似形を描くショットに続く翌朝の雪景色の街並み。全篇がカットつなぎだからこそ、ロングがますます効いてくる。裏庭での反復。草刈りをするクロードの横で、カニバルと遊ぶマクシム。そこに決定的なメールが届く。姿の見えぬメロディからの残酷な言葉である。そして前回の、だんだん対象に近づいていき、メールが届いて締められた裏庭とは逆に、最後に俯瞰の大ロングで、雪が残った斜面の父と息子と犬を点景にしてしまう。

自室に戻ったマクシムを心配そうに眺めるクロード、そしてカニバル。犬を連れて街に出たマクシムは、かつてメロディが降りた階段を降りる。そこでの壁に落ちる彼の大きな歪んだ影、そして湯気の出ている青緑色の鉱泉。廃屋の一室での犬に対する意外な行動。ここで、父の逃避行とエルヴェの自殺未遂の記憶が重なる。ここから事態は一気呵成に進行する。ダンス教室の窓に代わるのは、ピザ屋の裏窓。そこで相似形になるのは、メロディの毒々しく赤い唇にも負けないピエロ・マクシムの唇。そこで事を起こせなかったマクシムは、イヴァンの家の地下駐車場で、メロディを奪う。ここでの三者の緊迫したやりとりは、マッチ・カットとカット・アウェイの絶妙な均衡によって、掬い取られる。

7　演出と演技の高度な共犯関係

マクシムの虚脱した胸のなかを模倣するように、映画は進む。湖のほとりの別荘。それは以前、ふたりが不法侵入を犯しそうになった場所だ。そこで、メロディは夏には恋は終わっていると予言もした。ふたりが一緒に同じ場所にいても、その距離は無限大に遠ざかっていることはお互い分かっている。山荘の仰角のショット。トリュフォー的な光景。拡がる湖。燃え盛る暖炉の炎が、ふたりの顔に揺らぎを与える。炎からの距離は、いつぞやと違い、メロディに近く、マクシムからは遠い。演出と演技が高度の共犯関係を生きることで達成された画面の連鎖。それを奇跡と呼んでもいい。湖の前で、マクシムは接吻をする。人生からの別れの儀式のように。それに応え、彼の肩に身を寄せるメロディ。そのアクションが、最後の聖なるといいたくなる、裸でベッドに眠るふたりのショットを呼び込む。何と美しい光に満ちていることか。そして静かなる音楽とともに、湖面が揺れる。雪の積もった枝を緩やかに前進移動していく。誰が見ても、あれは枯れ枝だったけれど、ルノワールの『ピクニック』を想起するだろう。画面はメロディの眼差しに切り替わり、彼女の視線に映った情景だったと知らされる。彼女の向かいで舟を漕ぐマクシム。やがてオールを止め、メロディを見入っている。心中の予感通りに、湖の大ロングに切り替わる。湖面に水音が響くはずだという予測を裏切って、画面の最初から、漕がれ続けている。マッチ・カットだと思った画面は、時間経過を含んだカット・アウェイだったのである。

岸に上がっても、オールを手放さないマクシムは、高台の荒れた屋敷を母親に案内したとき、棒を持ったままのシルヴァンに似ている。その源流には、ルノワールのコルドリエ博士がいるのかもしれない。その後は、あまりに規則通りの画面が続くことになる。でも、そうでなければならない。最後には虚脱からの僅かな回復を告げるクロードとの場面が用意されている。もちろん犬も登場する。携帯の機能は父親に継承されたようだ。そして、父の最初の登場と韻を踏む終わりが来る、メロディの眼差しも反復されるだろう。そして、ギヨーム・ブラックの映画のラスト・ショットは、曖昧な表情を湛えた女性の顔が断ち切られるという慣例が破られることになる。

（ギヨーム・ブラック『やさしい人』パンフレット、エタンチェ、二〇一四年）

アントニオーニの探求

1　作品の織り成す軌跡の美しさ

「愛」の作家ミケランジェロ・アントニオーニの映画は、作品自体の美しさもさることながら、何といってもそのフィルモグラフィ、つまり作品の織り成す軌跡こそが美しい。それはアントニオーニの本能的な思考の進展が作品構造に反映されているからだろう。

ここでは、作品のフォルムにこだわり、彼の映画を三期に分けてみる。すると、まず第一期は長篇処女作『ある愛の記録』（五〇）から『さすらい』（五七）までの一九五〇年代ということになるだろう。この時期の特徴は長回し撮影である。ふたりの人物が対話を続けているとき、ひとりずつ切り返す編集法はこの時期にはまず見られない。ふたりが動いたら、パンか移動でできるだけフォローし、アングルに無理が生じるまでは、ワンカットで押し切る。『女ともだち』（五五）といった集団劇においても、この原則は崩されない。

白いドレスをまとって夜の石畳を駆け抜けるルチア・ボゼーの美しさが印象に残る『ある愛の記録』は、ネオレアリズモ的な犯罪メロドラマである。ルチア・ボゼーは愛人と暮らすために、百万長者の夫殺しを企てる。ここで特徴的なのはキャメラの円運動だ。河岸の道路を車が走ってくるのを俯瞰で正面から捉える。車が速度を落とし、河岸から直角に曲がったのに合わせ、キャメラが右手へパンを始めると、橋の上から車を見ていたボゼーがフレーム・インする。さらに右方向に動くと、橋のたもとから階段を愛人のマッシモ・ジロッティが昇ってくる。そして車が橋に向かってきた後、画面手前からフレーム・アウトしていく。密談を始めるふたりを捉えたキャメラは、断続的な移動とパンの併用で、愛人が去っていくまで周回運動をおこない、その角度は一周と九〇度におよぶので、橋のほぼ中央部に陣取ったキャメラの四五〇度にわたるパンとなるワンシーン＝ワンカットで、田園地帯の景観を示すことになる。ここで男の口から、以前の恋人だった女がエレベーター穴から転落死したことの真相が語られることで、少し前のシーンが新たな意味合いで浮かび上がってくる。それは夫の車が近くに停まっていることに気がついたふたりが、すぐ前の建物に逃げこんだ場面である。エレベーター係員の誘いを断り、上に行く場があるわけはないふたりは、エレベーターの回りの螺旋階段を空しく昇るのみなのだ。その横からエレベーターが昇降していく。エレベーターが降りて中央が空いている虚空の高さが、ふたりの不安定さを表すだろう。『ある愛の記録』には、アントニオーニ的な愛のありようがすでに示されている。夫の死でふたりの間の障害が取り除かれたとき、ふたりは別れてしまうのだ。

『ある愛の記録』の円運動を直線の往復運動へと変化させたのが、七年間連れ添ったアリダ・ヴァリから別れを切り出されたスティーヴ・コクランが、ポー川沿いの道を放浪する『さすらい』である。しかも、そのきっかけが遠距離にいた正式の夫の死がヴァリに伝えられた瞬間であることが、何ともアントニオーニ的な愛の変奏を奏でている。ここでは工場の塔の外壁に設置された螺旋階段が映画の始まりと終わりを示すように、『ある愛の記録』との内と外の反転現象も示される。ただ、ここで塔の上のコクランと下のヴァリを仰角と俯瞰のカット・バックで捉えたように、スタイル上の変化も示される。塔の上のコクランの後頭部を捉えて、地面を俯瞰する構図（人物の視線を示さない）は、この後のアントニオーニ作品に頻出することになるだろう。

2 第二期、プロットの仕掛けの排除

第二期は『情事』(六〇)に始まり、『夜』(六一)、『太陽はひとりぼっち』(六二)を経て、カラー第一弾『赤い砂漠』(六四[図5-3])にいたる、一九六〇年代前半の「愛」の四部作である。ここで、アントニオーニは長回しの人から編集の人へと変わる。『ある愛の記録』では私立探偵が夫の依頼を受け、妻の過去の調査を始めたことから、別れた恋人と再会したように、ミステリーとしての要素が物語を始動させていた。第二期はそうしたプロットの仕掛けをできるだけ排除していく過程でもある。

『情事』で女性が失踪するとき、その原因や行き先などは誰にも分からない。失踪したという状況だけが示されるのだ。アントニオーニは失踪という状況が引き起こした人物間の変化を執拗に定着させていく。ここで失踪したレア・マッサリの恋人ガブリエーレ・フェルゼッティとモニカ・ヴィッティの惹かれ合う感情の揺らめきは、同時に自分の内側でマッサリを殺すことにほかならない。続く『夜』も、結婚一〇年目の作家夫妻が、ふたりの間に愛が消えていることを確認するひと晩の話と要約できるように、ただそれだけなのである。だが、愛の消滅の確認は、具体的な死と結びつく。冒頭で見舞ったふたりの個別の親友の死が、夜明けに伝えられるからである。アントニオーニは因果関係の連鎖としてのプロットの機能を失調させていく。いってみれば、各場面に登場する人物や事物は、ヒロインたちの内面を露わにする「触媒」としてのみ機能しており、物語的な展開のために化学反応を起こしたりはしない。彼の作品はますます環境が重要視されていく。そのとき、空間のなかでの配置の才能が際立ってくる。

たとえば『情事』の最後のように、垂直線を際立たせる決定的な構図。人物を空間内に配置するために、『情事』では岩だらけの斜面が多い、そして数十分で一周できそうな広さの無人島が、『夜』には広大な庭のある大邸宅が舞台として用意される。極大と極小をモンタージュするためにも、クローズアッ

プされた人物の背後に豆粒ほどの人物を同一画面に収めるためにも、ある程度キャメラの引き尻を確保する必要があるのだ。

そうしたアントニオーニの達成点が『太陽はひとりぼっち』の冒頭、モニカ・ヴィッティがフランシスコ・ラパルの部屋で別れを切り出す早朝のシーンだろう。ここでの意表をつくさまざまなアングルのつるべ打ちによって、端正に歪んだとでも形容すればいいのだろうか、言葉にならない感情の起伏が伝わってくる。最後にアラン・ドロンの部屋を出たときに、螺旋階段の中央部のエレベーター部だろうか、打ち付けられた板で空洞を囲った様子に衝撃を覚えるのは『ある愛の記録』の記憶によるものかもしれない。そして、モニカ・ヴィッティが消えた後の四十数カットにわたる大小の風景のモンタージュ。

図 5-3　『赤い砂漠』（1964）

それは二輪馬車や水桶や横断歩道の白いラインなど、不在のドロンが指し示すヴィッティの記憶を示す記号には違いないのだが、それ以上に個々の人間の直線的なドラマを解体するものでもあるだろう。そうした人間に対する事物の優位とでもいうものは、『赤い砂漠』によって、色のシミとして現れる。ここでは望遠レンズによるボケが活用された画面と、手前から奥までフォーカスの合った画面とがモンタージュされることで、人と事物、あるいは環境との関係性を示す。なかでもヴィッティがリチャード・ハリスの部屋を訪れるとき、ベッドの赤い鋼製の手摺り、それはエッジが舟形に捩れているのだが、そこにフォーカスが合わされ、ヴィッティの金髪をナメつつ、背景は壁か天井なのだろうが、ボケた色の塊として示される。

そのとき、ヴィッティはベッドに横たわっているという水平の位置関係にもかかわらず、高所にいる人物の後頭部をナメた俯瞰が再現されているような不安に煽りたてられるのだ。

しかし、他に類を見ないこの探求は、モニカ・ヴィッティというヒロインの存在抜きにはあり得なかったのも事実だろう。このプロットの希薄化は、ヴィッティの煌めく表情の探求と同時であるからだ。だから、主人公が男性に移ったとき（『欲望』六六）、彼のマニエリスム期ともいえる第三期が始まる。そして編集の力学で描かれていた主題が、物語として追求される。だから、アントニオーニ的な厳格な曖昧さは薄れ、一見普通の商業映画のように分かりやすいものとなる。

そのなかで、『砂丘』（七〇）、『さすらいの二人』（七四）というロード・ムーヴィ的傑作が放たれ、『赤い砂漠』以前にはなかった想像や回想のショットが多用されるようにもなる。そして『ある女の存在証明』（八二）で彼の映画の集大成が図られたと理解していた者にとっては、ヴィム・ヴェンダースとの共同監督とはいえ、新作『愛のめぐりあい』（九五）により、まだアントニオーニの探求が継続中なことに驚かずにはおれない。

（『キネマ旬報』一九九六年九月上旬号、キネマ旬報社）

映画の回廊を彷徨う
アラン・レネ

1　レネの魅力

激高し、手でシャンパングラスを割ってしまうジャン＝ポール・ベルモンド。純白のドレスに血が滴り、雪の葬列につながれる。『薔薇のスタビスキー』（七四）の記憶に残る一場面だ。高校生だった封切り当時、この飛躍に満ちたモンタージュを理解したとは思えないが、天性の詐欺師スタビスキーを演じるベルモンドのダンディズムに酔いしれた。映画がトロツキーのフランス亡命で始まった意味など分かってはいない。その監督がアラン・レネだと認識したのは、一九七〇年代末にアテネ・フランセ文化センターでのレネ特集上映に通ってから。アラン・ロブ＝グリエ脚本による『去年マリエンバートで』（六一）での華麗な迷宮の移動撮影にも驚かされた。引き続きおこなわれたアラン・ロブ＝グリエ特集で見た『不滅の女』（六一）と比較すると、ほとんど同じテーマにもかかわらず、こちらはほとんど固定ショットのモンタージュだったので、ふたりの資質の違いが歴然と感じられた。でも、レネ特集で熱狂したのは、アルジェリアの記憶を背景にした『ミュリエル』（六三）。驚くことに、ラストを除いて、ほぼ固定ショットで構成されていて、移動だけでレネを理解してはいけないことが分かった（このスタイルが、小津安二郎から来ていると知ったのは、山田宏一氏の著作によってだった）。デルフィーヌ・セイリグの役柄の前作との落差。昼と夜が瞬時に切り替わるモンタージュの格好よさ。リタ・シュトライヒの歌声が画面を浮遊する妖しさ。これぞ現代映画ではないか。不愉快な登場人物ばかり出てくるのに、映画が魅力的であり得ることの不思議さを覚えた。

レネは、アニエス・ヴァルダ、ジャック・ドゥミ、クリス・マルケルらとともに、「セーヌ左岸派」と呼ばれるが、ヌーヴェル・ヴァーグの中心は右岸である。シャブロル、トリュフォー、ゴダールを擁した『カイエ・デュ・シネマ』誌の編集部があったからである。その命名者は、映画史家のジョルジュ・サドゥールらしい。彼の『世界映画史』を紐解くと、「《カイエ・デュ・シネマ》派とアラン・レネの友人たちという、かなり緊密に結びついた二つのグループに組わけすることができる」とある。レネのデビューは美術映画『ヴァン・ゴッホ』（四八）であり、ナチスのユダヤ人絶滅収容所を描いた『夜と霧』（五五）でジャン・ヴィゴ賞を受け、ヌーヴェル・ヴァーグ世代で最も早く頭角を現した。短篇記録映画の監督であり、編集者でもあったレネは、その友人たち、たとえばマルケルとは、『彫像もまた死す』（五三）を共同監督しているし、自主製作されたアニエス・ヴァルダの最初の劇映画『ラ・ポワント・クールト』（五五）の編集もしている。「わたしのフィルムを綿密に編集することによって、彼はわたし自身の考えを正確にしてくれた」（ガストン・ブーヌール『レネ』岡本利男訳、三一書房、一九六九）。ヴァルダの証言で貴重なのは、レネの幻の一六ミリ長篇『財産目録の棚上げ』（四六）を見た件だ。「はっきりと定められないこの陰険な世界の挿画化――恐怖と欲望――への試みだ。まるで半現実の余白にいるようだ」。

2 短篇映画

短篇記録映画だけをとっても、レネの名前は映画史に刻まれる。移動ショットとその編集法の探求はレネの独壇場だ。『ヴァン・ゴッホ』、『ゴーギャン』（五〇）、『ゲルニカ』（五〇）の三作は、対象が平面の絵画である不自由さをものともせず、自在に空間を切り取り、移動し、映画独自に再構成する。『夜と霧』では、ジョージ・スティーブンスたちが記録したナチのユダヤ人収容所のモノクロ映像の居場所を定めるため、レネ自身の現在の視点として、収容所に接近し、横滑りしていくカラー映像を加える。パリの国立図書館を記録した『世界のすべての記憶』（五六）では、膨大な人類の記憶の堆積の表現に挑んだ。ここでの移動ショットは決して人の目の高さにはない。つまり人が歩行しながら見られる世界ではなく、したがって人の知覚を拡張するようなキャメラ・アイとなるのである。モノクロ・スタンダードからカラー・シネマスコープへと空間を華麗に拡大した『スティレンの唄』（五八）では、化学工場の方向の異なる移動ショットを移動同士のカットつなぎで描いてみせ、記録映画の時代を締め括る。

3　文学者との協働

レネは劇映画へ移行するが、そこから彼の第二期は始まるのだろうか。いや、『ヒロシマモナムール』（五九）。初公開時の邦題は『二十四時間の情事』〔図5-4〕）は、むしろ第一期の集大成となる映画なのである。当初は広島の記録映画になるはずであった。しかし、レネはマルグリット・デュラスに脚本を依頼する。レネと小説家のコラボレーションの開始である。レネは小説を映画化するのではない。映画のためのオリジナル脚本を書かせるのだ。

日本からの証言をふたつ。チーフ助監督を担当した大映の白井更生《こうせい》。「彼の視線は常にフレームのなかの人物に当てられていた。そして、執拗に人物構図を、まるで精密な設計図でも作っているように、一センチの差も指摘して、修正して行った」（『世界の映画作家5』キネマ旬報社、一九七〇）。これに撮影のサッシャ・ヴィエルニの移動撮影についての言葉を加える。「彼は片目でカットをきめ、もう一方の目

図5-4　『ヒロシマモナムール』（1959）

で台本を読む。歩きながら、口ごもる。このように、作品のリズムを発見する」（ブーヌール『レネ』）。
もうひとりは、アフレコに三週間立ち合った岩崎力《つとむ》。「カフェのなかでビールを飲みながら、リヴァが岡田にヌヴェールでの恋を語る場面では、アフレコのときもリヴァはビールを飲んだ。午後の三時ぐらいから七時ぐらいまで同じ場面の吹きこみが繰返され、やっとレネのOKがでたとき、そばのテーブルのうえにはビール瓶が一〇本以上並んでいた。岡田に頬をなぐりつけられてはっとわれにかえるまでのあの異常な何分間かの声が、レネの気に入ったものになるまではリヴァが実際にビールを飲み、何かにつかまらなければ立っていられないような状態になることが必要なのだった。シナリオ作家にたいするときと同じように、俳優にたいしても、レネは自分の思うものを引きだすまでは容赦なく繰り返させた。しかしいつでもやわらかく、やさしい口調で」（『季刊パイディア』第二号、竹内書店、一九六八）。
この場面は、レネの劇映画の監督としての資質も証明する。暗がりに沈むエマニュエル・リヴァの錯乱した顔は、窓外の川面の反映を模した光で揺らぐ。レネはリヴァを少しだけ前屈みにさせる。すると、店の灯りが彼女の輪郭を強く照らし出し、そこに岡田英次の平手打ちが炸裂する。見事な光の演出である。
第二期は、ロブ＝グリエ脚本による『去年マリエンバートで』で曖昧に始まる。回廊を彷徨うキャメラは、時制を狂わせていく。撮影時には、現在、過去、不明という三種類にショットが分類されていたそうだが、その区別はつかない。ショットというショットが乱反射し、浸食し合い、錯乱のときに入っていくからだ。観客がどの細部に着目するかで、物語は幾重にも変化する。レネの館ものの源流ともなり、彼のデータ・ベースとしての作品となった。本格的な第二期は、『ミュリエル』から。『戦争は終った』（六六）、『ジュ・テーム、ジュ・テーム』（六八）、『薔薇のスタビスキー』、『プロビデンス』（七七）と、現在に過去が、未来が、妄想が侵入し続ける作品が連なる。

文学者にシナリオを依頼するとはどういうことか。それは映画の慣習表現に慣れた脚本家とは違い、描き出す世界を映画表現にとらわれることなく、深く展開してほしいということではないのか。つまり映画としての視聴覚表現はレネの領分だという主張なのだろう。

同時に、レネがSF冒険漫画『ハリー・ディクソンの冒険』の映画化を熱望していたことは忘れるべきでない。何しろ、カット割りは漫画に学んだと語るのがレネなのである。一三歳で撮った八ミリが『ファントマ』（三六）。犯罪活劇へのやみがたい嗜好が隠れている。

それと演劇。エマニュエル・リヴァでも、デルフィーヌ・セイリグでも、レネが発見したのは、演劇の舞台上であった。そこに一見商業的な企画に見える『薔薇のスタビスキー』をレネが撮る必然も見えてくる。ここでトロツキーとスタビスキーを結びつけることになる女性が最初に登場するのが、劇場なのである。館ものが幽閉という主題を持つとするならば、もう一方の家庭ものは自らの家とうまく関係が築けないという主題を持つことになる。現住所がないスタビスキー。『ミュリエル』や『戦争は終った』の室内シーンの居心地の悪さを見よ。そうした視点で見れば、レネの最重要パートとは装置である。『去年マリエンバートで』以後のほぼ全作品の美術を担当するジャック・ソルニエとの出会いほど大きなものがあろうか。

ジャン・グリュオーを脚本に起用した、三連作の奇天烈さといったらない。『アメリカの伯父さん』（八〇）では、三人の主人公に、ダニエル・ダリュー、ジャン・ギャバン、ジャン・マレーの映画断片が相似形のように挿入され、『人生は小説なり』（八三）では、実景の前に置いたガラスに絵を描くグラス・ワークの技法を復活させ、『死に至る恋』（八四）では、場面の間に微粒子を舞わせた黒画面を挟み、現実と冥界を結んでみせる。

4 戯曲へ

そして、『メロ』（八六）によって、レネの第三期が始まる。その理由は、文学者によるシナリオが捨てられたことだ。戯曲に手を加えずに撮る。レネの変化は、すでに『人生は小説なり』で歌いながら眠りこけるサビーヌ・アゼマを捉えた長いショットから始まっていた。愛の視線が後期のレネを官能の世界へと導く。ピエール・アルディティとアゼマが夫婦を、アンドレ・デュソリエが誘惑者を演じる基本構図が確立する。漫画のキャラクターが画面内の吹き出しに現れる『お家に帰りたい』（八九）は例外だが。

『スモーキング／ノースモーキング』（九三）二部作は、登場人物の選択で物語が枝分かれするアラン・エイクボーンの戯曲を元に、アルディティとアゼマが一一の役をふたりだけで演じ分け、一二の結末を描いてみせる。ソルニエの美術が神業で、スタジオにゴルフ場や海に面した断崖まで、ジオラマを思わせる遠近法のセットを組む。日暮れから夜、雨、雪、霧まで天候の変化を収めたレナート・ベルタの撮影も絶品である。レネの演劇＝映画の最大の達成だろう。

『恋するシャンソン』（九七）、『巴里の恋愛協奏曲』（二〇〇三）と、対照的な音楽映画で、居心地が悪いのに幸福感に満ち溢れた世界を繰り広げ、再びエイクボーンで、『六つの心』(二〇〇六)、小説を映画化したことで驚かされた『風にそよぐ草』(二〇〇九)と自在な筆致が冴えわたる。それでいて、家探し、自室の不幸、相手の領域への侵入といった主題は生き続けている。『六つの心』での手、『風にそよぐ草』でのアスファルトの間から生える雑草が、ともに『ヒロシマモナムール』を想起させることも不思議だ。そして、演劇=映画としての集大成『あなたはまだ何も見ていない』(二〇一二)。そこでフィルモグラフィが終わっていたら、何と遺作らしいと人を納得させただろうに、三度エイクボーンで、『愛して飲んで歌って』(二〇一四)とは!

演劇を映画に溶解させるのではなく、童話のようなイラストで場を移行させ、幕を使った書き割りのセットで、演劇と映画を二重に楽しませてくれる。何と軽やかな人生賛歌であることか。

(『キネマ旬報』二〇一四年五月下旬号、キネマ旬報社)

『ラ・ジュテ』、あるいは九六分の一秒

1　静と動

考えてみれば、映画とは変なものである。動きこそ、モーション・ピクチャーの最大の魅力と思われていながら、実のところ少しも動きなどしないのである。特殊なことをいっているわけではない。そもそも一九世紀末に映画が発明されるさいの重要な問題は、動かない静止映像をどうやって連続して撮影するか、という点にあったからである。スクリーン上に観客が見いだすものは、現在の基準では九六分の一秒ごとに起きる光と闇の交替の痕跡なのだ。それは秒二四コマに分割されたフィルムが送られる瞬間の闇を挟み、四八分の一秒ごとの情報を送るのだが、現在の映写機のシステムでは同じコマを二度繰り返して、シャッターを開閉させて映し出すため、九六分の一秒の映像がスクリーンを次々と照らし出すというわけなのである。映画は原理的にまったく同じコマを二回繰り返すという図像的にも動かないものなのだ。もっとも、九六分の一秒の映像を知覚できる観客などいないという前提に映画は支えられており、ちらつく光のフリッカーも隠されてしまっている。

だが、何らかの変調で九六分の一秒ごとの光と闇の交替が崩れてしまったならば、フリッカーとしての光が観客の網膜に暴力的に襲ってくるはずだ。それは映写の回転数が落ちても起こり得るが、映画自体に黒画面とスヌケの画面を周期的に配することでも起こし得る。ともかく、映画とは静止画面が見えないことで成立する変なものなのだ。

そもそもの映画の起源たる一八九五年一二月二八日のパリ、グランカフェの地下室で、リュミエール兄弟のシネマトグラフの初公開に立ち会ったといわれるジョルジュ・メリエスの証言によれば、それまでの幻燈術と同様、静止した映像が投影されたという。それが観客に失望を引き起こそうとする瞬間、映像は動き出したのだと……。こうして、まやかしの動く芸術が世界を席巻していくことになる。

だが、奇妙なことに、映画史には動かない映像にこだわる映画作家の系譜が存在する。停止への密やかな欲望とでもいったらいいのか。ジョルジュ・メリエスがすでにそうした欲望を育んでいたのだが、たとえば動きによって物語を過不足なく語ってきた映像が停止して、フィルムが燃え出すという結末を持つ二本の映画のつくり手――イェジー・スコリモフスキとモンテ・ヘルマンもそうした系譜に入るだろう。彼らの映画のなかで、映像は動きと停止の奇妙な綱引きを強いられる。わが国でいうなら、大和屋《やまと》竺《やあつし》。彼の『荒野のダッチワイフ』（六七）のなかでのおかしな人力ストップモーションをはじめ、強い停止への欲望が時空間の迷宮化を推し進めた。あるいは小津安二郎の『秋日和』（六〇）における動きの停止。それは結婚式の記念撮影で佐田啓二と司葉子が並んでこちらを向いている瞬間の異様な凝集度なのだが、初めて『秋日和』を見たときのその息苦しさから、司葉子が瞬きをする瞬間に何やら解放されたような脱力感が襲ってきたことを思い出す。見直せば、その停止時間は何秒もないのだが、そのときは動きを止めた世界が永遠に続くような錯覚にとらわれたのだ。そして、それが何かに似ているということ。それは確かに、クリス・マルケルの『ラ・ジュテ』（六二［図5-5］）のあの瞬間に似ているのだ。

2 静止の映画

『ラ・ジュテ』こそ、停止への欲望に支えられた映画史の究極の一本というべきだろう。映画は現像というプロセスを経ねばならないことにより、撮影と映写の間に本質的な時間差が導入される。映写が開始される瞬間、再び時間に生命が宿ったかのような錯覚が与えられるのだが、それはかつて起こった時間の反復でしかない。だが、映画の力とは、まさに映写において現れる。それは九六分の一秒ごとの光の反射だ。それはリュミエールがスライドとして提示した、死んだ静止画面ではない。九六分の一秒を単位として光と闇の闘争が繰り広げられる闘いのフィールドだ。『ラ・ジュテ』は、観客に決して知覚できなかった九六分の一秒の知覚を与える。と同時に、全体が大きな「フリッカー＝めまい」として存在しているような希有なフィルムなのだ。

停止画面で構成されているとはいえ、撮影は通常の映画用撮影機でおこなわれたらしい『ラ・ジュテ』では、その膨大なコマのなかから、四一九のコマが選ばれ、それがコマ止めされたことになる。三万九六〇〇コマの『ラ・ジュテ』が、わずか四一九ほどのイメージでできていることだけ確認しておいて、先に進めば、そのコマ止め作業はオプチカル・プリンターでおこなわれたと考えるのが普通だろう。だが、動かない『ラ・ジュテ』のなかにも、キャメラが動く場面がいくつか見られる。冒頭の飛行場のズーム・バック（C3）、崩壊した凱旋門のティルト・アップ（C34）、パリの街角で彼女を発見したときの男へのズーム・アップ（C187）、実験室で新たな注射をされたときの男の俯瞰からのズーム・アップ（C233）、男が未来へ旅立つときの前進移動の連続（C346-348）だが、これらはオプチカル・プリンター作業というより、引き伸ばしたスチールを撮影台で再撮影したと考えるほうが自然だろう。

3　失われた映画の記憶

静止映像の連続にもかかわらず、『ラ・ジュテ』がまったく単調な印象を与えないのは、シーンごとのカットのリズムによる変化もあるのだが、フェイド・イン／アウトやオーバーラップといったオプチカル処理によるカットあるいは場面の移行によるところが大きい。静止画面が生き物のように呼吸するのである。それは音響効果によるところも、もちろん大きいのだが、その種類はむしろシンプルである。つけられる効果音は、ほとんどささやき声と心拍音に限定されるのである。だが、その音量の変化は、眠る女に被さる鳥の声もそうなのだが、音量の増大が異様な緊張感を呼び込む。たとえば、二秒を基調にカットつなぎで実験台になる男の変化を追った場面。徐々に苦痛が広がり、やがて和らぐまでの描写は心拍音の増減とも呼応するのだが、ここはカットつなぎだからこそ可能な残酷さだ。対照的に、男の夢想という確証もないベッドで眠る女の場面は、長いオーバーラップで画面がダブリながら移行するので、そのなまめかしさに息を呑む思いだ。最後の女の瞳が瞬くのを見たことが信じられなくなるのも、編集で女が生きているようにつながれた結果である。

『ラ・ジュテ』のモンタージュにいかに秘術が尽くされているかは、男が時間旅行から帰還する瞬間の多様さに表れているだろう。過去からアイマスクを被った男に戻るとき、ゆるやかなオーバーラップで移行していた『ラ・ジュテ』が、幸福を一瞬で引き裂くように、カットで男を見下ろす実験主任の冷徹な仰角のショットに戻る衝撃。それは彼女との最後のデートとなった博物館からの帰りなのだが、その前には公園で不意に原因不明の障壁が現れ、はずされたアイマスク越しに主任の顔が覗く主観ショットへのカットつなぎにもいえることだ。同

図 5-5 『ラ・ジュテ』（1962）

じアングルへのつなぎにもかかわらず、未来人との遭遇のときには、ほとんど二重露光に近いゆるやかなオーバーラップで回帰するのである。
それにしても、この時間旅行を繰り返す男の姿は、まるで映画館で映画を見る私たちの姿にあまりにも似てはいないか。アイマスクをつけた男、アイマスクというより、スコープといったほうがいいのだろうが、この男の閉じ込められている場所が、パリのシャイヨー宮の地下であることはあまりに象徴的だろう。もちろん、そこにはかつて映画狂の聖地であるシネマテーク・フランセーズがあったことは誰もが覚えているだろう。それに映画の墓場のような映画博物館もあった。『ラ・ジュテ』というこの甘美で残酷なフォト・ロマンは、失われた映画の記憶を必死に取り戻そうとする男の物語にも見えてくるのである。

［付記］この稿の執筆は、シネマテーク・フランセーズがシャイヨー宮から移転する前である。未来形のつもりで書いたものが、文字通り過去形になってしまった。

（クリス・マルケル『ラ・ジュテ』パンフレット、ザジフィルムズ、一九九九年）

ＪＬＧについて記述する試み

一九八六年、パリにいたときの思い出。カフェで向かいの人が広げた新聞に、ジャン＝ピエール・レオーの写真が出ていた。何事かと思えば、暴行事件を起こして逮捕されたというのだ。『ゴダールの探偵』（八五）の記憶が生々しい頃である。『ゴダールのマリア』（八五）を見直す。日本では醜くぼかされたミリアム・ルーセルのお月さまのようなお腹。その曲線の美しさを目の当たりにして、『マリア』はあのカットをクライマックスに編集されたことが了解されるや、まるでサイレント映画、たとえばムルナウの『サンライズ』（二七）でしかあり得ないような感動が全身に湧いてきたものだった。そして残りの所持金と相談しながら、映画書を買いあさる日々。どうしても買って帰りたかったのが、アンリ・アルカンの *Des Lumieres et des ombres*（1984）と、アラン・ベルガラ編による *Godard par Godard*（1985）だった。その前半は当時、竹内書店版のゴダール全集第四巻『ゴタール全エッセイ集』として日本語で読めたのだが、それでもそっちにはない珍しいゴダールのプライベート写真満載、後半には図や写真入りのシナリオや企画書、ゴダール自筆のテクスト等があって、これは重くても持って帰るべき本であった。

フランス版から遅れること一三年、『ゴダール全評論・全発言Ｉ・Ⅱ』が刊行される。原著で六三八頁だった書物は、それぞれ七一〇頁を超える本二冊になった。原著が縦横とも少し大きく二段組だったとしても、日本語版が倍のボリュームを持つというのはどうしてなのか。その原因は、この本が奥村昭夫訳というにとどまらず、実質的に奥村昭夫編といったものに変貌していることにある。奥村氏はゴダールの引用や彼特有の言い回しについて、詳細な注をつけた。その出典は映画用語にとどまらず、天文学や生物学にまでおよんだ。奥村氏は翻訳が一三年もかかったことを悔いておられるが、優れたゴダール研究というべき注の恐るべき広がりを見るや、よく一三年で完成したという類のものだと分かる。

日本にはゴダールの優れた紹介者がふたりいる。『ゴダール全集』の監修者としての蓮實重彥と、『ゴダールの全体像』から『ゴダール映画史Ⅰ・Ⅱ』を経て、『ゴダール全評論・全発言』へといたる奥村昭夫だ。蓮實が「そんなものはどうでもよろしい」とゴダール的不遜さを挑発的に出せば、奥村は「これらは少しも問題にしなくていい」と軽くいなす（『女の一生』五八）。かつて蓮實版によって知った、ノルベール・カルボノーの『ゆで卵の時代』（五八）を見にシネマテークに飛んでいったり、ジャン＝ダニエル・ポレの短篇がかかれば、くだらないアメリカ映画の併映だろうと名画座に一目散に駆けつけたものだったが、奥村版の方はひたすらそのテクストを書いたゴダール自身の思考へ向かわせていく。世界でいち早くゴダールを全集化した蓮實はスピードと軽量化にかけたが、奥村はその対極を行く。この両極を持った日本はあまりに幸福すぎないか。ゴダール本人の思い違いも訂正しながら、断片的な思考の体系化という不可能な作業に取り組む奥村氏の姿は『新ドイツ零年』（九一）に突如出現するドン・キホーテを思わせなくもない。

肝心の本文だが、このボリュームを要約などできるわけがない。ゴダール自身が時期によって矛盾したことを発しているのだから。めちゃくちゃ面白いから、読むしかないとしかいえない。だが、新しい発言が正しくて、昔の発言が間違ったり、意味を失ったりしているかといえば逆だ。批評家時代のゴダールの論考はますます光り輝いて見えるし、映画作家としての発言も、作品の美しさとの落差ゆえに衝撃的だと思う。美しい批評の束が詰まったⅠに対し、Ⅱの異様なバランスの悪さがもたらす迫力に圧倒される。とりわけ「あるカメラの創生」と題された、ゴダール対キャメラ製造会社アトン社代表とのデスマッチには言葉を失う思いだ。これはゴダールが『勝手に逃げろ／人生』(八〇)製作時に、映画作家が日常的に回せるようにアトン社に発注した小型軽量の三五ミリ撮影機をめぐるトラブルが原因になっているのだが、こんな非難の応酬が活字になるのだから、フランスという国は面白い。ゴダールが映画のシステムを改革せずに撮ることが不可能になったということは痛いほど実感できるし、そのためにはハリウッドとは別のキャメラが必要で、それを作らせるというラディカルさも凄い。だが、この対話はゴダールの技術的無知と人格的欠陥もさらけ出し、技術屋に同情的にもなってしまう。この第二部では演出助手だったロマン・グーピルや撮影のレナータ・ベルタまで、おそらく嫌々だろうが引っ張り出され、泥試合が続く。『ゴダール全評論・全発言Ⅱ』は映画実践にまつわる途方もない疲労を露わにした信じ難い本としても記憶されるだろう。

［書評］ジャン＝リュック・ゴダール『ゴダール全評論・全発言Ⅰ　1950―1967』『ゴダール全評論・全発言Ⅱ　1967―1985』(奥村昭夫訳、筑摩書房、一九九八年)

(『STUDIO VOICE』vol.283、一九九九年一月号、インファス・パブリケーションズ)

ゴダールとモーツァルト

ゴダールとモーツァルトとは、真剣に考察すべき問題かといわれれば、決してそうだといいきる自信などない。しかし、ゴダールが『フォーエヴァー・モーツァルト』（九六）と題された作品を発表し、モーツァルトに似た衣裳の男をフィルムに滑り込ませるのを目撃すると、どうも居心地の悪さが募るのも事実だ。実際、モーツァルトがゴダール映画で響くのは、快適とはいい難い体験なのである。《ピアノ協奏曲第二一番ハ長調 K.467》を世界的に有名にしたという『みじかくも美しく燃え』（六七）をはじめ、モーツァルトを映画の叙情性、甘美さのために貢献させた例はいくらでもあろう。アニエス・ヴァルダの『幸福』（六五）で、《クラリネット五重奏曲イ長調 K.581》を合わせるのは、ちょっと捻ってはいるが。最強の映画音楽をこれだけ使えば、面白くならないはずはないといいたくなる『アマデウス』（八四）という愚作もあった。あれを見た後など、メーリケの『旅の日のモーツァルト』をアマデウスの音楽抜きに映画化したいという欲望が目覚めてくるほどだった。映画が捉えた史上最高のモーツァルト演奏は、イギリスの俊英ドキュメンタリー作家ハンフリー・ジェニングスによる『英国に聞け』（四二）で、ナチスによる空爆が続くロンドンでのマイラ・ヘスによるソナタである。戦時下の国民を慰撫するために、敵国人といっていいモーツァルトやベートーヴェンの曲が奏でられるのは、ヨーロッパの奥深い精神を示すものだろうか。

ともあれ、ゴダールに戻ろう。ベートーヴェンの《弦楽四重奏曲》なら、断片であっても映画に調和して響くのに、なぜモーツァルトは違和感をもたらすのか。ひとつには、モーツァルトがドラマのなかで使われていることによる。映画音楽というより、登場人物も耳にする現実として響く。物語的に重要な機能を果たしている『勝手にしやがれ』（六〇）での《クラリネット協奏曲イ長調 K.622》のレコード。ジーン・セバーグがベルモンドを部屋に残し、買い物に出る。セバーグは刑事に電話を入れ、ベルモンドを密告する。彼女が部屋に戻ると、ベルモンドはレコードをかけたまま、うたた寝をしている。クラリネット協奏曲は三楽章の半ばまで進んでいる。断続的に時間が進むかに見えるこの映画のなかで、ここでのレコード針の位置は、セバーグの裏切りの時間（クラリネット協奏曲が演奏された二十数分間）を正確に刻んでいる。音楽がベルモンドを子守歌のように慰撫するだけに、その悲痛さは倍加される。

その真逆の使い方として、『ウィークエンド』（六七）での農家の庭でのピアノ演奏がある。移動を併用しながら、三六〇度パンを二周以上重ねるというゴダール作品中最も複雑なワンシーン＝ワンカットが試みられた場面で演奏されているのが、モーツァルト最後のピアノ・ソナタ（《第一七番ニ長調 K.576》）なのである。シュナーベルの不肖の弟子だというピアニストの演奏はたどたどしく、猛烈な違和感を与える。モーツァルトが下手な素人音楽家を皮肉った《音楽の冗談（村の楽師の六重奏曲）K.522》を想起させなくもない。ふと思い出したが、『映画史』（九八）で個人的に驚かされたのは、クララ・ハスキルの登場だった。いうまでもなく、ハスキルは二〇世紀最高のモーツァルト弾きのひとりだが、ゴダールと同じ文化圏に存在するとは考えてもいなかったからである（スイスで近所に家を構えていたチャップリンとハスキルの交友は知られているが）。

ゴダールは、かつてジャン・ルノワールの『恋多き女』（五六）について、彼の最もモーツァルト的な映画であると記している。「『フレンチ・カンカン』を撮り終えて『恋多き女』の準備にとりかかるルノワールには、倫理的観点から見れば、クラリネットのための協奏曲を書きあげて『魔笛』にとりかかる男に似たところがある」（『ゴダール全評論・全発言I』奥村昭夫訳、筑摩書房、一九九八）。最高の映画作家を最高の作曲家に譬えているのだが、問題は天才の晩年の作品に関して述べていることだ。『フォーエヴァー・モーツァルト』で、ゴダールはモーツァルト最後のピアノ協奏曲（《第二七番変ロ長調K.595》）を使った。クラリネット協奏曲とともに、天上で戯れるような彼岸の音楽を自分のフィルモグラフィ（それも処女長篇と晩年の作）に加えたことになる（オペラ『魔笛』K.620の舞台はゴダールの盟友ミエヴィルの『私の愛するテーマ』（八八）に普通に出てきたが）。しかし、その使われ方は、クラリネット協奏曲のドラマティックな効果を無化するように音楽のみに向かっている。ピアノの響きはいったんノイズのなかに埋もれるのだが、やがて遠くから澄み切った音が響いてきて、天使の羽根のように軽やかな時空が出現する。

クラシック名曲のオンパレードのような『パッション』（八二）であっても、唯一映画音楽としてではなく、スタジオのなかで監督の指示により実際に響く音響として使われるのは、モーツァルトの《レクイエム K.626》である。映像に合わせる音楽として、映画中のポーランド人監督によって、モーツァルト（それも最晩年の未完の曲）が選ばれたのは単なる偶然だろうか。

（ジャン=リュック・ゴダール『パッション』パンフレット、ザジフィルムズ、二〇〇二年）

映画であることの至福へ

イエジー・スコリモフスキ『出発』

ただその動きに見惚れるだけで、あるいは甘美なメロディに聞き惚れるだけで、映画であることの無上の幸福へと人を誘ってくれる映画作家は決して多くはない。イェジー・スコリモフスキとは、その例外的なひとりである。しかも、彼が故国ポーランドを離れ、見知らぬ街ベルギーのブリュッセルを舞台に撮った『出発』（六七）は、その最も美しい達成である。思わず達成といってしまったが、このフィルムの美しさは、すべてが未完の、途中の、進行中の集積であることによっている。そして、この『出発』が見せる敏捷さ、脆さ、傷つきやすさは、スコリモフスキとフランス・ヌーヴェル・ヴァーグとの遭遇によって可能となった、あくまで例外的なものである。初期トリュフォー的初々しさと、初期ゴダール的ぶっきらぼうな即物性が奇跡的な均衡を保って調和し、そこにスコリモフスキならではの衝動が映画を荒々しく揺さぶっているさまは、まったくただごとではない。トリュフォーなら『突然炎のごとく』（六二）、ゴダールなら『勝手にしやがれ』（六〇）、ヌーヴェル・ヴァーグ以降の世代なら、マルコ・ベロッキオが『ポケットの中の握り拳』（六五）で、ベルトルッチが『革命前夜』（六四）で、アンドレ・デルヴォーが『ブレでの再会』（七一）で、ただ一度見せた瑞々しさと芳醇さの奇跡のような調和が、このスコリモフスキの長篇第四作『出発』に見られるのである。

ここでのジャン＝ピエール・レオーのすばらしさを何にたとえればいいのだろう。直前に、ゴダールの『男性・女性』（六六）でアントワーヌ・ドワネル番外篇を演じたばかりの、このヌーヴェル・ヴァーグの申し子は、同じく『男性・女性』で共演したばかりのカトリーヌ・デュポールと、今度は本格的な恋人役として再会する。なかでも、大きな鏡を古道具屋に運ぶために、レオーとデュポールが街中を映す鏡を挟んで向かい合いながら歩くシーンがあるが、これこそポーランドの前衛とヌーヴェル・ヴァーグの最も美しい婚礼だ。鏡のなかと実像をキャメラが往復するとき、レオーとデュポールの顔が入れ替わる編集マジック、割れた鏡が元に戻る逆回転トリックなどが、弾むようなリズムのなか、ごくさりげなく挿入され、いつまでも見続けていたい至福のときを現出させる。レーサーを夢見る美容師見習いのレオーが、レースに出場する資金を集めるのに協力しているデュポールの健気さが可愛いのだが、ここなどシナリオの意味を超えて、一篇の詩となった場面である。スコリモフスキはレオーを冒頭から走らせたり、とにかく早く動くことを要求しているに違いない。ここでのレオーは、これだけチャカチャカと素早く動き回るにもかかわらず、それでも自らの衝動的なスピードに自分の体がついていけなくて、そのことに常に苛立っているように見える。

ふたりの至福のシーンはもうひとつあって、それは深夜の自動車展示場なのだが、ここはクシシュトフ・コメダによるテーマ曲がクリスティーナ・ルグランによって歌い上げられるミュージカル・シーンとなる。ここで車中で向かい合うレオーとデュポールの切り返しが、不思議極まりないアングルで移動しながら捉えられる。狭い車中で、それがどうして可能かは、まだ映画を観ていない人の楽しみを奪うことになるので書かないが、ここも偶然の状況を一篇の詩にまで高める即興の人スコリモフスキの面目躍如といった名シーンだ。

スコリモフスキの画面には、とにかく動きが導入される。しかし、スコリモフスキの特権的瞬間は動きが止まるのだ。動きが凝固するとでもいうか。モーションとストップ・モーション。スコリモフスキのユニークなところは、動きと停止という主題が、三次元と二次元の葛藤を呼び覚ますことだ。ポーランド時代の第三作『バリエラ』(六六)のレストランのシーン。レストランの広いフロアーで円を描くようにダンスをしていた男女が立ち止まり、見つめ合いながら、動きを止める。その瞬間、背景の海の写真が動き出し、まるで男女に波を浴びせるがごときありさまになる。男女が我に返ったように再び動き出すときには、波はまた一枚の写真として凝固している。これもスコリモフスキ的というほかない詩的な瞬間だといえる。

たとえば、映画はコマの集積とでも、映画は平面だとでも何でもかまうまいが、イェジー・スコリモフスキの映画を観るときにとらわれる思いは、こうした映画としてごく当たり前の事実の不思議さである。あの『バリエラ』の万華鏡の迷路を抜け出す瞬間の爽快感も、『早春』(七二)のプールの幻想も、そして『出発』の自動車展示場のミュージカル・シーンも、つねに動きと停止、立体と平面の葛藤が画面を支配するのだ。それは単に映画として素晴らしい。もちろん、映画に何かアレゴリーを読み込むのは人の自由だが、スコリモフスキ本人は、つまり根っからの映画好きは、単に面白いからやっているにすぎない。だから、スコリモフスキをこう定義できるかもしれない。——ヌーヴェル・ヴァーグ以降に突然現れたメリエス的シネアスト。

『出発』の冒頭を思い出そう。画面がだんだん明るくなってくると、何やら怪物めいた抽象的な形態が映し出される。ストップ・モーションが溶け、画面に動きがもたらされると、丸首セーターの首からジャン＝ピエール・レオーの頭が飛び出してくる。そこから、暗い街中をレオーが走りだし、ポルシェに乗り込み、夜のハイウェイを疾走する。美容室では、レオーの後ろの壁に貼られた大きなポスターの目玉が彼の運命を監視するように映されたり、バイクとの接触事故を起こしたシーンでは、レオーを皮肉に見つめているようなポスターの女の視線がカット・バックされたりする。ここから愛する女性にそっくりな等身大の写真の看板を盗み、写真を抱きながらプールに飛び込む『早春』のジョン・モルダー・ブラウンまでは今一歩である。だから、『出発』のラストが、壁に投影されたカトリーヌ・デュポールのスライドが燃え出したのを模倣するように、ジャン＝ピエール・レオーの顔が凝結し燃え出すのも、スコリモフスキ映画にあっては何ら不思議なことではない。平面に動きを与え、イリュージョンをもたらす映画。映画が虚像でしかないことに敏感なスコリモフスキは心を込めて、虚像に生の息吹を吹き込む。停止した平面で始まりと終わりが彩られているがゆえに、ジャン＝ピエール・レオーの動きが狂おしいまでにいとおしく、彼がいつ動きを止めるかという根源的な映画としての恐怖が生じているのだ。スコリモフスキの『出発』とは、アドレッセンスの終わりを、フィルムのひとコマひとコマと重ね合わせるようにして撮られた一回限りの美しさに溢れた映画である。

（『図書新聞』一九九九年二月六日）

遅れてきたシネアスト
ジャン・ユスターシュの時代

ヌーヴェル・ヴァーグ以前・以後を問わず、『ママと娼婦』(七三〔図5-6〕)ほど豊かなフィルムがあろうか。この映画を見据えたら、おおかたの映画作家は自殺とまではいわないが、青春映画を撮ることに躊躇を覚えそうなものだが、そういう気配もなく、自殺したのもジャン・ユスターシュ本人だったということからも、『ママと娼婦』の衝撃は共有されていないのだろう。とにかく、初期の『わるい仲間』(六三)、『サンタクロースの眼は青い』(六六)から、後期の『不愉快な話』(七七)、『アリックスの写真』(七七)にいたる中短篇、そして『ママと娼婦』と『ぼくの小さな恋人たち』(七四)という長篇二作を含むジャン・ユスターシュの主だった作品が公開されるのは、何か夢のような話だ。

では、『ママと娼婦』の豊かさとは何か。実在の人物をモデルに、撮影場所も可能な限り現実の場所でという体験主義、厳密に書き込まれた膨大な台詞、女の二面性を表す挑発的な題名、細部の執拗な描写、その結果としての三時間四〇分という上映時間など、商業映画の規範をあらゆる点ではみ出している。俳優には、男女の関係を体験した者でないと話せないようなプライヴェートな会話や演技が要求されるので、その負担は演じる側と撮る側の双方に掛かってくる。どこまで役者を追い詰めるのか。恋愛の持つ破壊的な力を体験していくと同時に、分析もするのである。しかし、ユスターシュのフィル

図 5-6 『ママと娼婦』（1973）

ム自体は前衛映画とはほど遠く、むしろ古典的な均衡を保っている。このことこそ驚くべき事態なのだ。

映画の文体から見れば、『ママと娼婦』は切り返しショットとフェイド・イン／アウトを基本に構築された作品なのである。無自覚に使われすぎて、時代遅れの技法と化していた切り返しとフェイドが、これほどなまめかしいまでの切迫した感情を掻き立てるとは、『ママと娼婦』が出現するまで誰にも予想できなかっただろう。ジャン＝ピエール・レオーがフランソワーズ・ルブランと最初に出会う場面からして、どう「切り返し」が視線を顕在化させ、どうフェイド・アウトがふたりの最初の会話を中断させたかでも、ユスターシュの映画的戦略はよく分かる。ここから、ルブランはレオーの会話や電話の声として登場するばかりで、画面に登場するのは引き延ばされる。再開の後は、「切り返し」が多彩なリズムを刻み、映画は二時間をかけたあたりで、あの驚くべきカフェ・フロールのシーンが来る。ここでキャメラはレオーとルブランを真正面から切り返しはじめるのである。小津だと、短い会話で切り返されたものが、ここではレオーの過去の告白の声のみが延々と続く。観客はルブランの位置でレオーの告白を聴き、レオーの目でルブランの反応を見る。劇映画で観客が、ここまで登場人物の間近に入り込んだことは決してない。

一方、『ぼくの小さな恋人たち』では、その距離が幾分遠のく。ここでは移動撮影とフェイドが基軸になる。そのフェイドの意味合いは一層強まり、とうとうアイリス・アウトまで使われるのである。移動は子供たちの歩く速度や自転車の速度に合わせられる。この映画を一五年前に観て以来、一日も忘れることのできない奇跡的なワンショットがあって、それは田園の夕暮れの光が推移していくなか、少年が仲間の不良たちに囲まれつつも、守ろうとする少女にくちづけをするのを捉えた微妙な回り込みの移動なのだ。そのあまりの美しさに驚嘆し、記憶のなかでは一〇分近く続いたが、観直したら一分程度のショットだった。アルメンドロスのベスト・ショットだと思う。『ママと娼婦』の過酷な現在形に対し、子供時代の回想から生まれた『ぼくの小さな恋人たち』は幸福な一瞬を永遠化しようとした甘美さに溢れている。

（『STUDIO VOICE』vol.304、二〇〇一年四月号、インファス・パブリケーションズ）

ジャック・ドゥミ
冷徹なまでのレアリスト

1　『ローラ』――白の魔法

『シェルブールの雨傘』（六四）を見た人なら、その第二部で、カトリーヌ・ドヌーヴの家へ食事に招かれたマルク・ミシェルが、「♪むかし、愛したひとがいました……ローラという名の」と歌う背景に挿入されたパッサージュ・ポムレイの移動撮影を奇異に感じたかもしれない。実際、そのパッサージュ・ポムレイの地、ナントを舞台として描かれる『ローラ』（六一［図5-7］）を知らずしては、『シェルブールの雨傘』自体、理解不能となってしまうのだ。単に『シェルブールの雨傘』は『ローラ』の後日譚（直接的な後日譚としては、カリフォルニアを舞台とした『モデル・ショップ』（六八）がある）にとどまらず、相互に補完し合うことで、お互いを輝かすのである。

ジャン＝ピエール・メルヴィルの言い方を借用すれば、『シェルブールの雨傘』は磨き抜かれたダイヤモンドであり、『ローラ』は乳白色の天然の真珠である。一〇〇回以上見た『シェルブールの雨傘』こそ世界一美しい映画だと信じながらも、ジャック・ドゥミの一本を選ぶのにためらいを覚えるのは、一三年前一度だけ見た『ローラ』の記憶があるからだ。それだけに今回の再会が怖くもあったのだが、その心配は杞憂にすぎなかった。『ローラ』は美しい。

モノクロ・フランスコープの細長い画面がアイリス・インすると、白馬の騎士ならぬ、白い服の男の運転する白いキャデラックが疾走する。マックス・オフュルスの『快楽』（五二）の印象的な一節《メロディ》が流れ、海を見つめるカウボーイ・ハットの男が仰角で捉えられると、『ローラ』とはフランス映画とアメリカ映画の奇跡的な結婚であることが理解されてくる。あの仰角はホークスの西部劇のアングルではなかったか。やがて、アメリカの水兵が登場し、また仏英辞典を通して人が知り合うように、ドゥミ映画にはアメリカ映画、とりわけホークスの記憶が存在する。もちろん、後の『ロシュフォールの恋人たち』（六七）の源流に『紳士は金髪がお好き』（五三）があるのだが、ここで挙げたい一本は『港々に女あり』（二八）である。ホークスが港々の女を巡る水兵を描いたとすれば、ドゥミは港々で男を待つ女の話を描いたのだ。ローラが踊る店は、エルドラドという（ホークスが『エル・ドラド』（六六）を撮るのは、もっと後になるが）。ふたりがともに排除した技法が、説明的なフラッシュ・バックであることも、付け加えておこうか。ホークスに私淑するゴダールがドゥミを好むのは当然のことなのだ。

ドゥミの映画は、衣裳と装置と音楽の世界なのだが、そのなかでイメージの共震が起きるときこそ、真のドゥミ的瞬間である。大胆な省略以上に、キャメラの運動を見ていかなければならない。たとえば、『天使の入江』（六三）の冒頭、アイリスが開かれるや、ブロンドの髪をなびかせて濶歩するジャンヌ・モローのアップから、みるみるうちにトラック・バックするキャメラによって彼女の姿はニースの海岸の点景と化してしまう。つまり、こういうことだ。対象とキャメラの動きのすれ違いがドゥミ映画の時間を生む。『シェルブールの雨傘』第一部のラスト・カット、駅のホームを歩くカトリーヌ・ドヌーヴとニーノ・カステルヌオーヴォにつけたトラック・バックは、やがて見送るドヌーヴより速く、しかしカステルヌオーヴォが乗った列車より遅く、ふたつの対象の中間の動きをとることで、残酷なまでの距離を時間＝持続として示すのである。だからドゥミの叙情性は、冷徹なまでの時間感覚に支えられていることを見落としてはならないだろう。そうしたドゥミの資質は、五五年の処女短篇『ロワールの

図 5-7 『ローラ』（1961）

木靴職人』のラスト、河岸の老夫婦を水上からのトラック・バックで捉えた瞬間から、さらにいうならアニエス・ヴァルダ監督の『ジャック・ドゥミの少年期』（九一）のなかで描かれる、ドゥミ少年が紙細工のミュージカル・アニメーションを撮るため、コマ撮り用キャメラを移動用のすべり台に据えたときから身につけていたものであるといえよう。だから、『ローラ』のなかでも特に輝かしい瞬間、祭りの移動遊園地のシーンも同様である。世界一美しいスローモーションのひとつと呼んで絶対に間違いのない、バッハのハ長調の前奏曲《プレリュード》が鳴るなか、群衆の間を駆け抜ける水兵と少女の姿の美しさも、対象のなかでの動きの速度が異なる世界をキャメラがすれ違いながら追いかけてゆくからこそ生まれてきたものである。もちろん、ジョナス・メカスが『ローラ』を光の映画と呼んだような意味での、逆光気味の光の反映も、このポエティックな感動を一層高めている。『ロバと王女』（七〇）で、ロバの皮をかぶったドヌーヴが、時の止まった空間を駆け抜けてゆく美しい瞬間をすでに予告しているといってもいいだろう。

『ローラ』の美しさは、回想シーンを嫌うドゥミが、アヌーク・エメ演じる踊り子ローラ（本名セシル）の昔の恋物語を、一四歳を迎える少女セシルと水兵の話として反復させ、偶然の出会いが織り成すお伽噺のなかに共存させたことにある。そして、その運命の鍵が白のコスチュームである。アヌーク・エメが恋したのが、白い水兵服に仮装した男であったように（水兵服を着たエメが鏡に映される美しい瞬間！）、ここでマルク・ミシェルがエメに失恋してしまうのも、彼が黒い服しか着なかったせいではなかろうか。

『シェルブールの雨傘』のなかで、マルク・ミシェルが一度だけ白い服を着るのが、お腹の大きくなったカトリーヌ・ドヌーヴに港でプロポーズしたときであったからだ。『ローラ』は、白の魔術師ジャック・ドゥミの誕生を告げる映画である。

2 色彩劇の背後に

もしジャック・ドゥミについて、甘いメロドラマや現実離れしたお伽噺を撮っていた映画作家というイメージを持っている人がいたとしたら、断じてドゥミはそんな甘い映画は撮ったことはない、むしろ冷徹なまでのレアリストであったと主張したい。もっとも、出演者であっても、たとえばカトリーヌ・ドヌーヴさえもが『シェルブールの雨傘』で何を演じたかを理解したのは、後年に映画を見直してからであり、それ以降、人生はドゥミの映画に似ていると感じるようになった、という。主題でいうなら、ドゥミと比較されるべきは小津安二郎である。両者とも、片親のない娘（とその結婚）を各作品で変奏していったからだ。小津の場合、主として父と子だが、ドゥミはむしろ母と娘が中心になる。小津に原節子がいたように、ドゥミにはカトリーヌ・ドヌーヴがいるのだ。小津が演技を嫌い、男や女としての存在を映し出していったように、ドゥミも心理的演技を排除する。だが、それは単純化という作業を通して、物事の関係性を浮かび上がらせようとするからなのだ。

処女長篇『ローラ』以来、アイリス・イン／アウトがドゥミの世界を開き、閉じるのは誰もが知っているとおりだ。ドゥミの幸福への招待なのである。だから、『都会のひと部屋』（八二）のような悲しいミュージカルはアイリスを使えなかったのだ。あの美しい港町の情景をアイリスで開いた『シェルブールの雨傘』は、その悲しみに堪えるようなラストはカットで終えるしかなかった。だからこそ、生の歓びに満ち溢れる次作『ロシュフォールの恋人たち』をあえてアイリスで始めずに、『シェルブールの雨傘』のラストとカットで直結するのである。

『ローラ』『シェルブールの雨傘』『ロシュフォールの恋人たち』は連作の形をとってはいるが、後の二作のカトリーヌ・ドヌーヴは同じ役ではない。しかし、役柄を超えて、ドヌーヴという存在に人生を生き直させようとする点で、作品が互いを照らし出すのである。

モノクロ時代の『ローラ』や『天使の入江』にすでにドゥミの特権的な色として「白」が登場していたが、カラー時代には一層の輝きが加わる。なかでも『ロシュフォールの恋人たち』は、ピンクやオレンジや青色といった色彩感覚豊かなミュージカル・コメディだが、ドゥミ映画の運命の色としての白に至高の表現が委ねられる。フランソワーズ・ドルレアックとジーン・ケリーの再会の場である楽器店。その壁、床、階段、ピアノの白を背景に、白の衣裳を纏ってふたりがミシェル・ルグランの曲に乗って舞う瞬間に、フランスとアメリカのミュージカルの結婚が告げられる。対照的に、ドルレアックの双子の妹カトリーヌ・ドヌーヴは、いまだ見ぬ彼女を愛する兵役中の画家ジャック・ペランと出会うことができない。なぜなら、ドヌーヴが白いドレスを身につけたにもかかわらず、ペランの方は白い水兵服から青い私服に着替えてしまったからだ。ドヌーヴの白い鞄とペランの青いバッグが置かれたカフェでのふたりのすれ違い。ラストでは青にアイリス・アウトされて閉じられるのだが、「青」と「白」の葛藤は作品を超えて続く。

題材の違いにもかかわらず、シャルル・ペローの童話の映画化『ロバと王女』が『ロシュフォールの恋人たち』の続篇として浮上してくるのは、そうしたときだ。ここで、ドヌーヴは青の国の王女、ペランは赤の国の王子として登場するのである。母の死後、ドヌーヴは実の父ジャン・マレーに求婚される羽目に陥り、ロバの皮を被って森の小屋に身を隠すのだが、ドヌーヴがペランのことを思うとき、ふたりは野原を純白のコスチュームで転げ回り、歌い、踊るのである。『ロシュフォールの恋人たち』のジーン・ケリーとドルレアックの至上の愛を模倣するように――。

時代錯誤のお伽噺に見えかねない『ロバと王女』を、あくまで擁護する必要に迫られるのは、超＝現代的な感覚を見せかけの古さに融合させるドゥミの批評感覚のためである。事実、遺作となった『想い出のマルセイユ』（八八）を覆っていた近親相姦の主題がすでに影を落としているのだ。男が妊娠するドタバタ劇『モン・パリ』（七三）や、オスカルを男装させる『ベルサイユのばら』（七八）をドゥミがなぜ撮ったのか。もちろん、お金のためだけで撮ったわけはない。マルチェロ・マストロヤンニが妊婦服を、カトリーヌ・マッコールが白い衣裳を身につける瞬間に、ドゥミ映画の刻印が押されている。

それにしても、『想い出のマルセイユ』は、イヴ・モンタンの伝記映画という制約を逆手にとる形で、ドゥミ世界の集大成を見せてくれる。しかし、ラストのマルセイユ駅の階段がアイリス・アウトで閉じられる際、丸いマスクの中心には匿名の（白の）男女の姿が認められるのである。この開かれた終わり。ドゥミ映画はいまだ終わっていない。

（『シティロード』一九九二年一月号、エコー企画／『エスクァイア』一九九四年一月号、エスクァイア・マガジン・ジャパン）

女優ビュル・オジエ
リヴェットからデュラスへ

ビュル・オジエとは、不思議な女優である。その「不思議な」という意味には、演じる役柄上のことも含まれるが、それ以上に、ビュル・オジエがここに存在する（ここにというのは、スクリーン上ということだが）ことの不思議さなのである。こう言い直してみようか。今日見たオジエの出演作を、明日もう一度見にいったら、スクリーンからオジエが消えてしまっているかもしれない。そういうあり得ない事態を想像させる希有な女優なのである。妖精という言葉がふさわしいのかもしれない。

『マルグリット・デュラスのアガタ』（八一〔図5-8〕）にしても、そうしたビュル・オジエの資質を抜きには成立し難いフィルムである。ここで、無人の海辺やホテルを映し続けていたスクリーンに、ビュル・オジエが現れる瞬間の戦慄。しかし、それはソファーで猫のように丸くなってほとんど静止するときでも、鏡の前のロビーに柱の陰から現れ、これ以上は不可能なほどゆるやかに横切っていくときでも、「いる」ことが「いない」ことと同義語でもあるように、存在感を限りなく希薄に漂わせる。そのことで、デュラス的な狂った記憶の反響が呼び覚まされる。思わず、巫女という言葉さえ漏れそうになる。

こうした透明感溢れるビュル・オジエのキャラクターが確立したのは、ジャック・リヴェットのフィルムによってである。マルク'Oの実験劇場で経験を積んだオジエは、リヴェットの『狂気の愛』（六八）という四時間一二分の型破りな傑作で、周りを驚嘆させる。簡単なシノプシスだけで始まった撮影は、その日その日で即興が繰り返され、俳優に自由と主導権が与えられた画期的な映画となった。演劇のリハーサルと上演の崩壊という主題は、リヴェットの処女長篇『パリはわれらのもの』（六一）を受け継ぐものの、『狂気の愛』では、演出家を演じるジャン＝ピエール・カルフォンと、そのパートナーである女優を演じるビュル・オジエの異様な緊張度に満ちた即興の持続が、映画に現在進行形の生気を吹き込んだ。ひと言でいえば精神の崩壊を体現したオジエなのだが、幼児退行に向かうまでの過程を、ときには軽やかに（他人のペットの犬を攫《さら》おうとする）、ときには重々しく（眠る夫の目を針で突こうとする）演じてみせる。ここが不思議なところなのだが、普通なら嫉妬のひと言で、その精神の貧しさが垣間見えそうな役柄なのだが、そうした人間的な感情に収まりがつかないほどに漏れ出した豊かさとしかいいようのないものがオジエの身体を通して、映画世界を拡張していく。その後、『アウト・ワン』（七〇）、『セリーヌとジュリーは舟でゆく』（七三）、『デュエル』（七五）、『北の橋』（八一）、『彼女たちの舞台』（八八）、そして『ランジェ公爵夫人』（二〇〇七）まで、リヴェットとの共同作業は続く。『セリーヌとジュリー』では幽霊、『デュエル』では太陽から来た娘（要するに宇宙人）まで演じ、彼女の人間離れした魅力が開花していく。『狂気の愛』以降のリヴェット作品では、たとえビュル・

図5-8　ビュル・オジエ（『マルグリット・デュラスのアガタ』1981）

オジエが出演していなくても、常に彼女の存在を感じ取れるほど、ビュル・オジエのもたらした空気感は圧倒的である。

『狂気の愛』を見たスイスの映画監督アラン・タネールは、『サラマンドル』(七〇)の主役にオジエを起用する。社会に抑圧されたスイスの田舎娘は、ビュル・オジエの俯き顔と微笑みの交錯する表情を得て、ポスト六八年を体現する存在として、世界の人々からの共感を集める。ここで見せた現実と対峙するリアルさも、オジエの一面なのだが、それが妖精的資質と共通することは、次の瞬間の行動がまったく読めないという天衣無縫さにおいてなのだ。その後、ビュル・オジエはヨーロッパのヌーヴォー・シネマの守護天使になった。アンドレ・デルヴォー、バルベ・シュレデール、ダニエル・シュミット、ルイス・ブニュエル、エドゥアルト・デ・グレゴリオ、ヴェルナー・シュレーター、ライナー・ヴェルナー・ファスビンダー、マノエル・ド・オリヴェイラ、そしてマルグリット・デュラス。一五年前(一九八七年)、パリで初めてビュル・オジエに会ったとき、最も驚かされたのは、映画を、特に先鋭な表現を繰り広げている大衆的でない映画を、守って育てていこうとする強い意志だった。その熱い言葉は、スクリーン上での冷たい微笑を投げかける謎めいた存在が発したものだけに、いまだに忘れられない。

ともあれ、ビュル・オジエがサイレント時代の女神(ディーヴァ)の系譜に位置する突然変異の女優であることを明かすのが、声を欠いたがゆえに、その身体表現が極限までに露呈した『マルグリット・デュラスのアガタ』なのである。

(マルグリット・デュラス『マルグリット・デュラスのアガタ』パンフレット、ジェイ・ブイ・ディー、二〇〇三年)

ゴッドフリート・ユンカー『シークレット・ラブ』賛

ゴッドフリート・ユンカー監督と知り合ったのは、僕が『ゆめこの大冒険』（八六）で参加した、一九八七年夏のオーストリア・ブルーデンツ映画祭のときで、彼の『シークレット・ラブ』（八六）こそ、その映画祭での最大の発見であった。『シークレット・ラブ』の魅力、それは喩えようもないポエジーである。それは、映画がサイレントからトーキーに移行するとき、失われた何かを回復しようとする彼の試みの結果であるといえないだろうか。

文通を始めたユンカー監督から送られてきた、彼の映画論「静けさの映画」のなかで、彼は一九二〇年代のフランスのアヴァンギャルド映画を、外部の世界が魂のなかにどう映るかという探求であると高く評価し、その瞑想的な映画の系譜、彼の偏愛する作家たちを列挙していく。カール・ドライヤー、ロベール・ブレッソン、小津安二郎、アンドレイ・タルコフスキー、ストローブ＝ユイレ、マルグリット・デュラス、シャンタル・アケルマン。そして、こう語る。「想像力に訴えたゆえ、雄弁であったサイレント映画に対し、トーキー映画は、静けさを知覚することにいたった」。

『シークレット・ラブ』において、ユンカーは、ドイツ人ペーテルをひとりでギリシアという未知の言語圏に放り出すことで、トーキー映画史上初かもしれない、言語を理解せずに受容できる、つまり世界のどこでも無字幕で上映できる映画を創造した。ユンカーよりの私信によれば、「この映画のテーマは、言葉によるコミュニケーションの不在です」。……言葉に代わって浮上してくる要素とは、純粋な音であり、身振りであり、瞳の瞬きであり、ギリシアという風土の晴れやかさそのものである。

前半は、コップに注がれる水が溢れるカットに導かれるように、ペーテルの苛立ちを示す断片的なカットが連続する。しかし、海に入り、子供たちとの交流が進むにつれ、映画は安定したリズムを刻みはじめる。ペーテルも、ギリシアの風と、水と、光と、音や音楽と交感する喜びを会得していく。そして、その中心にあたるのが、少女ディミトラとの「秘められた愛」である。ディミトラとの交際を注意する神父の言葉にもかかわらず、その後、何もふたりの間の障害とはならない。『シークレット・ラブ』では、メロドラマに堕する要素は注意深く排除されている。これは、「ゴダール以後の映画」という言い方があったときの倫理ではなかったか。撮影＝冒険という意味で、『シークレット・ラブ』は、『気狂いピエロ』（六五）の精神、つまり既成の文法の白紙還元で撮られた映画である。

ともあれ、ペーテルと同じく、光と音との交感の術を発見した我々にとって、『シークレット・ラブ』の中盤以降は、映画的快楽の極みの体験となるだろう。たとえば、神父の踊り出す唐突なおかしみ。さらに、映画館から聞こえるハリウッド製史劇の音楽や馬のいななきにのって、ウェイトレスの運んでくる料理にちりばめられた花火。このちぐはぐな画と音の二重奏のもたらす運動感はどうだろう。

山腹でのドライブには、もう胸がつまるばかりだ。そして、この映画の頂点をなすカフェ。女性としての主張を込め、サングラスをかけるディミトラ。これは、ふたりの最初の出会いの反転した姿である。ここで、大人を模倣する演技がふたりの間に途方もない緊張感を呼び起こすさまは、まだ映画にこのような表現が残っていたかという驚きへと人を誘う。キャメラがゆるやかにふたりに接近するとき、ディミトラのあどけない仕草がこの緊張をほぐし、サングラスをはずしたディミトラとペーテルの瞳と瞳の対話が続く。このとき、ユンカーは自然主義者が、同時に表現主義者でもあり得ることを証明する。そのさりげない大胆さにより、ふたりの背景を消してしまうからだ。カフェというより、現前するスクリーンは、ふたりの魂の交感の場に変容する。そこでは言葉は世界から消える。息詰まる視線劇を解放するように、コーダは、爽快な句読点をともなって、この幸福感に満ちた空間を閉じる。

『シークレット・ラブ』は、ユンカーの眼差しの持つ強度の探求のなかで生まれた、ひとつの奇蹟である。

（ゴッドフリート・ユンカー『シークレット・ラブ』プレス、俳優座シネマテン、一九九〇年）

ニコへの「私映画」
フィリップ・ガレル『ギターはもう聞こえない』

かつてゴダールが彼より若い世代で評価していたフランスの前衛映画作家に、『照準線』（五九）のジャン＝ダニエル・ポレ、『ある単純な物語』（五八）のマルセル・アヌーン、そして一三歳で最初の八ミリ映画を撮り、一六歳で三五ミリ映画『調子の狂った子供たち』（六四）を撮ったフィリップ・ガレルという三人がいた。しかし、ゴダールの賛辞にもかかわらず、東京はおろか、パリでも彼らの作品を見るのは困難を極めた（一九八六年当時の話である）。

では、ガレルの前衛ぶりは、いかなるものであったか。当時かろうじて見ることのできた初期作品に『アタノール』（七三）があるが、これなど中世の騎士道物語から抜け出してきたような華麗な衣裳に身を包んだふたりの男女が、森のなか、あるいは廃墟のような場所に不動の姿勢を保っているのを、固定したキャメラがじっと捉え続けているのみというものであった。しかし、活人画と化したモデルもかすかに身を動かすし、草木や衣裳を揺らす風まで止めるわけにはいかない。沈黙のなか（何とサイレント映画なのだ）、神話的な背景があるのだろうけど、微細な表情の変化が感動的な、決定的に忘れられない一作だった。

それに比べたら、近年のガレルは「私映画」的であるとはいえ、前衛としての痕跡は洗い流し、普通の劇映画といっても通用する一般性を備えている。といっても、ガレルのような作家はほかに存在しない。ゴダールの影響は当然あるが、一方でアンディ・ウォーホルとも交流し、『チェルシー・ガールズ』（六六）的に延々と対象を撮り放しにするのも厭わないのだ。かつてのガレルの妻であり主演女優（『アタノール』も含め）だった、ヴェルヴェット・アンダーグラウンドの歌姫ニコの死をきっかけに撮られた『ギターはもう聞こえない』（九一）でいうなら、ニコをヨハンナ・テア・シュテーゲ、フィリップ・ガレル自身をブノア・レジャンに演じさせ、やはり実生活でガレルの妻でもあったブリジット・シイにシュテーゲと別れた後のレジャンと結婚する役を割り振っているように。

たとえば、こんなシーンがある。レジャンがシュテーゲと再会した直後、シュテーゲはおしっこをしながら、トイレの扉を開け放し、レジャンとキスを交わしている。紙が切れているのに気づいたシュテーゲはトイレットペーパーの芯を広げて、おしっこを拭く。この場面が個人的な体験に基づくかどうかは分からない。だが、ガレル以外の映画でこんなシーンが見られるだろうか。前作『救助の接吻』（八九）では、セックスしている夫婦のところに幼い子供がやってきて、ベッドにもぐり込み、母からキスされるという場面があるし、次作『愛の誕生』（九三）には、男の前で女が経血を洗うという場面もある。実際にあってもおかしくないが、映画で描かれることはまずない、こうした描写がほかの場面と調子が変わることもなく、さりげなく日常の一断面として現れるのである。それはたとえば、佐野和宏の描くセックス・シーンが、ピンク映画の条件としてあるのではなく、男女の関係を描くのに必須な要素であり、日常の延長として現れ出ているのに似ているかもしれない（脱線ついでにいえば、『変態テレフォンONANIE』（九三）や『不倫・母・娘』〔九三〕など、佐野和宏の何本かは近年の日本映画の最高の達成である）。

こう書いたからといって、ガレルの映画が露出趣味のドキュメンタリーもどきなどと誤解しないでほしい。あくまで演出された劇映画として、ガレルは素晴らしいのだ。俳優たちの魅力的なこと。女優はいうまでもないが、たとえば、キェシロフスキの『トリコロール／青の愛』〔九三〕という一九世紀的心理ロマンでは凡庸だったブノア・レジャンが、やはりガレル作品によく姿を見せるジャン＝ピエール・レオーのように、出来事の推移に、一歩遅れて反応する男の戸惑いを露呈させ、素晴らしい。そしてガレルの簡素さへの指向が、その映画文体を規定する。カット・バックほど、ガレルに似合わない手法はない。あたかもその場の空気を摑みとるように、ふたりの間をゆるやかにパンしていくときに、ガレルの美質が露わになる。キャメラをひとりのみに据えっぱなしにして、相手の声がオフで響くときもそうだが、前衛時代からの特質である持続が物語を脱臼し、存在の震えそのものへと導くのだ。だが、その持続のあっけなさこそ、もうひとつのガレルの特質といえる。時間経過のあっけなさ。たとえば、知り合ったばかりのカップルに子供ができて、いきなり画面が溶明し、赤ちゃんを抱いた女が示されるときの唐突さはどうだろう。夫に愛人ができるときの偽のカットつなぎ（女の引きからアップに寄ったときに、空間と時間が変わっている）の簡潔さ。ガレルの見事な演出の例として、ラストカットを挙げておこう。ここでガレルは、カット・バックの効果以上のものを固定したワンショットで見せてくれるのだ。

（『STUDIO VOICE』vol.229、一九九五年一月号、インファス・パブリケーションズ）

ゴダール／カリーナ

愛の視線

アンナ・カリーナを主演に迎えたジャン＝リュック・ゴダール作品7½本の魅惑。カリーナのいないゴダールのフィルモグラフィが想像できるだろうか。ヴェロニカ・ドライヤー（『小さな兵隊』六〇）、アンジェラ（『女は女である』六一）、ナナ（『女と男のいる舗道』六二）、オディール（『はなればなれに』六四）、ナターシャ・フォン・ブラウン（『アルファヴィル』六五）、マリアンヌ・ルノワール（『気狂いピエロ』六五）、ポーラ・ネルソン（『メイド・イン・USA』六六）、そしてエレオノール（短篇『未来展望』六七）。

デンマーク出身の、『勝手にしやがれ』（六〇）の出演依頼で裸を拒否した女優の見せる多彩さ。髪型から性格まで変わる。カリーナとの出会いがなくとも、『勝手にしやがれ』の監督が映画を撮り続けていることは疑いないが、しかし映画があれほどの輝きを持ち得ただろうか。

ベラスケスかルノワールの灰色の瞳、レスリー・キャロンのような唇、ジャン・ジロドゥの劇から抜け出してきた人物と紹介される『小さな兵隊』のカリーナを、どう映画に導入したか。主人公ブルノが車のなかから声をかけたとき、ジュネーブの路面電車の停車場で、カリーナはゴダールと一緒にいる。ゴダールが仔犬のぬいぐるみを地面に置くところだ。この一連のイメージは、ゴダールがブルノを演じるミシェル・シュポールにカリーナを貸し与えたようにも取れる。ここはロングなので、カリーナが観客に

図5-9　アンナ・カリーナ（『女は女である』1961）

まだ認知されたわけではない。監督ゴダールはその瞬間を引き延ばす。車上のカリーナは背後からしか撮られないからである。最初のクローズアップは煙草を吸う、あどけない表情。しかも一度別れたブルノに戻ってこさせ、髪を左右に振り乱すようリクエストさせる。これほど念入りに紹介されたヒロインがいただろうか。ブルノが写真を撮りながら質問をする場面は、オーディションを思わせ、一本の映画のなかで女優がつくりあげられるドキュメントにも見える（もちろん、ブルノの質問の内容はゴダールが決める）。『女は女である』はゴダール初めてのカラー・スコープ作品であり、カリーナは子供を欲しがる若妻をコケテッシュに演じ［図5-9］、ベルリン映画祭で主演女優賞を得る。最も幸福だった頃のゴダール／カリーナ作品である。アズナブールのシャンソンが流れる時間、カリーナの憂愁な魅力をジャンプ・カットで畳みかける。カリーナに対する愛の編集である。

モノクロ・スタンダードの三本、『女と男のいる舗道』『はなればなれに』『アルファヴィル』で、映画は苦渋に震える。カリーナを通した女性探求の記録である。愛を捧げながら、激しく憎み、ときには無関心を装い、絶望の淵にまで立った者でしか撮れない作品群だろう。断章形式で娼婦の日常を見つめた『女と男のいる舗道』の冒頭。横顔、正面、逆の横顔のカリーナの逆光のクローズアップが、音楽と相まって深い悲しみに沈む。そこに欠けていた正面からの光は、ドライヤーの『裁かる、ジャンヌ』（二八）から放たれる。ファルコネッティの大写しに涙を流すカリーナのクローズアップが直結されるが、まるでカリーナが無声映画の登場人物になったようだ。冒険映画の形を借りた『はなればなれに』。カリーナを男ふたりの間に置き、踊らせ、走らせ、青春を生きることの悲痛な美しさを体現させる。SF映画の枠で試みられた愛の発見の物語『アルファヴィル』。エディ・コンスタンティーヌから切り返されるカリーナの大写しに驚かされる。崇高さすら感じられる美しさ。どこまで女の本性に近づけるのかという祈りにも似た眼差しを感じる。

ここで、ゴダールの編集の特性を考えてみたい。多くの映画作家はシーンのなかで連続性を保ち、滑らかにカットをつなごうとする。こうしたデクパージュをゴダールがやらないわけではない。ゴダールはデクパージュが同時にモンタージュでもあるという特異な作家なのだ。ここでいうモンタージュとは、ソヴィエトの初期映画のように、滑らかさより、カットとカットの衝突を目立たせるものだ。つまりゴダールの映画は必ずしも映画文法から外れているわけではないが、カットがつながれる瞬間に世界が再発見されるような驚きを呼ぶのである。そうした資質が、カリーナをどう撮り、どうつなぐかという実験を通して、開花していったのだ。

『気狂いピエロ』では、モノクロのカリーナをカラー・スコープの環境に置き、無垢と打算、愛と裏切り、誠実さと神秘さ、相反する資質を一身に凝縮させる。カリーナが死ぬ三本目の映画だが、死の過程が描写されるのは初めてである。撃たれて、斜面を落ちるカリーナの姿は、《私の運命線》を歌うシーンの記憶に重なり、観る者の胸を引き裂く。

しかし、ふたりの映画的関係はまだ終わらない。カリーナを撮るなかで、ゴダールの変貌が準備される。『メイド・イン・USA』で私立探偵を演じるカリーナをクローズアップで撮ろうとも、『アルファヴィル』のモンタージュの衝撃はない。愛の視線の喪失。その埋め合わせなのか、『未来展望』では、愛を知らない娼婦に口づけの快感を教える。そのとき、ヴァルダの『5時から7時までのクレオ』（六一）のなかの、カリーナとゴダールの結婚を祝うように撮られた劇中映画の記憶はあっただろうか。『未来展望』の最後は、観客を吸引するようなカリーナの緑の瞳によって閉じられる。

（『キネマ旬報』二〇一二年七月上旬号、キネマ旬報社）

ユイレとストローブ

愛をめぐる厳格な喜劇

監督にとって、映画づくりのサイクルは、心地よいものである。脚本の段階では、ひとりか少人数。撮影は大人数。それが終われば、ひとりでもできる編集、整音では信頼できる録音部との少人数での共同作業である。基本ひとりの画家や作家と比べて、映画監督は何と楽なことか。孤独と共同作業が、いい塩梅のサイクルになっている。作者がふたりになれば、どうか。ミステリー作家エラリー・クイーンの場合は、ひとりがプロット、もうひとりが小説執筆と得意分野を受け持ちつつ、各段階で激論を交わしたわけだから、面白くならないわけがない。でも、それが夫婦でもあったら……。

その人生と仕事の過酷なコラボレーションを映画の分野で続けてきたのが、ダニエル・ユイレとジャン＝マリー・ストローブである。ありがたいことに、『シチリア！』（九八）には、現場助監督によるメイキング映像が残されている。通常、助監督がメイキングを兼任するなどあり得ないので、これにはユイレとストローブの意向が感じられる。現場を理解している人物に、共同演出の記録を残させたのだ。

撮影現場で、ユイレはキャメラ横の前線で指揮したり、ヘッドフォンで台詞の抑揚や息継ぎをテキストに照らし合わせ確認したり、ときにはカチンコを打つ。一方、ストローブは歩き回りながら、直接現場と関係なさそうなアフォリズムを誰にともなく呟く。ふたりはそれぞれのペースを崩さない。現場に入る前に、ふたりで検討しつくしたであろうテキストやカット割りを実現するために、信頼関係に基づき役割分担するのだ。ストローブの俳優への理念的な指摘に対し、ユイレは俳優に動きや発声を具体的に指導する。ユイレは、製作主任であり、チーフ助監督であり、記録係でもあるようだ。しかし、現場のOKの判断では、ユイレはストローブとまったく同格である。

ペドロ・コスタによる、ストローブ＝ユイレの『シチリア！』第三版の編集の記録である『あなたの微笑みはどこに隠れたの？』(二〇〇一)も残されている。ここでのユイレは編集者である。ストローブは編集室を出入りしながら、持論を滔々と述べる。その間も、ユイレはフィルムを扱う手を休めはしない。ひとコマの編集点を巡って、激論が交わされ、ついにはユイレが「邪魔しないで」と怒鳴りつける。しかし、これがふたりの半世紀を超える共同作業の自然な姿なのであろう。ふたりの家庭生活を垣間見せる映像が、同作品のアウトテイク集『六つのバガテル』(二〇〇二)の最後にある。洗濯物が吊るされた木陰のベンチ。映画論をぶつストローブの傍らで、ユイレが針仕事をしている(声と手！)。すれ違いながら、お互いを必要とする、ふたりの愛をめぐる厳格な喜劇が演じられているようではないか。

(『キネマ旬報』二〇一三年一〇月下旬号、キネマ旬報社)

「近日公開、当劇場にて」

ゴダールの予告篇

ゴダールのフィルモグラフィに数えられることはないが、実質的なゴダール作品といういうべき優れた短篇映画が数多く存在する。それらは通常「予告篇」と呼ばれる。予告篇とは映画本篇への欲望を高めるための宣伝物だが、そのフィルムのマティエールは本篇と何ら変わることなく、映像と音響で構成される。ゴダールの場合、ジガ・ヴェルトフ集団時代と、テレビ用だった『新ドイツ零年』（九一）を除くほとんどの長篇作品に、ゴダール自身の構成による予告篇がある。一本一本に創意工夫が凝らされ、映画＝本篇についての映画であると同時に、見事な短篇映画としても自立する。端的にいって、カッコイイ。予告篇の素材には本篇のアウトテイクか、本篇のデュープ、あるいは予告篇用の新撮素材がある。最後の例だけで構成された予告篇として『ゴダールの探偵』（八五）がある。何しろ本篇はカラーなのに、予告篇はモノクロでフィルム・ノワールのワンシーン（むろん本篇にない）が演出されるのである。今のところ、ゴダール最後のモノクロ作品は六六年の『男性・女性』ではなく、八五年の『ゴダールの探偵』予告篇なのである。しかも、その出来栄えは本篇をはるかに凌ぐ。

さて、ここで紹介する六〇年代の予告篇も、本篇と同様、ゴダールの変貌の跡がうかがわれ興味深いものばかりである。とりわけ『女は女である』（六一）。ここでゴダールは自らの映画作法を語るのだ。ルノワールに導かれた、俳優との共同作業を通した映画体系を定義する。そのゴダールの声が孕む思索的な響きが、アンナ・カリーナの「でも、女は女である」の声の持つコケティッシュな肉体性によって遮られる瞬間の何たる甘酸っぱさ。ここでゴダールは自らの理論を語りつつ、女性の官能に勝利を譲り渡すのだ。ルノワール論で述べた「美であると同時に美の秘密であり……」。ゴダール予告篇の処女作というべき『勝手にしやがれ』（六〇）。ここでは律義にワンカットの映像とひとつの言葉が対応し、本篇を構成する映画概念のひとつひとつを並列していく。すでにゴダール的だと思えるのは、何か宣伝の核心を想定して、そこに向かって構成されるような通常の予告篇とは一線を画していることだ。断片と断片の間に上下のヒエラルキーがない。それぞれの多義的な映像が言葉によって一元的意味に収束していくのは、映像版「紋切型辞典」を思わせる。面白いのは、『肉体の悪魔』（四七）、『男の争い』（五五）、『素直な悪女』（五六）、『暗黒街の顔役』（三二）と映画題名を列挙して、『勝手にしやがれ』を跡づける最後の部分だが、全部がゴダールの評価する映画とも思えないので、当時のゴダールの戦略が垣間見えるようではないか。

『気狂いピエロ』（六五）も、映像と言葉が響き合う『勝手にしやがれ』の延長線上の試みといえる。だが、ここではベルモンドとカリーナの掛け合う声によって、空間のイマージュが乱反射し、豊かに膨れ上がる。しかも、始まりと終わりはベルモンドが本を読み上げるリップ・シンクロの場面（別テイク）なので、とりわけ最後にベルモンドに回帰するときの新鮮な空気ったらない。そのとき、カリーナによる「気狂いピエロ」という呼びかけの声がオフで入ることで、この作品の悲劇的な本質が一挙に浮かび上がる。『勝手にしやがれ』や『女は女である』では音楽は使われていなかったが、ここではライン川に想を得て作曲されたシューマンの《交響曲第三番》から、スケルツォ（舞曲）の旋律が一一回繰り返され、熱に浮かされたような無限反復の効果を上げている。この音楽の反復の手法は『軽蔑』（六三）のジョルジュ・ドルリューのテーマ曲の反復の延長にあるのだろうが、ここでは既成の曲を使っていながら、音の強弱や間を映像や声との関係で変化させ、昂揚感を持続させている。このシューマンの曲は本篇には使われていないが、翌年製作された『メイド・イン・USA』（六六）本篇には同じ旋律があちこちに使用され、明らかに予告篇での音響実験の成果が反映されているのだ。

『メイド・イン・USA』といえば、同時に撮影された『彼女について私が知っている二、三の事柄』（六六）と並んで、その予告篇は六〇年代ゴダールのなかでも、最も過激な実験作となった。『メイド・イン・USA』は「SILENCE（沈黙＝お静かに）」という手書きの字幕で始まるが、続く拳銃の陳列されたガラス・ケースが靴で叩き割られるカットが無音なことの衝撃が観客を襲う。この二本は何とサイレント作品なのである。このあるべき音を消された効果たるや絶妙で、騒がしいほかの予告篇群に挟まれたとき、とりわけその効果は倍増するはずだ。『男性・女性』（六六）や『中国女』（六七）の予告篇はまた別の系列を構成する。これらはシャンタル・ゴヤや《マオ・マオ》の歌が丸ごと流される間に機関銃のようなリズムで映像が次々と打ち出されていく。今ではＭＴＶなどで珍しくもない手法だが、ここではゴダールの編集センスを最も直截に見ることができる。その後、ゴダールは『万事快調』（七二）での五分近い長尺予告篇や、『パッションヨン』（八二）でのワンシーン＝ワンカット、『カルメンという名の女』（八三）でのフィルムのサウンド・トラックのモジュレーションを使ったワイプといったさまざまな予告篇の試みを繰り広げている。

ゴダールの予告篇は、この分野での実験作家というべきヒッチコックを超えようとする欲望に突き動かされているような気さえする。そうした予告篇を見逃さないために、映画館では上映中の予告篇の告知もおこなうべきではないか。ゴダール全予告篇の一挙上映、そんな夢のような機会が短い人生の間にはたして訪れるであろうか。

(『ユリイカ』一九九八年一〇月号、青土社)

マノエル・ド・オリヴェイラの映画世界
『アブラハム渓谷』

1　恐るべきシネアスト

見渡す限り田園の丘陵地帯が広がり、水面が鈍くきらめくドウロ河沿いの渓谷の風景がフィックスで捉えられる。そのロング・ショットのゆるやかな斜面に降り注ぐ柔らかな光のニュアンスのなかで、あたかも絵画を隅から隅まで愛でるように細部の豊かさに眼差しを注ぎつつも、風景全体から発散する官能性に体中痺れ尽くしているや、どこからか列車の走行音の響きが高まり、いきなり河に沿って風景が横に滑り出すのである。しかも、河との距離感の多彩さ、煙のたなびき方、樹木による陰りの唐突な侵入ぶりなど、単純であるべきトラヴェリングが景観のサスペンスとでもいうべき時空に変貌する。人物の登場しないこの冒頭の二ショットに限っても、現在スクリーン上に投影可能な、最も豪奢で、繊細で、快楽的で、予想外なイマージュに間違いない。この監督はただ者ではない。まだタイトル・バックなのである。俳優たちは登場せず、物語も直接語り出されてはいない。

だが、この『アブラハム渓谷』（九三〔図5-10〕）と呼ばれる信じ難い一本を語る前に、マノエル・ド・オリヴェイラという恐るべきシネアストのかつての仕事を振り返っておかねばならない。驚くべきことに、一作ごとに新たな試みに挑戦するこの映画作家にあっては、実験が同時に完成を意味しており、一作でその可能性を極めてしまうのだ。処女作が（九四年の本章執筆時から）六三年前に撮られたというだけで、気の遠くなるような隔たりを感じずにはいられないが、その『ドウロ河』（三一）という短篇ドキュメンタリーは、現在においてもいささかも瑞々しさを失ってはいない。港湾都市の持つ生活感と工業化と水の表情が短いモンタージュの連続で目まぐるしいリズムを刻む。その処女短篇が構成主義的なアヴァンギャルド映画の流れにあるものだとしたら、それから一一年後の長篇第一作『アニキ・ボボ』（四二）はイタリアン・ネオレアリズモを先取りした作品といわれている。やはりドウロ河畔を舞台として、子供たちのなかで巻き起こる小波乱をロケーションの生々しさのなかで描き出したものである。

ドキュメンタリーから出発したオリヴェイラは、六〇年代に入ると、フィクション性の強い人工的な設定を使い出す。『春の劇』（六三）は、山村の自然の風景のなかでおこなわれるキリスト受難劇のドキュメント（?）である。「挫折した愛の四部作」の第一作『過去と現在　昔の恋、今の恋』（七二）は、後期のブニュエルを思わせるブラックなブルジョワ結婚喜劇であり、移動を多用した長回しがその文体である。その第四作『フランシスカ』（八一）は、ヴェルナー・シュレーターや初期ダニエル・シュミットを想起させるマニエリスム映画というべき演劇性の強い一作となっている。そして、すべて演劇の舞台上で展開する、ポール・クローデル原作の『繻子の靴』（八五）という、上映時間が七時間近い怪物的な大作が産み落とされる。八〇年代後半以降となると、誰々風などとは呼べぬ、オリヴェイラ以外では見たことのない独創的な作品スタイルが支配する。奇妙奇天烈なオペラ映画『カニバイシュ』（八八）、アフリカ植民地戦争の兵士が語るポルトガルの戦いの歴史劇『ノン、あるいは支配の虚しい栄光』（九〇）、精神の病んだ人々の集まった邸宅で繰り広げられる、聖書やドストエフスキー等の登場人物の再現劇『神曲』（九一）。移動、パン、ズームを駆使して人物をフォローするスタイルが、『ノン』を境として厳格な固定ショットの積み重ねへと移行していく。それは同時に人物の視線、および仕草が強調されることでもある。

2　視線の交錯と反復

そのことは『フランシスカ』と『神曲』を比較してみれば明らかだ。『フランシスカ』では、演劇のように、あからさまに窓外の景色が書き割りと分かるセットを一方向からのみ捉える。移動やズームを使うこともあるが、ほとんどワンショットで撮るのみだ。つまり切り返しショットは存在しない。向かい合う俳優たちはお互い視線を合わせず、キャメラ（＝客席）の方に斜め向きに、声を抑えて会話を交わす。ダイアローグがモノローグの連続のよう、まるで虚空に放たれた声のようだ。そしてシンメトリーの構図が頻出し、シーンの終わりまで回し放しにされる。『神曲』の場合、シンメトリーの全景は共通するものの、すぐいくつものカットにシーンが分解される。

もっとも、『フランシスカ』でまったく切り返しショットがないわけではない。それは愛を得られぬまま死んだフランシスカの柩の前にいるジョゼの顔に光が差し込み、後でメイドと知れるフレーム外の相手に向かって語り出すシーンである。メイドが走り去る音が聞こえ、興奮したジョゼは妻の心臓の入った壺を床に叩きつける。続くのは暗闇に扉を開いて入ってきたメイドのカットである。そして同じ台詞のやりとりが反復される。切り返されるべきふたつのショットが編集されずに、同じ時間の持続が映る対象を変えて二度繰り返される異常な事態。一方、『神曲』でのカット割りの凄さは、たとえば面会に来たイワン・カラマゾフが院長を挟んで弟のアリョーシャに「大審問官」を朗読するシーンに見られる。精神病者たちが次々に窓から覗きにくるカットがインサートされるとはいえ、二〇分以上にわたる会話を座り続ける三人の固定ショットのみで構成して醸し出される緊張感はただごとではない。リアリズムに則りながら、照明とフレーミングの大胆さに溢れるカットが次々つながっていく。ここで分析する余裕はないが、映画が視線の劇であることを証明するのだ。

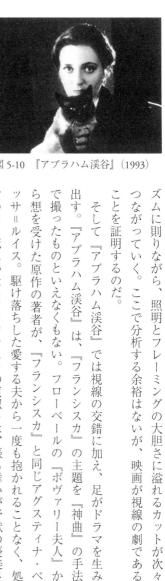

そして『アブラハム渓谷』では視線の交錯に加え、足がドラマを生み出す。『アブラハム渓谷』は、『フランシスカ』の主題を『神曲』の手法で撮ったものといえなくもない。フローベールの『ボヴァリー夫人』から想を受けた原作の著者が、『フランシスカ』と同じアグスティナ・ベッサ＝ルイス。駆け落ちした愛する夫から一度も抱かれることなく、処女のまま死にいたるフランシスカの貞淑さは、振る舞いが野獣の優美さに溢れたエマの放縦さの裏返しといえるだろう。ともに満たされぬ愛の欲望に苛まれる典型的なオリヴェイラ的人物なのである。『神曲』以上にカット割りは細かく、徹底的に固定画面にこだわり、映像に絡み付くようなナレーションや音楽と相まって、不思議な時空間の進展を体験させる。物語展開上、あるいはカット構成上、大きな欠落がありながら、過剰なまでに各登場人物をめぐる情報が錯綜し、豊かな謎としてのエマの微笑を支える。

図5-10　『アブラハム渓谷』（1993）

3　震える画面

だが、スタイルのまるで異なるオリヴェイラのほかの作品も、『アブラハム渓谷』と共有するものがないわけではない。それはルミアレスがエマに述べる「翼も超能力もないのに、上昇熱にかかっている。五階から飛ぶ勇気もなく、重力の法則を信じている」という言葉が示すものだ。ニュートン的作家としてのオリヴェイラ。『アニキ・ボボ』のタイトル・バックは、崖から線路に滑り落ちる少年から、空のパン・アップのカットへとつながる。そこにはバルコニーから姿を世界に投げかけたエマの先触れのような少女が登場している。少年は贈り物を届けに屋根伝いに少女の部屋を目指すだろう。『過去と現在』『カニバイシュ』の窓からの投身自殺、『ノン』の王子の落馬。院長が首吊り自殺をする『神曲』では、窓から飛び降りたレオノール・シルヴェイラ扮するイヴが何事もないように立ち上がって、ゲームの規則を裏切ってみせる。

『アブラハム渓谷』で同じシルヴェイラ演じるエマが服毒自殺ではなく、腐った羽目板を踏み抜いて河に落ちるのも、そうしたオリヴェイラ世界の出来事だからだろうか。それともベッドでの死は『フランシスカ』で済ませたせいだろうか。エマが水に落ちる瞬間、厳格さを極めた固定画面は振動で震える。それは苛立ったカルロスによって、エマの抱いた猫が放り投げられた瞬間に続く二度目の震えである。『アブラハム渓谷』においては、なぜ出来事は二回繰り返されるのだろうか。髪の色の異なるふたりのエマの前に、相似としてのふたり組が頻出することとともに、謎は深まるばかりなのである。

（マノエル・ド・オリヴェイラ『アブラハム渓谷』パンフレット、フランス映画社、一九九四年）

［第Ⅵ部］

アメリカ映画

胸の震えが止まらない

『Ｍｅ――キャサリン・ヘプバーン自伝』

自らを語るとき、そこに不可避的に主観が割り込む。その主観が緻密を極めれば、そこに二〇世紀小説が実現し得た「意識の流れ」が生まれるだろう。そしてこの『Ｍｅ――キャサリン・ヘプバーン自伝』にも緻密な意識の流れが貫かれている。

全六部構成。両親や暮らした土地についてふれた第一部、駆出し女優として舞台と映画に出演しはじめた第二部までは、通常の年代記的な進行を持つ。だがジョージ・キューカーに始まり、スペンサー（・トレイシー）に終わる第三部にいたり、年代が錯綜してくる。人物ごとに出会いから順次語られるそれまでの記述が放棄されるのだ。この構成は、八〇歳を過ぎた彼女の記憶が曖昧なゆえではない。むしろそれは明晰な判断力が衰えていないことの証左で、意図的なものだ（それに客観的な年代記としてはアン・エドワーズ『キャサリン・ヘプバーン』〔小田島雄志訳、文藝春秋、一九九〇〕もある）。つまり彼女は、何か起こったかではなく、自分がある事件をどう感じているかを書き起こしているのだ。この徹底的な主観軸の使用が本書を融通無碍にした。そして、この方法で書かれる第三部が、ハリウッドの裏面、彼女を取り巻くすべての詳細を伝え、格別に面白い。項目を並べれば――ジョージ・キューカー、リーランド、ハワード・ヒューズ、ハリケーン、Ｌ・Ｂ・メイヤー、私の出た映画、シェイクスピア、スペンサー。

まず、ハリウッド屈指の女性映画の監督キューカーに一章が割かれているのが嬉しい。

彼がこれほど重要な役柄を当てられている伝記は、未翻訳の彼自身の自伝を除けば、サミュエル・ゴールドウィンの伝記（これは彼の息子が書いた）以来だろう。そしてヘプバーンの達意の描写により、キューカーの存在が粒だってくる。彼女は二五歳のときのハリウッド・デビュー作『愛の嗚咽』（三二）から七二歳時のＴＶ映画『小麦は緑』（七九）まで一〇本、キューカーとコンビを組んだ。彼との記憶を思い起こすうち、たとえば何とも魅力的な彼の家（間取りからホーム・パーティの様子まで）が描かれる。さらに感動的なのは、彼女自身が積極的に監督キューカーの再評価を促していることだ。その際、彼女は彼がほかの大監督より語られることが少ない理由を考察する。要約すれば、たとえばフォードやヒューストンはプロットに焦点を合わせる、だがキューカーは「俳優の監督」であり、主演俳優の目を通してストーリーを見てしまうのだ――と。これはキューカー演出の秘密を衝いている。こうした分析が具体性をともなって登場してくるのだ。

　一方、『「アフリカの女王」とわたし』（芝山幹郎訳、文藝春秋、一九九〇）という滅法面白い本を彼女が書いている関係からか、ヒューストンについては軽くふれる程度だが、『スコットランドのメアリー女王（メアリー・オブ・スコットランド）』（三六）撮影時のフォードについては、彼女しか書けない挿話がふんだんにある。フォードを殺しかけたこと（！）、彼のお陰で首を折らずにすんだこと……。しかし、アン・エドワーズの伝記で驚かされたフォードとのロマンスにはひと言もふれられていない。だが「最高の友人だった」という言葉が、彼女にとって最高の賛辞であることは、第六部にいたり理解されることになる。

　このヒューストンやフォードを語る「私の出た映画」の章には、むろんほかの名監督も登場する。『赤ちゃん教育』（三八）、『フィラデルフィア物語』（四〇）、『アダム氏とマダム』（四九）、『旅情』（五五）等も語られる本章は、映画ファンにとって宝箱のようなものだ。裏話を含む詳細の面白さは、すぐに映画再見の欲求に読む者を誘い込むだろう。

第四部「ウィリー・ローズと彼のマセラッティ」では、友人の脚本家とのイタリアへのふたり旅（『イタリア旅行』とはまた、何という文学的素養！）をシナリオ風に綴る。台詞を読みながら、ヘプバーンの演技が浮かんでくる楽しさ。第四部、第五部あたりは、スタイルの異なった戯曲を次々に見ているようだ。

第六部にいたり、トーンは一変する。三〇年近く一緒に過ごし、忘れ難い九本の映画で共演した相棒スペンサー・トレイシーについて語られるからだ。たとえば、ケーリー・グラントとヘプバーンのコメディでは、ボケと突っ込みという役割分担が守られたのに対し、トレイシーとヘプバーン映画の面白さは、ふたりが対等のパートナーであり、同時にライバルだった点にあるのではないか。そうした対等性・ライバル視が表現に厳格さをもたらし、トレイシーの死の描写は即物的な簡潔さが逆に異様な迫力となる。それまでの名文の域をも超えたまさに独壇場だ。続く「ディア・スペンス」の章は、その死から二四年後の彼に宛てた手紙。最高の友人に捧げる最高の文章で胸の震えが止まらない。

芝山幹郎氏の訳文は、ヘプバーンに「なりきって」いる点で、山田宏一訳のローレン・バコール自伝『私一人』（文藝春秋、一九八四）と双璧。バコールの意識的な芝居っ気とヘプバーンの天性の率直さ。全体の構成を補完するため芝山氏が作成した「年譜」「おもな登場人物と映画に関する訳注」（これだけでも八〇頁を超える！）も資料的に貴重だ。

［書評］キャサリン・ヘプバーン『Ｍｅ――キャサリン・ヘプバーン自伝』（芝山幹郎訳、文藝春秋、一九九三年）

（『キネマ旬報』一九九三年一一月上旬号、キネマ旬報社）

スラヴォイ・ジジェクによる刺激的なヒッチコック論

画期的なヒッチコック論である。だが、ラカン派の精神分析学者スラヴォイ・ジジェクは緒言にこう記す。「ヒッチコックによるラカン。その逆ではない。というのも、ヒッチコックを精神分析的に解釈することとはまったく関係がないからだ。むしろ、ここでは映画を例証として、ラカンのいくつかの概念を明らかにしていくことを意図している」。だからここでは、結果的に刺激的なヒッチコック論でもある、というべきだろうか。

五三本を数えるヒッチコック作品のなかで、一八本目の『三十九夜』（三五）から四九本目の『マーニー』（六四）までの三二本が一章ずつ並べられている。一度はこの製作順の配列通り読むことが絶対に必要である。『三十九夜』から始まっている理由は第一章にすぐ示されている。ヒッチコック最初の絶対的映画（ヒッチコックの発明したジャンルの原型という意味）だからである。そしてヒッチコック映画が三つの時期に分けられる。第一期は『三十九夜』から『バルカン超特急』（三八）までのイギリス時代。この時期はふたりのカップルによるイニシエーションの旅がテーマになる。ただし、『サボタージュ』（三八）は女一男二による三角関係で、これは第二期を予告するという。第二期は（作品は後で示されるが）『レベッカ』（四〇）から『山羊座のもとに』（四九）までのいわゆるセルズニック時代。ここでは、ふたりの男の間で引き裂かれる女の視点で物語が語られる。男は父親か年配の夫と若年恋人に分けられる。第三期は『見知らぬ乗客』（五一）から『フレンジー』（七二）までで、ここでは男性の主人公が中心になるが、主人公は母なる超自我を原因とする性的不能というのだ。

こういう大枠のなか、一本一本について、さまざまな角度から考察が繰り広げられる。題名の後に添えられた副題が実に示唆的である。著者（ジジェクとそのグループ五人）の強みは物語の構造分析ばかりか、映画の手法も熟知していることだろう。ここで鍵になるのが、ジャック・リヴェット『美しき諍い女』（九一）の脚本家でもあるパスカル・ボニゼールの「シミ」という概念である。これは、グリフィスはモンタージュにより、映画が行動の中立的な再現と錯覚された段階を脱したが、ヒッチコックは情報を付加することで、場面を構造化するシミをつくり出し、サスペンスをもたらす。シミは観客の側にあり、見られるものの側にはないので、キャメラは「客観的」なままで「主観化」するというのだ。『白い恐怖』（四五）の章で、グリフィス前を口唇期、モンタージュを肛門期、シミによる視像の二重化を男根期とも呼ぶ。ここでホルバインの《大使たち》というタブローを取り上げ、肖像画の隅に描かれた変な物体が斜めの角度から眺めると頭蓋骨となり、作品の意味を変質させるシミとなることを示す。このシミは視線を支える欲望を作品のなかに記入するばかりか、タブロー自身に私たちを見返す視線を与える。『鳥』（六三）での客観ショットと主観ショットとの交差による不安感は、主体が〈モノ〉によって見られるからではないのか。

あるいは、ヒッチコックには二種類の対象があるという指摘。ひとつは「マクガフィン」（『バルカン超特急』の暗号メロディや、『汚名』（四六）のウラニウム）で、筋を動かす空虚な中心。もうひとつは実体のある対象（『汚名』の鍵や、『見知らぬ乗客』のライター、『鳥』の鳥）で、人を魅惑し、死にいたらしめる対象。さらに『サイコ』（六〇）の章で、マクガフィンはシニフィアンの無限の運動である「欲望」に、現実的な対象は自らのまわりを回るだけの「欲動」に結び付くことが示される。その違いによって、なぜ観客はマリオンに同一化できて、ノーマンに同一化できないかも説明される。同一化が可能なのは、欲望する主体としての他者に対してであり、自ら閉じられた回路である欲動のとりことなった精神病的主体としてのノーマンは同一化をはねつけるのだ。

ヒッチコック作品のサイクルを完結させる『鳥』の章で、これまで展開された諸問題が見事にまとめられる。たとえば、《大使たち》のタブローをヒッチコック流に移動撮影するならば、全景から斜めに回り込み、最後にある部分が頭蓋骨だと明かされるだろう。イメージがアナモルフォーズされる点をトラヴェリングのゼロ点として、ヒッチコックの移動の三つのヴァリエーションが語られる。あるいはA『間違えられた男』（五六）、B『めまい』（五八）、C『北北西に進路を取れ』（五九）、D『サイコ』、E『鳥』を連続する三作ずつで切っていくと、ABC「人物誤認」三部作、BCD「空虚な場」三部作、CDE「母なる超自我」三部作になるという指摘も嘘のような鮮やかさである。

ヒッチコックとラカンを同時に解明すべく、フリッツ・ラングなどの映画、推理小説、SF小説などの参照も実に面白い。

ところで、各期の間に一本ずつの失敗作（？）が残されている。『巌窟の野獣』（三九）、『舞台恐怖症』（五〇）、『マーニー』という例外作は、この本のなかでは一種の蝶番《ちょうつがい》として機能してはいないか。前二作は各章を、『マーニー』はヒッチコック映画とヒッチコック自身をつなぐのでは？　だからこそ、作品ごとにヒッチ登場シーンの機能分析がなされたのではないだろうか。

［書評］スラヴォイ・ジジェク『ヒッチコックによるラカン――映画的欲望の経済《エコノミー》』（露崎俊和ほか訳、トレヴィル、一九九四年）

（『キネマ旬報』一九九四年一一月上旬号、キネマ旬報社）

ホークスのすべて、映画のすべてがある

『脱出』

アーネスト・ヘミングウェイの『持つものと持たざるもの』(三七)を原作とはしながら、冒頭の釣り客のエピソードを除けば、まったく映画独自のストーリーを展開させたのが、『脱出』(四四)である。脚色にあたったのが、ジョセフ・フォン・スタンバーグの『暗黒街』(二七)、『上海特急』(三二)などで有名なジュールス・ファースマンとあのウィリアム・フォークナー、それとクレジットされていないが監督のハワード・ホークス自身という豪華なトリオなのだ。物語は原作から離れているとはいえ、題名の原理には忠実で、(金を)持つ者と持たざる者の葛藤が全篇を転がすバネになっている。

とはいえ、ホークス流の演出により、捉えどころのない、いってみれば見えない映画になってもいる。この『脱出』は、しばしばホークスの透明さを表した映画として語られるが、またもうひとつ、ドイツ占領下のフランス領植民地を舞台にした脱出劇ということで、マイケル・カーティスの『カサブランカ』(四二)の二番煎じとも、よく指摘される。だが、現時点からこの二作を見返すと、その世界は遠く距っていることがよく分かる。『脱出』と比べると、『カサブランカ』は誰の目にも明らかなメロドラマだからである。時代や土地の典型的な描写から始まり、悪玉としてのドイツ情報部を示し、ニューズ・リールの引用も含んだドイツのパリ占領前夜の甘美な恋愛を回想、男を捨てて消

えた美女の過去が明かされ、男がヒロイックに身を引くまでを描く。ここでのハンフリー・ボガートは、ホークスに『リオ・ブラボー』(五九)を撮らせたフレッド・ジンネマンの『真昼の決闘』(五二)の保安官ゲーリー・クーパー同様、悩めるヒーローなのである。こうしてみると、ホークスの特徴のひとつが、ハードボイルド性にあることが見えてくるが、同じボガートでも、『脱出』では絵に描いたような回想に浸ったりはしていない。ホークス映画は常に現在進行形なのだ。そして、説明されるのではなく、複数の事件が同時に進行する引き気味の構図が続くなかから、人物の身振り、視線、口調を通して、観客はその関係を読み取ることを迫られるのである。

一例を挙げれば、ヒーローとヒロインの出会いをどう描いているか。『カサブランカ』では、バーグマン夫婦がボギーの経営する酒場に登場し、席に着くまでを長々と後退移動で収めている。バーグマンはいわば歌舞伎の花道を歩んでいるのだ。そして、酒場のピアニストに想い出の曲をリクエストする。その曲を禁じていたボガートが店に飛び込んできて、驚きの再会。思い入れたっぷりの演技……。『脱出』はこうした大仰さとは無縁である。その代わり、さりげなさと同時に、タイミングの正確さが勝負となっている。ボギーは階下のカフェから二階の自室に昇り、彼が扉の鍵をはずしたとき、若い娘が向かいの扉から出てくる。何気なく見過ごす位に無造作なカットだが、部屋に入ったボギーに若い娘の低く押し殺した声が響く。「誰かマッチ、持ってない?」。戸口には「ザ・ルック」の愛称を生んだ上目づかいが印象的なローレン・バコールが、煙草を口にして扉によりかかっている。ボギーは机の引き出しを開け、取り出したマッチ箱を投げる。マッチ箱を受け止め、火を点けたバコールがようやくアップで示される。

『脱出』では、煙草の火を点けるため、マッチをする瞬間が要所要所で繰り返され、それが友情の符牒へと変化していくのである。続くカフェでボガートが火を点けた瞬間、釣り客とテーブルをともにするバコールを認める。バコールはピアノに凭れかかり、マッチ棒を煙草代わりにくわえたピアニストのホーギー・カーマイケルと《アイ・アム・ブルー》をハミングするのだが、ときおりボギーの方へ視線を送りもする。この短い場面でボギーは、レジスタンス派の店主マルセル・ダリオと情報を交わしながらも、バコールが釣り客の財布を盗む瞬間も見逃がさない。ホークスはアップで説明しないがゆえに、観客も油断できないのだ。その財布の中身から釣り客が未払いの八二五ドルを持ち逃げするつもりだと知ったボギーは、そのときすでにバコールと煙草の火を点け合う関係になっている。その後、ボギーは持ち金をゲシュタポに没収されるのだが、バコールの飛行機代を得るため、レジスタンスに協力する。この間、好意を持ちつつも微妙な間を保つふたりは、自らに煙草の火を点けるばかりなのだ。次作『三つ数えろ』(四六)のタイトル・バックが煙草の火を点け合う男女のシルエットであったことは、その埋め合わせとも見える。

ところで、『脱出』が何かに似ているとすれば、それは『リオ・ブラボー』だ。一階がカフェ(=酒場)のホテルという空間設計、ジョン・ウェインとアンジー・ディキンソンは廊下を挟んで向かい合わせの部屋を取っていたではないか。ボギーがバコールの飛行機の切符を買ったように、ウェインも彼女を駅馬車で街から離れさせようとする。しかし、ディキンソンは、バコールがカフェの歌手になったように、ショウのダンサーになって危険な場所に居着こうとする。決定的に思えるのは次の場面だ。階下のカフェで、ウォルター・ブレナンがゲシュタポに訊問されていると聞いたバコールは、階段を降りるボギーに忠告する。「ひもに気をつけなさいよ。ひっかかって、首の骨を折るわよ」。『リオ・ブラボー』の悪党たちが聞いたに違いない台詞である。階下では、ゲシュタポがウォルター・ブレナンに酒を飲ませて真相を白状させようとしているが、ブレナンは魚釣りの話でひとり盛り上がっている。ゲシュタポの隊長はいまいましげにこう告げる。「その途方もない魚は、ミスター・エディがひと口酒を飲むたびに大きくなっていくんだよ」。ここでの脚本もさりげなくうまい。ブレナンが「死んだ蜂に刺されたことがあるか?」と得意の台詞を吐こうとすると、ボガートに止めに入らせるからだ。「死んだ蜂」とは、原作にもない謎めいたホークス語なのだが、この言葉を共有する者をブレナンは仲間と認めるのである。要するに、ボガートはブレナンがゲシュタポと仲良くなる芽を摘み取ったのだ。後にバコールはこの言葉を投げ返すことで、ブレナンの三人目の同志たる資格を得るのである。さらにここで無口なゲシュタポの護衛を仰角で挿入することで、絶妙な終幕への伏線を張ってもいるのだ。

そして終幕では、ボガートとバコールの出会いの構図を反転させる形で、見事なアクションの連繫プレイが演じられる。それは『リオ・ブラボー』における見えない植木鉢のアクションの軌跡を予告するものでもある。『脱出』は、ハワード・ホークスの最高傑作ではないかもしれないが、ホークスの魅惑のすべてがあり、あえていえば映画の基本形のすべてが存在する。

（特集上映「映画の魅惑」パンフレット、ヘラルド、一九九四年）

古さと新しさの端境を生きる

ベルナール・エイゼンシッツ『ニコラス・レイ――ある反逆者の肖像』

ベルナール・エイゼンシッツによるニコラス・レイの批評的伝記が、サミュエル・フラーの紹介者である吉村和明氏によって訳された。だが、ニコラス・レイとは誰か。一番とおりのいいのは、ジェームズ・ディーン神話に包まれた『理由なき反抗』（五五）の監督として紹介することだろう。だが、まったく違った肖像として紹介することもできる。ニックを敬愛するヴィム・ヴェンダースとの共同作品『ニックス・ムービー／水上の稲妻』（八〇）。そこで見られるのは癌に冒されながら自らの生の最期をフィルムに刻み込もうとする映画監督の鬼気迫る姿だ。

それにしても二段組みで八〇〇頁近い大著だと恐れないで欲しい。確かに読みやすい本ではない。それはエイゼンシッツが超人的努力を払って関係者の証言を集めたにもかかわらず、それを口当たりのいい物語とはせず、作品の成立条件を作品分析と並立させた批評性によるからだ。それに、この本は現在の問題として読まれねばならない緊急の理由が存在する。

その理由は『ミツバチのささやき』（七三）の監督ビクトル・エリセによってすでに記されている。「おそらく古典を代表する最後の監督であると同時に、最初の現代作家の一人でもある」（「鏡面のように」野谷文昭訳、『季刊リュミエール』第七号、筑摩書房、一九八七）。それはどういう意味か。ハリウッドの撮影所システムの崩壊過程と自らの作品歴前期が重なり合う五〇年代派の宿命として、古さと新しさの端境を生きたということではある。だが、もっと個別の理由がある。たとえば、今『理由なき反抗』に接する人は内容にショックを受けることはないだろう。しかし、このフィルムはハリウッドが得意としたジャンル映画としての不良少年ものを超えている。

それはジェームズ・ディーンのキャラクターの孕む曖昧さの魅力による。また周りの少年少女や父親との関係の描写の繊細さも群を抜いている。まさにかつてのハリウッドの善悪で割り切れる人間像から遠く離れた現代性がある。自己のなかに抑え切れないもうひとりの自分を発見した衝撃。それは『孤独な場所で』(五〇)のアル中のハンフリー・ボガートも同様だし、『黒の報酬』(五六)のホルモン剤の副作用による妄想に犯されるジェームズ・メイスンでもある。

レイの最高作の一本である『黒の報酬』については、興味深い証言がある。「わたしは自分の感ずるがままに撮るのだし、前に言ったように、場面の真実をとらえようと力を尽くす。……『黒の報酬』の階段のシーンは九分間続き、わたしはこれを中断なしで撮った。実に刺激的だった。映写室でラッシュを見た人々は、口々に言った、〝途中で切っちゃだめだ。まったく最高の場面だ、こんなの見たこともない！〟……だが、〝途中で切っちゃだめだ〟と言った人々のことばどおりにしていたら、迫力は失われ、きちんとこの場面を生かすことはできなかっただろう」。現代の映画作家なら、ワンシーン＝ワンカットのまま残したに違いない。ニコラス・レイはこれを三つの視点によって編集したが、それは古典的なカット割りを尊重したというよりは、より効果的な方法を探す柔軟性ゆえだと思う。これはニコラス・レイの古典的でありつつ、現代的だという矛盾を示す挿話のひとつだろう。
『黒の報酬』はシャブロルのブルジョアに対する辛辣な描写に影響を与えたに違いないし、『大砂塵』（五四）はトリュフォーが公言しているように、その優柔不断なヒーロー像がアズナブールやレオーに受け継がれ、『にがい勝利』（五四）にいたっては、ゴダールに「映画とは、ニコラス・レイのことだ」という有名な宣言を書かせた。ヌーヴェル・ヴァーグばかりか、続くヴェンダースやエリセ、直系の弟子ジム・ジャームッシュに勇気をもたらし、現代映画が進む道を切り開いたのである。

だが、『ニコラス・レイ――ある反逆者の肖像』が孕む現代性（と悲劇性）が露わになるのは、その後、ニコラス・レイが映画を撮れなくなった後半生の章なのである。実際ハリウッドと決別した後のレイの生きざまは凄まじい。ヨーロッパとアメリカを往復し、数多くの企画を立てながら、すべてを流産に終わらせる、映画監督兼アル中患者として破滅的人生を過ごす。それは彼が一九四七年から六三年までのハリウッド時代の二〇本の作品で描き続けた人物像を自らが模倣しているとしか思えない。七九年の癌による死まで、まがりなりにも完成させたのは自ら主演した『ウィ・キャント・ゴー・ホーム・アゲイン』（七三）という、ハリウッド時代の技術的達成とは無縁に、ただ自分の感受性だけを頼りに撮られた自主製作作品にすぎない。そこでは撮影と人生が等しいものとなる。最も興味深いニコラス・レイ的人物がレイ本人なのだ。こんな生を送った映画人はほかにいない。

遺作となった『水上の稲妻』の最後の映像はニックの骨壺を運ぶジャンク船の空撮なのだが、それは処女作『夜の人々』（四八）の冒頭の独創的なヘリコプター・ショットの記憶を奇妙にも呼び覚ますのである。

［書評］ベルナール・エイゼンシッツ『ニコラス・レイ——ある反逆者の肖像』（吉村和明訳、キネマ旬報社、一九九八年）

（『論座』一九九八年一〇月号、朝日新聞社）

ニコラス・レイの天才

刺激的な人物造形と空間演出

1　追いつめられる人々

ニコラス・レイの一九五〇年代の傑作が連続上映される。「夜の人々」の「暗黒への転落」を「理由なき反抗」として描き続け、「にがい勝利」を得た映画作家ニコラス・レイ。一九四七年、ＲＫＯを振り出しに、五〇年代にはハリウッドの各社を渡り歩き、六〇年代にスペイン・ロケの大作へと駆り出され、七〇年代以降は個人映画作家まがいの作品を単発的に残すのみだった。その多難な映画人生のなかでも頂点を極めた栄光の時期が五〇年代。会社が違い、スタッフが変わっても、ニック・レイの映画の刻印が押されている。その栄光の時期の最初と最後を飾るフィルム・ノワール『孤独な場所で』（五〇）と『暗黒街の女』（五八）。前者はジャンルの可能性を開き、後者はジャンルを内と外から崩壊に導いている（それは『無法の王者ジェシイ・ジェイムス』（五七）が西部劇に、『にがい勝利』（五七）が戦争映画に対している位置と似ている）。そして突拍子もない倒錯的な西部劇『大砂塵』（五四）。ジェームズ・ディーン神話に包まれた『理由なき反抗』（五五）も含め、ニコラス・レイを語るうえで見逃せない作品ばかりである。

今なおニコラス・レイの映画は刺激的だ。まず人物造形において。ニックの映画に登場する人物はまったく古びていない。それどころか、現代においてこそ共感を呼ぶ人物ばかりだ。とりわけ、男優。ハンフリー・ボガートも、ジェームズ・メイスンも、ロバート・ワグナーも、ロバート・ライアンも、もちろんジェームズ・ディーンも、すべて現代を呼吸している。つまり役者を型にはめていない。どの監督の映画でも素晴らしいスターたちだが、ニックの映画の彼らは、ほかで見られない微妙な陰りと屈曲を醸し出す。

『孤独な場所で』を、恋人が殺人者ではないのかとの疑念を抱く女性の話と要約すれば、ヒッチコックの『断崖』(四一)のヴァリエーションに見えるだろうが、そのフィルムの感触はまったく異なっている。それはケーリー・グラントとハンフリー・ボガートの個性の違いにのみ還元できるわけではない。ここでボギーが犯罪映画の脚本家という職業柄、椅子を二脚並べて車の運転席と助手席に見立て、そこに旧友の刑事夫婦を座らせ、左手で運転しながら右手で首を絞める実演を指導するシーンがあることで、後にボギーがグロリア・グレアムを乗せてドライヴする際のサスペンスが高められる。しかし、ここでの息詰まる恐怖は、接触事故の相手を殺しかけるボギーをグレアムが目の当たりにしたことから来ており、ヒッチコックなら刑事の妻ではなく、グレアムに対して首に腕を回す実演をさせたはずだ。ヒッチの場合、女の恐怖が主眼であり、夫の正体が殺人者であろうとなかろうと映画の構造が揺るぎはしない。『孤独な場所で』も始めは、そうした線上の企画のはずであった。だが、ニックは男の内面に目を向ける。つまり自分のなかの暴力性に自らが脅える男を造形する。ニコラス・レイの映画の男たちは自分自身という最大の敵と闘うのである。結果として、ボガートが殺人犯であろうとなかろうとハッピーエンドは禁じられてしまう。この後味の苦さこそ、ニックの映画の徴なのだ。

そしてニコラス・レイの天才は、空間演出の卓抜さにより証明される。『孤独な場所で』であれば、ボガートの住居が一階に、中庭を挟んでグレアムの住まいが二階にあるという空間構造が演出を規定している。ボガートの部屋の窓からバルコニーに出たグレアムの姿が見えることから関係が始動する。常にニック・レイの人物たちは追い詰められる。ラスト・シーンは、グレアムの玄関の扉と鍵を掛けた寝室との間の居間で、グレアムの逃げ場は奪われるのだが、同時にボガートの内側も崩壊するのである。レイの映画は可視と不可視の閾《いき》、闇の世界である。

やはり追い詰められる人々を描いている『大砂塵』になると、空間はさらに縦に拡張する。もちろん、ジョーン・クロフォードの酒場がそうだし、最後の決闘の舞台となる、滝の下の洞窟を通っていく崖の上の小屋もそうである。斜面を舞台にとることで、アンソニー・マンと比較可能だが、マンの場合、崖を登る運動に主眼が置かれ、主人公の動きにつれて、仰角を中心としながら水平や俯瞰が効果的に空間を展開する。マンの画面は、高さが印象的なのだが、レイの場合、俯瞰ショットがキイになって、むしろ相手の低さが印象づけられる。マンのごく自然なキャメラ・ポジションに対し、レイの俯瞰は中空に漂うような不安定な視点なのである。つまり人工的に足場を作らねば、撮影不可能な位置にキャメラを置くのだ。たとえば『理由なき反抗』で自動車競争の舞台となる崖の上から海を見下ろすジェームズ・ディーンを、その頭上から捉えた真俯瞰の唐突な挿入を思い出してもらえばいいだろう。一方、『大砂塵』の室内。酒場の入口の頭上に張り出された、内側に向いたバルコニーとでもいうべき空間。酒場に侵入してきた数十人に対し、ジョーン・クロフォードがひとりで応戦可能なのも、この高さの優位を介してである。階段を踊り場まで降り、相手との距離を詰めるクロフォードだが、ここでも中空からの俯瞰が繰り返される。これ以降、ニックの映画は室内に階段がある作品ほど面白くなっていく。レイにとって、ジェームズ・ディーンが理想的な俳優なのは、自在に自らの高さを調整できる希有な資質を備えていたからである。『理由なき反抗』で、ディーンが地面や階段の手摺りやベンチの背もたれをいかに見事に使いこなしたことか。

あるいは、『黒の報酬（ビガー・ザン・ライフ）』（五六）。これはふと『孤独な場所で』のカップルが結婚したとして、その後日談に思えなくもない作品だが、ここで父親を狂わせた薬の瓶を二階の父の部屋で息子が探している間に挿入される、階段の上から階下を歩き回るジェームズ・メイスンを捉えた世にも恐ろしい俯瞰など、その最たるものだ。そして男女の出会いや接吻の瞬間においても、上下軸が機能している。『黒の報酬』の他に例を見ない凄まじさは、人物間の上下軸を超えて、影と影が、あるいは実像と虚像（つまりは内面）が、高さを介して競い合うことである。

2 視線による決闘

ところで題材の違いを超えて、レイ作品に反復されるシチュエーションがある。人間の力関係の変化とでもいうか、それは証言を求められた人物を間に挟んで敵味方が対峙する構図だ。これは、いわば言葉と視線による決闘である。『孤独な場所で』『大砂塵』『暗黒街の女』と進むにつれて、この構図がどう変わるのか確かめてみよう。

『孤独な場所で』では、早朝の警察の取調室が舞台となる［図6-1］。ボガートのアリバイの証人として、向かいのアパートの住人グロリア・グレアムが呼ばれる。取り調べの机を挟んで警部とグレアムが向かい合い、ボガートがグレアムの後ろのソファに体を寝かし気味に座っている。ここで警部だけは立っているので、警部、グレアム、ボガートの順に視線の位置が低くなる。つまりロング・ショットなら、三人への視線が画面の対角線に走る。警部から、深夜ボガートの部屋を訪ねた女性が殺されたことを聞かされたグレアムは背後を振り返り、ボガートの顔を見つめることになる。やや威圧的な警部の視線と、余裕を持った何とも曖昧なボガートの顔を後継にしたグレアムの表情を切り返していた編集は、このときはグレアムの後ろ姿をナメた警部の正面に変わっている。そして警部がボガートの横に座るので、今度はふたりをやや見下ろすようにしゃべるグレアムと、並ぶふたりのカット・バックになる。ここで、グレアムが警部ではなく、ボガートの側についたことが了解されるはずだ。

『大砂塵』で若造のベン・クーパーが捕らえられるシーン。この異様な作品のなかにあって、最も異様な場面ではないか。銀行強盗を追跡する一行が崖の前の酒場の扉を開けるや、ジョーン・クロフォードが純白のドレスに身を包んでピアノを弾いている。クロフォードは銀行強盗の仲間をかくまっていないか、彼女に復讐心をたぎらせるマーセデス・マッケンブリッジに問い詰められるのだが、何しろ追跡隊一行は黒づくめの服装なので、黒の塊と赤茶色の岩肌の前の白とのカット・バックに、突然明るい青色がカット・インされる色彩効果は強烈というほかない。それは、机の下に隠れていたベン・クーパーの足先がライト・ブルーの布から覗いたわけだが。ともあれ、両腕をふたりに摑まれたクーパーは、

図 6-1 『孤独な場所で』(1950)

マッケンブリッジたちの前に引き出され、対峙する敵味方の間に位置することになる。立っているクロフォードとマッケンブリッジの視線は直交しているのに対し、クーパーは跪いているので顔の位置は少し低くなり、横から見れば三者の視線は逆三角形を描く。むろん、画面として横位置はなく、クロフォードとマッケンブリッジとクーパーのバスト・ショットを中心にカット・バックされる。死の恐怖に脅えるクーパーは、両手を取られ横に伸ばされているので、まるで十字架にかけられているようだ。その後ろにクロフォードの白いスカートの裾が見える。そして、クロフォードが共犯者と証言したら命を助

けると言われたクーパーは、後ろを振り返り、クロフォードに「死にたくない、どうすればいいのか」と訴える。振り返る直前に、画面は『孤独な場所で』同様、背後にマッケンブリッジ一行を置いたクーパーの後ろ姿に切り替えられる。ひとりで対峙するクロフォードの表情も一同を見下ろしていた前日の余裕はない。微妙な高さを介した緊迫した視線の劇が崩れるのは、別の第三者の介入によってであるが、その静から動への一瞬の推移がまた何とも見事である。

3　不条理からの逃走

『暗黒街の女』では、それが全篇のクライマックス・シーンとなる。もっとも、ここで弁護士のロバート・テイラーは証言するのではなく、恋人のダンサー、シド・チャリシーの命を救うため、ギャングの親分リー・J・コップを説得するのだが。窓外に高架線が走るクラブの一室で、登場するのは五人。基本となる画面はふたつ。ひとつは画面左から順に、座っているリー・J・コップの右横顔、前屈みで説得する左斜め正面のロバート・テイラー、幹部のジョン・アイアランドと、彼に手を摑まれているシド・チャリシーはまっすぐ立っている。シネマスコープ画面を左右一杯に使い、やはり対角線上に視線の軸が走る。もうひとつはテイラーの後ろ姿越しのコップ、背後に彼の弁護士が立つ。コップを中心にした逆三角形が斜めに軸を取る。この二ショットが主として交錯するなか、聞いている人物のアップが挿入される。子供時代の記憶に訴えるテイラーの背後で、アイアランドが怒りの眼差しを向ける。リー・J・コップを残りの人物が見下ろすなか、説得に失敗した時点で、チャリシーに硫酸の洗礼が飛ぶという緊張感のまま事態は持続する。

三作品で、このように、グレアム、クーパー、テイラーは、ボガート、クロフォード、チャリシーの運命を決する。結果、グレアムとボガートは恋愛が始まるし、クーパーはクロフォードを窮地に追い込む。証言者の振り返る瞬間、斜めに走る視線の軸を介し、感情が堰を切ったように溢れ出す。この一瞬に演出の勝負がかけられているのだ。では、テイラーの場合はどうか。ここで、彼は時間を稼ぐしかない。後ろにいるチャリシーに視線を送る余裕もなく、アイアランドの挑発に乗る余裕もない。テイラーは振り返らないことに勝負がかけられているのだ。テイラーが振り返るかどうかは映画で確かめてほしい。

ここで、ニコラス・レイの映画で証言者が重要な機能を果たす理由を詮索すべきであろうか。こうした法の外の場面以外に、法廷シーンも極めて多いレイの映画が、映画人が不条理な証言台に立たざるを得ない時代であったことの反映かどうかは問わない。いえることは、レイの映画の人物たちがそうした不条理にもかかわらず、生き延びるために、逃走の線を引くことを決してやめなかったことである。そして、ニックの力学を受け継いだのは誰か……。

(『キネマ旬報』一九九六年四月下旬号、キネマ旬報社)

ジョン・カサヴェテス
〈持続〉が変化するとき

1 予測不可能なカサヴェテス映画

「ここに描いたのは即興演出によるものである」――これは自主製作された処女作『アメリカの影』（五九［図6-2］）の最後に掲げられた言葉だが、しかしカサヴェテス映画総体に照らし合わせた場合、「即興」が彼の映画の特質を引き出したわけでは必ずしもない。カサヴェテス映画の持つ生々しさ、真実味はすでに『アメリカの影』に見られるが、さらに圧倒的な時間の堆積、そして何より予測不可能性といった特質が露わとなるには、『フェイシズ』（六八）まで待たなくてはならない。

『フェイシズ』は、トリュフォーの『突然炎のごとく』（六一）や、リヴェットの『狂気の愛』（六八）がそうであるように、カサヴェテスの第二の（あるいは真の）処女作といえないだろうか。『アメリカの影』の成功でハリウッドでの映画づくり（『トゥー・レイト・ブルース』六一、『愛の奇跡』六三）を経験したカサヴェテスは、しかしハリウッド・システムへの失望から、再び自身の独立製作に戻ることになり、『フェイシズ』が生まれる（ただし、『トゥー・レイト・ブルース』はカサヴェテスとハリウッドの出会いが生んだ傑作であるのだが）。そして同じ独立製作であっても、『アメリカの影』と『フェイシズ』には質においても大きな隔たりがある。

即興演出とはいえ、『アメリカの影』には主題にすでに演出が内在しているからである。ここでの主題は、白人の男と黒人の娘の恋愛である。ただ娘の肌が白いため、男は娘に黒人の血が流れていることを知らないのだ。娘には黒い肌と白い肌のふたりの兄弟がいる。カサヴェテスは、こうした設定を生かすため、白人の男を娘の家のなかまで送っていかせる。そこにはふたりの白人とカード遊びをしている娘の兄（ただし、色が白い）がいる。ここで画面の手前に兄と友人を配し、その奥に声を潜めて話し合う娘と白人男を捉えた深い構図をとる。ここには、「カサヴェテス的」と人が思い描く、表情がせり上がってくるような不安定な画面はない。ここで見られるのは、主題に内在したサスペンスを視覚的な対比として提示する計算された画面である。いつ崩れてもおかしくない、危うい均衡をかろうじて保っているのは、気まずい雰囲気にもかかわらず、兄が白人のように見えているという一点にかかっている。やがてドアベルを押すことになるもうひとりの兄の黒い指が、その均衡を崩すことになるだろう。

図 6-2　『アメリカの影』（1959）

だから、『アメリカの影』を支えているのは演出の論理であり、その視覚化の力学なのだ。もちろん、斬新なテーマと生々しい人物像は新しい。しかし、この「新しさ」は、同じテーマを共有する『ピンキー』（四九）のエリア・カザンや、『悲しみは空の彼方に』（五九）のダグラス・サークと比べた場合の相対的な新しさにすぎなくはないか。『フェイシズ』の絶対的な新しさがそれを証明する。

『フェイシズ』の驚くべき美点――それは徹底した予測不可能性にある。長年つれそった夫婦が口論の後、夫は娼婦の家で、妻は三人の女友だちとひとりの若い男と過ごすひと晩という平凡な主題からは、『アメリカの影』のような秘密を伴ったドラマ性は排除されている。ここでは私たちの日常がそうであるように、予測不可能な生活が描かれているのである。そしてキャメラは、ドキュメンタリーと見間違えるばかりに、構図は崩れようと(『アメリカの影』のように構図で説明しない)、一瞬一瞬に生起する俳優の表情を追い続ける。しかし、あくまで劇映画である『フェイシズ』は、キャメラの寄せ引きや切り返しも多用しつつ(とはいえ、真実性は少しも減殺されはしない)、編集はシーン内で一秒の省略もなく、現実の進行どおりにつながれてゆく。『アメリカの影』で時間を省略したフェイドやオーバーラップは一切存在しない。編集で何事かを説明しようとはしないのだ。シーンの移行までストレートなカットつなぎなので、次のシーンの予測もつかない。

即興的に見える『フェイシズ』は、しかし完全に脚本が書かれていた。映画と比較してみれば、場所を移動する説明的なシーンの多くはカットされ、脚本の半分位が残されていることが分かる(編集には三年が費やされた)。撮影は、俳優が自由に動けるように、部屋全体をライティングし、さらに高感度フィルムが用いられた(撮影のアル・ルーバンのメモによれば、ノーマルのプラス - Xで撮られた娼婦の朝のシーン以外は、すべて高感度のトライ - Xと4 - Xが使われた)。

カサヴェテス自身の言葉が自作に対する最良の批評になっていよう。

私は嫌いなんですよ、映画はフレームやカメラマンによってつくられるという考えが。もともと良くないのにカメラアングルの具合で良くなるシーンなんてのにお目にかかったためしはありません。或るシーンを七、八回別のアングルで撮ってみたことがありますが、シーンそのものが良ければどれも良かったし、もとが駄目なときは全部駄目でした。私にとって重要なのは、スクリーンに映っていることは本当に起こっているのだということを観客とわれわれ自身に納得させることなのです。

カサヴェテスの映画には持続しかない。彼のカットは前後のカットのために存在しているのではなく、カット自体の現在形として、映画はその集積として存在する。だから、演出とはカサヴェテスにとって映画的な語り口の一切を排除していくという逆説に満ちた行為になる。登場人物の生の感情が横溢し、そのなかで関係とその歪みが形成されてゆけばよい。フィルムはその媒介装置に徹するだろう。

（守中高明訳）

2 階段という映画装置

しかし、カサヴェテスは舞台の演出家ではなく、映画作家である。『フェイシズ』は彼の映画的な才能も充分に証明する。シネスコをトリミングでもしたようにフレームの中心が乱れ、背景がボケようと意に介さないカサヴェテス映画にあっても、人物の表情より空間の輪郭が際立つ瞬間が存在する。それは映画に高さが導入される瞬間――つまり「階段」がフレームに収まるときである。階段が現れるたびに、映画の持続が不可逆的な変化を示すのだ。

たとえば、夫が妻に離婚を切り出す前触れで、俯瞰・真俯瞰のふたつの印象的なアングルで階段が登場したのではなかったか。あるいは、朝帰りの夫がただならぬ気配を察し、駆け上がる真俯瞰の迫力はどうだ。妻が階段の上で、夫が下の段に座り込み、煙草とライターを投げ渡すことで、いかなる台詞よりも雄弁に夫婦の破局のなかでの一縷の苦い共感を語り尽くす演出の冴えを見よ。どうやったら、この人物配置へと自然に持ってゆくことができるのか。これだけでもカサヴェテスの映画的な才能に驚嘆してしまう。

こうしてみると、「階段」はカサヴェテス映画のなかで、『ラヴ・ストリームス』（八四）――カサヴェテスが自作と認めたがらない『ビッグ・トラブル』（八六）を挙げても構わない――まで顕在的にも潜在的にも重要な機能を演じていることに気づかされる。階段の上下に夫婦が隔たった『フェイシズ』に対し、結婚をテーマとする『ミニーとモスコウィッツ』（七一）では階段の中段で水に濡れたまま座って抱き合いながら恋人がプロポーズの言葉を告げるのだし、『フェイシズ』同様、主人公が階段を降りるイメージで始まる『チャイニーズ・ブッキーを殺した男』（七六）のキャバレーの舞台に螺旋階段が据えられているのは、『オープニング・ナイト』（七七）の劇場の舞台装置として、カサヴェテス的な家庭の室内空間のコピーとして階段が設けられているのと同様である。カサヴェテス映画では舞台装置にまで階段が必要なのだ。階段を上の踊り場から俯瞰で捉えた構図は彼の映画のなかで唯一、カサヴェテス・ポジションとでも呼びたいほど、一貫して反復される。

といっても、作品によって、その機能はさまざまな表情を伴いつつ変奏される。『こわれゆく女』（七四）では、家の二階は子供部屋であり、夫婦の寝室は階下である。ここでの階段は、母と子供たちの愛の回路といってもいいだろう。精神の安定を失ったジーナ・ローランズは、夫の母が階段に立ちはだかることで、子供のいる二階に昇ることを禁じられてしまう。退院後、テーブルの上で再び「白鳥の湖」を踊り出す彼女が平静を取り戻すのも、幾度も階段を駆け降りてくる子供たちの勢い自体によるかのようなのだ。子供たちを抱きしめながら階段を昇ってからの彼女の変化がそれを証明する。『フレンチ・カンカン』（五四）のジャン・ギャバンが、東映やくざ映画（たとえば山下耕作の『博奕打ち　総長賭博』〔六八〕）に迷い込んだような錯覚を受ける『チャイニーズ・ブッキーを殺した男』のベン・ギャザラは、マフィアに中国人屋敷の裏階段上の扉の鍵を預かることになるので、人目を避け、物音をたてずに階段を昇ることが当面の目標になるだろう。『オープニング・ナイト』の舞台演出家ベン・ギャザラは、初日に姿を見せない主演女優からの電話を受けに舞台裏の階段を駆け上がるのだし、その主演女優ジーナ・ローランズは泥酔の体を引きずるように劇場の裏階段を昇ることになるのである。

そうした「階段」のテーマが、カサヴェテスの濡れることの主題とも連繫しつつ、最も狂気に満ちた地点にまで到達したのが、『ラヴ・ストリームス』である。この作品は『フェイシズ』同様、カサヴェテスの自宅を舞台としているので、一六年の時を隔てながら、あの階段が世にも奇怪な表情を伴って回帰することになる。カサヴェテスは、嵐の夜、二頭の子馬に階段を昇らせる映画作家となるのである。

（『キネマ旬報』一九九二年三月下旬号、キネマ旬報社）

映画作家たちの交歓

ケント・ジョーンズ『ヒッチコック／トリュフォー』

『映画術　ヒッチコック／トリュフォー』（山田宏一・蓮實重彥訳、晶文社、一九八一）ほど面白く、映画の秘密を語り尽くした本はない。一九六二年、親子ほど年の離れたふたりの映画作家が、ユニバーサル撮影所の一室で語り合ったとき、『サイコ』（六〇）までの四七本を撮っていたアルフレッド・ヒッチコックに対し、フランソワ・トリュフォーはまだ長篇三本のキャリアしかなかったわけだが、それでも映画を撮る前の批評家時代にはこのインタビューはできなかっただろう。完成した『映画術』は、映画の教科書としても利用されているのだが、これを技法書として模倣して面白い映画ができたためしがない。

だいたい、ヒッチコックは視覚的なテクニックばかりが評価されるが、さりげないシーンが絶妙な人でもある。僕も『マーニー』（六四）のワンシーンを模倣したことがあるが、それはティッピ・ヘドレンが会社のトイレの個室に隠れて人がいなくなるのを待つシーンである。ヒッチコックは、これをフィックスのワンショットで描き切る。一体、これに何秒かければいいのだろうか。リアルに考えたら、五分は必要だろうが、そんなに時間をかけられるわけがない。ヒッチが何秒に時を圧縮したか、映画を観て確かめていただきたい。

ヒッチコックが、同世代のジョン・フォード、フランク・キャプラ、あるいはハワード・ホークスと最も異なっている点、それはつくり手と同じくらい受け手の感性で映画をつくることではないだろうか。誰もが自らの信念に従って、面白い映画を目指す。ヒッチコックの特異な資質は、面白さの主体が映画作家と観客の間で、クルクル反転することである。ワンシーンのなかで、怖がらせ、同時に笑わせる。ユーモアが勝ったらつくり手の、恐怖が勝る場面は受け手の表現ともいえよう。ヒッチコックの技法だけ模倣しても、ヒッチコックの映画にまるで似ない、たどり着かないというのも、映画作家と観客が等価に存在している二面性による。なかなか模倣できるものではない。それは、ヒッチコック映画の主人公たちの大半が、自分の意思ではなく、事件に巻き込まれた受け身の人物であるのと通じていよう。

トリュフォーは、この対話を一冊の本にまとめるのに、五年という歳月を費やした。インタビューの音声を聞くと、ふたりの対話は、短く、断片的である。それにさまざまな映画史的配慮を加え、充実したやりとりの対話へと再創造していった苦労は並大抵のものではなかったろう。この時期、トリュフォーは、『華氏451』（六六）の企画が難航していたこともあり、撮った長篇は『柔らかい肌』（六四）一本のみである。だが、それまでの自在で即興性の強い三本に対し、細かい厳密なカット割りによって、どこまでヒッチコックに迫れるかを自らに課した『柔らかい肌』を撮ることによって、逆にヒッチコックの二面性を学んでいったのではないか。「『映画術』は、トリュフォーの映画の一本である」というオリヴィエ・アサイヤスの言葉は、「不倫犯罪劇『柔らかい肌』と並行して撮られたトリュフォー作品だ」と言い換えたいとも思う。

さて、トリュフォーのドキュメンタリーを撮ってもいるセルジュ・トゥビアナを共同脚本に迎えたケント・ジョーンズ監督の『ヒッチコック／トリュフォー』（二〇一五）では、『柔らかい肌』は登場しない。それにしても、映画であると同時に、映画の秘密でもある『映画術』を主題に映画を撮るとは、何と大胆な試みであることか。ヒッチコック以後の世代の監督一〇人（そのなかには黒沢清もいる）の言葉を補助線として、映画によるヒッチコック論は展開されていく。もちろん、その中心には、通訳ヘレン・スコット女史による英仏語を挟んだトリュフォーとヒッチコックの声がある。ものすごい情報量でヒッチコックの全域を調査していく前半のひとつの山として、トリュフォー第三作『突然炎のごとく』（六二）が引用された後の「上昇曲線（レイジングカーブ）」に則って、ストーリーを盛り上げていくか、もっと自由（ラフ）に語り口を変えて実験してみるか」というヒッチの言葉が現れ、当時トリュフォーの抱えていた、それゆえにヒッチコックと対話せざるを得なかった問題意識と交わる。そして、落下の恐怖から、神の視点、罪の意識、狂人の夢、夢のオブジェ、サイレント映画の純粋形式性まで、ヒッチコック映画の諸相が圧倒的なスピードで語られる。

ここで、ようやく本作の核心に到達する。トリュフォーの言うところのスピード感の欠如した夢のなかの世界、『めまい』（五八）である。ここで、ジェームズ・スチュアートが浴室の扉が開く音で振り返った瞬間、黒画面に切り替わるという編集により、中断の強烈な飢餓感を観客に与える。彼の見たものをまだ見てはいけないのである。そして、デビッド・フィンチャーの「美しい変態」という言葉をキーワードにしつつ、もうひとつの物語、愛を求める女についての物語が始まる。その結果であるかもしれぬ、当時の批評の驚くべき低評価が紹介されるなど、幾多の地獄巡りを経て、ようやく振り返ったスチュアートの恍惚の表情に戻る。そこに、緑の光に包まれて亡霊のようなマデリン（キム・ノヴァク）が現れ、ジェームズ・グレイの言うところの、すべてが幻影であり、すべてが現実であるヒッチコック世界が臨界点を迎える。

さらに、『めまい』の批評に続き、興行的失敗が語られるのだが、現実の次回作であり、興行的成功も得ているはずの『北北西に進路を取れ』（五九）には向かわず、冒頭で出た『サボタージュ』（三六）の映画館の場面と、視覚性の乱用された現代映画への批判を経て、低予算で最大の興行的成功を勝ち得た『サイコ』の秘密に向かう。『サイコ』も『めまい』同様、前半と後半で話が異なる実験作なのだが、それでも大衆に受けたのである。このつながりは、『柔らかい肌』の興行的失敗に沈むトリュフォーのための構成のような気もしてくる。この『めまい』から『サイコ』への移行により、『ヒッチコック／トリュフォー』は実質的に幕を閉じる。コーダでは、『汚名』（四六）の鍵を示しながら、トリュフォーとヒッチコックの言葉が通訳を介さずに交歓するのである。

（ケント・ジョーンズ『ヒッチコック／トリュフォー』パンフレット、松竹、二〇一六年）

酩酊の無時間・無重力

ジョセフ・ロージー『非情の時』

驚くべき教養と高い政治意識とは裏腹に、ジョセフ・ロージーとは世にも奇妙な映画作家だ。何でもいいが、たとえば『夕なぎ』（六八）。この、人を啞然とさせる真剣さと軽薄さの恐るべき結婚。一九六〇年代前半に『エヴァの匂い』（六二）、『召使』（六三）、『銃殺』（六四）という傑作中の傑作を世に送り出していながら、その前後には『呪われた者たち（The Damned）』（六三）や『唇からナイフ』（六六）のような奇作・怪作が並んでいる。ただ、傑作であろうが怪作であろうが、後味の苦さに関しては他の追随を許さない。赤狩りの悲運にまともにぶち当たってしまったアメリカの五〇年代派のなかでも、際立ってビターな作家だといえるだろう。五七年の作だから、『緑色の髪の少年』（四八）でデビューしてから、一〇年目の、まあ初期の最後を飾るあたりのイギリス映画『非情の時』も、すでにロージー映画の徴が強烈に刻まれている。

アヴァン・タイトルの殺人の場面を除けば、ほぼ二四時間に限定できる『非情の時』は、一見タイム・リミットを伴った事件解決までのサスペンス映画のように見える。空港での時刻のアナウンスから、この手の映画の約束事のように、あらゆる場所に時計が頻出し、残り時間を告げる。だが、「バロック的」と揶揄されがちなロージー的な過剰さが現れる。秘書の家で母親がコレクションする目覚まし時計が時間差を伴って次々と鳴り出す奇想。そこには、オルゴールまで含まれて、滑稽さと紙一重の不条理さで、映画を揺さぶる。あるいは鏡。あるいは、アル中の主人公の前で注がれ続ける酒のグラス。語りの経済効率に奉仕するには過剰な要素が溢れ返っている。なぜかと問われれば、ジヨセフ・ロージーの映画だからだというほかないのだが……。死刑執行というデッド・ポイントに向けて、残された生の時間を過ごす死刑囚と彼を助ける側が、残された時間に反比例し超人的な活動を加速させる様子をカット・バックしたりということはない。その意味で、これは反グリフィス的な系譜の映画なのである。

では、『非情の時』は犯人捜しのミステリー映画なのか。そうでないことは、冒頭のシークエンスで殺人者の顔をしかと闇から浮かび上がらせた演出からすぐに分かる。もちろん観客にとって、この時点で彼が何者かは分からない。だが、後はこの顔がどこで、どのように出てくるか待つだけで充分だ。死刑囚が殺人者でないことは明らかなのだ。

犯人捜しのミステリーでも、タイム・リミットのサスペンスでもないとしたら、ロージーはここで何を試みているのか。ロージーはジャンル映画の骨組みを温存しながら、その内実を変貌させたのだ。ロージーのロージーたる所以は、過剰さに溢れた舞台装置（といっても、それは後期のものに比べたら、つつましやかでさえあるのだが）のなかで、限定された時間をゆるやかな崩壊感覚に見合う速度で、引き伸ばしていったことにある。言い換えれば、それは酩酊状態から泥酔への境目をさまようようなものなのだ。

そして『非情の時』の真の主題は、父親と息子の葛藤にある。カナダに取材旅行に行っていたという理由で、息子の公判に欠席した作家デイヴィッド・グラハムを演じるマイケル・レッドグレイヴは、本当はアル中の治療のため入院させられていたことを死刑執行直前の息子に見透かされている。デイヴィッドは妻に逃げられ、父ひとり、子ひとりの家庭なのだ。自伝的な挿話だとも語られる、中田秀夫の『ジョセフ・ロージー／四つの名を持つ男』（九八）に引用された、このガラス窓越しの対話では息子の父親に対する不信の念がほとばしる。父親と息子の不穏な関係は、殺人現場となった、もうひとつの家族、自動車製造会社のオーナーであるスタンフォード家でも露わになる。ここでの親子の取り澄まされた距離は、血のつながりを欠いた関係性によるのだろう。夫と妻はもちろん他人だが、そこに養子が入り、血縁関係のまったくない三人の家族という他人がいる。スタンフォード家では、息子から「オナー」と名前で呼ばれる母親は登場するが、彼女はなぜか死刑を宣告された息子の友人の弁護に奔走している。『非情のロージー映画の女性は、常に理解不能な他者としてあったことを思い出そう。『非情の時』時』は二組の父子関係の物語であり、その四辺の中間にひとりの女がいる。

実際のところ、デイヴィッドにとって、容疑者はこの血縁を欠いた三人しかいない。そこでロージー的な力学が働く。デイヴィッドを含めた四者を輪舞のように、次々に室内に閉じ込めて、その関係の変容を捉えればよい。『非情の時』には、『エヴァの匂い』や『召使』に典型的な、ロージーの専売特許となった、微細な粘着力を伴った驚異的な長回し撮影はまだ見られない。だが、あの薄暗い部屋のなかで、登場人物が感情を高ぶらせ、主従の関係を逆転していくさまはスタンフォード家の室内で存分に示される。玄関から短い階段を下ると、広いフロアがある。冒頭の殺人シーンでもプリミティヴな壁の絵画からティルト・ダウンしたキャメラは、白いスカートを広げて階段を転げ落ちる娘の姿を捉えた、わずかな高低差のフロアや、開け放された扉越しの室内、絵画（ゴヤ、ロココ調の優美な裸体画、モダン・アートなど）や鏡、そして一部が仄かに浮かび上がるライティングを駆使して、何の変哲もない住居が迷宮と化し、表面的に装われた人間関係に亀裂が走る。第三者が現れる瞬間、それは扉の開閉によったり、あるいは唐突に現れたりするのだが、場の空気の変化を視覚に焼き付かせるロージー演出の極みである。

デイヴィッドが夫婦喧嘩を目撃する場面を見よ。「心のねじれた子供」だと妻になじられた夫は、妻に殴りかかる。このモンタージュが一瞬、時空をねじるのだ。ベッドに倒れた妻は跳びのく。夫は妻を見失う。妻は夫の背後に回り込んでいるのだが、その動きが夫の背景にならなければならないはずなのに消えているのだ。デイヴィッドが妻を問い詰めるシーンも凄い。ふたりの背後の三面鏡に息子が幽霊のように映っているのだが、ふたりが扉から出ていくと、すでに息子は扉の向こうに実像として出現している。覚醒と幻覚が素早く切り替わり、まさに酩酊の無時間・無重力状態が出現するかのようだ。

それにしてもスタンフォード社社長を演じるレオ・マッカーンは、丸く縮こまった体軀からして、フリッツ・ラング映画のエドワード・G・ロビンソンのように素晴らしい。彼もまた酩酊の人なのだ。そして、彼が運転する新車のテスト走行の場面は、野外のロージーの凄さも実証する。夜明け前の大気を切り裂くようにテスト・コースを疾走する車のなかと外で、酩酊状態のふたりがしばしの平衡関係を保つ。この関係が崩れるのは、再び室内空間に移ってからなのだ。ここで再び四人が一堂に会するのだが、そのときにはすでに最終的な位置関係に帰着した四人の残酷なまでのロング・ショットのなかで、エンド・マークが打たれるのである。

（特集上映「ジョセフ・ロージー／ハリウッドの灯は遠く」パンフレット、ビターズ・エンド、一九九八年）

撮影監督の個性とは
『ヴィジョンズ・オブ・ライト／光の魔術師たち』

1　創造者／批評家としてのキャメラマン

洋の東西を問わず、キャメラマンの話は面白い。それはフィルムという物質に形を写し込むという闘いの具体性に生きているからにほかならない。したがって、ある種の監督に多い抽象論の退屈さに陥ることはない。また監督の女房役という性格上からも、創造者であるとともに、批評家でもあるという二面性を持つのが、キャメラマンなのだ。アクションをうまくつなぐには、サイズを変えるときに少しコマ数を変えればいいとか、編集は体で覚えよ（指や手を広げた長さはフィルムでは何コマか）などといったことをロケの合間に、駆け出しの助監督だった筆者に教えてくれたのは、『砂の女』（六四）などで知られる故・瀬川浩キャメラマンだった。最近でも撮影技術者の集まりで、野田真吉の『東北のまつり』（五七）の上映後、その撮影技師だった植松永吉は当時を回想し、カラーの初期はフィルムの彩度を抑えるのに苦労したと言う。イーストマン・カラーは人の見た目より鮮やかに写ってしまうので、日本の空がハリウッドの空のようになってしまうからである。亀井文夫の『戦ふ兵隊』（三九）で三木茂の撮影助手でもあり、羽仁進の伝説的な傑作『法隆寺』（五八）を撮ってもいる現役最長老のキャメラマン瀬川順一の話にいたっては、ご自身がアメリカ映画的な手法に批判的な距離をとった実践を積み重ねてきているだけに、並の監督では到底太刀打ちできないし、また圧倒的に刺激的な批評が次々に繰り出される。若いキャメラマンの撮った桜のワン・カットがなぜ良くないか、フレームと映画の流れの両面から的確に指摘するのに舌を巻いた覚えもある。

2 撮影からみたアメリカ映画史

さて、アーノルド・グラスマン、トッド・マッカーシー、スチュアート・サミュエルズによる『ヴィジョンズ・オブ・ライト／光の魔術師たち』（九二）は撮影の面から見たアメリカ映画史という趣の一篇なのだが、現役の撮影監督の語りを編集していくスタイルを撮っているので、面白くならないわけはない。もともとは、ハイビジョン用のソフトとして製作されているので、ほぼヴィスタビジョン・サイズであり、スタンダードとシネマスコープはマスクをかけ、フル・フレームで収録されている。ここでは、サイレントからトーキーへ、モノクロからカラーへ、スタンダードからシネマスコープへというテクノロジーの変化に、撮影者がどう対応していったかが語られていく。

ジョン・ベイリーが述べるように、一九二〇年代は黄金時代だった。状態のいいプリントで当時のサイレント映画を見れば（可燃性フィルムの透明感！）、その美しさに驚かされ、撮影技術がすでに頂点に達しつつあったことが分かる。現在よりフィルムの感度が低かったとはいえ、画質はいささかも劣るものではない。ヴィルモス・スィグモンドが、トーキーの登場があと一〇～一五年遅れていれば、撮影術はもっと飛躍的な発展を遂げていたと惜しむのも当然である。ここでは、エルジン・レスリーとレジー・ラニング撮影による『キートンのカメラマン』（二八）で階段を上下移動したり、ヘンリー・シャープ撮影によるキング・ヴィダー監督の『群集』（二八）で、滑り台を滑り降りたりするキャメラを見ることができる。まさに、アルメンドロスが述懐するように、キャメラはどこにでも置けたのだ。

こうしたキャメラの黄金時代は、トーキーの到来とともに終わってしまう。キャメラを防音のボックスで囲まねばならなくなり、機動性が奪われてしまったのである。ここで、長年の疑問がひとつ氷解した。なぜ、キング・ヴィダーは、たとえばジョージ・バーンズ撮影の『街の風景』（三一）のように、トーキーになってからも縦横無尽にクレーン移動を続けられたのかについてである。ここでは、ルーベン・マムーリアンの『ジーキル博士とハイド』（三二）。カール・ストラス撮影）や『喝采』（三〇）。ジョージ・フォルシー撮影）が例に挙がっているが、マムーリアンやルビッチ、ヴィダーのように、移動撮影を多用しようとすれば、必然的にアフレコにせざるを得ないと、アレン・ダヴィオーは言うのである（といっても、完全なリップ・シンクロの部分はフィックスで同時に回しているのではなかろうか）。ただし、当時はアフレコの方が手間がかかり、逆にいえば、彼らのように巨匠だから経済原則を破れたのだろう。当時、音は光学で直接フィルムに焼き付けられ、ダビングができなかったことも考慮に入れねばならない。後に磁気テープができてから、音の編集や撮影後のミックスが可能になったのである。

3　スタジオ・システムの撮影

続いて語られるのは、一九三〇年代はスタジオ・システムの黄金期であり、会社のカラーが定着した時代だということだ。光沢のあるパラマウント、陰影の豊かなワーナー、魅惑的な映像のMGMといわれるが、これは各社の重点的に取り上げたジャンルがもたらした結果でもあるだろう（都会派コメディ、ギャング映画、文芸大作という具合に）。そうしたなかで、その時代を代表するスターを撮ったキャメラマンが紹介される。MGMのグレタ・ガルボを撮ったウィリアム・ダニエルズと、パラマウントのマレーネ・ディートリッヒを撮ったリー・ガームスとチャールズ・ラングである。とりわけ、ジョセフ・フォン・スタンバーグ作品のディートリッヒが光を受け止める感受性は驚異的というほかない。ここで紹介されるリー・ガームス撮影『上海特急』(三二)も素晴らしいが、美の極みはバート・グレノン撮影の『恋のページェント』(三四)の白と、スタンバーグ自身が撮った『西班牙狂想曲』(三四)の黒のさまざまなニュアンスだろう。『恋のページェント』で、ロシアの王宮の薄暗い一室にディートリッヒが奥から入ってきて、ジグザグに歩きながら手前まで来るのだが、歩くコースの瞬間瞬間のきらめく表情がどの位置でも完璧で、ライティングの奇跡を見る思いだった。

どこまで意図しているか定かではないのだが、オーソン・ウェルズの『市民ケーン』(四一)と『黒い罠』(五八)の間に、フィルム・ノワールの五作が挟まれている構成は刺激的である。フィルム・ノワールが始まり、グレッグ・トーランド撮影の『市民ケーン』が撮られた一九四一年とは、テクノロジーの変化によるものではない映画的革命が起きた年として、一九五九年のヌーヴェル・ヴァーグ以上の重要度を持つものではなかろうか。トーキーが導入されてから一〇年を超え、ようやくトーキー映画の孕む奇形性が露わになったとでもいおうか。トーキー初期にはブロードウェイの演出家がハリウッドに呼ばれたことでも分かるように、一九三〇年代は台詞付きサイレント映画(あるいは戯曲の映像化)の枠内にある。「撮影監督とは画面のどこを見ればいいのかを示すのが仕事だ」との言葉は、古典的映画のイデオロギーではないのか。四〇年の同じトーランド撮影によるジョン・フォードの『果てなき航路』(四〇)や『怒りの葡萄』(四〇)、トーランドの師ジョージ・バーンズ撮影になるヒッチコック渡米第一作『レベッカ』(四〇)は古典映画の頂点として、『市民ケーン』の直前におかれているといえば穿ち過ぎだろうか。『市民ケーン』はジャンルとしてはフィルム・ノワールではないが、オフの声の使用や複雑な回想形式といったフィルム・ノワールの特徴を先取りしている。パン・フォーカスによる視点の複数化は、古典的な視点の単一化と対立する。

4　フィルム・ノワール

一方、フィルム・ノワールは、見せることから、見せないことに移行していく。そこに露呈するのは裸形の時間である。少なくとも、見せることで成立するヒッチコック的サスペンスではない。ここで見られるウッディ・ブレデル撮影、ロバート・シオドマーク監督『殺人者』(四六)、ニコラス・ムスラカ撮影、ジャック・ターナー監督『過去を逃れて』(四七)、アーネスト・ハラー撮影、マイケル・カーティス監督『ミルドレッド・ピアース』(四五)といった傑作に見られる闇への感受性がそれを証明している。そしてアレン・ダヴィオーに「光を使わないことの意義を彼から学んだんだ」と言わせたジョン・アルトンが紹介される。『巴里のアメリカ人』(五一)のバレエ・シーンを代表作に持ち、晩年のアラン・ドワンと多数コンビを組んだアルトンが、四度組んだアンソニー・マンとの最初の出会い『Tメン』(四七)と、フィルム・ノワールの金字塔の一本である、ジョゼフ・H・ルイス監督の『暴力団』(五五)である。前者の極限の闇の追求、後者の霧けぶる波止場でのサーチライト一本による照明の究極の単純化。何たる映画と感嘆せずにはおれない。再び、オーソン・ウェルズの登場。フィルム・ノワールの時代を閉じる『黒い罠』のモーテルのシーンだ。撮影はラッセル・メティ。かつてハワード・ホークスの『赤ちゃん教育』(三八)で、古典的で端正な画面づくりを見せ、ダグラス・サークの『風と共に散る』(五六)で、大胆な原色の対比が素晴らしかった彼が、ここでは闇のなかにライトを点滅させ、広角レンズによる手持ち撮影で荒々しい効果を得るのに成功しているのを見ると、撮影監督の個性とは何だろうと考え込まざるを得ない。同じことは、繊細極まりない照明でガルボの美しさを際立たせたウィリアム・ダニエルズが、ロケーションでニューヨークの生々しい表情を捉え、セミ・ドキュメンタリー・

タッチの走りとなったジュールズ・ダッシン監督『裸の町』（四八）のキャメラマンでもあることにもいえよう。スタンリー・コルテスの場合は、オーソン・ウェルズ監督『偉大なるアンバーソン家の人々』（四二）、チャールズ・ロートン監督『狩人の夜』（五五）、サミュエル・フラー監督『ショック集団』（六三）という軌跡をたどる。キャメラマンのヴァイタリティを証明していよう。

ところで、まだ『ヴィジョンズ・オブ・ライト』の三分の一しか進んでないのだ。一九三〇年代半ばに三色式テクニカラーが実用化し、五〇年代にシネマスコープが導入される。だが、それらは本篇を見てもらおう。六〇年以降の作品は、その撮影監督やオペレーター、撮影助手が直接、映像の秘密を語ってくれる。何を付け加えることがあろうか。

ただ、字幕の邦題の不統一には注記しておこう。ルーベン・マムーリアンの三本、『ジキル博士とハイド氏』は『ジーキル博士とハイド』だし、『アプローズ』は『喝采』、『ベッキー・シャープ』は『虚栄の市』（三五）。レイ・レナハンによる見事な三色テクニカラー）である。『ピーター・イベットセン』は『永遠に愛せよ』（三五）。ヘンリー・ハサウェイ監督、チャールズ・ラング撮影、あの美しい木漏れ日！）。グレタ・ガルボの『アズ・ユウ・デザイアー・ミー』は『お気に召すまま』（三二）。ジョージ・フィッツモーリス監督、撮影はもちろんウィリアム・ダニエルズ）だ。

（『イメージフォーラム』第一七一号、一九九四年四月号、ダゲレオ出版）

ジョン・フォードと『ジョン・フォード論』
蓮實重彦にとっての映画原器

1 ジョン・フォードへの視角

ジョン・フォードは、映画にとって絶対的な存在である。その理由は多々あるが、まずは映画と同年に生を享けたことである。キネトスコープを起源とするなら一八九四年、シネマトグラフなら一八九五年だが、ジョン・フォードの生年は二説あり、そのどちらかである（おそらく一八九四年）。映画が成人した頃に映画界に入って、サイレントからトーキー、モノクロからカラー、スタンダードからシネマスコープ、ヴィスタヴィジョン、シネラマまで、つまりフィルムによるシネマの青年期から、壮年期、老年期までの映画史を生き延びてきた。二二歳から七一歳までの五〇年間に撮った本数が一四〇本前後、その半数近いサイレント作品の大半は発見されていない。これほど映画史と自らのフィルモグラフィを完璧に重ね合わせられる映画作家がほかにいるだろうか。西部劇であろうと、なかろうと、その作品内では悲劇と喜劇が絶えず接し合い、アクションと感情表現が一体化し、何より見終えた人を茫然自失、ときには号泣させてしまう。

にもかかわらず、一九五〇年頃より、フォードの映画に優劣をつける人は後を絶たない。時代遅れだと批評家は言う。蓮實重彦の『ジョン・フォード論』は、フォードを論じる前に、そうした偏見の数々を正すという使命まで負ってしまう。悪役には、こと欠かない。「フォード打倒！　ワイラー万歳！」

のロジェ・レーナルトの論調を受け継いだかに誤解された「ウィリアム・ワイラー、または演出のジャンセニスト」を執筆したアンドレ・バザンから、『捜索者』（五六）以降の作品を下降線に入ったと断じ、フォードの後期を認めようとしないリンゼイ・アンダーソン、フォードを道徳的に憎悪するクウェンティン・タランティーノまで。フォード擁護の同志としては、ストローブとユイレ、ゴダールというところか。『ジョン・フォード論』で言及されているわけではないが、戦後の日本での受け止めはどうか。『現代日本映画論大系6　日本に生きた外国映画』（冬樹社、一九七二）の冒頭の「戦勝国の贈りもの・アメリカ映画」では、ウィリアム・ワイラーの『我等の生涯の最良の年』（四六）の批評で始まる。そして、アメリカ映画の章を締めるのが、佐藤忠男による「ジョン・フォードについて」となる。おやっと思うのは、それまでは戦後すぐの日本公開時の批評だが、ここでは『荒野の決闘』（四六）から始まるものの、騎兵隊三部作を経て、『シャイアン』（六四）までのフォード西部劇の流れが全部入っている。編集委員が、七〇年の最新原稿を敢えて入れている。インディアンの扱いの変化が、朝鮮戦争やベトナム戦争と関連づけられ、捕虜に対する洗脳問題が『捜索者』や『馬上の二人』（六一）と絡められている。映画は社会の鏡というわけか。当時のフォードに対する見方の典型ではあるのだろう。

『ジョン・フォード論』序章で、「個々の作品のできばえの評価にだけは向かわぬこと」と記されているが、騙されてはいけない。蓮實重彥が気に入っている作品が何かは充分伝わってくる。「だけは」と書いてあるので、嘘ではない。また、「この書物における「ジョン・フォード」という名前は、書かれるに従って刻々とその姿を変えて行くいわばフィクションの存在に与えられたとりあえずの名前にほかならず、それを正当化するものは撮られた作品でしかない」という言葉も記されているが、これも微妙な表現ではある。作品を撮ったのも、「ジョン・フォード」その人であり、決してその伝記的記述を無視しているわけではなく、むしろ入念な調査がなされている。ただ、『ジョン・フォード論』では年代記的な記述はされないので、まずデビューから『荒野の決闘』までのジョン・フォードの歩みをざっと整理しておきたい。トリュフォーの映画論集の日本語訳『映画の夢　夢の批評』（山田宏一・蓮實重彦訳、たざわ書店、一九七九）の翻訳者紹介に、蓮實重彦のフォード作品との出会いは、一九四八年（日本公開年）の『荒野の決闘』だと記されているからである。

2　ジョン・フォードの歴史

ジョン・フォードは、D・W・グリフィス直系のアラン・ドワンやラオール・ウォルシュと同様に、一九一〇年代にデビューしたアメリカ映画第二世代に属する。実兄の俳優兼監督フランシス・フォードの助手として映画界入りし（ここで、ジャック・フォードと名乗る）、フランシスはトーマス・H・インスの系譜なので（そこからユニヴァーサル社に移籍するわけだが）、ジャックの『國民の創生』（一五）のエキストラ出演という事実はあるものの、グリフィス直系とはいい難い。とはいえ、グリフィスの影響は大きく（インスのことは監督よりプロデューサーだと語った）、後にフォックス社で同僚となるF・W・ムルナウとともに影響を受けたことでは双璧であろう。もっとも、最大の師匠は兄のフランシスである。一九二八年、サイレント映画の終わりとともに、監督を引退して俳優業に徹するが、ジャックが出演している可能性の高い一五年、一六年あたりの監督作が見られないのが残念でならない。フランシス・フォードの『スタンピード』（二一）では、冒頭から曲がりくねった樹木のショットを積み重ね、そこで休んでいるフランシスの前に、浅瀬を飛沫をあげながら馬に乗ったヒロインを登場させるのだから、兄弟は相互に影響し合ったとしか思えない。一九一〇年代前半には、アメリカ映画の製作の中心が東海岸から西海岸に移り、第一次世界大戦の勃発で世界産業の覇権も欧州からアメリカに移る。短篇から長篇へと移行し、映画技法も進展した時期である。場面の全景で構成された初期映画から、画面サイズを切り替えていくようにはなったが、まだ引きのポジションと同方向から寄ることが多く、撮りながら模索していく時期であった。フォードは、フランシスの助手になった一九一四年からのユニヴァーサル社での三年間で、映画づくりの基礎（予算管理、スクリプトのアイディア出し、小道具、撮影、エキストラ、馬の転ばせ方まで）を習得していった。

デビュー作『颱風』（一七）に始まる三本の西部劇は、ジャック・フォード自ら主演しているが、失われている。残っている最初の作品は、ハリー・ケリーと組んだ『誉の名手』（一七）である。六作目の初長篇で、すでにフォード以外の何者でもないことに驚かされる。一九二一年にフォックス社に移籍。『俠骨カービー』（二三）から、ジョン・フォードと改名する。大陸横断鉄道の建設を軸とした叙事詩『アイアン・ホース』（二四）で、第一線の監督と認められる。トーキーへの移行に伴う西部劇の人気凋落もあり、会社から与えられた多様なジャンル作品を撮りまくる。一九三一年にエージェントと契約し、フォックス社以外でも監督できる権利を得たことが、その後の展開を変えた。同年にゴールドウィンで『人類の戦士』を撮ったのを手始めに、ユニヴァーサル（『大空の闘士』三二）、MGM（『肉体』三二）、RKO（『肉弾鬼中隊』三四）、コロムビア（『俺は善人だ』三五）で撮る。どの会社で撮っても、会社の色より、フォード・タッチの方が強いのは、スタッフ、特に撮影、美術へのフォードの指導力の賜物だろう。一方、フォックス社は身売りして20世紀フォックス社となり、ダリル・ザナックが実権を握り、フォードの『周遊する蒸気船』（三五）の編集に介入し、喜劇的シーンを中心に大幅にカットしてしまう。以降、20世紀フォックス作品では、ザナックの企画・編集との葛藤が続くことになる。フォードがラッシュを最小限しか撮らないのも、プロデューサーの介入を避けたいこともあるだろう。もちろん撮影時間の効率化にもつながる。フォードは自分の企画をハリウッド各社に持ち込み、最終的にRKOのプロデューサー、メリアン・C・クーパー（あの『キング・コング』（三三）の監督のひとりである）の決断で、両親の故郷であるアイルランドの独立戦争を背景にした『男の敵』（三五）が実現する。低予算を逆手にとった、抽象化した陰影の美学が評価を受け、アカデミー監督賞を受賞する。

『駅馬車』（三九）の企画も、ハリウッド各社に断られ、独立プロのウォルター・ウェンジャーが引き受ける。このヒットで西部劇が復活し、ジョン・ウェインが一躍スターとなる。続くフォックス作品『若き日のリンカン』（三九）でヘンリー・フォンダを起用、フォードの二枚看板が揃う。『怒りの葡萄』（四〇）、『わが谷は緑なりき』（四一）で、アカデミー監督賞を連続受賞。野戦撮影隊を組織し、OSS（CIAの前身）の傘下に入る。予備役海軍大佐まで出世する（退役時は少将）。自らキャメラを回した『ミッドウェイ海戦』（四二）、グレッグ・トーランドとの共同監督作品『真珠湾攻撃』（四三）でアカデミー賞のドキュメンタリー部門を連続受賞。『コレヒドール戦記』（四五）で劇映画に復帰し、20世紀フォックスとの契約終了作品『荒野の決闘』が、戦後第一作となる。

3 『ジョン・フォード論』の構成

ここから、蓮實重彦とフォード作品との交流が始まる。つまり戦後のフォード作品をほぼ同時代に体験できた幸運な世代ということになる。そこから、話は一九七九年に飛ぶ。『映像の詩学』（筑摩書房）と『映画の神話学』（泰流社）の二著の刊行によって、日本の映画批評に革命を起こす。現在でも、この二著が蓮實氏の最重要映画批評であることは揺るがない。海外映画作家論集『映像の詩学』の冒頭に、ジョン・フォードは置かれている。最後を飾るのが、ジャン＝リュック・ゴダール。「フォードは美しい。ジョン・フォードとは、不幸にも美しさのみで映画たりえてしまった例外的な作家が、なお映画を生き続けんとして身にまとった世をしのぶ仮の名前にほかならない」と始まり、「ジョン・フォードは、その醜さによって美しいのだ」と結ばれる。「そうした思いがけない変容の資質で映画が人を不断に戸惑わせてきたというのも、まさしくジョン・フォードが、醜さのいっさいをうけいれた上で、美しさのみで映画となる例外的不幸を生きたからにほかならない」。つまりは、フォードがいたからこそ、あらゆる映画の特質が理解でき、映画体験が生起すると言っている。フォードは蓮實重彦にとって、映画原器のような存在なのである。フォード愛が炸裂するこの「ジョン・フォード、または翻える白さの変容」と題された映画論の持つインパクトは恐るべきものであった。初出の一九七七年当時、これを隅から隅まで理解できた人はそう多くないと思う。フォードの作品を見られる環境が日本にはなかったからである。一九八三年にフィルムセンターで開催された「ジョン・フォード監督特集〈1917―1946〉」により、『荒野の決闘』までの三〇本ほどが上映されたことはある。だが、肝心の戦後作品は限られたものしか見られなかった。とりわけ、遺作の『荒野の女たち』(六五)をどうしたら見ることができるのか、というのが当時この論に煽られた人たちの最大の関心事だったはずだ。

同時に、これを書いてしまった蓮實氏にとっても、越えるべきハードルとなったのではないか。そこから、『ジョン・フォード論』刊行までの長き年月が、それを物語っている。終章を除く構成を見ていこう。「第一章　馬など」「第二章　樹木」「第三章　そして人間」「第四章　「囚われる」ことの自由」「第五章　身振りの雄弁　あるいはフォードと「投げる」こと」。『香も高きケンタッキー』(二五)という馬の語り(もちろん字幕で)で進行する馬の母と娘を描いた傑作がなければ、こうした構成が成立はしなかっただろう。馬は人間などとは比較にならないほど、スタンダード・サイズに収まりのよい理想的な被写体だという事実が告げられる。そして馬が漂わせる「存在の気配」の重要性を示し、では馬以外の動物ではどうかと探っていく。もしかしたら、人間でもそれが可能な存在がいるかもしれない。では、その動物的な人間とは誰か。

「樹木」の章で、問題となるのは、フレームである。モニュメント・ヴァレーは遠景にあって座標となるが、樹木は近景にあって、フレーム内フレームとなる。そこで人間はどのような姿勢をとれば、フレームとの関係を築けるのか。同時に、フォード的と思われない作品の名誉回復もおこなっていく。ここでは『メアリー・オブ・スコットランド』（三六）がそれにあたるが、誕生と死が問題になるであろうことを示しつつ、ようやく人間が正面から取り上げられる第三章へ移る。といっても、人間の表情に蓮實氏が近寄るわけではない。ここでの問題は、編集である。『モホークの太鼓』（三九）と『太陽は光り輝く』（五三）で、「走ること」「歩くこと」を検討してから、人間固有の「歌うこと」「踊ること」へと接近していく。以上、まず目指されるのは、数々のフォード神話を粉砕すること。画面を虚心に見ることで、何が映っているのかを示す蓮實批評の総決算であり、数々の卓見がちりばめられる。ただ読者への説得の意思が強く、七〇年代の怒濤のような流れとリズミックな展開は薄れ、列挙される事項の並列化に微かな危惧も覚える。だが第四章に入るや、脱走兵ベン・ジョンソンが操る馬がいきなり疾走を始める『リオ・グランデの砦』（五〇）追跡シーンの切迫感溢れる見事な描写によって、それまでの三章はフォード映画の環境整備に徹していたことが了解される。つまり、最初の三章で登場する映画は、後半の二章でその時間と空間を存分に躍動させるために描写が温存されたのである。だから、『ジョン・フォード論』は長篇映画のように通読する必要がある。ただ、これがどういう順序で書かれたかは、いささか不思議にもなる。第三章の終わりはこうだ。「では、馬ほどの自然さでスクリーンのフレームにおさまることのない人間と呼ばれる視覚的な対象――これを間違っても主体ととらえてはなるまい――は、フォードにあっては茂った樹木の幹に引き寄せられて純朴な愛を語り、雨を怖れずにレインコートをまとい、鏡を無視して抱擁しあったりしながら、いかなる環境に身をおき、どのような身振りを演じることになるのか。それが、残された二つの章での話題となるだろう」。この「「囚われる」ことの自由」は、著者の最初のフォード論「翻える白さの変容」のなかで、すでに予告されていたジョン・フォード映画の核心であり、不自由さが自由へと反転するフォード作品の構造を解明したものだ。蓮實探偵によって、超絶技巧ミステリの解決編のような快感がもたらされる。だから、これ以上は書くまい。それは蓮實氏がフォードに見出した「説話論的」なものの凝縮であったが、それが画面の運動として可視化されるのが、「身振りの雄弁　あるいはフォードと「投げる」こと」である。

4　「投げる」ことをめぐって

蓮實氏は、かつてヒッチコック作品を「落ちる」こととの関係で論じたが、フォードでは、その主題を「投げる」ことに見出したわけである。この論が馬で始まり、人間にいたった意味もここに見えてくる。「投げる」とは、ほぼ人間に限られた主体的行動であるからだ。「落ちる」ことを人間が主体的に選択するのは、よほどの例外的事態である。「投げる」軌跡は投げる力により方向づけられるが、やがて重力に従い、落ちていくことになる。それを映画で描写するときに、四つのやり方がある。まず、投げる行為と投げられたものの軌跡を同一画面に収める方法。フォード作品でいえば、『アパッチ砦』（四八）で、ジョン・ウェインが崖の上から酒瓶を投げる場面。おそらくフォード作品のなかで最大の飛距離ではないか。大ロングだが、その軌跡はパンで追わねば収まらない。瓶は迷路のように湾曲した谷底に落ちていく。次に、投げる行為とその軌跡をふたつのショットに分割する場合。『タバコ・ロード』(四一)で、少年が石を投げるショットと、ワード・ボンドに石が当たるショットを編集でつなぐ例を挙げておこう。三番目は、投げる主体は描かれず、投げられたものの軌跡のみの場合。『ドクター・ブル』(三三)の列車から投げ落とされた郵便袋がこれにあたる。ただ、袋が雪に覆われたホームに落ちる瞬間は、短いアップが挟まれているので、ワンショットというなら、『荒鷲の翼』(五七)で、ジョン・ウェインに投げられる花束を挙げておこう。最後は、投げられたものの軌跡は描かれず、投げる行為のみが画面に収められる場合。『怒りの葡萄』での酒瓶を投げるヘンリー・フォンダや、拳銃を投げるジョン・キャラダインがそれにあたる。

ジョン・フォードの凄さは、単に「投げる」行為を描くのみならず、それをどういう画面、画面連鎖で描くかという本能的選択の的確さにある。そして、その多様なありようが素晴らしい。当然のことながら、投げたから、いい映画になるわけではないし、ジョン・ウェインが「投げる」のは、フォード作品に限られるわけでもない。印象的な一例だけ挙げれば、ジョン・ファロー監督の『ホンドー』(五三)で、泳げないと知った瞬間、その少年を川に投げ入れるジョン・ウェインの実地教育の唐突さである。もちろん、投げる行為の普遍性を重々承知している蓮實氏は、ハワード・ホークス作品の「投げる」シーンの説話的有効性と比較して、フォード作品の無償性への視点を引っ張り出しもする。

ところで、フォード作品のキャメラマンは、サイレント期からのコンビであるジョージ・シュナイダーマン、ジョセフ・H・オーガストから、『駅馬車』のバート・グレノン、テクニカラーによる色彩表現に特化したウィンストン・C・ホック、晩年の大半を手がけたウィリアム・クローシアまで、多くの女房役がいる。そのなかでも、フォードに決定的な影響を与えたのは、『怒りの葡萄』『果てなき航路』(四〇)の二作のみながら、グレッグ・トーランドだろう。構図の厳しさ、陰影の多様性(闇と光を当てて艶を出す「当て黒」が共存する)という特徴を持つが、同時に世界の拡がりも示す。「投げる」こととの関連でいえば、『怒りの葡萄』で投げる軌跡を見せないフレーミングで、画面を開放することを禁じ、閉塞感を持続させる。『果てなき航路』では、アイアン・ハンターが死の瞬間、あれはボートの留め具だろうか、何かを投げるのだが、その軌跡はフレーム外であり、『怒りの葡萄』同様、抒情に流れることを禁じる。しかし、蓮實氏が「「投げる」ことの凶暴さが例外的に炸裂する瞬間」というトーマス・ミッチェルに投げられた警棒の場合、船員が投げる棒の軌跡が画面に定着されているという、トーランドにとって例外的な場面でもある。フォードが「投げる」ことを主体と軌跡の二ショットに分割する場合、『タバコ・ロード』の少年のように同方向から撮る場合や、それに続く母親はほぼ正面の切り返しであったりと自在に使い分けられる。ここでは船員とミッチェルが切り返されるわけだが、「投げる」軌跡が二ショットで異なり、どうも空間が歪んでいるとしか思えず、だから、その予想外の地点から襲ってくる棒の存在により、トーマス・ミッチェルの悲劇が際立つのである。それは『駅馬車』で、ドナルド・ミークへの矢や、ジョン・キャラダインへの銃弾があり得ない地点から放たれたとしか思えない不条理を呼び覚ます(描かれるのは当たった直後から)のと似ている。だいたい『駅馬車』[図6-3]が名作といわれるのが信じられない。これほど、正確に狂っている映画があるだろうか。

あの馬車の内部を見ておくと、改めてフォードの名人芸に感嘆せざるを得ない。最初、三人ずつ向かい合って座る馬車のなかで、フォードは蓮實氏が言うように、視線をそれぞれ反対側に向ける「一八〇度」の規則を無視して相似の構図を見せるかと思うと、事態が緊迫度を増すとサイズも寄り、視線をぶ

図 6-3　『駅馬車』（1939）

つける通常の切り返しが増えてくる。両者の間の床にジョン・ウェインが座り込むと、彼を正面から捉え、視線の集中する中心の軸にして、水筒のやりとりを展開する。赤ん坊がまで乗り込み、座席を追い出されたトーマス・ミッチェルがウェインの反対側に座り込む超過密空間でも、信じ難い自在な視線のやりとりが繰り広げられる。もちろんセット撮影だから可能なキャメラ・ポジションなのだが、フォードが規則を無視するというより、体験で身につけてきた本能的なキャメラ位置を確信しているからだろう。それが中継所の食堂だと、人物の距離を自在に操って関係を視覚化していくわけである。対立する貴婦人と娼婦の二陣営に、ほかの者はその両極との距離によって、配置、再配置されていく。それが野外に行くとどうか。あのヤキマ・カナットの馬への飛び移りと落下の超絶的スタント。こんなことが平然とワンショットで撮られるなら、どんな事態でも信じるしかないと思わせる。彼がインディアンを演じるときとジョン・ウェインの身代わりになるとき、画面上の駅馬車の進行方向は逆である。しかし、誰もそんなことは気にも留めない。この追跡場面では、正面も含め進行方向は自在に切り替わる。つまり、室内同様、スクリーン上では無限の距離の伸縮と方向性の攪乱がおこなわれており、しかし誰もそれを不思議には思わない。フォードがエイゼンシュテインすら超えているのは、こころである。事態を片側から収めるマスターショット・システムではあり得ない画面連鎖が起きている。映画の文法を遵守して撮る監督にはできない離れ業なのだ。『荒野の決闘』や『アパッチ砦』でも、馬車を追いかける騎兵隊やアパッチ族の同方向への進行を逆向きにカット・バックしてみせる。グリフィスを受け継いでいるにもかかわらず、反グリフィスでもあるのが、フォードの不思議なところだ。

『荒野の決闘』でザナックとの関係を絶ったフォードは、盟友メリアン・C・クーパーとアーゴシィ・ピクチャーズを設立し、自らの企画の実現に動く。ただし、企画を製作・配給する映画会社に売り込まねばならない。RKOと四本、『逃亡者』（四七）、『アパッチ砦』、MGMでの『三人の名付親』（四八）を挟み、『黄色いリボン』（四九）、『幌馬車』（五〇）。リパブリックと組んで、最大の念願だった『静かなる男』（五二）をアイルランド・ロケで実現させるが、その前哨戦でジョン・ウェインとモーリン・オハラを共演させた『リオ・グランデの砦』、その後に『太陽は光り輝く』と佳作が連なる。『太陽は光り輝く』は、ウィル・ロジャース主演作『プリースト判事』（三四）の続篇で、黒人召使役のステッピン・フェチットが両作を結ぶ蝶番となる。ラストシーンの扉は、ドライヤーの『ゲアトルード』（六四）の扉同様、人生の帰結を示し、深い感銘を与える。

メリアン・C・クーパーとの提携は、思わぬ副産物も生んだ。女優業を引退していたクーパー夫人ドロシー・ジョーダンの銀幕復帰である。『太陽は光り輝く』では、歓迎されざる帰郷を遂げるヒロインの母親を演じ、フォードの真髄といいたい葬列の場面の見えない主役となる。『捜索者』では、秘めたる愛を断念したジョン・ウェインの兄嫁を演じ、復讐劇を始動させることになる。これはクーパーが製作に加わった最後のフォード作品でもある。『荒鷲の翼』では、ワード・ボンド演じるフォードがモデルの映画監督の秘書という、考えようによっては重要な役を演じる。

アーゴシィは、八本のフォード作品を残して解散したわけだが、フォードが監督していない一本がある。アーネスト・B・シュードサック監督の『猿人ジョー・ヤング』（四九）である。フォードは、クーパーと並んで、プロデューサーとして冒頭にクレジットされるが、本人曰く「私は何もしなかった」。しかし、この作品は、投げ縄の名人ベン・ジョンソンを主役に、「投げる」ことと「落ちる」ことの大盤振舞いが見られる興味深い作品である。おそらく「投げる」回数でいったら、どのフォード作品よりも多いだろう。『キング・コング』以来、ゴリラも「投げる」存在なのである。ただ、フォード作品との大きな違いは、「投げる」ことが見世物として繰り広げられることである。つまり投げる行為は登場人物にも意識されている。もちろん、フォードにも『上流に向かって』（二七）とか、ナイフ投げなど見世物として描いた作品はある。『荒野の決闘』でも、舞台に帽子が飛び交う。しかし、フォードの「投げる」行為は、本人が意識と無意識の間にあるときに本領を発揮する。

それはさておき、フォードにもゴリラ狩りをクライマックスに据えた作品が存在するのは偶然だろうか。『モガンボ』（五三）である。『猿人ジョー・ヤング』でのスタジオで捏造されたアフリカ奥地と違い、ここではアフリカ各地でロケーション撮影されている。もっとも、クライマックスとなるゴリラを撮影したのは、第二班を率いるヤキマ・カナットであり、『駅馬車』と並ぶフォード映画への最大の貢献であろう。日本公開当時のパンフレットのコラムによれば、MGMの命名による「ゴリラ作戦」は、仏領赤道アフリカの奥地で、ゴリラの集団の発見に一ヵ月（二家族一四匹）、撮影準備と撮影に二週間ずつかけたというのだ。それに対し、フォードはロンドン郊外のスタジオのセットで、実景のゴリラに切り返す作りもののアフリカの森を背景にした俳優たちを撮ったわけである。さすがのフォードでも、人間とゴリラの「投げる」ことの応酬は不可能であった。

この章の終わり近くで、蓮實氏は「手放す」ことを「投げる」ことの変奏として、死の瞬間、握っていたものが落ちる描写が、『血涙の志士』（二八）と『長い灰色の線』（五五）で反復すると指摘しているが、もう一回、目に止まらない形で再現されることを覚えておいてほしい。

「投げる」ことが、フォード作品で組織化され、映画内でかけがえのない要素として展開されているのは、『捜索者』と『リバティ・バランスを射った男』（六二）の二作品だろう。『馬上の二人』がそれに次ぐ。『捜索者』でいえば、ジョン・ウェインとワード・ボンドの関係性の表出に使われるばかりか、副筋のヴェラ・マイルズとジェフリー・ハンターの関係の推移に使われるのは見逃せない。入浴中のハンターに掛けられる水桶の水に始まり、ライフル、暖炉に投げ入れられる手紙。これらがジョン・ウェインの投げ合う相棒を失う過程と対照的な軌跡を描いていくのである。

『リバティ・バランスを射った男』の場合、ジョン・ウェインがランプを新築していた部屋に向けて投げつける。これほど自己破壊的な「投げる」意味を、フォードが醜さの極限のように描いたことはなかった。それは明らかな事実であるが、時空を超えて、それを救うように「投げる」仕草の中断へと展開できるのは、世界で蓮實重彥ただひとりだろう。さすが自動車を停止装置として論じた人だ。そのジェムーズ・スチュアートの些細な身振りへの指摘は、『ジョン・フォード論』のひとつのクライマックスを形成している。

スティーヴン・スピルバーグが、『フェイブルマンズ』（二〇二二）で、「投げる」凶暴な猿を描いたことはともかく、『リバティ・バランスを射った男』を引用する理由は明らかである。『捜索者』も含め、ジョン・ウェインは愛を断念せざるを得ない犠牲者であった。ここでのジェムーズ・スチュアートの選択の残酷さも含め、蓮實重彥は救おうとしたのである。スピルバーグが、ミシェル・ウィリアムズの女の選択を描かざるを得ないというのも、自伝的という以上に、フォードの犠牲者に対する、後続者としての応答なのである。

アクションの停止という視点から、テレビ作品『新人王』（五五）でのヴェラ・マイルズの手にした拳銃が投げられるかどうかを見たうえで、同様のシチュエーションが出てくる『ギデオン』（五九）で、拳銃をめぐる解決のあり方が、今度はどうなるか、距離を埋める駆け引きを息をつめて見守るしかない。『ギデオン』は、煙草の火を点けたマッチが投げられたショットに、エンド・マークが重なる映画でもある。

「投げる」ことの補足として、『ミスタア・ロバーツ』（五五）にもふれておこう。この二回にわたる鉢植えの海への投棄において、ジャック・レモンの突発的なアクションはともかく、ヘンリー・フォンダの場面は、その舞台的な様式化と階段を昇るのに並行してクレーン・アップする手法が、とてもフォードとは思えない。フォンダとマービン・ルロイによって、リテイクされたものではないだろうか。あるいは、ジョシュア・ローガンか。

フォード映画におけるヘンリー・フォンダとジョン・ウェインの唯一の共演作『アパッチ砦』で、フォードはフォンダに「投げる」ことをウェインとの対比において最小限に抑えた。フランシス・フォードにフォンダの目前で嚙み煙草を吐き出させるのもこの文脈にある。ウェインの崖からの投擲には、フォード間（モニュメント・ヴァレー）を熟知した者という意味が含まれている。また、ヘンリー・フォンダの投げる一回は、演出なのか、俳優の即興なのかという興味深い問題も提起する。結論からいえば、投げられた金槌を受け止めるヴィクター・マクラグレンがいるので、即興の可能性はない。その前に、フォンダに酒を吐き出させ、直後にウェインに斧を投げ捨てさせるので、フォードのアクションの周到さに舌を巻く場面でもある。フォンダは横へ、ウェインは下へ、投げる方向の違いに注目されたい。下へ向かうのは、感情が収まりがつかないところまで高まったときなのである。ここから、ふたりの決定的な亀裂となる白手袋が地面に叩きつけられる瞬間へと導かれる。

蓮實氏はフィルム上の出来事ではないので、あえてふれていないのだろうが、ハリー・ケリー・ジュニアの『ジョン・フォードの旗の下に』（高橋千尋訳、筑摩書房、一九九七）を紐解けば、フォードの現場で投げる行為が頻出していることが分かる。『三人の名付親』の衣裳合わせで、フォードは帽子を次々放り投げ、ジョン・ウェインはブーツを投げ、フォードに押し付けられた気に入らない衣裳を、ペドロ・アルメンダリスは舞台隅に放り投げる。撮影で過剰な演技をしたハリー・ケリー・ジュニアに、フォードは岩の破片を投げつける。精度はい今ひとつだったのか、ジュニアが避けると、アルメンダリスの股間に命中したという（この挿話はボグダノヴィッチによるフォード・ドキュメンタリーにも入っている）。馬を暴れ出させるのに、キャメラから見えない角度で石をぶつける役目を、何とジョン・ウェインが担当している。つまりフォードのオフ・スクリーンにはものが飛び交っていた。フォードに馬を撮る秘訣を聞いた黒澤明にも、これは伝えられなかったようだ。

5　ジョン・フォードの探究

蓮實重彥が「投げる」ことを最初に論じたのは、八三年の「ジョン・フォード監督特集〈1917―1946〉」のパンフレットに寄稿した「フォードと投げること」においてである。「翻える白さの変容」から、さらに具体的なフォードの運動を描く第一歩だったといっていい。現在で驚かざるを得ないのは、これが『荒野の決闘』で始まり、『荒野の決闘』で終わっていることである。『ジョン・フォード論』第五章の註13で、「リンゼイ・アンダーソンのように、『荒野の決闘』に惹かれてフォードに近づいたものに碌な人間はいないと断言しておく」と記した人間が、リンダ・ダーネルが受け止める骰子《さいころ》で始まり、ヴィクター・マチュアの帽子から零れ落ちる砂の粒子への驚きを書き留めている。『ジョン・フォード論』には、骰子はチップと表記を変えて残されるが、砂粒の記述は残っていない。

蓮實重彥は、『Throwing in John Ford's Movies』(二〇二二)という作品を三宅唱を共同監督としてつくった。編集は大川景子。作中で「ジョン・フォード」の名が叫ばれる一作品(そのシーンは使われない)を含む二作を除き、フォード映画の「投げる」ショットを引用していく五九分五九秒の作品である。時代は問わず、モンタージュされるが、意味を分かるか分からない「間」に漂わせる編集が見事である。『ジョン・フォード論』に付録として付けてくれれば完璧だったと思わなくもない(映画美学校の教育用として使われるようだ)。

図6-4 『荒野の女たち』(1965)

ようやく、『荒野の女たち』[図6-4]によって、エンド・マークを打つときが来たが、最後にフォードのキャスティングにもふれておきたい。どんな役を演じようと、自分自身として存在する者たち。その代表は、フォード映画の陽の体現者、常に酔っ払っているフランシス・フォードだろう。あるいは、その面妖な容貌で画面に両生類的動物性を注入するジャック・ペニック。たぶん最多のフォード作品登場者である。そうかと思うと、まったくかけ離れた役を演じさせられる俳優もいる。『バファロー大隊』(六〇)で黒人騎兵隊の高潔な軍曹を演じたウッディー・ストロードは、『馬上の二人』での武闘派インディアン、『リバティ・バランスを射った男』でのジョン・ウェインの忠実な使用人を経て、『荒野の女たち』にたどり着くが、『ドノバン珊瑚礁』（六三）の南洋の楽園でのクリスマス劇でポリネシア王を演じるフランス総督府の巡査部長に始まり、騎兵隊でのヴィクター・マクラグレンの役柄を受け継ぐかのような軍曹を『シャイアン』で演じたマイク・マズルキが、中国奥地の匪賊の頭領として、黄金色の衣裳をまとった女王にして捕囚アン・バンクロフトの前で副官ストロードと最強者の地位を争うのを見ると、フォード的な存在は善悪の彼岸にいるのではないかと絶句するしかない。マズルキはバンクロフトと一夜を過ごす部屋を去らないストロードに酒の器を投げ、ストロードとの対決の前に脱いだ上着をバンクロフトに投げるというように、決定的な選択を証明するために、「投げる」存在である。フォードは、自身のラスト・ショットで、毒入り酒の茶碗で乾杯した後の向き合った姿勢から、バンクロフトをマズルキと同方向に変化させる。ふたりは相似形の存在となる。これはバンクロフト同様、マズルキにおいても悲劇なのである。マズルキの碗の落下はフレーム外にして音のみ響かせ、バンクロフトだけが自らの意思で碗を投げ落とす。同一画面で、軌跡の可視と不可視を共存させる。フォードの映画的探究は最後の最後まで続いていたというほかかない。

［書評］蓮實重彥『ジョン・フォード論』（文藝春秋、二〇二二年）

（『図書新聞』二〇二三年三月二五日）

映画作家デイヴィッド・ロウリーにとって、ショットとは何か

映画におけるショットとは何か。それは切れ目のない連続した時空である。しかし、その連続性は、ふたつの時間を持つ。対象の時間とキャメラの時間である。通常は、ふたつの時間は重なっていて、キャメラの時間は知覚されない。それが触知されるのは、キャメラが動いたり、フォーカスが送られたりした場合である。フィックス・ショットであっても、キャメラの時間は存在する。つくり手の視点が出てくるのは、キャメラの時間によってである。では、対象の時間とは何か。物には堆積した時間がある。つまり、対象の過ぎ去った時間が含まれている。現実を見るとはそうしたことだろう。それと対象との距離がある。距離によって、光の届く時間、音の届く時間が異なる。極端な例では、夜空の星である。見えているのは、過去の時間だ。つまり現実の対象の時間とは複数で織り成され、キャメラの時間は単数である。ただ映画において、このふたつの時間は対等ではない。撮影者は対象を最も適切に捉えられるポジションを選び取ろうとするからである。そのポジションが変わったら、対象の時間性も異なる。要は、キャメラ・ポジションは対象の運動との関係で変化する。その運動が捉えきれなくなったときに、ショットが切り替わる。ショットには、本質的にカットされることへの恐怖が孕《はら》まれている。それは、世界で初めて編集（といっても、同ポジの止め撮りだが）がおこなわれた映画が、エディソン社の『スコットランド女王メアリーの処刑』（一八九五）であったこと

に起因するかもしれない。女王が斬首される直前に、俳優と人形を取り替える必要があったからである。

デイヴィッド・ロウリーによる中世騎士物語『グリーン・ナイト』(二〇二一〔図6-5〕)は、そうしたショットの特質を典型的に示す映画だ。斬首されることへの恐怖が、物語とともに、映画形式として体現されているからである。ここでの主人公ガウェインが緑の騎士に自らの首を差し出し、斧が振り下ろされる瞬間、ショットが続くこととカットされることとの葛藤が巻き起こり、圧倒的な恐怖と一縷の望みが入り混じる。だが、先走り過ぎた。この象徴と隠喩がせめぎ合うその世界を見ていこう。

図6-5 『グリーン・ナイト』(2021)

大筋は、クリスマスにアーサー王の円卓に乱入した緑の騎士が、首切りのゲームを要求することに始まる。まずは緑の騎士の首を切り落とせと。対戦相手に、ガウェインが志願する。そして、一年後のクリスマスには、ガウェインが緑の騎士を訪ねて、自らの首を差し出すことになる。ガウェインは緑の騎士の首を刎ねるのだが、驚くべきことに、切り落とされた首も胴体も生きていて、馬に乗って帰っていくのである。これは対等なルールに見えるが、緑の騎士は死なないことによって、非対称なゲームとなる。人間であるガウェインの首が切り落とされたら、死は免れられない。もし死ななければ、ガウェインは人間ではなくなっているはずである。そこで、観客にとっての謎は、このゲームの目的は何なのか、となる。

このシーンに並行して、城の別室でおこなわれている、アーサー王の妹であり、ガウェインの母親モーガン・ル・フェイによる魔術のシーンが描かれる。そこでは緑の騎士が持参した手紙が書かれるのである。つまり、緑の騎士はモーガンによって、招喚されたのではないか。ということは、その試練は、母が息子に与えた通過儀礼となる。それと、ガウェインとの関係をめぐり、母と恋人エセルとの対立があるようなのだ。旅に出るとき、ガウェインは母から呪文が折り込まれた腹帯を、エセルからは鈴を贈られる。そして、緑の騎士が置いていった斧を持ち、愛馬に乗って出発する。ところが、盗賊に腹帯と斧と愛馬を奪われてしまうのだ。どうやって、取り戻せばいいのか。また、途中で世話になる城の奥方に、鈴を取り上げられる。ここで、エセルと奥方の二役をアリシア・ヴィキャンデルが演じ分けていることのアイロニーが出てくる。奥方は、モーガンとエセルのどちらの陣営なのか。同じことは、旅に帯同する狐にもいえる。

それにしても、旅のなかでの魔術的なショットの数々の出現には驚くばかりだ。森で盗賊に後ろ手に縛られて横たわるガウェインから右に三六〇度パンが始まり、白骨と化した死体が現れ、今度は左に戻っていくと、未来を見たガウェインが必死に這いずり出す（見事な身体表現！）ショットなど、時制の異なる対象とキャメラの時間が侵食し合う。これは冒頭で述べたショットの可能性を最大限に使った、映画でしかできない表現だが、それは終盤、落城寸前での三六〇度パンにもつながってこよう。

非常に不可思議な導入部にもふれておこう。庭で家鴨や山羊が騒いでいる。その背景に見える家の窓から火が立ち上り、火災が起こったことが分かる。塀の扉が開き、男女ふたりが入ってくる。男が馬に乗った女を、フレーム外に連れ去っていく。何というか、非現実的な現実感に満ちている。その間に、キャメラの後退移動が始まると、縦長の窓からの視界だったことが分かり、水が滴り落ちる室内に退いていき、裸で寝ている男ガウェインのクローズアップとなり、彼の顔に水が掛けられたところで、このショットはカットされる。さて、窓外の非現実的出来事は、駆け落ちするトロイの王子パリスとスパルタ王妃ヘレンの神話の情景であるらしい。つまり、アーサー王の時代の遥か昔。異なった時空が一連のキャメラ移動で結びつけられている。解釈としては、ガウェインの夢ともとれなくはないが、そう断定する根拠は何もない。ワンショットで、火と水を象徴的に導入したかったのか。より誘惑的な解釈はこうだ。手の届かないものと手を伸ばせば頬に触れるくらいの現実感を共存させること。この相容れない両者があわや触れ合いかけるのが、あの巨人との遭遇場面なのである。物語的には、次のショットへとアクションでつながれるのだが、この不能の放蕩者ガウェイン初登場のショットのカッティング・ポイントは、正確に彼の首がフレームで切られた瞬間に設定されている。

（『キネマ旬報』二〇二二年一二月上旬号、キネマ旬報社）

あとがき

筆者の初めての映画論集となる『映画のメティエ　欧米篇』は、欧米の主に劇映画についての論考をまとめたものである（『日本篇』も近刊予定）。ドキュメンタリーに関しての論考は、別にまとめるつもりなので、ここには収録していない。このなかで、最も早く書かれたものが、一九九〇年の「ルビッチ的室内劇の設計図」という『天国は待ってくれる』論なので、およそ三五年にわたっての論考のなかから選んだものということになる。筆者にとって、一九九〇年代は、一九八七年にサイレント映画『ゆめこの大冒険』を公開して以降、まったく劇映画が撮れなかった時期にあたる。この映画でデビューしたら、日本で劇映画の仕事は二度とないよ、と当時独立系のプロデューサーに忠告されもした。実際、劇映画の企画を各所に持ち込んでも、まったく通らなかった。記録映画といえばもっともらしいが、実質企業PR映画やイベント映像を仕事にしていた頃である。そうした時期に、友人が映画の配給業を始めたことで、映画パンフレットの編集に携わるようになる。最初が『天国は待ってくれる』。この作品は、一九八六年のパリで初めて見た映画でもあった。当時のパリはルビッチ・ブームで、名画座で常時特集されていた。パンフレットに発表した『天国は待ってくれる』論を読んだ奇特な編集者から声がかかり、『キネマ旬報』や『月刊シティロード』『スタジオ・ボイス』『エスクァイア』等に寄稿するようになった。ということで、一九九〇年代がもっとも批評を量産した時期である。当時、単行本にまとめないのかと言われたこともあったが、批評家と思われるのが嫌で、再び映画を撮る前に映画論集は出したくなかった。

そうした背景があるので、自分としては紙のうえで、映画をリメイクするような意識で書いていた。批評は観客だけに向けたものではなく、つくり手にも影響を与えるものにしたかった。つくり手と受け手と両者をつなぐ批評が織り成す三角形が映画受容の理想ではないか。執筆時期に関する幸運と言うべきなのは、映画生誕一〇〇年である一九九五年が挟まれたことである。そこでリュミエール、メリエスの回顧上映をはじめとして、映画の起源をめぐる催しがおこなわれ、映画史を系統的に追体験することが可能になった。ただ、ここに収めた論考は注文があって書かれたものなので、当然のことながら映画史の全域をカバーしているわけではない。また敬愛していても触れられなかった作家・作品には謝りたい気分にもなる。それでも、ジャン・ルノワールについて、かなりの論を収められたことは率直に嬉しい。一九八〇年代の最大の目標が、ルノワールの全作品を見ることだったからである。未見のルノワールが上映されるという情報を得るや、ヨーロッパのどこにでも駆けつけた。

その一九八六年の欧州では、三ヶ月あまりで、三〇〇本ほどの映画を見たのだが、まったく映画を見なかった都市が二箇所ある。ヴェネツィアとバルセロナである。ヴェネツィアでは、映画祭に合わせて行ったにもかかわらず、アンゲロプロスの『蜜の旅人』の上映会場を間違えたのをヴァポレットのなかで気づき、あとは映画の痕跡を思わす迷路のような街路を散策するばかりであった。もっとも、溝口健二とハワード・ホークスの充実したイタリア語のカタログ（映画祭のバックナンバー）は入手したが。バルセロナの映画館で掛かっていたのは、スペイン語吹き替えのアメリカ映画ばかりだったので、ガウディの設計したグエル公園の市街を見下ろせるベンチで、肌に心地よい微風のもと、夕陽が緩やかに沈んでいく至上のひとときを過ごしていた。そのとき、突然ここ数ヶ月に見た映画のイメージの断片が溢れ出てきた。見たはずのものとは何だったのか。そのときに、映画を見ているだけでは駄目なことを理解したと思う。つまり映画について思考する時間が圧倒的に足らなかったのである。身体で映画を追体験すること。いつでも、そうした時間がつくれるわけではない。でも、映画を見るにせよ、つくるにせよ、身体を介した時間が必要なのである。

それが書くときにも、イメージが溢れ出し筆を先導してくれればいいのだが、そういう豊穣な瞬間は滅多にくるものではない。どうしても頭に頼らざるを得ない。なかなか分析と官能が調和して共存してはくれないのである。そういうわけで、これを失敗したリメイクの記録として読んでいただければ、筆者として幸いである。もうひとつ付け加えるとしたら、ここに書かれたことの多くは間欠運動を基盤としたフィルム時代の記録である。走査線の点滅によるデジタル映像の時代に入り、映画の面白さとは何かが再度問われることになった現在であっても、というか、だからこそ、映画がCGの活用（濫用?）により、アニメーションとの境界をなし崩しにする時代に、結果が未知数であったフィルムが生み出してきた世界の魅惑はより深まっている。最後のフィルム主義者として、そう断言しておきたい。

※豊穣→豊饒

終わりに、お世話になった方々にお礼を。まず初出誌の編集者に。最初に声を掛けていただいた『キネマ旬報』誌の編集者だった郡淳一郎さんをはじめとする歴代編集者の方々、それから『シティロード』誌、『エスクァイア』誌、『スタジオ・ボイス』誌、『イメージフォーラム』誌、『図書新聞』等々、及び映画パンフレットの編集者の方々に。それから、映画論集を出版すべきだと言って、各出版社をまわってくださった野本幸孝さん、羽田野直子さん。そこで名乗りをあげていただいた当時森話社の五十嵐健司さん。この本の基本形は、野本さん、五十嵐さんにつくっていただいた。そのとき装丁をお願いした鈴木一誌さん。本来なら、そのメンバーで二〇二〇年に出版する予定だった本書は、諸事情によって一時ストップしてしまった。それを今回編集を引き継いでいただいたのが、森話社の大石良則さんである。そして装丁はかつて鈴木一誌事務所におられた桜井雄一郎さんに。カバー表4の映画キャメラの写真を撮っていただいた谷川創平キャメラマン、索引の原題リストを手伝ってもらった東京藝大大学院映像研究科映画専攻編集領域のゼミ生の面々。それから、原稿に関し、貴重なアドバイスをいただいた吉野大地さん。何といっても、帯に身に余るお言葉をいただいた山田宏一さん。みなさん、本当にありがとうございました。

本書の出版と同時期に、撮ってから一〇年間眠っていた自作『自由なファンシィ』が劇場公開されます。こういう映画論を書いている者がどういう映画を撮っているのか、合わせてご覧いただければ、こんな嬉しいことはありません。

筒井武文

二〇二五年一月一〇日

Say Ah-h!（チャーリー・バワーズ、1928） 90
That Uncertain Feeling（あのモヤモヤした気持ち）（エルンスト・ルビッチ、1941） 120
The Bell Hop（ノーマン・タウログ、ラリー・シモン、1921） 31
The Show（ノーマン・タウログ、ラリー・シモン、1922） 31
Throwing in John Ford's Movies（蓮實重彥、三宅唱、2022） 443
Whoozit（チャーリー・バワーズ、1928） 95
Wild Oysters（チャーリー・バワーズ、1941） 96

133
レベッカ Rebecca（アルフレッド・ヒッチコック、1940） 388, 424

【ろ】
ロープ Rope（アルフレッド・ヒッチコック、1948） 241
ローラ Lola（ジャック・ドゥミ、1961） 352 ～ 356
六人の最後の者 Le Dernier des Six（ジョルジュ・ラコンブ、1945） 235
ロジタ Rosita（エルンスト・ルビッチ、1923） 103
ロシュフォールの恋人たち Les Demoiselles de Rochefort（ジャック・ドゥミ、1967） 353, 356, 357
ロバと王女 Peau d'âne（ジャック・ドゥミ、1970） 354, 356, 357
ロワールの木靴職人 Le sabotier du Val de Loire（ジャック・ドゥミ、1955） 353

【わ】
若き日のリンカン Young Mr. Lincoln（ジョン・フォード、1939） 431
我が至上の愛～アストレとセラドン～ Les amours d'Astrée et de Céladon（エリック・ロメール、2006） 249
わが谷は緑なりき How Green Was My Valley（ジョン・フォード、1941） 431
我輩はカモである Duck Soup（レオ・マッケリー、1933） 99 ～ 101
我が家の楽園 You Can't Take It with You（フランク・キャプラ、1938） 78
鷲の巣から救われて Rescued from an Eagle's Nest（エドヴィン・S・ポーター、1907） 51
私が殺した男 Broken Lullaby（エルンスト・ルビッチ、1932） 116
私の愛するテーマ Mon cher sujet（アンヌ＝マリー・ミエヴィル、1988） 344
わるい仲間 Les mauvaises fréquentations（ジャン・ユスターシュ、1963） 349
われらが親父、ジャン・ルノワール Jean Renoir le patron（ジャック・リヴェット、1966-67） 249
我等の生涯の最良の年 The Best Years of Our Lives（ウィリアム・ワイラー、1946） 428
WANDA／ワンダ Wanda（バーバラ・ローデン、1970） 12

【欧文タイトル】
A Sleepless Night（チャーリー・バワーズ、1940） 96
Believe It or Don't（チャーリー・バワーズ、1935） 96
Dog Star Man（スタン・ブラッケージ、1961-64） 62
Fatal Footsteps（チャーリー・バワーズ、1926） 91
Love Songs（スタン・ブラッケージ、2001-2002） 61
Mothlight（スタン・ブラッケージ、1963） 61
Nothing Doing（チャーリー・バワーズ、1927） 93, 95
Oil Can and Does（Pete Roleum and His Cousins／ピート・ロリアムと従兄弟たち）（チャーリー・バワーズ、1939） 96, 97

【よ】
陽気な中尉さん The Smiling Lieutenant（エルンスト・ルビッチ、1931） 116
陽気な巴里っ子 So This Is Paris（エルンスト・ルビッチ、1926） 103, 105, 119
妖精たちの王国 Le Royaume des fées（ジョルジュ・メリエス、1903） 33
夜霧の恋人たち Baisers volés（フランソワ・トリュフォー、1968） 250, 253, 292
欲望 Blow-up（ミケランジェロ・アントニオーニ、1966） 326
夜 La notte（ミケランジェロ・アントニオーニ、1961） 324
夜と霧 Nuit et brouillard（アラン・レネ、1955） 328, 329
夜の人々 They Live by Night（ニコラス・レイ、1948） 398, 400

【ら】
ラヴ・ストリームス Love Streams（ジョン・カサヴェテス、1984） 411, 412
ラヴ・パレイド The Love Parade（エルンスト・ルビッチ、1929） 103, 116
ラ・シオタ駅への列車の到着 L'arrivée d'un train à La Ciotat（リュミエール社、1896） 16, 43
ラ・ジュテ La Jetée（クリス・マルケル、1962） 334 ～ 338
ラ・ポワント・クールト La Pointe courte（アニエス・ヴァルダ、1955） 328
ラ・マルセイエーズ La Marseillaise（ジャン・ルノワール、1937） 147, 250
ランジェ公爵夫人 Ne touchez pas la hache（ジャック・リヴェット、2007） 287, 296, 359
ランジュ氏の犯罪 Le crime de Monsieur Lange（ジャン・ルノワール、1935） 138, 147, 251

【り】
リオ・グランデの砦 Rio Grande（ジョン・フォード、1950） 433, 438
リオ・ブラボー Rio Bravo（ハワード・ホークス、1959） 393 ～ 395
リバティ・バランスを射った男 The Man Who Shot Liberty Valance（ジョン・フォード、1962） 440, 444
理由なき反抗 Rebel Without a Cause（ニコラス・レイ、1955） 396, 397, 400, 402
リュミエールの仲間たち Lumière et compagnie（キング・オブ・フィルム 巨匠たちの60秒）（サラ・ムーン総監督、1995） 278
旅情 Summertime（デヴィッド・リーン、1955） 386
リヨンの写真学会参加者の下船 Le Débarquement du Congrès de Photographie à Lyon（リュミエール社、1895） 25

【る】
ルイジアナ物語 Louisiana Story（ロバート・フラハティ、1948） 97
ルイ・リュミエール Louis Lumière（エリック・ロメール、1968） 36

【れ】
レディ・イヴ The Lady Ev（プレストン・スタージェス、1941） 129, 130, 132,

召使 The Servant（ジョセフ・ロージー、1963） 417, 419
牝犬 La Chienne（ジャン・ルノワール、1931） 139, 147, 254
メトロポリス Metropolis（フリッツ・ラング、1926） 260
めまい Vertigo（アルフレッド・ヒッチコック、1958） 123, 126, 390, 415, 416
メリィ・ウィドウ The Merry Widow（エルンスト・ルビッチ、1934） 113, 116
メリー・ゴー・ラウンド Merry-Go-Round（ジャック・リヴェット、1978） 258, 263, 270, 271, 273, 275
メロ Melo（アラン・レネ、1986） 332

【も】
萌の朱雀（河瀨直美、1997） 35
モーガンズ・クリークの奇跡 The Miracle of Morgan's Creek（プレストン・スタージェス、1944） 129
モガンボ Mogambo（ジョン・フォード、1953） 439
モダン・タイムス Modern Times（チャールズ・チャップリン、1936） 89
モデル・ショップ Model Shop（ジャック・ドゥミ、1968） 352
モホークの太鼓 Drums Along the Mohawk（ジョン・フォード、1939） 433
モンキー・ビジネス Monkey Business（ハワード・ホークス、1952） 268
モン・パリ L'Événement le plus important depuis que l'homme a marché sur la lune（ジャック・ドゥミ、1973） 357
モンパルナスの灯 Les Amants de Montparnasse / Montparnasse 19（ジャック・ベッケル、1958） 236

【や】
山羊座のもとに Under Capricorn（アルフレッド・ヒッチコック、1949） 388
やさしい人 Tonnerre（ギヨーム・ブラック、2013） 308 ～ 311, 313 ～ 315, 321
野性の少年 L'Enfant sauvage（フランソワ・トリュフォー、1970） 250, 254
山猫 Il gattopardo（ルキノ・ヴィスコンティ、1963） 244 ～ 247
柔らかい肌 La Peau douce（フランソワ・トリュフォー、1964） 252, 253, 414 ～ 416

【ゆ】
夕なぎ Boom!（ジョセフ・ロージー、1968） 417
郵便配達は二度ベルを鳴らす Ossessione（ルキノ・ヴィスコンティ、1942） 244
ゆで卵の時代 Le Temps des œufs durs（ノルベール・カルボノー、1958） 340
ゆめこの大冒険（筒井武文、1987） 361
ユリシーズの瞳 To Βλέμμα του Οδυσσέα（テオ・アンゲロプロス、1995） 298 ～ 301, 303, 305, 307
揺れる大地 La terra trema: episodio del mare（ルキノ・ヴィスコンティ、1948） 244

ド・バゼル、1940） 100
マルグリット・デュラスのアガタ Agatha et les lectures illimitées（マルグリット・デュラス、1981） 358 ～ 360
マルタの鷹 The Maltese Falcon（ジョン・ヒューストン、1941） 148

【み】
見えざる敵 An Unseen Enemy（デイヴィット・ウォーク・グリフィス、1912） 51
ミカエル Mikaël（カール・ドライヤー、1924） 190
みじかくも美しく燃え Elvira Madigan（ボー・ヴィーデルベリ、1967） 342
見知らぬ乗客 Strangers on a Train（アルフレッド・ヒッチコック、1951） 389, 390
ミスタア・ロバーツ Mister Roberts（ジョン・フォード、1955） 441
水の娘 La Fille de l'Eau（ジャン・ルノワール、1924） 140
水をかけられた撒水夫 L'ArroseurArrosé（リュミエール社、1895） 16, 23 ～ 25, 37
密告 Le Corbeau（ジョルジュ・クルーゾー、1943） 234, 235
三つ数えろ The Big Sleep（ハワード・ホークス、1946） 148, 149, 394
ミッドウェイ海戦 The Battle of Midway（ジョン・フォード、1942） 431
ミツバチのささやき El espíritu de la colmena（ビクトル・エリセ、1973） 396
緑色の髪の少年 The Boy With Green Hair（ジョセフ・ロージー、1948） 417
緑の光線 Le rayon vert（エリック・ロメール、1986） 249
港々に女あり A Girl in Every Port（ハワード・ホークス、1928） 353
ミニーとモスコウィッツ Minnie and Moskowitz（ジョン・カサヴェテス、1971） 411
ミュリエル Muriel ou le Temps D' un Retour（アラン・レネ、1963） 327, 331
未来展望 Anticipation ou l'amour en l'an 2000（ジャン＝リュック・ゴダール、1967） 367, 370
ミルドレッド・ピアース Mildred Pierce（マイケル・カーティス、1945） 425

【む】
六つの心 Coeurs（アラン・レネ、2006） 333
六つのバガテル 6 Bagatelas（ストローブ＝ユイレ、2002） 372
無法の王者ジェシイ・ジェイムス The True Story of Jesse（ニコラス・レイ、1957） 400
無防備都市 Roma citta aperta（ロベルト・ロッセリーニ、1945） 148

【め】
メアリー・オブ・スコットランド Mary of Scotland（ジョン・フォード、1936） 385, 433
メイド・イン・ＵＳＡ Made in USA（ジャン＝リュック・ゴダール、1966） 160, 367, 370, 375
メーヌ・オセアン Maine Océan（ジャック・ロジェ、1986） 310

変態テレフォン ONANIE（佐野和宏、1993） 365
ベン・ハー Ben-Hur（ウィリアム・ワイラー、1959） 120

【ほ】
ボヴァリー夫人 Madame Bovary（ジャン・ルノワール、1933） 143, 147, 226, 380
坊やに下剤を On purge bébé（ジャン・ルノワール、1931） 141, 147
法隆寺（羽仁進、1958） 421
暴力団 The Big Combo（ジョゼフ・H・ルイス、1955） 425
ぼくの小さな恋人たち Mes petites amoureuses（ジャン・ユスターシュ、1974） 349, 351
北北西に進路を取れ North by Northwest（アルフレッド・ヒッチコック、1959） 390, 416
ポケット一杯の幸福 Pocketful of Miracles（フランク・キャプラ、1961） 81, 82
ポケットの中の握り拳 I pugni in tasca（マルコ・ベロッキオ、1965） 345
ボッカチオ '70 Renzo and Luciana（ルキノ・ヴィスコンティ、1962） 244
誉の名手 Straight Shooting（ジョン・フォード、1917） 430
ほらふき倶楽部 Now You Tell One（チャーリー・バワーズ、1926） 83, 86, 90, 93
幌馬車 Wagon Master（ジョン・フォード、1950） 438
ホワイトハンター・ブラックハート White Hunter Black Heart（クリント・イーストウッド、1990） 77
ホンドー Hondo（ジョン・ファロー、1953） 435

【ま】
マーニー Marnie（アルフレッド・ヒッチコック、1964） 388, 390, 413
マダムの欲望 Madame a des envies（アリス・ギイ、1906） 46
間違えられた男 The Wrong Man（アルフレッド・ヒッチコック、1956） 390
街角 The Shop Around the Corner（エルンスト・ルビッチ、1940） 117, 119 ～ 121, 124
街の風景 Street Scene（キング・ヴィダー、1931） 423
マッチ売りの少女 La petite marchande d'allumettes（ジャン・ルノワール、1928） 137
真昼の決闘 High Noon（フレッド・ジンネマン、1952） 393
魔法の飛行船 Le Dirigeable Fantastique（ジョルジュ・メリエス、1905） 33
ママと娼婦 La maman et la putain（ジャン・ユスターシュ、1973） 349 ～ 351
マルキッタ Marquitta（ジャン・ルノワール、1927） 225, 226
マルクス一番乗り A Day at the Races（サム・ウッド、1937） 100
マルクス兄弟珍サーカス Marx Bros. At the Circus（エドワード・バゼル、1939） 100
マルクス兄弟デパート騒動 The Big Store（チャールズ・リーズナー、1941） 100, 101
マルクスの二挺拳銃 Go West（エドワー

1949）　408

【ふ】
ファウスト Faust（F・W・ムルナウ、1926）　56, 57
ファントマ Fantômas（アラン・レネ、1936）　331
ファントマ Fantômas（ルイ・フィヤード、1913）　19, 48
フィラデルフィア物語 The Philadelphia Story（ジョージ・キューカー、1940）　386
風雲の支那 The Bitter Tea of General Yen（フランク・キャプラ、1933）　78
フェイシズ Faces（ジョン・カサヴェテス、1968）　407 ～ 412
フェイブルマンズ The Fablemans（スティーヴン・スピルバーグ、2022）　440
フェミニズムの結果 Les Résultats du féminisme（アリス・ギイ、1906）　46
フォーエヴァー・モーツァルト For Ever Mozart（ジャン＝リュック・ゴダール、1996）　342, 344
不可能を通る旅 Le Voyage à travers l'impossible（ジョルジュ・メリエス、1904）　33
不思議なヴィクトル氏 L'Étrange Monsieur Victor（ジャン・グレミヨン、1938）　234
舞台恐怖症 Stage Fright（アルフレッド・ヒッチコック、1950）　390
不変の海 The Unchanging Sea（デイヴィット・ウォーク・グリフィス、1910）　55
不滅の女 L'immortelle（アラン・ロブ＝グリエ、1961）　327
冬 L'hiver（マルセル・アヌーン、1969）　11
不愉快な話 Une sale histoire（ジャン・ユスターシュ、1977）　349
プラチナ・ブロンド Platinum Blonde（フランク・キャプラ、1931）　78
フランシスカ Francesca（マノエル・ド・オリヴェイラ、1981）　378 ～ 381
プリースト判事 Judge Priest（ジョン・フォード、1934）　438
不倫・母・娘（佐野和宏、1993）　365
ブレでの再会 Rendez-vous à Bray（アンドレ・デルヴォー、1971）　345
フレンジー Frenzy（アルフレッド・ヒッチコック、1972）　389
フレンチ・カンカン French Cancan（ジャン・ルノワール、1954）　144, 145, 219, 225, 227, 229, 249, 344, 411
プロビデンス Providence（アラン・レネ、1977）　331
ブロンド・ヴィナス Blonde Venus（ジョセフ・フォン・スタンバーグ、1932）　113
ブロンド・コブラ Blonde Cobra（ケン・ジェイコブス、1958-63）　63
文化生活一週間 One Week（バスター・キートン、1920）　92

【へ】
ヘッドライト Des Gens Sans Importance（アンリ・ヴェルヌイユ、1955）　227, 230
ベルサイユのばら Lady Oscar（ジャック・ドゥミ、1978）　357
Helpless（青山真治、1998）　35

パリでかくれんぼ Haut bas fragile（ジャック・リヴェット、1995） 258, 263, 274, 276, 278
パリところどころ Paris vu par...（フランソワ・トリュフォー、1964） 254
巴里のアメリカ人 An American In Paris（ヴィンセント・ミネリ、1951） 425
巴里の女性 A Woman of Paris（チャールズ・チャップリン、1923） 103, 104, 106
巴里の恋愛協奏曲 Pas sur la bouche（アラン・レネ、2003） 332
パリはわれらのもの Paris nous appartient（ジャック・リヴェット、1960） 256 〜 259, 261, 264 〜 266, 269, 274, 277, 288, 289, 292, 359
春 Le printemps（マルセル・アヌーン、1970） 11
バルカン超特急 The Lady Vanishes（アルフレッド・ヒッチコック、1938） 388, 389
春の劇 Acto da Primavera（マノエル・ド・オリヴェイラ、1963） 378
犯罪河岸 Quai des Orfèvres（アンリ＝ジョルジュ・クルーゾー、1947） 234, 235
万事快調 Tout va bien（ジャン＝リュック・ゴダール、1972） 375
犯人は21番に住む L'Assassin habite... au 21（アンリ＝ジョルジュ・クルーゾー、1942） 234, 235

【ひ】

ピアニストを撃て Tirez sur le pianiste（フランソワ・トリュフォー、1960） 255
東への道 Way Down East（デイヴィット・ウォーク・グリフィス、1920） 51
ピカソ　天才の秘密 Le Mystère Picasso（アンリ＝ジョルジュ・クルーゾー、1956） 234
曳き船 Remorques（ジャン・グレミヨン、1941） 235
ピクニック Partie de campagne（ジャン・ルノワール、1936） 137, 139, 145, 147, 163, 164, 167, 170, 175, 179, 181, 182, 185, 187, 189, 200, 222, 237, 247, 309, 321
『ピクニック』の撮影風景 Un tournage a la campane（1994） 163
『ピクニック』のリハーサル Essai d'acteurs pour "Une partie de campagne（1994） 163
非情の時 Time Without Pity（ジョセフ・ロージー、1957） 417 〜 419
ピストルによる決闘 Duel au pistolet（リュミエール社、1896） 26
ビッグ・トラブル Big Trouble（ジョン・カサヴェテス、1986） 411
陽は昇る Le Jour se lève（マルセル・カルネ、1939） 189
百万円貰ったら If I Had a Million（1932） 127
白夜 Le notti bianche（ルキノ・ヴィスコンティ、1957） 246
ピラミッド Land of the Pharaohs（ハワード・ホークス、1955） 136
ヒロシマモナムール（二十四時間の情事） Hiroshima mon amour（アラン・レネ、1959） 329, 330, 333
ピンキー Pinky（エリア・カザン、

Lightning Over Water（ヴィム・ヴェンダース、ニコラス・レイ、1980） 396
日蝕と満月 L'éclipse du soleil en pleine lune（ジョルジュ・メリエス、1907） 32, 34, 45
ニノチカ Ninotchka（エルンスト・ルビッチ、1939） 117, 120, 127
ニノンの冒険 Une Aventure de Ninon（ジャック・リヴェット、1995） 278
ニューヨーク・ニューヨーク New York, New York（マーティン・スコセッシ、1977） 77

【の】

ノスフェラトゥ　恐怖の交響曲 Nosferatu – Eine Symphonie des Grauens（フリードリヒ・ヴィルヘルム・ムルナウ、1922） 56
ノロワ Noroît (Une vengeance)（ジャック・リヴェット、1976） 258, 263, 270, 272, 273, 275
呪われた者たち The Damned（ジョセフ・ロージー、1963） 417
ノン、あるいは支配の虚しい栄光 Non', ou A Vã Glória de Mandar（マノエル・ド・オリヴェイラ、1990） 378

【は】

パームビーチ・ストーリー The Palm Beach Story（プレストン・スタージェス、1942） 129, 133
博奕打ち　総長賭博（山下耕作、1968） 411
馬芸 La Voltige（リュミエール社、1895） 25
化物屋敷 The Haunted House（バスター・キートン、1921） 93
馬上の二人 Two Rode Together（ジョン・フォード、1961） 428, 440, 444
裸の町 The Naked City（ジュールズ・ダッシン、1948） 426
二十歳の恋 L'amour à 20 ans（フランソワ・トリュフォー、1962） 119, 252
蜂の旅人 O Melissokomos（テオ・アンゲロプロス、1986） 299
初恋ハリー Long Pants（フランク・キャプラ、1927） 79
パッション Passion（ジャン＝リュック・ゴダール、1982） 344, 375
果てなき航路 The Long Voyage Home（ジョン・フォード、1940） 424, 435, 436
バナナだらけ Many a Slip（チャーリー・バワーズ、1927） 91
花嫁人形 Die Puppe（エルンスト・ルビッチ、1919） 119
はなればなれに Bande à part（ジャン＝リュック・ゴダール、1964） 120, 367 〜 369
バファロー大隊 Sergeant Rutledge（ジョン・フォード、1960） 443
浜辺の女 The Woman on the Beach（ジャン・ルノワール、1946） 144
薔薇のスタビスキー Stavisky...（アラン・レネ、1974） 327, 331
バリエラ Bariera（イェジー・スコリモフスキ、1966） 347
パリジェンヌ Les Parisiennes（ジャック・ポワトルノー、ミシェル・ボワロン、クロード・バルマ、マルク・アレグレ、1962） 228

ャック・ドゥミ、1982） 355
ドクター・ブル Doctor Bull（ジョン・フォード、1933） 435
毒薬と老嬢 Arsenic and Old Lace（フランク・キャプラ、1944） 81
トスカ Tosca（カール・コッホ、1941） 188
突然炎のごとく Jules et Jim（フランソワ・トリュフォー、1961） 120, 252, 345, 407, 415
とても短い昼食 The Extra-Quick Lunch（チャーリー・バワーズ、1918） 86, 89
トニ Toni（ジャン・ルノワール、1934） 141, 147, 148, 176
ドノバン珊瑚礁 Donovan's Reef（ジョン・フォード、1963） 444
トム、トム、笛吹きの息子 Tom, Tom, the Piper's Son（ケン・ジェイコブス、1969-71） 67, 68
捕えられた伍長 Le caporal épinglé（ジャン・ルノワール、1961） 145
ドラルー（吸血ギャング団） Les vampires（ルイ・フィヤード、1915-16） 19, 48 ～ 50, 261
鳥 The Birds（アルフレッド・ヒッチコック、1963） 60, 389, 390
ドリーの冒険 Adventures of Dollie（デイヴィット・ウォーク・グリフィス、1908） 51, 52
トリコロール／青の愛 Trois couleurs: Bleu（クシシュトフ・キェシロフスキ、1993） 366
ドウロ河 Douro, Faina Fluvial（マノエル・ド・オリヴェイラ、1931） 378
どん底 Les bas-fonds（ジャン・ルノワール、1936） 137, 139, 141, 147

【な】

長い灰色の線 The Long Gray Line（ジョン・フォード、1955） 440
夏 L'été（マルセル・アヌーン、1968） 11
ナッシュビル Nashville（ロバート・アルトマン、1975） 188
夏の嵐 Senso（ルキノ・ヴィスコンティ、1954） 244, 246, 247
ナポレオン Napoléon vu par Abel Gance（アベル・ガンス、） 65
波も涙も暖かい A Hole in the Head（フランク・キャプラ、1959） 81
ナモの村落　駕籠から撮影されたパノラマ Le village de Namo : panorama pris d'une chaise à porteurs（リュミエール社、1899または1900） 26
成金計画→勝手にしやがれ!! 成金計画
南部の人 The Southerner（ジャン・ルノワール、1945） 143

【に】

にがい勝利 Bitter Victory（ニコラス・レイ、1954） 398, 400
肉体 Flesh（ジョン・フォード、1932） 430
肉体の悪魔 Le diable au corps（クロード・オータン・ララ、1947） 374
肉体の冠 Casque d'or（ジャック・ベッケル、1952） 237
肉弾鬼中隊 The Lost Patrol（ジョン・フォード、1934） 430
ニックス・ムービー／水上の稲妻

田に水を送る水車 Moulin à homme pour l'arrosage des rizières（リュミエール社、1898または1899） 26
タバコ・ロード Tobacco Road（ジョン・フォード、1941） 435, 436
旅芸人の記録 O thiasos（テオ・アンゲロプロス、1975） 299, 300
旅役者（成瀬巳喜男、1940） 72
たまご割れすぎ問題 Egged On（チャーリー・バワーズ、1926） 12, 83, 85～89, 93, 98
断崖 Suspicion（アルフレッド・ヒッチコック、1941） 77, 401
男性・女性 Masculin féminin（ジャン＝リュック・ゴダール、1966） 346, 373, 375

【ち】
小さな兵隊 Le Petit Soldat（ジャン＝リュック・ゴダール、1960） 160, 367
チェリーズXCXHXEXRXRXIXEXSX（ケン・ジェイコブス、初演 1980） 66
チェルシー・ガールズ Chelsea Girls（アンディ・ウォーホル、1966） 365
地に墜ちた愛 L'amour par terre（ジャック・リヴェット、1984） 258, 259
チャイニーズ・ブッキーを殺した男 The Killing of a Chinese Bookie（ジョン・カサヴェテス、1976） 411
チャップリンの独裁者 The Great Dictator（チャールズ・チャップリン、1940） 100
中国女 La chinoise（ジャン＝リュック・ゴダール、1967） 375
調子の狂った子供たち les enfants désaccordés（フィリップ・ガレル、1964） 364
彫像もまた死す Les statues meurent aussi（アラン・レネ、クリス・マルケル、1953） 328
散りゆく花 Broken Blossoms（デイヴィット・ウォーク・グリフィス、1919） 51

【て】
Tメン T-Men（アンソニー・マン、1947） 425
デュエル Duelle (une quarantaine)（ジャック・リヴェット、1976） 258, 263, 270, 272, 275, 285, 295, 359
2／デュオ（諏訪敦彦、1997） 35
電気屋敷 The Electric House（バスター・キートン、1922） 89
天国は待ってくれる Heaven Can Wait（エルンスト・ルビッチ、1943） 117, 119～124, 127, 128
天使 Angel（エルンスト・ルビッチ、1937） 103, 112, 113, 115～118, 120
天使の入江 La baie des anges（ジャック・ドゥミ、1963） 353, 356

【と】
当世女大学 Kiss Me Again（エルンスト・ルビッチ、1925） 117
燈台守 Gardiens de phare（ジャン・グレミヨン、1929） 234
逃亡者 The Fugitive（ジョン・フォード、1947） 438
東北のまつり（野田真吉、1957） 421
トゥー・レイト・ブルース（ジョン・カサヴェテス、1961） 407
都会のひと部屋 Une chambre en ville（ジ

ャン・ルノワール、1932）　140, 147, 148, 200, 249
西班牙狂想曲 The Devil Is a Woman（ジョセフ・フォン・スタンバーグ、1934）　424
スミス都へ行く Mr. Smith Goes to Washington（フランク・キャプラ、1939）　78
スモーキング／ノースモーキング Smoking / No Smoking（アラン・レネ、1993）　332
スワンプ・ウォーター Swanp Water（ジャン・ルノワール、1941）　142, 143

【せ】
生活の設計 Design for Living（エルンスト・ルビッチ、1933）　103, 110 〜 112, 116 〜 118, 120, 127
生命の機械 A Wild Roomer（チャーリー・バワーズ、1926）　91
世界のすべての記憶 Toute la mémoire du monde（アラン・レネ、1956）　329
セリーヌとジュリーは舟でゆく Céline et Julie vont en bateau: Phantom Ladies Over Paris（ジャック・リヴェット、1974）　258, 259, 263, 270, 275, 276, 280, 283 〜 286, 295, 359
戦火のかなた Paisà（ロベルト・ロッセリーニ、1946）　148
戦艦ポチョムキン Броненосец «Потёмкин»（セルゲイ・エイゼンシュテイン、1925）　89
一九三六年の日々 Μέρες του '36（テオ・アンゲロプロス、1972）　299
全自動レストラン He Done His Best（チャーリー・バワーズ、1926）　86, 89
〜 91, 93
戦争は終った La guerre est finie（アラン・レネ、1966）　331
一八九九年の博覧会におけるアオスタ公爵夫人 Turin: La duchesse d'Aoste à l'exposition（リュミエール社、1899）　36

【そ】
捜索者 The Searchers（ジョン・フォード、1956）　428, 438, 440
早春 Deep End（イェジー・スコリモフスキ、1971）　347, 348
遭難者 Le naufragé（ギヨーム・ブラック、2009）　308 〜 310, 319
ソーセージ騒動 Course à la Saucisse（アリス・ギイ、1907）　45

【た】
大運河 Sait-on jamais...（ロジェ・ヴァディム、1957）　228
大砂塵 Johnny Guitar（ニコラス・レイ、1954）　398, 400, 402 〜 404
颱風 The Tornado（ジョン・フォード、1917）　430
太陽は光り輝く The Sun Shines Bright（ジョン・フォード、1953）　433, 438
太陽はひとりぼっち L'eclisse（ミケランジェロ・アントニオーニ、1962）　324, 325
大列車強盗 The Great Train Robbery（エドウィン・S・ポーター、1903）　39 〜 42
戦ふ兵隊（亀井文夫、1939）　421
脱出 To Have and Have Not（ハワード・ホークス、1944）　392 〜 395

ジュデックス Judex（ルイ・フィヤード、1916） 19, 50
情事 L'avventura（ミケランジェロ・アントニオーニ、1960） 324
照準線 La ligne de mire（ジャン＝ダニエル・ポレ、1959） 364
上流に向かって Upstream（ジョン・フォード、1927） 439
ジョセフ・ロージー／四つの名を持つ男（中田秀夫、1998） 419
ショタール商会 Chotard et Cie（ジャン・ルノワール、1933） 138, 147, 226
ショック集団 Shock Corridor（サミュエル・フラー、1963） 426
女優ナナ Nana（ジャン・ルノワール、1926） 138, 254
白い足 Pattes blanches（ジャン・グレミヨン、1949） 233, 234
白い恐怖 Spellbound（アルフレッド・ヒッチコック、1945） 389
神曲 A Divina Comédia（マノエル・ド・オリヴェイラ、1991） 378 〜 381
紳士は金髪がお好き Gentlemen Prefer Blondes（ハワード・ホークス、1953） 77, 353
真珠湾攻撃 December 7th（グレッグ・トーラン、ジョン・フォード、1943） 431
新人王 Rookie of the Year（ジョン・フォード、1955） 441
人生は小説なり La vie est un roman（アラン・レネ、1983） 332
人生はわれらのもの La vie est à nous（アンドレ・ズボヴァダ、アンリ・カルティィエ＝ブレッソン、ジャック・ベッケル、ジャック＝ベルナール・ブリュニウス、ジャン＝ポール・ル・シャノワ、ジャン・ルノワール、1936） 147
人生への回帰 Retour à la vie（アンドレ・カイヤット、アンリ＝ジョルジュ・クルーゾー、ジャン・ドレヴィル、ジョルジュ・ランパン、1949） 235
新ドイツ零年 Allemagne année 90 neuf zéro（ジャン＝リュック・ゴダール、1991） 340, 373
人類の戦士 Arrowsmith（ジョン・フォード、） 430

【す】
水上の稲妻 Lightning Over Water→ニックス・ムービー／水上の稲妻
水浴 La Mer（Baignade en mer）（リュミエール社、1895） 25, 26
スコットランド女王メアリーの処刑 The Execution of Mary Stuart（エディソン社、1895） 445
スコットランドのメアリー女王→メアリー・オブ・スコットランド
スタンピード The Stampede（フランシス・フォード、1921） 429
スティレンの唄 Le chant du Styrène（アラン・レネ、1958） 329
ストライキ Стачка（セルゲイ・エイゼンシュテイン、1924） 89
素直な悪女 Et Dieu... créa la femme（ロジェ・ヴァディム、1956） 374
砂の女（勅使河原宏、1964） 421
素晴らしき哉、人生！ It's a Wonderful Life（フランク・キャプラ、1946） 78, 79
素晴しき放浪者 Boudu sauvé des eaux（ジ

獅子座 Le Signe du lion（エリック・ロメール、1962） 249
シシリアン Le Clan des Siciliens（アンリ・ヴェルヌイユ、1969） 227
静かなる男 The Quiet Man（ジョン・フォード、1952） 438
七月のクリスマス Christmas in July（プレストン・スタージェス、1940） 129, 132, 133
七月のランデヴー Rendez-vous de juillet（ジャック・ベッケル、1949） 236, 237
シチリア！ Sicilia!（ストローブ＝ユイレ、1998） 371, 372
シテール島への船出 Ταξίδι στα Κύθηρα（テオ・アンゲロプロス、1984） 299, 300
死に至る恋 L'Amour à mort（アラン・レネ、1984） 332
市民ケーン Citizen Kane（オーソン・ウェルズ、1941） 129, 424
シャイアン Cheyenne Autumn（ジョン・フォード、1964） 428, 444
ジャズ・シンガー The Jazz Singer（アラン・クロスランド、1927） 58
ジャック・ドゥミの少年期 Jacquot of Nantes（アニエス・ヴァルダ、1991） 354
シャルロットとジュール Charlotte et son Jules（ジャン＝リュック・ゴダール、1959） 120
ジャンヌ・ダルク　愛と自由の天使 Jeanne la Pucelle I - Les batailles
ジャンヌ・ダルク　薔薇の十字架 Jeanne la Pucelle II - Les prisons（ジャック・リヴェット、1993） 258, 274, 275, 277, 279
上海特急 Shanghai Express（ジョセフ・フォン・スタンバーグ、1932） 392, 424
ジャン・ルノワールの小劇場 Le Petit Théâtre de Jean Renoir（ジャン・ルノワール、1969） 139, 145, 223, 230
19世紀をのぞく：1896年 Opening the Nineteenth Century: 1896（ケン・ジェイコブス、1990） 64
銃殺 King and Country（ジョセフ・ロージー、1964） 417
十字路の夜 La Nuit du carrefour（ジャン・ルノワール、1932） 137, 147 ～ 149, 157, 158, 161, 162, 222
獣人 La Bête humaine（ジャン・ルノワール、1938） 145, 147, 188, 189, 192, 200, 225, 250, 251, 254
修道女 Suzanne Simonin, la Religieuse de Diderot（ジャック・リヴェット、1966） 256, 258, 262, 265, 266, 275, 288
周遊する蒸気船 Steamboat Round the Bend（ジョン・フォード、1935） 430
淑女超特急（あのモヤモヤした気持ち）That Uncertain Feeling（エルンスト・ルビッチ、1941） 116 ～ 118, 120
繻子の靴 O Sapato de Cetim（マノエル・ド・オリヴェイラ、1985） 378
十戒 The Ten Commandments（セシル・B・デミル、1956） 120
出発 Le départ（イェジー・スコリモフスキ、1967）345, 347, 348
ジュ・テーム、ジュ・テーム Je t'aime, je t'aime（アラン・レネ、1968） 331

1902） 32
コルドリエ博士の遺言 Le Testament du docteur Cordelier（ジャン・ルノワール、1959） 139, 145, 223
コルドリエ広場 Place des Cordeliers à Lyon（リュミエール社、1895） 25
コレヒドール戦記 They Were Expendable（ジョン・フォード、1945） 431
こわれゆく女 A Woman Under the Influence（ジョン・カサヴェテス、1974） 411

【さ】
西鶴一代女（溝口健二、1952） 265
再現 Αναπαράσταση（テオ・アンゲロプロス、1970） 299
サイコ Psycho（アルフレッド・ヒッチコック、1960） 390, 413, 416
最後の切り札 Dernier Atout（ジャック・ベッケル、1942） 236
最後の人 Der letzte Mann（フリードリヒ・ヴィルヘルム・ムルナウ、1924） 56
財産目録の棚上げ Les Statues meurent aussi（アラン・レネ、1946） 328
砂丘 Zabriskie Point（ミケランジェロ・アントニオーニ、1970） 326
さすらい Il Grido（ミケランジェロ・アントニオーニ、1957） 322, 323
さすらいの二人 Professione: reporter（ミケランジェロ・アントニオーニ、1974） 326
殺人者 The Killers（ロバート・シオドマーク、1946） 425
裁かるゝジャンヌ La Passion de Jeanne d'Arc（カール・テオドア・ドライヤー、1928） 368
サボタージュ Sabotage（アルフレッド・ヒッチコック、1938） 388, 416
サラマンドル La Salamandre（アラン・タネール、1970） 360
サリヴァンの旅 Sullivan's Travels（プレストン・スタージェス、1941） 129, 130, 132, 133
三十九夜 The 39 Steps（アルフレッド・ヒッチコック、1935） 388
サンセット大通り Sunset Boulevard（ビリー・ワイルダー、1950） 76
サンタクロースの眼は青い Le père Noël a les yeux bleus（ジャン・ユスターシュ、1966） 349
三人の名付親 3 Godfathers（ジョン・フォード、1948） 438, 442
サンライズ Sunrice（フリードリヒ・ヴィルヘルム・ムルナウ、1927） 56～58, 339

【し】
ジーキル博士とハイド Dr. Jekyll and Mr. Hyde（ルーベン・マムーリアン、1932） 423, 426
シークレット・ディフェンス Secret Défense（ジャック・リヴェット、1998） 259
シークレット・ラブ Versteckte Liebe（ゴッドフリート・ユンカー、1986） 361
シェルブールの雨傘 Les Parapluies de Cherbourg（ジャック・ドゥミ、1964） 123, 241, 352, 353, 355, 356
地獄の英雄 Ace in the Hole（ビリー・ワイルダー、1951） 226

【こ】

恋多き女 Elena et les hommes（ジャン・ルノワール、1956） 144, 344
恋するシャンソン On connaît la chanson（アラン・レネ、1997） 332
恋のエチュード Les Deux Anglaises et le Continent（フランソワ・トリュフォー、1971） 254
恋のページェント The Scarlet Empress（ジョセフ・フォン・スタンバーグ、1934） 424
高原の情熱 Lumière d'été（ジャン・グレミヨン、1943） 234
工場の出口 La Sortie de l'usine Lumière à Lyon（リュミエール社、1895） 14～16, 25, 26, 43, 44
こうのとり、たちずさんで To Μετέωρο Βήμα του Πελαργού（テオ・アンゲロプロス、1991） 299, 301, 302
幸福 Le Bonheur（アニエス・ヴァルダ、1965） 342
幸福の設計 Antoine et Antoinette（ジャック・ベッケル、1947） 236～241, 243
幸福への招待 Des gens sans importance（アンリ・ヴェルヌイユ、1956） 230
荒野の女たち Seven Women（ジョン・フォード、1965） 432, 443, 444
荒野の決闘 My Darling Clementine（ジョン・フォード、1946） 428, 429, 431, 432, 438, 439, 442, 443
荒野のダッチワイフ（大和屋竺、1967） 335
ゴーギャン Gauguin（アラン・レネ、1950） 328
5階からの転落 Le Voyage à travers l'impossible（ジョルジュ・メリエス、1906） 33
黒衣の花嫁 La Mariée était en noir（フランソワ・トリュフォー、1968） 253
國民の創生 The Birth of a Nation（デイヴィット・ウォーク・グリフィス、1915） 51, 54, 72, 429
極楽特急 Trouble in Paradise（エルンスト・ルビッチ、1932） 103, 107～110, 112, 114, 116～118, 253
5時から7時までのクレオ Cléo de 5 à 7（アニエス・ヴァルダ、1961） 370
ゴダールの探偵 Détective（ジャン＝リュック・ゴダール、1985） 339, 373
ゴダールのマリア Je vous salue, Marie（アンヌ＝マリー・ミエヴィル、ジャン＝リュック・ゴダール、1985） 339
湖中の女 Lady in the Lake（ロバート・モンゴメリ、1946） 235
孤独な場所で In a Lonely Place（ニコラス・レイ、1950） 397, 400～405
この空は君のもの Le Ciel est à vous（ジャン・グレミヨン、1944） 232～234
この土地は私のもの This Land Is Mine / vivre libre?（ジャン・ルノワール、1943） 142
小間使 Cluny Brown（エルンスト・ルビッチ、1946） 117
小間使の日記 Le Journal d'une femme de chambre（ジャン・ルノワール、1946） 143, 144, 251
ゴム頭の男 L'Homme à la tête de caoutchouc（ジョルジュ・メリエス、

俠骨カービー Cameo Kirby（ジョン・フォード、1923） 430
恐怖の回り道 Detour（エドガー・G・ウルマー、1945） 148
虚栄の市 Becky Sharp（ルーベン・マムーリアン、1935） 426
極地征服 À la conquête du Pôle（ジョルジュ・メリエス、1912） 20
巨人傳（伊丹万作、1938） 232
去年マリエンバートで L'Année dernière à Marienbad（アラン・レネ、1961） 327, 330, 331
キリストの生涯 La Vie du Christ（アリス・ギイ、1906） 46
霧の中の風景 Τοπίο στην ομίχλη（テオ・アンゲロプロス、1988） 299
キング・コング King Kong（アーネスト・B・シュードサック、メリアン・C・クーパー、1933） 85, 431, 439
銀行券 Le Billet de banque（アリス・ギイ、1907） 46
禁断の木の実 Le fruit défendu（アンリ・ヴェルヌイユ、1952） 230

【く】

草の上の昼食 Déjeuner sur l'herbe（ジャン・ルノワール、1959） 145, 225, 227
唇からナイフ Modesty Blaise（ジョセフ・ロージー、1966） 417
熊座の淡き星影 Vaghe stelle dell'Orsa（ルキノ・ヴィスコンティ、1965） 246
暗くなるまでこの恋を La Sirène du Mississipi（フランソワ・トリュフォー、1969） 249 〜 251, 253, 254
グリーン・ナイト The Green Knight（デイヴィッド・ロウリー、2021） 446
黒い罠 Touch of Evil（オーソン・ウェルズ、1958） 300, 301, 424, 425
黒の報酬 Bigger Than Life（ニコラス・レイ、1956） 397, 398, 402, 403
群衆 Meet John Doe（フランク・キャプラ、1941） 78, 79
群集 The Crowd（キング・ヴィダー、1928） 422

【け】

ゲアトルード Gertrud（カール・ドライヤー、1964） 438
警官騒動 Cops（バスター・キートン、1922） 92
軽蔑 Le Mépris（ジャン＝リュック・ゴダール、1963） 375
ゲームの規則 La Règle du jeu（ジャン・ルノワール、1939） 136, 140 〜 144, 147, 188, 189, 191 〜 193, 196, 197, 199, 200, 201, 216 〜 220, 223, 253
結婚哲学 The Marriage Circle（エルンスト・ルビッチ、1924） 103 〜 106, 109, 110, 115, 117, 118, 120
月世界旅行 Le Voyage dans la Lune（ジョルジュ・メリエス、1902） 20, 32, 33, 43
血涙の志士 Hangman's House（ジョン・フォード、1928） 440
ゲルニカ Guernica（アラン・レネ、1950） 328
拳銃魔 Gun Crazy（ジョゼフ・H・ルイス、1950） 252
現金に手を出すな Touchez pas au grisbi（ジャック・ベッケル、1954） 161, 236

（デイヴィット・ウォーク・グリフィス、1912） 52 ～ 54
彼女について私が知っている二、三の事柄 2 ou 3 choses que je sais d'elle（ジャン＝リュック・ゴダール、1966） 375
カメラを持った男 Человек с киноаппаратом（ジガ・ヴェルトフ、1929） 90
カラビニエ Les Carabiniers（ジャン＝リュック・ゴダール、1963） 160
狩人 Οι Κυνηγοι（テオ・アンゲロプロス、1977） 299, 303
狩人の夜 The Night of the Hunter（チャールズ・ロートン、1955） 132, 426
カルメンという名の女 Prénom Carmen（ジャン＝リュック・ゴダール、1983） 375
華麗なる大泥棒 Le Casse（アンリ・ヴェルヌイユ、1971） 227
河 Le Fleuve（ジャン・ルノワール、1950） 137, 144, 226
川の洗濯女たち Laveuses sur la riviére（リュミエール社、1897） 42
巌窟の野獣 amaica Inn（アルフレッド・ヒッチコック、1939） 390

【き】

キートン将軍 The General（バスター・キートン、1926） 84
キートンのカメラマン The Cameraman（バスター・キートン、1928） 422
キートンの警官 Keaton's Cops（ケン・ジェイコブス、1991） 63, 64, 69
キートンの蒸気船 Steamboat Bill, Jr.（チャールズ・F・ライズナー、バスター・キートン、1928） 101
黄色いリボン She Wore a Yellow Ribbon（ジョン・フォード、1949） 438
奇跡 Ordet（カール・ドライヤー、1954） 123, 126
奇蹟／ミラクル Canton God Father（ジャッキー・チェン、1989） 82
ギターはもう聞こえない J'entends plus la guitare（フィリップ・ガレル、1991） 364, 365
北国の帝王 Emperor of the North Pole（ロバート・アルドリッチ、1973） 130
北の橋 Le Pont du Nord（ジャック・リヴェット、1981） 258, 263, 271, 274, 275, 279, 280, 283, 285, 286, 295, 359
気狂いピエロ Pierrot le Fou（ジャン＝リュック・ゴダール、1965） 249, 362, 367, 369, 374
ギデオン Gideon's Day（ジョン・フォード、1959） 441
木と市長と文化会館／または七つの偶然 L'arbre, le maire et la médiathèque（エリック・ロメール、1993） 146, 249
騎馬試合 Le tournoi（ジャン・ルノワール、1928） 137, 226
貴婦人たちお幸せに Au bonheur des dames（アンドレ・カイヤット、1942） 235
キャベツ畑の妖精 La Fée aux Choux（アリス・ギイ、） 44
救助の接吻 Les Baisers de secours（フィリップ・ガレル、1989） 365
狂気の愛 L'Amour fou（ジャック・リヴェット、1968） 256 ～ 258, 261 ～ 263, 266, 267, 269, 271, 272, 275 ～ 279, 285, 287 ～ 290, 292, 359, 360, 407

315, 316, 319
女と男のいる舗道 Vivre Sa Vie（ジャン＝リュック・ゴダール、1962） 367, 368
女ともだち Le Amiche（ミケランジェロ・アントニオーニ、1955） 322
女の一生 Une Vie（アレクサンドル・アストリュック、1958） 340
女の叫び The Lonedale Operator（デイヴィット・ウォーク・グリフィス、1911） 52 ～ 54
女は女である Une femme est une femme（ジャン＝リュック・ゴダール、1961） 367, 368, 373, 374

【か】

カード遊び Partie d'écarté（リュミエール社、1896） 44
怪人現る There It Is（チャーリー・バワーズ、1928） 92 ～ 95
凱旋英雄万歳 Hail the Conquering Hero（プレストン・スタージェス、1944） 129
怪盗ルパン Les Aventures d'Arsene Lupin（ジャック・ベッケル、1957） 236
快楽 Le Plaisir（マックス・オフュルス、1952） 352
香も高きケンタッキー Kentucky Pride（ジョン・フォード、1925） 432
革命前夜 Prima Della Rivoluzione（ベルナルド・ベルトルッチ、1964） 302, 345
過去と現在　昔の恋、今の恋 O Passado e o Presente（マノエル・ド・オリヴェイラ、1972） 378
過去を逃れて Out of the Past（ジャック・ターナー、1947） 425
過去をもつ愛情 Les Amants du Tage（アンリ・ヴェルヌイユ、1955） 230
カサブランカ Casablanca（マイケル・カーティス、1942） 392, 393
華氏 451 Fahrenheit 451（フランソワ・トリュフォー、1966） 252, 253, 414
風と共に散る Written on the Wind（ダグラス・サーク、1956） 425
風にそよぐ草 Les Herbes folles（アラン・レネ、2009） 333
家族の肖像 Gruppo di famiglia in un interno（ルキノ・ヴィスコンティ、1974） 244, 247
喝采 Applause（ルーベン・マムーリアン、1930） 423, 426
勝手にしやがれ À bout de souffle（ジャン＝リュック・ゴダール、1960） 252, 265, 343, 345, 367, 374
勝手にしやがれ!! 英雄計画（黒沢清、1996） 35
勝手にしやがれ!! 成金計画（黒沢清、1996） 35
勝手に逃げろ／人生 Sauve qui peut (la vie)（ジャン＝リュック・ゴダール、1980） 341
家庭 Domicile conjugal（フランソワ・トリュフォー、1970） 253
悲しみは空の彼方に Imitation of Life（ダグラス・サーク、1959） 408
カニバイシュ Os Canibais（マノエル・ド・オリヴェイラ、1988） 378, 381
彼女たちの舞台 La bande des quatre（ジャック・リヴェット、1988） 258, 259, 274 ～ 277, 280, 285, 286, 359
彼女と彼女の信頼 The Girl and Her Trust

駅馬車 Stagecoach（ジョン・フォード、1939） 431, 435, 436, 439
エストラパード街 Rue de l'Estrapade（ジャック・ベッケル、1953） 236, 237
エッフェル塔上昇パノラマ Panorama pendant l'ascension de la Tour Eiffel（リュミエール社、1898） 24, 36
エドワールとキャロリーヌ Édouard et Caroline（ジャック・ベッケル、1951） 237, 238, 240, 241
エル・ドラド El Dorado（ハワード・ホークス、1966） 353
猿人ジョー・ヤング Mighty Joe Young（アーネスト・B・シュードサック、1947） 439

【お】

黄金狂時代 The Gold Rush（チャールズ・チャップリン、1925） 84
黄金の馬車 Le Carrosse D'or（ジャン・ルノワール、1952） 139, 144, 145, 180, 181
お家に帰りたい I want to go home（アラン・レネ、1989） 332
王手飛車取り Le Coup du berger（ジャック・リヴェット、1956） 263, 264, 266
大いなる幻影 La Grande Illusion（ジャン・ルノワール、1937） 139, 140, 142, 145, 147, 189, 194, 225, 226, 251, 253
大酒飲みのマットレス Le Matelas épileptique（アリス・ギイ、1906） 45
大空の闘士 Air mail（ジョン・フォード、1932） 430
オープニング・ナイト Opening Night（ジョン・カサヴェテス、1977） 411, 412
岡惚れハリー Three's A Crowd（ハリー・ラングドン、1927） 10, 80, 81
お気に召すまま As You Desire Me（ジョージ・フィッツモーリス、1932） 426
男の争い Du Rififi chez les Hommes（ジュールス・ダッシン、1955） 374
男の敵 The Informer（ジョン・フォード、1935） 431
大人は判ってくれない Les Quatre Cents Coups（フランソワ・トリュフォー、1959） 250, 252, 265
オトボケ脱走兵 A.W.O.L. or All Wrong Old Laddiebuck（チャーリー・バワーズ、1918） 85
鬼婆 The Witch（ジョルジュ・メリエス、1906） 33
オペラは踊る A Night at the Opera（サム・ウッド、1935） 99, 100
オペラ・ハット Mr. Deeds Goes to Town（フランク・キャプラ、1936） 78, 81
汚名 Notorious（アルフレッド・ヒッチコック、1946） 389, 390, 416
思ひ出 The Student Prince in Old Heidelberg（エルンスト・ルビッチ、1927） 103
想い出のマルセイユ Trois Places pour le 26（ジャック・ドゥミ、1988） 357
オルエットの方へ Du cote d'Orouet（ジャック・ロジェ、1971） 310
俺は善人だ The Whole Town's Talking（ジョン・フォード、1935） 430
女っ気なし Un monde sans femmes（ギヨーム・ブラック、2011） 308, 309,

偉大なるアンバーソン家の人々 The Magnificent Ambersons（オーソン・ウェルズ、1942） 228, 426
偉大なるマッギンティ The Great McGinty（プレストン・スタージェス、1940） 129, 132, 133
イッツ・ア・バード It's a Bird（チャーリー・バワーズ、1930） 95
偽れる装い Falbalas（ジャック・ベッケル、1945） 236
いとこ同志 Les Cousins（クロード・シャブロル、1959） 265
糸を紡ぐ女たち Baba Despina（マナキス兄弟、1905） 298
田舎司祭の日記 Journal d'un curé de campagne（ロベール・ブレッソン、1951） 226
イノセント L'innocente（ルキノ・ヴィスコンティ、1976） 247, 248
イントレランス Intolerance（デイヴィット・ウォーク・グリフィス、1916） 51

【う】

ヴァン・ゴッホ Van Gogh（アラン・レネ、1948） 328
ウィークエンド Week-end（ジャン＝リュック・ゴダール、1967） 302, 343
ウィ・キャント・ゴー・ホーム・アゲイン We Can't Go Home Again（ニコラス・レイ、1973） 398
ヴィジョンズ・オブ・ライト／光の魔術師たち Visions of Light: The Art of Cinematography（アーノルド・グラスマン、トッド・マッカーシー、スチュアート・サミュエルズ、1992） 421, 422
初陣ハリー Tramp, Tramp, Tramp（ハリー・エドワーズ、1927） 79
ウィンダミア夫人の扇 Lady Windermere's Fan（エルンスト・ルビッチ、1925） 103, 105
動く彫刻　ジャン・ティンゲリー（勅使河原宏、1981） 88
失はれた地平線 Lost Horizon（フランク・キャプラ、1937） 78
美しき諍い女 La belle noiseuse（ジャック・リヴェット、1991） 258, 259, 274, 276, 279, 280, 286, 389
美しき諍い女／ディヴェルティメント La belle noiseuse　Divertimento（ジャック・リヴェット、1992） 279, 280, 293
美しきセルジュ Le beau Serge（クロード・シャブロル、1958） 264
馬の水浴び Baño de caballos（リュミエール社、1896） 26

【え】

永遠に愛せよ Peter Ibbetson（ヘンリー・ハサウェイ、1935） 426
映画史 Histoire(s) du cinéma（ジャン＝リュック・ゴダール、1998） 343
映画はアリスから始まった Be Natural: The Untold Story of Alice Guy-Blache（パメラ・B・グリーン、2018） 44
英国に聞け Listen to Britain（ハンフリー・ジェニングス、1942） 342
英雄計画→勝手にしやがれ!!　英雄計画
エヴァの匂い Eva（ジョセフ・ロージー、1962） 417, 419

n'avez encore rien vu（アラン・レネ、2012） 333
アニキ・ボボ Aniki Bóbó（マノエル・ド・オリヴェイラ、1942） 378, 381
アパッチ砦 Fort Apache（ジョン・フォード、1948） 434, 438, 441
アブラハム渓谷 Vale Abraão（マノエル・ド・オリヴェイラ、1993） 377, 380, 381
アフリカの女王 The African Queen（ジョン・ヒューストン、1951） 77
アマデウス Amadeus（ミロス・フォアマン、1984） 342
アメリカ市民を作る Making an American Citizen（アリス・ギイ、1912） 46
アメリカ消防夫の生活 Life of an American Fireman（エドウィン・S・ポーター、1902） 38, 41
アメリカの伯父さん Mon oncle d'Amérique（アラン・レネ、1980） 332
アメリカの影 Shadows（ジョン・カサヴェテス、1959） 407 〜 409
アメリカの夜 La Nuit américaine（フランソワ・トリュフォー、1973） 250
嵐が丘 Hurlevent（ジャック・リヴェット、1986） 258, 259, 274, 276, 277
嵐の孤児 Orphans of the Storm（デイヴィット・ウォーク・グリフィス、1921） 51
アラブの盗賊 Ali Baba et les 40 voleurs（ジャック・ベッケル、1954） 236
荒鷲の翼 The Wings of Eagles（ジョン・フォード、1957） 435, 438
アリックスの写真 Les Photos d'Alix（ジャン・ユスターシュ、1977） 349
ある愛の記録 Cronaca di un amore（ミケランジェロ・アントニオーニ、1950） 322 〜 325
ある女の存在証明 Identificazione di una donna（ミケランジェロ・アントニオーニ、1982） 326
ある単純な物語 Une simple histoire（マルセル・アヌーン、1958） 364
アルファヴィル Alphaville, une étrange aventure de Lemmy Caution（ジャン=リュック・ゴダール、1965） 160, 367 〜 370
或る夜の出来事 It Happened One Night（フランク・キャプラ、1934） 78
アレクサンダー大王 Μεγαλέξαντρος（テオ・アンゲロプロス、1980） 299
荒れ地 Le Bled（ジャン・ルノワール、1929） 137, 226
暗黒街 Underworld（ジョセフ・フォン・スタンバーグ、1927） 392
暗黒街の女 Party Girl（ニコラス・レイ、1958） 400, 403, 405
暗黒街の顔役 Scarface（ハワード・ホークス、1932） 374
アンダルシアの犬 Un Chien Andalou（ルイス・ブニュエル、1928） 20
アンナ=マグダレーナ・バッハの日記 Chronik der Anna Magdalena Bach（ストローブ=ユイレ、1967） 302

【い】

怒りの葡萄 The Grapes of Wrath（ジョン・フォード、1940） 424, 431, 435, 436
生きるべきか死ぬべきか To Be or Not to Be（エルンスト・ルビッチ、1942） 117, 120, 124

映画題名索引

【あ】
アイアン・ホース The Iron Horse（ジョン・フォード、1924） 430
愛して飲んで歌って Aimer, boire et chanter（アラン・レネ、2014） 333
アイドルたち Les Idoles（マルク 'O、1968） 288
愛の嗚咽 A Bill of Divorcemen（ジョージ・キューカー、1932） 385
愛の奇跡 A Child Is Waiting（ジョン・カサヴェテス、1963） 407
愛の誕生 La naissance de l'amour（フィリップ・ガレル、1993） 365
愛のめぐりあい Al di là delle nuvole（ミケランジェロ・アントニオーニ、1995） 326
愛欲 Gueule d'amour（ジャン・グレミヨン、1937） 232
アウト・ワン Out 1 : Noli me tangere（ジャック・リヴェット、1970） 254, 258, 263, 269, 270, 274, 277 〜 279, 287 〜 291, 293 〜 295, 359
アウト・ワン：スペクトル Out 1 : Spectre（ジャック・リヴェット、1974） 270, 279, 289, 292 〜 295
青髯八人目の妻 Bluebeard's Eighth Wife（エルンスト・ルビッチ、1938） 116, 117
赤い砂漠 Il deserto rosso（ミケランジェロ・アントニオーニ、1964） 324 〜 326
赤い手のグッピー Goupi mains rouges（ジャック・ベッケル、1943） 237
赤ちゃん教育 Bringing Up Baby（ハワード・ホークス、1938） 386, 425
赤西蠣太（伊丹万作、1936） 232
秋 L'automne（マルセル・アヌーン、1972） 11
秋日和（小津安二郎、1960） 335
悪魔の発明 Vynález zkázy（カレル・ゼマン、1958） 61
あこがれ Les Mistons（フランソワ・トリュフォー、1957）23, 37
アタノール Athanor（フィリップ・ガレル、1973） 364, 365
アダム氏とマダム Adam's Rib（ジョージ・キューカー、1949） 386
当り狂言 Stage Struck（アラン・ドワン、1925） 11
当りっ子ハリー The Strong Man（フランク・キャプラ、1926） 79, 80
アデルの恋の物語 L'Histoire d'Adèle H.（フランソワ・トリュフォー、1975） 255
穴 Le Trou（ジャック・ベッケル、1960） 237, 243
あなたの微笑みはどこに隠れたの？ Où gît votre sourire enfoui?（ペドロ・コスタ、2001） 372
あなたはまだ何も見ていない Vous

［著者略歴］
筒井武文（つつい　たけふみ）
1957年生まれ。映画監督、東京藝術大学大学院映像研究科教授
東京造形大学時代から、映画製作を始める。卒業後はフリーで、助監督、映画編集をやりながら、自主製作を続ける。劇場デビューは、1987年公開の『ゆめこの大冒険』。監督作品に、『レディメイド』（1982）、『学習図鑑』（1987）、『アリス　イン　ワンダーランド』（1988）、『オーバードライヴ』（2004）、『バッハの肖像』（2010）、『孤独な惑星』（2011）、『映像の発見＝松本俊夫の時代』5部作（2015）、『自由なファンシィ』（2015）、『ホテルニュームーン』（2020）

映画のメティエ　欧米篇

発行日……………………………2025年3月5日・初版第1刷発行

著者………………………………筒井武文
発行者……………………………大石良則
発行所……………………………株式会社森話社
〒101-0047　東京都千代田区内神田1-15-6　和光ビル
Tel　03-3292-2636
Fax 03-3292-2638
印刷………………………………株式会社厚徳社
製本………………………………榎本製本株式会社

ISBN 978-4-86405-188-0　C1074